Reappraisals
of Rousseau

The editors would like to thank the Master and Fellows of Trinity College, Cambridge for their generous financial assistance in the publishing of this volume.

SIMON HARVEY
MARIAN HOBSON
DAVID KELLEY
SAMUEL S. B. TAYLOR *editors*

Reappraisals of Rousseau

studies in honour of R. A. Leigh

Manchester University Press

© Manchester University Press 1980

Copyright in this volume is fully reserved, and no contribution may be reproduced whole or in part except with the written permission of author, editors and publishers.

First published 1980 by Manchester University Press
Oxford Road, Manchester M13 9PL

ISBN   0 7190 0779 8

British Library cataloguing in publication data

Reappraisals of Rousseau.
   1. Rousseau, Jean Jacques – Addresses, essays, lectures
   I. Harvey, Simon   II. Leigh, Ralph Alexander
   194   B2137

   ISBN 0–7190–0779–8

Text set in 11/12 pt Photon Imprint, printed and bound in Great Britain at The Pitman Press, Bath

Contents

SIMON HARVEY

Foreword

There has been a marked revival of interest in Rousseau in recent years. This new interest might be dated from two publishing events of supreme importance: the Pléiade edition of Rousseau's works begun in 1959[1] and R. A. Leigh's edition of the *Correspondance*[2] now nearing its completion.[3] The present volume has been conceived as a tribute to the outstanding achievement of Professor Leigh; it may also serve to honour an author the bicentenary of whose death was celebrated in 1978.

The intention here is to make a reappraisal of Rousseau in four essential areas and to single out particular problems for scrutiny in depth. Not so long ago it was the fashion to dismiss Jean-Jacques Rousseau as a sinister romantic, a forerunner of fascism and communism, a tiresome example of eighteenth-century pathos. But, for some time now, continental and English-speaking scholars have made such contributions to Rousseau studies as to revise entirely these misleading impressions. This collection of essays continues in that tradition. Bringing together a number of different approaches, it affords a rich and varied measure of current research in this field and represents the collaboration of scholars of many nationalities, some of whom are the best known *rousseauistes* of our time.

The first section deals with Rousseau's psychological experience, his general outlook and its originality. Samuel S. B. Taylor offers a much needed re-evaluation of Rousseau's place in romanticism. Roland Mortier considers Rousseau's sense of otherness and examines its literary and philosophical consequences. Georges Poulet characteristically explores the relationship in Jean-Jacques between repose and existential experience, while Jean Starobinski, whose books have made such a notable contribution to our understanding of Rousseau, writes here about the conception of time.

In the second section, entitled *Politics*, John Lough joins Bernard Gagnebin and Robert Derathé in tackling the crucial issue of the influence of the Social Contract. Lough sees signs of its immediate impact in the later articles of the *Encyclopédie*; Gagnebin indicates where Rousseau's ideas can be felt in the drafts of the 1789 revolutionaries, and Derathé looks at the reception of Rousseau's work in the nineteenth century. Bronisław Baczko takes up the controversial question of the legislator from a new angle by analysing the significance of Moses in Rousseau's political thought.

Thirdly, under the heading of *Writing*, the focus is on Rousseau's techniques in language and composition. Felicity Baker, from the standpoint of structural semantics, provides an original linguistic commentary on Rousseau's famous paradoxes. With the more traditional methods of rhetoric, John Spink uncovers a basic structure underlying Rousseau's ordering of his material. Christopher Frayling's manuscript research leads him to an important new assessment of art and meaning in Rousseau's fiction, while Jean-Louis Lecercle reveals connections between the literary preferences of Rousseau and his practice as a writer.

Finally there is a consideration of sources, influences and parallels. Robert Shackleton and Robert Wokler discuss Rousseau's early writings in terms of their contemporary context. Shackleton clarifies the role of Montesquieu in the formulation of Rousseau's ideas, Wokler the part played by critics of the first Discourse. Henri Gouhier inquires into the close affinity between Rousseau and Fénelon, and Marian Hobson shows how Rousseau's musical theories throw light on those of Kant.

Notes

1. *Oeuvres complètes de Jean-Jacques Rousseau*, ed. B. Gagnebin and M. Raymond (Paris 1959–69), 4 vols. Abbreviated here as *OC*.
2. *Correspondance complète de Jean-Jacques Rousseau*, ed. R. A. Leigh (Geneva, Banbury and Oxford 1965–   ). Abbreviated here as *CC*.
3. References to letters not yet included in *CC* are to *Correspondance générale de Jean-Jacques Rousseau*, ed. T. Dufour and P.-P. Plan (Paris 1924–34), 20 vols. Abbreviated here as *CG*.

I 'Manières de sentir et de voir'

SAMUEL S. B. TAYLOR

Rousseau's romanticism

Rousseau was discovered as an author of the French Revolution and of the 'Downfall of Despotism'[1] practically as soon as the Bastille fell. The coming of romanticism on the other hand was marked by no single event but it has long been a cliché of criticism that Rousseau was its precursor in France. Charles Maurras had no compunctions in laying the blame for both *Romantisme et Révolution*[2] firmly on Rousseau in 1922 and mere concern for the facts has not inhibited others from doing likewise. Irving Babbitt's *Rousseau & Romanticism* still remains the only general work on this subject though printed as long ago as 1919[3] but it is grossly inaccurate, discursive and biased, and worse still it tosses abstractions and literary concepts around as if they have absolute value and meaning. Even if it were possible to summarise Rousseau himself in a few neat statements the same would hardly be true for romanticism, preromanticism, the enlightenment and classicism. The scholarship expended on these literary movements has been voluminous in recent decades and the time appears ripe for a re-evaluation of Rousseau's place in romanticism. We shall not be attempting to show Rousseau as a cause of romanticism, nor even his influence on the romantics. The intention is merely to resume those aspects of his writings and character which may, we believe, legitimately be regarded as 'romantic'. We shall assume general familiarity with the literature on romanticism and other literary movements and limit ourselves to a working definition which broadly represents a concensus of recent discussions.

The early growth of literary history and criticism encouraged ideological interpretations and the view of its evolution as a dialectic alternation of dogmatic art forms. Political moods in France also resulted in the inevitable view of the eighteenth century as a prelude to

2

the Revolution which was a further element in the oversimplification of history. A further aim of this essay will be, therefore, to offer a portrait of the romantic Rousseau as a child of the enlightenment and as a man whose culture is rooted in the classical art of his day, and unopposed to the critical canons of classicism. His romanticism, we suggest, was uncodified, unconscious and uncontroversial. Its place in the *Nouvelle Héloïse* is very much less significant than generally supposed but it emerges in his later writings, published posthumously, in forms that have rarely been highlighted.

Rousseau never used the term *romantique* nor any other single label to characterise his writing. Nor was he described as romantic by contemporaries. Even Mme de Staël's *Lettres sur les ouvrages et le caractère de J. J. Rousseau* of 1798 failed to describe him in such terms or in any which might have an equivalent meaning.[4] As Rousseau used the word *romantique* in his *Rêveries du promeneur solitaire* (*OC*, I, 1040) it referred to an uneven and rocky landscape and he followed the practice of the French editor of Shakespeare and of his own friend the marquis de Girardin in 1776 and 1777.[5] The term had no literary significance in French before 1802 when Sénancour used it to describe melancholia and nostalgia. Nor can we trace any use of the term in eighteenth-century France to indicate an antithesis to the classical art of the period. Arthur Lovejoy was largely correct in claiming that the modern 'word "romantic" has come to mean so many things that, by itself, it means nothing. It has ceased to perform the function of a verbal sign [. . .] any study of the subject should begin with a recognition of a *prima-facie* plurality of romanticisms'.[6] In other words we should speak of romanticism as a phenomenon which advanced in a series of dissimilar waves, or as a stream whose every tributary changed its colour and texture, or as a series of seminal literary figures producing organic mutations so profound that they defy common description. Many of these waves were so opposed to other waves as to offer a picture of a movement embracing totally incompatible characteristics – romantic love, the *femme fatale* and Swinburne – freedom from oppression and the cult of Napoleon – the cult of solitude and social romanticism – the cult of beauty and of the grotesque – nationalism and cosmopolitanism – anti-classicism and neo-hellenism – the uniqueness of the individual and *cénacles* or schools. Yet there is coherence discernible in this incoherence as Wellek and others have indicated.[7]

When we use the term *romantic* in connection with Rousseau it is a
deliberate and conscious anachronism, and it is recognised as a trait
that Rousseau did not identify in himself and of which there is no
record in the eighteenth century. Nevertheless it is a perfectly
legitimate usage if it refers to traits that were to be correctly identified
only many years later and which can have no other, more obvious
explanation.

A working definition of French nineteenth-century romanticism
would probably contain the following elements. It would see it as a
reaction against the notion of a taste regulated by decorum or
bienséance and as legitimising experience that had previously been
seen as unseemly, taboo or of purely private interest. It abandoned the
supposition that the ethos of art was by definition that of society and
it legitimised the highly personal or individual as artistic material. In
the process the stress previously laid on rational, lucid and representative statements in art was discarded and the irrational, the incoherent and even the deviant became acceptable, fertile sources of artistic experience. The artist turned his attention very markedly to the
lower layers of consciousness and even to unconscious behaviour. He
developed certain characteristic themes (nature, beauty, childhood,
revolt, love, melancholia, *le mal du siècle*, nationhood, art for art's
sake, the medieval, Homer, Shakespeare, etc.), but far more important
than the theme was the role played by the imagination in transfiguring
the object perceived and in stimulating a new level of artistic sensitivity and creative activity. In the process Art was transformed in its
whole purpose from a social diversion into a spiritual quest, and indeed into the highest vocation of man. The artist himself became the
priest of this new religion of Art, and through him Art became
transcendental and the imagination the force which liberated a new vision of reality. Small wonder if Art and artist achieve a certain
apocalyptic aura akin to religious experience. What distinguishes
romantic art then is less that it treats what Wellek terms 'nature, imagination and symbol',[7] but that through it reality is transfigured and
energised, and Art becomes a cognitive process, a *logos*, the achievement of a new awareness and a new self-knowledge. Art is a new
perception and the highest form of perception that transformed the
whole of life.

Certainly no eighteenth-century French writer conceived of his art
in such terms and paradoxically many of those we brand as forerunners of romanticism remained admirers of Homer, Seneca, Racine,

Tasso, Ariosto, Pascal, Lucretius, the Etruscans, Gothic and Greek or Roman antiquity. The official art of the Revolution and Empire was neo-classical. Both Rousseau and Diderot were admirers of the writers of antiquity and yet they are without doubt those whom we may see as the main forerunners of certain romantic syndromes.[8]

Whatever definition we adopt of romanticism and of the classical aesthetic a further fact remains which disqualifies all generalisations attaching any writer dogmatically to a single movement. A major characteristic of the eighteenth century was its eclecticism masquerading as cultural stability. The fact that diversity and constant controversy never produced schism is sufficient evidence of the elasticity of the taste of the major writers and critics of the age. It also reveals that the classical aesthetic was defined in terms of ideals for which there were different expressions possible and which implied a notion of aesthetic evolution through innovation and experiment superintended by public taste. The notion of schism or that of an alternative culture presuppose a rigidity which was not a feature of criticism in the eighteenth century. No monolithic definition will therefore convey the flavour of eighteenth-century classical art.

A further fact of relevance is that such rules as there were covered a relatively limited proportion of writing and excluded the novel, most devotional writing, much of the more fashionable theatrical composition and most of the minor prose works, *dialogues, facéties, traités, épîtres, discours, mémoires, rêveries, contes, lettres, dictionnaires, avis, commentaires, défenses, essais, histoires, pièces, idées, réflexions, entretiens*. Only a small proportion of the literary output of Voltaire, Rousseau and Diderot was classifiable as *belles-lettres* and as part of the literary canon. Since a clear distinction was drawn by the age between formal literary works and informal writings the classical art forms and aesthetic were unlikely to be challenged by changes which took place outside the major *genres*. However unconventional Rousseau and Diderot may have been this did not necessarily place them in deliberate opposition to the classical aesthetic, and with these two writers we face the further complication that their most radical aesthetic innovations were not necessarily intended for publication, but written as a form of personal satisfaction and fulfilment.

The vehemence of Rousseau's attack on the arts and sciences as degenerate is a matter of public record and might well be seen to imply opposition to classical culture itself. But was this in fact his intention?

He developed a personal antipathy for the career of writer, 'un métier pour lequel je n'étais point fait', and he referred to himself as an 'homme de lettres par mépris pour cet état' (*OC*, IV, 927). His basic reasons for despising the vocation of letters was, however, that it diverted men from virtue to a life of luxury, dissolution and slavery (*OC*, III, 15). More particularly, however, it forced the strait-jacket of opinion on the writer: 'il règne dans nos moeurs une vile et trompeuse uniformité et tous les esprits semblent avoir été jetés dans un même moule: sans cesse la politesse exige, la bienséance ordonne: sans cesse on suit des usages, jamais son propre génie' (*OC*, III, 8). This was the gist of his aside to Voltaire in the First Discourse in effect:

> Dites-nous, célèbre Arouet, combien vous avez sacrifié de beautés mâles et fortes à notre fausse délicatesse, et combien l'esprit de la galanterie si fertile en petites choses vous en a coûté de grandes. C'est ainsi que la dissolution des moeurs, suite nécessaire du luxe, entraîne à son tour la corruption du goût. (*OC*, III, 21)

The attacks Rousseau made on literature are so well known that it is superfluous to repeat them. He obviously regarded *politesse* and *bienséance* as straitjackets stultifying the original element in an author and diverting him into modish channels, or away from those areas in which his true talents lay. Yet not one commentator of the day saw Rousseau as posing a deliberate challenge to the classical aesthetic.[9] Rousseau himself also made repeated statements that he saw considerable benefit and entertainment to be derived from 'le goût de la belle littérature' (*OC*, IV, 28) and he warmly commended for an intending student: 'la connaissance des livres et des auteurs, de la poésie, du style, du théâtre, des journaux, en un mot de tout ce qui peut contribuer à lui former le goût et à lui montrer l'étude sous une face riante' (*OC*, IV, 32). Indeed he had a high regard for the 'livres excellents du siècle de Louis quatorze, lesquels sont devenus en quelque sorte classiques dans celui-ci'. (*OC*, II, 1252)

Given Rousseau's respect for classical literature and culture, it should be stated very firmly that the view of the romantic in literature as modernism and anti-classicism is entirely alien to Rousseau, and he in no way prefigures August Wilhelm Schlegel's *Vorlesungen über schöne Literatur und Kunst* or his *Vorlesungen über dramatische Kunst und Literatur* where he defined 'romantisch' as, 'den eigentümlichen Geist der modernen Kunst, im Gegensatz zu der antiken oder klassischen'.[10]

This distinction was the contribution of German romantic critics in the first decade of the nineteenth century. In the light of Rousseau's non-controversial attitude to classical taste, it is perhaps more useful to situate his romanticism in the context of eighteenth-century enlightenment thought rather than of classical art. Yet here again we have to beware of the nineteenth century myth of Rousseau as the enemy of the enlightenment. If Rousseau opposed the materialism and atheism of some enlightenment thinkers he was firmly rooted in all other aspects of enlightenment thought. It is fashionable to see him as opposed to rationalism but Derathé[11] has shown this to be a *canard*. However opposed Rousseau was to the *esprit de système*, he was certainly not alone in this, and the age had moved very clearly from cartesian reason to empiricism. Diderot and Voltaire too share this balanced approach to the reason, though in their cases moral conviction was viewed much more sceptically and emotional imperatives entertained only in non-metaphysical matters. For Rousseau the emotions and reason were complementary and it was only in areas where the reason could give no clear guidance that he followed what he termed the *preuve du sentiment* in matters of conscience. Where the reason rejected a question as absurd no amount of moral conviction would persuade Rousseau to overrule it and his views on the scripture, miracles and prophecies, and on the whole question of revelation make this abundantly clear. Rousseau's philosophical position is therefore entirely consistent with the reason, and with the empirical attitudes of his day. Even in his concern for the emotions, too, Rousseau is supported by eminently respectable enlightenment thinkers and it is only in spiritual matters that he takes an independent stand.

Rousseau showed a profound grasp of many other aspects of enlightenment thought, and in many of these he has to be seen as a pioneer of modern twentieth-century attitudes. This is certainly true of his development of psychology, politics and ethnology, and anthropologists and economists too find him a serious thinker in their fields. To insist on Rousseau's religious thinking as the dominant factor in his place in the enlightenment is perhaps natural given the history of Rousseau's relations with the *philosophes* themselves, but it entirely overlooks the fact that Rousseau bears the stamp of the enlightenment in every aspect of his thought, and that he was one of the most advanced in several important fields.

Nor, as Roland Mortier has shown so well,[12] was *sensibilité* in any way opposed to enlightenment thinking. There was no tidy move around the magic date of 1760 from *philosophie* to preromanticism, and *sensibilité* or the cult of feeling was an organic part of the eighteenth-century mind, be it Rousseau's, Diderot's, Voltaire's or Laclos's. The most rational minds of the day experienced the pull of the emotions, the draw of nature, shed tears, turned back to rustic life whether at Clarens or at Ferney. The overwhelming response to Rousseau's *Nouvelle Héloïse* came from minds as enlightened as Fréron, Turgot, Hume, d'Alembert, Palissot, Condorcet, Morellet, La Harpe and Mirabeau:[13] 'le siècle philosophique a associé lucidement et clairement ce que nous nous obstinons à dissocier et à opposer'.[14] In writing this Roland Mortier quoted the *Encyclopédie* (article FOIBLE, VII, 27) which stated that 'à mesure que l'esprit acquiert plus de lumières, le coeur acquiert plus de sensibilité': The antithesis between the reason and the emotions did not exist except at the level of metaphysics or spititual matters where the *philosophes* in general remained sceptical of non-rational proofs. For all his *sensibilité* then Rousseau is a child of the enlightenment and the ease with which he was coupled with Voltaire in the mind of the reading public is proof enough of the fundamental error of many nineteenth-century truisms on this score.

What we have seen to be true of *sensibilité* is no less true for many other traits that literary historians have insisted on seeing as 'preromantic'. The love of the countryside, the cult of lakes, mountains and fields or of rustic life, tombs, ruins, melancholy . . . all of these arose under the umbrella of the cult of feeling. The anglomania of the period had much to do with it and the general literary cosmopolitanism of the century.[15] The English novel was a dominant influence in France from quite early in the century, but English poetry too had a considerable following, particularly in the periodical press and translations by Le Tourneur, Madame Necker, Turgot, Thiard de Bissy and others appeared as separate publications or as column-fillers in the *Gazette littéraire de l'Europe, Journal étranger, Correspondance littéraire, Mercure de France, Variétés littéraires*, etc.[16] In this way the French reader met the verse of Gray, Hervey, Macpherson, Thomson and Young not all that long after their first appearance in English and the number of translations they passed through is evidence of their popularity. Very much of the sentimentality of the *Nouvelle Héloïse* may be seen as answering a declared public taste and one by no means alien to the enlightened mind, however sharply Voltaire himself may have reacted against Rousseau. Reason, for the

enlightenment, was the enemy not of the emotions but of unreason
and of the unenquiring mind, and Rousseau and Diderot are both
examples of the coexistence of reason and emotion within the same
mind.[17]

Rousseau wrote at a time when literary innovation normally took
place outside the formal genres governed by the classical rules and he
was not therefore seen as challenging this taste any more than Diderot
or Voltaire in their *contes* or philosophical works. Rousseau
questioned the arts not from the point of view of their aesthetic
qualities or as classical art, but vocationally in so far as they imposed
heavy social constraints on self-expression. This we may well feel to
be a core issue for the later romantics but it did not appear to
Rousseau in this light, since his personal dilemma was solved by
withdrawal from formal writing, not by a frontal attack on classical
letters. If the classical tradition remained inviolate for Rousseau, and
if his *sensibilité* involved no attack on the spirit of the enlightenment
then a slightly different picture emerges of Rousseau's romanticism. It
lacked aesthetic self-awareness, definition and all controversial quality,
and much of it could be said to have been perfectly compatible with
the enlightenment mind, as with the classical culture of the day. We
are dealing with forms of romanticism which lacked any critical idiom
and which appeared very largely in works that remained unpublished
until the 1780s after the author's death. Even on their appearance as
published works moreover the readers were struck by entirely different
aspects of the works, notably their portrait of Rousseau's quarrels and
his dealings with his children, etc.

We are concerned here, therefore, with aspects of Rousseau which
neither he nor his public saw as alien to the classical culture of the
enlightenment, and which neither he nor his public paused to comment on. His romanticism was invisible both to himself and to his
readers in all but some few aspects arising out of the current *sensibilité*
as reflected in the *Nouvelle Héloïse*.

If the 'romantic' elements in Rousseau were unrecognised as such
by himself or by his contemporaries, any French schoolboy will list
them for you like ingredients in a cake. They include the cult of nature
and return to a natural mode of existence, the restoration of the rights
of the emotions *vis-à-vis* the reason, individualism, both as the cult of
freedom and as the cult of introspection or *le moi*, the mountain, lake
and rustic community in the novel, the prototype romantic hero: Saint
Preux, romantic love in the *Nouvelle Héloïse* and the rebirth of

lyricism in French literature. Some would also add the restoration of
the religious spirit. The only trouble is that with constant repetition
these elements become stereotypes and clichés. They suggest a degree
of standardisation and also of deliberateness that we know to mis-
represent Rousseau. They ignore the chronological problem,
suggesting that Rousseau evolved continuously and consistently,
which was far from true. They ignore the opposing tensions in
Rousseau and suggest an architectural harmony that Rousseau
notably lacked. Tags and labels are crude and inaccurate, and they
reduce individual responses to uniform replicas and stereotyped
thought. They force Rousseau into patterns that were simply untrue in
the eighteenth century. Unfortunately for the schoolboy the tidier the
picture of Rousseau, the less accurate it will be. What can *we* say
therefore that might avoid precisely the same charges?

Rousseau's response to nature varied from that of the scientific
botaniser, to that of the creator of literary myths, to that of the semi-
mystic. His treatment of nature in the *Nouvelle Héloïse* has of course
to be seen in the context of the well-established pastoral tradition of
the idyll and eclogue, the elegiac verse which in the right hands could
be very moving and far from totally artificial. From Virgil to Gessner
there is a strong tradition represented in the eighteenth century by
Thomson, Gray, Young, Pope and Saint Lambert. It reflected a new
interest in the countryside and landscape, evident in many a Roman
sketchbook of a travelling artist. It took on the hues of the cult of ruins
in Piranesi, as in Hervey's *Meditations among the Tombs* and Percy's
Reliques. It mirrored the interest in English gardens, in 'romantic' or
craggy, uneven landscapes. Then through Rousseau's influence, it
mirrored lakes and mountains, and wild nature became picturesque
rather than inconvenient. Rousseau was the first to have introduced
these elements into the novel in so forceful a manner, but it no longer
appears true to literary historians that the aspects themselves were entirely original. What *is* remarkable however is the visual power of their
presentation, the special optic that Rousseau uses. The mountain
scenery and lake-surface have a clarity, a limpidity, a breath-taking
quality that assaults the reader's inward eye. Jean Starobinski[18] has
shown a connection between this crystal clarity and the *transparence*
that so much of Rousseau's life illustrates his need for. The mountain
to him was the answer to his hunger for the abolition of the inevitable
impediments to vision and communication elsewhere. This is certainly

very true of Rousseau's instinctual responses. Yet it is also more. Look for example at the Ménilmontant incident, where Rousseau recovers consciousness after having been knocked unconscious by a dog:

> La nuit s'avançait. J'apperçus le ciel, quelques étoiles, et un peu de verdure. Cette première sensation fut un moment délicieux. Je ne me sentais encore que par-là. Je naissais dans cet instant à la vie et il me semblait que je remplissais de ma légère existence tous les objets que j'apercevais. Tout entier au présent je ne me souvenais de rien: je n'avais nulle notion distincte de mon individu [. . .] (*OC*, I, 1005)

The moment is very similar to one in Gide's *L'Immoraliste* where Michel regains consciousness from a long illness, coming to life sense by sense with blinding acuity. This Gidean vision is repeated in a different context in *La Symphonie pastorale* where the blind girl sees nature for the first time on gaining her sight. It is a situation of total perception through a hitherto unused sense, or through one sense isolated from all other sense-responses through some accident of illness or Rousseau's *accident de la circulation*. One sense is overstimulated to perceive the familiar with new eyes, to achieve total communication or what Wordsworth will call 'wonder'. Rousseau has discovered authentic vision, and the 'calme ravissant' arose both from the total loss of the sensation of corporeal presence and the dimension of time (a form of disembodied vision), and also from the special intensity of a vision undistracted by other senses. These moments were of course privileged and uncommon, but they left their mark on his perception of nature thereafter.

Nature also assumed a spiritual aspect for Rousseau, beyond this ultra-acute sensual impact. It could produce a feeling of exaltation and of the sublime. It could be an Eden — as in the garden at Clarens — a golden age myth with 'intimations of immortality', to borrow again from Wordsworth. Nature conceals an immanent joy and the recurrence of the word *délices* in Rousseau signifies more than mere pleasure. The *vendange* in the *Nouvelle Héloïse* (*OC*, II, 604–9) is a ritual in which the simple peasant community, dignified, courteous and virtuous, generates *allégresse, zèle, gaieté* and *joye* whose nostalgic power for Rousseau is immense, being the myth that the Swiss of the lakeside *cantons* treasure in their folk-memories. From one point of view this scene is within the virgilian mode, the autumnal season, such as we might find it in Thomson or Saint Lambert, but just as Keats's *Ode to Autumn* leaves the pastoral behind so does Rousseau's. It vibrates with an emotion that is the *esprit du terroir*, the *nostalgie du pays* and the reverence that surrounds a pure community in a pure environment. Julie is inseparable from her particular habitat for Rousseau as for Saint Preux. It is a spiritual relationship in which the environment takes on the values and imprint of the inhabitant, and *vice versa*.

The pathetic fallacy, or *mensonge de la passion*, is not hard to find in Rousseau. Yet it is in the pure state of a spontaneous response, freed from any hint of posture or affection. The *vendange* mentioned above was touched by the first fingers of winter and: 'Il résultait de son aspect un mélange d'impression douce et triste trop analogue à mon âge et à mon sort pour que je ne m'en fisse pas l'application' (*OC*, I, 1004). Even in this *Rêveries* account of the scenes that stimulated the *Nouvelle Héloïse* account, we sense the relationship between the natural setting and the mood of the observer. The journey to Meillerie without Julie was at first one of pure joy in the beauty of the scenery:

> sur les hautes montagnes où l'air est pur et subtil, on se sent plus de facilité dans la respiration, plus de légèreté dans le corps, plus de sérénité dans l'esprit, les plaisirs y sont moins ardents, les passions plus modérées, les méditations y prennent je ne sais quel caractère grand et sublime, proportionné aux objets qui nous frappent, je ne sais quelle volupté tranquille qui n'a rien d'âcre et de sensuel [. . .] On y est grave sans mélancolie, paisible sans indolence, content d'être et de penser. (*OC*, II, 78)

Yet within days his mood has darkened and nature reflects his despair:

> Depuis que je suis rapproché de vous, je ne roule dans mon esprit que des pensées funestes. Peut-être le séjour où je suis contribue-t-il à cette mélancolie; il est triste et horrible; il en est plus conforme à l'état de mon âme, et je n'en habiterais pas un plus agréable. (*OC*, II, 90)

When he returned there in company with Julie much later, the mountain was 'plein de ces sortes de beautés qui ne plaisent qu'aux âmes sensibles' (*OC*, II, 518). The letter writer contrasted the wintry cruelty of the solitary visit and the floral warmth of the meadows on his return, all winter ice disappeared, the trees snowless, the streams gushing.

The lake also forms a human canvas as it mirrors his moods. The 'cristal azuré du lac' and the 'riches et charmantes rives du pays de Vaud', which '[. . .] forment un tableau ravissant' (*OC*, II, 515) are a bountiful, smiling, serene and provident tableau for the lover, as well as a creature of sudden changes of mood like the writer, Saint Preux.

Rousseau makes Nature the orchestration of his mood, and there is a spiritual harmony between the characters and their natural setting. It is conveyed in the lyrical style of the letters which draws the reader into the emotions of the letter writer in a way that was not true, say, of Richardson's novels. These certainly moved the reader but without touching the chords of the myths that couple man and nature.

We would be on more dangerous ground in discussing Rousseau's anticipation of romantic love, largely because Rousseau is ambiguous on this score. He shows a passion that transcends morality, two lovers tied by bonds that marriage to another does nothing to dampen, but their incandescent emotions are exposed as dangerous and the novel becomes, paradoxically, an indictment of passion unschooled by the reason. The author condemns the *délire des sens* as *le sommeil de la raison* and he exposes the casuistry of the passions, as it attempts to legitimise self-indulgence under some other name. He exposes the emotional blackmail practised by Saint Preux in his transparently false renunciations, the surreptitious persuasion that he exercises over Julie through her own better nature, and the way in which he disarms her *pudeur*. Passion is the tragic flaw that debases the currency of true love. Saint Preux has all the hubris of the tragic hero, and Julie is exposed to the nemesis of her senses that she is powerless to control at first, thanks to the duplicity of Saint Preux. Love is all powerful in the *Nouvelle Héloïse*, as in *Phèdre*, but in neither work can we see it as approved by the author. The sophistry of the passions is seen as deafening the ear to morality and to virtue.

It is common to point to Rousseau's individualism as his main link with later romanticism. This is certainly true, but in ways which have not all been demonstrated.

The degree of his alienation from society was remarkable, but still more remarkable is the fact that he came so close to a full clinical analysis of his condition. The first book of the *Confessions* could have been written as a case-study of alienation, and it shows an exceptional awareness by Rousseau of the child as father of the man. We see the growth of a youth unable to relate satisfactorily to others and whom we would probably have called maladjusted and insecure. He saw himself as temperamentally unstable, given to extremes of mood, and his narrative follows his violent oscillations lucidly. Some have stressed his deprivation of maternal care, but whether or not all his troubles stem from this, he himself singled out these threads as significant. He idealised his father in the somewhat picaresque tone of the *Confessions* but he was clearly aware that the father who spoilt him, like a sailor home from the sea, also abandoned him and left him to the mercy of relations. Rousseau also singles out his increasing dependence upon his imagination for compensation for the frustrations of real life, whether in fictional form or in day-dreams. He lacked self-discipline and the ability to adapt to a regulated existence, the terms of an apprenticeship, the ties of a relationship. He was evasive and deceitful when brought up against his deficiencies by others, self-indulgent and vain by instinct. He was narcissistic and had a strange blend of feelings of inferiority and superiority. There are slight suggestions of sexual deviation, with very mild forms of exhibitionism, masochism and guilt feelings that made it almost impossible for him to relate naturally to the opposite sex unless with older women or a woman of no account. He irritated his close acquaintances through the devious way he had of generating quarrels as a means of indulging in the emotion of a reconciliation. He drifted later in life towards the *amour à trois* in life and in fiction. His illness left him chronically sensitive over his bodily functions. Yet for all the maladjustment of this over-sensitive, awkward, demanding youth, there grew up a man whom many came to hold in high esteem as a friend, and there is clearly an element of exaggeration in the *Confessions* account of his defects.

The result of this complex psychological state was to render normal communication difficult and to encourage imaginative release through reading, but above all through writing. Rousseau led a surrogate existence in his art, sublimating his natural impulses and also indulging in a degree of self-examination in his works that normal life made difficult. Starobinski has summarised this as 'l'échec de toute relation satisfaisante avec la réalité externe'.[19] There is little doubt that Rousseau's revolt against the *mores* of his generation was founded in this youthful failure to adapt, and that his own *analysis* of this process of alienation in itself is highly significant since our whole awareness of this state arises from his ability to exteriorise his problems in creative writing. In this, as in the contrived spontaneity of the *Rêveries* there is to be seen a degree of imaginative control not evident in the symptoms of the disease that he diagnoses. This creative distance is an element in Rousseau's work which has rarely been paid attention to. His lucidity as a self-portraitist and as the analyst of his own alienation is the mark of an extraordinary talent.

Marcel Raymond, Jean Starobinski and Ralph Leigh have all exposed the processes whereby Rousseau came to a conception of his authentic self, a true self underlying the *personae* imposed on him by society. Starobinski has exploited the term *transparence* in touching on the vision Rousseau had of his ultimate self. What concerns us here, in this study of the 'romantic' Rousseau is the twin fact of this incandescent consciousness of an Ur-self, an essential identity underlying all the roles, the *paraître*, the images others have of us and force upon us ... and secondly of the way in which Rousseau attempted to achieve this identity in his writing. Writing became an existential statement in so many different ways. It enabled him – like Gide – to portray an ideal self, and it overcame the problems of personal communication by the act of writing. Art for Rousseau became the ultimate performance of his chosen self. He uses art to escape artifice, illusion to attain reality, rather like Marivaux's lovers who find their truth only when disguised, and who speak as themselves only when they are acting a role. Art is not the adornment of truth in Rousseau so much as the instrument by which we discover it.

It is hardly new to point out that in the role-playing theory of personality, the *personae* we play are diverse not merely because we experience various external motivations but also because what we choose to regard as our inner self is anything but a single entity:

> Rien n'est si dissemblable à moi que moi-même, c'est pourquoi il serait inutile de tenter de me définir autrement que par cette variété singulière. [...] En un mot, un protée, un caméléon, une femme sont des êtres moins changeants que moi. [...] C'est cette irrégularité même qui fait le fond de ma constitution. (*OC*, I, 1108)

Ralph Leigh has exposed this inner *dissemblance* in his introductory remarks to the *Correspondance complète*: 'Derrière les contradictions factices qu'on a voulu lui faire endosser se dissimulent de multiples tensions qui sont comme la clef de son oeuvre [...] Sur l'essence même de son être plane une équivoque qui n'est pas encore dissipée' (*CC*, I, xiv–xv). At the moral level this was 'fait d'une soif inextinguible de pureté alliée à une conscience sourde mais invincible de la souillure'. No doubt in his works he sought to suggest that he was essentially good and that the evil was alien to him, but his *Confessions* make no such claim and set himself out 'peint exactement d'après nature et dans toute sa vérité' (*OC*, I, [3]) and 'dans toute la vérité de sa nature' (*OC*, I, [5]). He gives expression to all the discordant elements in his

character in the belief that his essential coherence will emerge from
this incoherence, this complex of irreconcilable forces. He certainly
saw this diversity in terms of moral tensions in the *Confessions*: 'Je me
suis montré tel que je fus, méprisable et vil quand je l'ai été, bon,
généreux, sublime, quand je l'ai été' (*OC*, I, [3]) and he invited his
readers to judge him morally and state, if they dare: 'je fus *meilleur*
que cet homme-là.' But the importance in psychological terms is that
outside the context of the moral tensions within us, this diversity is
the basis of the character exposed by Rousseau. His *Confessions* mark
the irruption into literature – if we choose to call the *Confessions*
'literary' when Rousseau did not – of the incoherent, un-cohering roles
that make up our personality. We see the different elements in our
nature, unresolved as in life, and we see the different levels of our conscious being and the stirrings of our unconscious mind. There is the
moral tension between the *pureté* and the *souillure*, but there are many
other elements: the need for human relationships and the basic need
for solitude, the intellect and the impatience with the processes this
forces on us, the concept of family and the inability to settle to
parenthood or the ties of marriage, scepticism and a deep spiritual
craving, the lingering sense of his Genevese identity, protestant
heritage and sumptuary austerity and his appreciation of the catholic
faith, French culture, cosmopolitanism. It would be interesting to
trace the echoes in Rousseau's thought and style of the various influences that helped to fashion his personality, and of the abreactions
that set themselves up against these influences. He was accused of
being *contrefait*, but the point surely is that that is the very basis of
any character. As a writer he differs in that he broke free of the
assumption of unity in character and for the first time registered this
complexity of warring and incoherent roles or *personae*, discovering
pluralism in our nature though he fought for much of his literary
career to assert his essential unity, imposing an existential self, a conceptual identity of the self he wished to present to the world.

This growing apprehension of an incoherent self, with its deviant or
perverse elements, and its refusal to be defined within the *bienséances*
and *vraisemblance* of the classical code, is the first conscious assertion
in art of the *whole* of man's personality. It is the first move, however
tentative and however unwilling, towards Baudelaire's discovery of
the beauty of the taboo, which might be one translation for *Les Fleurs
du mal*.

Art tends to operate a process of fusion whereby diversity becomes

focused and assumes artistic coherence. It is Rousseau's fissile por-
traiture that marks one of the clearest of his romantic syndromes. He
stands as the immediate fore-runner of Sade, Baudelaire, Poe, and all
the other sufferers of the *Romantic Agony* of which Mario Praz has
given so remarkable a picture.[20] It is not the perversity, but the diversity of human nature which lies at the root of this agony, and outside
the tormented voices of the christian saints, Rousseau is the first
authentic literary voice to express the many voices that constitute our
being and our vain attempt to achieve harmony from discord.

It is in Rousseau's quest for self-awareness that we see his closest approach to the romantic spirit, and it is this fact which makes it
profoundly inadequate to attach any label such as 'preromantic' to
Rousseau. The chronological problem is paramount here, since if the
Nouvelle Héloïse reflects and anticipates some of the facets of early
French romanticism, the *Rêveries* finds its echo only in the late romantics and amongst those who were in many senses post-romantic. We
have to resist, therefore, any imposition of a linear development
between Rousseau and the romantics of the Restoration and July
Monarchy. Whatever similarities there are make a nonsense of linear
movements. Rousseau anticipates the banalities of theme of the
early romantics and the general features of the cult of nature etc., but
he also anticipates the late romantics in their transformation of the
poet's whole method of perception and communication. The natural
comparisons tend to be with Baudelaire, Rimbaud, Nerval and Gide,
not with Musset, Vigny or Lamartine.

Ronald Grimsley has defined Rousseau's quest for self-awareness
as: 'the realization of himself as a single, unified individual who has
been able to fulfil himself in accordance with his true being [and as an]
aspiration towards the apparently simple unity of authentic self'.[21]
The quest was unsuccessful by Rousseau's absolute standard though
he had moments of illumination. These moments were by their very
nature instable, but it is in these that Rousseau's vision achieved a
depth totally beyond the conception of the classical mind, and outwith
the concerns of the *intellect sensible moyen* of the enlightenment.

The *Rêveries* arose, we are well aware, out of a state of psychical
devastation, an acute identity crisis and despair at the failure of efforts
to achieve vindication and reconciliation with opinion. Rousseau was
in an agony of self-doubt,[22] and yet in the conception of this totally
personal work of art he found a means of severing vestigial social links

and achieving a form of serenity. He turned inwards upon himself in a way with which we are all familiar, and he brought into focus and into relation with each other experiences which formed an anchorage against the storm, and points of inner vision that penetrated beyond sense perception to the deepest levels of human spiritual response. He found these both in the present and in the recollection of past experiences which had achieved a life of their own in the imagination and grown with being relived. External nature, or the accidents of rêverie on his walks, are the framework for these illuminations. Certain events and places form the catalyst that precipitates the vision. In these he penetrated beyond sensorial response to levels of human consciousness that generate no signals that can be related or categorised, the ultimate 'sentiment de l'existence dépouillé de toute autre affection' (OC, I, 1047).

His rêveries were by no means all of the intensity of these at the Ile de St Pierre, described in the fifth promenade. Most were simply periods of tranquillity, repose, the effacement of external reflections from his mind. In his other experiences, similar to that by the lake of Neuchâtel, we sense something very special. The ambient rhythms of nature lull him into anaesthetised perception, the loss of tactile awareness, the lifting away of the sense of time, and of all external awareness as the senses are dulled and the mind is left without external stimulation, and aware only of its own hush. As the signals from the senses cease to operate, a chrysalis of a new awareness is born in which the sensors of perception are turned inwards and not to the outside. The lapping of the waters by the lake fixes the outer senses in the regular motion and the mind moves away from the gravitational pull of external reality into free suspension, a consciousness severed from its senses and existing without tangible references. All we are told of this is negative in that it is outside time, involves no conscious thought, no effort. Across the screen of this awareness there pass brief, muted returns to the rhythms of the waters in his ear and on his eye, but only to set in motion some deep inner harmonic or sympathetic motion outside of time and space (OC, I, 1045).

This is not to be compared with the acute hyper-perception of Ménilmontant (OC, I, 1005). It is undoubtedly no more 'intervalle de pleine quiétude et de repos absolu' (OC, I, 998) which is the general tenor of the rêveries. It is a transfiguring experience that reaches to the deepest recesses of the mind in a spiritual ecstasy without physical shape. We could call it transcendental meditation or nirvana but no such experiences are replicas of each other and in a real sense we as readers cannot share Rousseau's exact experience. He generates an equivalent experience in the reader but in terms of our own experience. The experience is again uncodified, without critical terminology, conveyed in terms of pure experience.

And yet the experiences by the lakeside are remarkable not only for their depth of perception but also because, like Wordsworth's daffodils and even Proust's *madeleine*, they were *temps retrouvés* over the years and growing in the affective memory. This was not Rousseau's first discussion of the Ile de St Pierre, as it also occurs in the *Confessions*.[23] His contacts with nature operate at every level from the scientific botaniser, to the unreflective observer lost in meditation, idly by any physical standard but his emotions activated; and again we see the incandescent awareness of Ménilmontant and the very different, spiritual apprehensions of the lakeside.

We are apt to regard these states as spontaneous, as they pass without psychological commentary in the *Rêveries*. Yet we forget one simple fact: that what we are reading was written, and written as a masterpiece of dramatised, conscious transmission of experience, so contrived as to arouse an abstract understanding of the feelings in the reader, but to bypass abstraction and implant those feelings themselves as pure experience. This point may seem out of place as Rousseau asserts that the sole intended reader was himself (*OC*, I, 999–1001) but he confuses this audience of self with an ideal, receptive outside audience and uses all his powers of communication – which were considerable – to evoke the quality of the moment and to enable others to share his reactions. His reactions are recorded, whether for himself or for a chosen public, and his artlessness is contrived. There is no other way, in fact, in which such emotions 'recollected in tranquillity' can be expressed.

The artistic framework is important in a quite different sense too. It is in this that Rousseau achieves a further stage of self-awareness. The artistic setting offers the conditions for a still closer examination of his identity and of his emotional or spiritual experience. Art fills a very definite function of surrogate living in which the living experience itself is converted into a new level of living in art. It is art which, on these special occasions, offers fulfilment. The creative experience transcends the real and the imagination of the writer liberates a new and further perception. The process is similar to that of the poetic imagination.

Art was said by Rousseau in the First Discourse to have been the agent of corruption. Paradoxically it is also discovered to be the instrument of self-discovery, the return to the authentic. The paradox is never investigated by Rousseau, and probably not suspected by him. He does not appear ever to have turned his mind, in print, to the processes he underwent when he wrote. It will be the function of the critics of the romantic generation to explore this phenomenon and to centre around it their redefinitions of the imagination. Rousseau's silence is not surprising, however, as the creative gift rarely coincides with critical consciousness. The exceptions like T. S. Eliot, Valéry and Diderot may still not seize the full importance and significance of their writing. Diderot offers no adequate interpretation of his own creative advances in *Jacques le fataliste* or *Le Neveu de Rameau*. It can only be that such processes are largely intuitive and that conceptualisation involves different processes and gifts. To this extent, then, Rousseau's inability to offer a conceptual framework for his most impressive changes in the function of Art is not surprising.

Art has become, in these rare moments of discovery, a form of heightened living, freed from constraints of decorum and the constraints of conventional art. The same Art which formed a straitjacket for the artist (*OC*, III, 8) now offers him the conditions for achieving his true self. Art was transformed into something which gave an intimation of immortality for Wordsworth, a modifying power for Coleridge, a secret alchemy for Shelley, the divine vision for Blake, and *eine symbolische Darstellung des Unendlichen* for Schegel. The world is recreated through the imagination, this inner vision. In the process we leave behind the classical notion of the imagination as an adorning power, and heightened description. The image itself ceases to be decoration and becomes a symbol. The creative word becomes the *logos*, the medium of revealing a new life. It becomes a transcendental vision and awareness. Art ceases to be a social art form mirroring normal social values and it abandons the merely representative function which sees imitation in classical terms. Decorum becomes a constraint as it presents only a limited range of experience which cannot offend the taste of the period. Decorum is a partial sight which suppresses the full truth. In this new Art the artist himself becomes the centre of focus and a model of fulfilment in this new atmosphere of freedom. His inspiration offers a new level of aesthetic experience, new means of apprehending a new world of experience.

We have no means of knowing how far along this particular road

Rousseau travelled. His inability to codify or conceptualise his experience leaves us without all the evidence, but it also means that such experience as he had was purely spontaneous and in no way a posture, or a sophistication of earlier experiences by other artists. He stumbled almost by accident upon the artistic vision of the romantics at the very time when he formally abandoned formal communication.

It was a major achievement for Rousseau to have conveyed pure experience of what was to become the dominant romantic syndrome within the confines of a vocabulary having only standard meaning and in a language whose opacity he knew only too well. Rousseau had some of Ionesco's sense of the resistance of language to conveying meaning. But in more traditional terms he faced the task of conveying the unfamiliar through the medium of the familiar. The romantics solved this dilemma through their special use of imagery. Rousseau's method was his power of lyrical description, or of poetic enrichment in prose. His lyricism was no mere ornament, it was the only tool he possessed to convey his special meaning. His experience was at the sub-reflective level and abstraction could not pretend to convey it.

Our purpose in this essay has been to shift the focus in discussion of Rousseau's romanticism away from the great themes (nature, love, melancholy, *mal*, revolt, *le moi*, landscape, rêverie, religious feeling etc.) if only because many of these emanate from the *sensibilité* or the anglomania of the day. To raise these themes in the novel and create a vogue for them was important yet by themselves they do little more than make a dominant mode of *sensibilité*, drawing all of its threads together in the novel and giving them unaccustomed force. They would have placed the classical modes under strain had Rousseau written no more than the *Nouvelle Héloïse* but they would only have justified showing Rousseau as the most powerful expression of an eighteenth-century tradition (misnamed pre-romanticism) and not seeing him as the forerunner of romanticism itself. The eclecticism of the century had produced these themes, and Rousseau's transformation of them would not have produced schism or divorce.

He himself confirms this by his failure to make any explicit break with the classical mode, to fashion a critical idiom for his major romantic syndromes or even to be conscious of what he was to accomplish. Indeed his persistence in using the idiom of his day disguises the fact that, without him being aware of it, its meaning has shifted. There is therefore a semantic problem in Rousseau's development of the romantic traits. It is to be hoped that the current French investigations of his lexis will throw light on this.

Rousseau's romanticism lies not in themes, therefore, but in his transformation of the role of the artist in relation to his material and in his discovery of the creative imagination, the artistic vision, a combination of sensual and spiritual awareness that cannot be contained in the classical vision of art. Romanticism was characterised by the emergence of new themes, certainly, but this is subordinate to its discovery of Art as a rediscovery of self and of the world. Rousseau's alienation from the *mores* of his day and his personal alienation were the conditions for his moves to discover a new identity, an authentic self. Like Gide he pursues this investigation in art where he can complete processes that real life circumscribes. Art in the process becomes for Rousseau a fulfilment and a transformation of real life, and the achievement of a unique vision of a strange new intensity developing in the special climate of the introspective artist, freed from the taboos of convention and his own reticence, and in this new freedom discovering hidden recesses of personality and new spiritual depths, what the Germans will call *Seele*. The fashionable view of the human psyche as unified and cohesive is fragmented as he became aware of himself as a complex of *personae*, a living incoherence seeking a core identity and an authentic persona. His art has become an existential statement of self based on this recognition of diversity and complexity. The discovery is autobiographical, not fictional as in Diderot's remarkable pictures of the Id in his contes.

The classical notions of *bienséance* (or decorum) and of *vraisemblance*, and the classical aesthetic's whole understanding of nature and imitation in art are inadequate to contain this new, unintentional and undogmatic incursion into romantic art. We have crossed decisive frontiers in Rousseau, no doubt in the dark and by following instinct rather than any critical stimulus. If we are correct in this analysis, then Rousseau's romantic themes may distract us from seeing the much more important sense in which he may be seen as romantic.

Notes

1. A print dated 'August 14 1789' under this title is in the British Library print room [7550]. It shows Liberty surmounting the works of Montesquieu, Raynal, Voltaire and Rousseau on the battlements of a threatened Bastille.

2. *Œuvres capitales* (Paris 1954), vol. II, pp. 31–59.
3. *Rousseau & Romanticism* (Boston 1919).
4. *Lettres sur les ouvrages et le caractère de J. J. Rousseau*, 2nd edn. (Paris an VI [1798]): 'l'opinion qu'il a soutenu est certainement paradoxale', pp. 3–4.
5. See *OC*, I, 1040 and note pp. 1794–5. Compare *The London Chronicle* (27–9 Jan. 1767), p. 99a, advertising 'a House in a healthy Romantic spot. A well built commodious elegant house for a man of fashion' in Switzerland.
6. 'On the discrimination of romanticisms', in *Essays in the History of Ideas* (Baltimore 1948), pp. 228–37.
7. E.g. 'The Unity of the Romantic Movement' in *Romanticism, Definition, Explanation and Evaluation*, ed. J. B. Halsted (Boston 1965) (Problems in European Civilisation), pp. 45–52.
8. See for example Diderot, *Entretiens sur le 'Fils naturel'*, opening to the *Second Entretien*, in Diderot, *Œuvres esthétiques* ed. P. Vernière (Paris, Garnier, 1959), pp. 97–8. The passage written in 1757 anticipates many aspects of romantic genius and inspiration, of wild nature and of the romantic hero and it antedates Rousseau's romantic writing.
9. See my 'Rousseau's Contemporary Reputation in France', *Studies on Voltaire* vol. 27 (1963), pp. 1545–74, *passim*.
10. A statement published in German in 1809 and translated into French in Mme. de Staël's *De l'Allemagne* (1813).
11. R. Derathé, *Le Rationalisme de Jean-Jacques Rousseau* (Paris 1948).
12. 'Unité ou scission du siècle des lumières', *Studies on Voltaire*, vol. 26 (1963), pp. 1207–21.
13. See note 9 above, pp. 1554–9.
14. See note 12, p. 1220.
15. See C. Dédéyan, *J. J. Rousseau et la sensibilité littéraire à la fin du XVIIIe siècle* (Paris 1966).
16. See S. S. B. Taylor, 'Literary Relations with the Continent' in *The New Cambridge Bibliography of English Literature*, ed. G. Watson, vol. II (*1660–1800*), cols. 69–152, esp. 87–8, 131–6.
17. See R. Ridgway, *Voltaire and sensibility* (Montreal 1973), and my 'The Moral and Social Significance of Diderot's *drames*' in *The Theatre of the French and German Enlightenment*, ed. S. S. B. Taylor (Edinburgh 1978–9).
18. J. Starobinski, *Jean-Jacques Rousseau: la transparence et l'obstacle* (Paris 1971).
19. *Ibid.*, p. 10.
20. M. Praz, *The Romantic Agony* (Oxford 1933).
21. R. Grimsley, *Jean-Jacques Rousseau: a study in self-awareness* (Cardiff 1961), p. 329.
22. 'Mais moi, détaché d'eux et de tout, que suis-je moi-même?' *OC*, I, 995.
23. See *Confessions* XII, *OC*, I, 638.

ROLAND MORTIER

Rousseau et la dissemblance

Avec le XVIIIe siècle, le problème de la définition du *moi*, de la prise de conscience d'une *singularité* acceptée comme telle, prend une importance toute nouvelle. Non que l'introspection eût été négligée dans le passé, mais elle tendait à un autre but; c'est ainsi que Montaigne, en se peignant lui-même, avait encore le sentiment de peindre toute l'humaine condition. Aussi Rousseau le récusera-t-il explicitement en le mettant 'à la tête de ces faux sincères qui veulent tromper en disant vrai', ajoutant d'ailleurs pour plus de précision: 'Il se montre avec des défauts, mais il ne s'en donne que d'aimables; il n'y a point d'homme qui n'en ait d'odieux. Montaigne se peint ressemblant, mais de profil' (*OC*, I, 1150).

La sincérité doit donc être totale, sans réserves ni restrictions. Cette exigence est le mobile qui sous-tend la vie morale et l'oeuvre littéraire de Rousseau, qui lui donne sa physionomie particulière et qui a, plus que toute autre vertu, séduit les contemporains et la postérité.[1] Ce besoin de s'examiner, puis de se confesser, cette attention perpétuellement attachée au *moi* intérieur, Jean-Jacques les a poussés plus loin que quiconque avant lui, sans doute parce que cette constante redéfinition de sa nature profonde répondait à une secrète inquiétude, en même temps qu'à une fervente volonté de transparence. Le temps est loin où le *moi* était tenu pour haïssable, et la singularité jugée ridicule.[2] Dans le cas de Rousseau, le *moi* envahit l'oeuvre, il en constitue la substance, il en est finalement la raison d'être: cet aspect essentiel de sa personnalité a été excellemment étudié par les exégètes les plus compétents, et nous n'y reviendrons donc pas.[3]

L'objectif de la présente étude est à la fois plus restreint et plus précis. Il ne s'agit point d'aborder dans son ensemble la question délicate de la détermination du *moi* et de ses mobiles, mais d'en cerner un aspect particulier, dont les répercussions sont néanmoins d'un intérêt majeur pour la compréhension de l'écrivain, ainsi que de l'impact que sa très singulière personnalité a exercé sur les lecteurs. Ce niveau de conscience pourrait se définir, selon la perspective adoptée, comme étant celui de l'*altérité*, de l'*originalité*, mais Rousseau lui-même semble marquer une préférence pour la notion de *dissemblance*, plus conforme aux habitudes de langage de son temps, et que nous avons donc reprise par souci de fidélité.

Rousseau perçoit son *moi* comme une alternance de mouvements de dispersion et de concentration, de ruptures soudaines (qualifiées de 'folies', de 'délires', d''extravagances') et de profondes continuités, qui tiennent à son être même et à la vision du monde sur laquelle il ne variera pas. La première *dissemblance* ainsi découverte, et aussitôt analysée, est donc d'ordre intérieur. Rousseau se définit comme un être changeant, contradictoire, paradoxal, et dès lors imprévisible. Il est significatif que cette description, encore traditionnelle dans son style et passablement complaisante dans le ton, apparaisse dans le premier texte d'intention proprement 'littéraire' de Jean-Jacques, l'autoportrait destiné à ouvrir la feuille périodique *Le Persiffleur*, dont le projet remonte à l'année 1749.

Avec un humour qui sent un peu l'application, si ce n'est l'ostentation, il présente à son lecteur 'certaines particularités de mon caractére qui le mettront au fait de ce qu'il peut s'attendre à trouver dans mes écrits'. Partant d'un texte de Boileau qui n'était qu'une variante du vieux thème érasmien de la folie universelle ('tous les hommes sont fous; et malgré tous leurs soins, / Ne diffèrent entre eux que du plus ou du moins'), il se présente comme un lieu privilégié de contradictions (et déjà, par là, comme un cas *exceptionnel*):

> Rien n'est si dissemblable à moi que moi-même,[4] c'est pourquoi il seroit utile de tenter de me définir autrement que par cette variété singuliére [. . .]. En un mot, un protée, un Caméléon, une femme sont des êtres moins changeans que moi [. . .]. C'est cette irrégularité même qui fait le fond de ma constitution [. . .]. Avec tout cela; à force de m'examiner, je n'ai pas laissé que de démêler en moi certaines dispositions dominantes et certains retours presque périodiques qui seroient difficiles à remarquer à tout autre qu'à l'observateur le plus attentif, en un mot qu'à moi même [. . .].

Les détracteurs de Rousseau ont maintes fois relevé et dénoncé ce qu'ils tenaient pour une incohérence et pour une marque d'instabilité grave. Les auteurs de l'*Histoire de Madame de Montbrillant* disent de René (= Jean-Jacques) que 'c'est un homme sans caractère', et Diderot

s'exclame, en juillet 1762, après l'*Emile*: 'Rien ne tient dans ses idées.
C'est un homme excessif.' Jean-Jacques lui-même y voyait plutôt l'indice d'une nature impulsive, non dominée par la sociabilité, et il in-
sistait sur le fait que cette irrégularité d'humeur tenait davantage à la
relation entretenue avec les autres qu'à des traits fondamentaux ('c'est
pourquoi je suis assés constamment de la même humeur avec les
mêmes personnes').

Mais il n'est guère nécessaire d'insister sur ce premier sens de la *dissemblance*, assimilée à l'inconstance et au changement. Elle est presque
un lieu commun depuis Horace et depuis que Montaigne a défini
l'homme 'un sujet merveilleusement vain, divers et ondoyant'; Diderot
lui-même, dans un mouvement d'humeur, s'est dit aussi changeant que
le coq sur le clocher de Langres, formule hâtive à laquelle la postérité
s'est empressée de faire un sort abusif.

L'important est moins dans la dissemblance avec lui-même, assez
secondaire après tout et qui masque une identité sous-jacente, que
dans la dissemblance avec les autres, en d'autres termes la *singularité*,
ou l'*altérité*. Ce motif, assez peu fréquent au début, deviendra bientôt
dominant, et parfois obsédant, dans une oeuvre dont le caractère personnel, donc autobiographique, va s'accentuant au fil des années. Il
constitue, en définitive, une des clés de la personnalité de Rousseau et
un des thèmes les plus féconds de sa création.

Dans un des textes malaisés à dater qu'il a rassemblés sous le titre
générique *Mon Portrait* (*OC*, I, 1120 et suiv.), Rousseau semble encore
considérer sa singularité comme un privilège flatteur, dans la mesure
où elle le désigne à l'attention de l'opinion publique et le sépare de la
masse incolore des 'hommes ordinaires'.

> [N° 14] Je ne me soucie point d'être remarqué, mais quand on me
> remarque, je ne suis pas fâché que ce soit d'*une manière un peu distinguée*,
> et j'aimerais mieux être oublié de tout le genre humain que regardé comme
> un homme ordinaire.

Un peu plus loin (N° 15), il reprend la même idée pour la développer et
il déclare: 'Je passe pour un homme singulier.' Cette singularité est
postulée cette fois, notons-le, comme relevant du jugement des autres,
et non du sien, mais elle n'a rien de négatif ou de préjudiciable. En
effet, c'est plutôt son propre discours qui pourrait le desservir ('à ne
consulter que mon intérêt, il seroit plus adroit de laisser parler de moi
les autres que d'en parler moi même'). Mais son amour propre, avoue-
t-il, est si fort 'que j'aime mieux qu'on en dise moins de bien et qu'on
en parle davantage'.

Jusqu'ici l'idée de *singularité* se rattache toujours étroitement à celle de *gloire*, et peu lui importe, semble-t-il, qu'elle soit réelle ou simplement postulée, pourvu qu'elle l'arrache à l'oubli et à l'indifférence, les pires sanctions pour un écrivain qui s'est voulu, tout à la fois, un artiste et un témoin, un maître à penser et un modèle de vie.

Le même recueil contient toutefois, dans la même thématique de l'amour-propre, une affirmation quelque peu divergente. Il aurait, confie-t-il (N° 21), 'moins d'amour propre que les autres hommes', ou bien il faudrait croire que 'le [sien] est *fait d'une autre manière*'. Nous touchons ici à une idée quasi ontologique, celle d'une dissemblance de nature, liée à des dispositions innées. Il s'agit bien de la même affirmation que celle formulée, en 1764, au début d'une ébauche des *Confessions* (*OC*, I, 1148), et qui remonterait beaucoup plus haut s'il faut l'en croire: 'm'étant senti bientôt *une espèce d'être à part*'.

Rousseau ne dit pas clairement et explicitement en quoi consiste cette dissemblance radicale, dont on verra plus loin les implications décisives. Il faut réunir certaines déclarations de principe, certains aveux, certaines professions de foi, certains discours justificatifs, pour s'en faire une idée plus nette.

La singularité de Jean-Jacques est avant tout d'ordre moral et psychologique, si on l'en croit. Non qu'il soit plus vertueux que les autres (même s'il l'est plus que la majorité), mais ses fautes n'ont jamais un caractère intentionnel. Son coeur est pur, sa volonté est innocente, et ses fautes ne sont donc que des erreurs, qui ne mettent jamais sa volonté en cause. Rousseau prétend qu'il a droit à l'absolution, et, fort de ses principes, il la réclame même à l'avance. Dans une de ses premières lettres, adressée en 1740 à M. de Mably (*CC*, I, 120), il s'en explique très ouvertement: 'Que s'il m'arrive de commêtre quelque faute, je répons d'avance qu'elles seront très dignes de pardon, parce qu'elles ne seront jamais volontaires'.

Trois ans plus tard, le 10 avril 1743 (*CC*, I, 186), il s'explique et se disculpe devant M. Dupin de l'incartade commise envers sa femme, dont il est aussi l'obligé. Il le fait d'abord en se présentant (bien avant le Dorval de Diderot, mais après les héros de Prévost) comme un être marqué par une douloureuse fatalité: 'Un triste penchant à prévoir tous les malheurs que je crains, et une cruelle exactitude du sort à justifier toutes mes craintes, me rend le mien comme assuré.' En d'autres termes, Jean-Jacques n'a pas voulu le ridicule incident; il y a été conduit par un destin inéluctable. Et au cas où Claude Dupin n'aurait pas été convaincu par cet argument de poids (bien sûr, il ne le fut pas), Rousseau se retranche derrière sa singularité, c'est-à-dire derrière son innocence.

Après une concession rapide aux exigences de la modestie ('Je n'ai ni assez de talents, ni assez de mérite, ni assez de sagesse, pour me croire digne de votre protection et de vos bontés'), il reprend le leit-motiv de sa pureté d'intention: 'Rempli de travers et de défauts, je sais du moins les haïr. Il est des retours sur nos fautes qui valent mieux que de n'en avoir pas commis.' Donc, même fautif, Rousseau est plus vertueux que les autres, dans la mesure où la faute stimule sa prise de conscience et approfondit en lui l'horreur du mal. La faute est excusée, puisqu'elle rend Jean-Jacques meilleur et l'immunise ainsi pour l'avenir. Loin de montrer en lui un 'méchant', elle est promesse et garantie d'excellence, pour autant qu'on veuille bien lui faire confiance. Aussi conclut-il son plaidoyer par un appel au pardon: 'Si les erreurs d'un tel caractère [entendons: d'un caractère sortant à tel point de l'ordinaire] paraissent dignes de quelque indulgence, j'implore la vôtre et celle de Madame Dupin.' On connaît la suite de l'incident.

Dans un autre contexte, ce sont les mêmes arguments qu'il utilisera, quinze ans plus tard, lors de 'l'affaire de l'Ermitage', devant Madame d'Houdetot (samedi 25 mars 1758; *CC*, V, 63–4): 'Je suis faible, il est vrai; ma vie est pleine de fautes car je suis homme. *Mais voici ce qui me distingue des hommes que je connois.* C'est qu'au milieu de mes fautes je me les suis toujours reprochées; c'est qu'elles ne m'ont jamais fait mépriser mon devoir ni fouler aux pieds la vertu; c'est qu'enfin j'ai combattu et vaincu pour elle dans les momens où tous les autres l'oublient.' A bon droit, le Dr Jacques Borel a pu parler, à propos d'un tel raisonnement, d'une conception d'origine religieuse, fondée sur l'effet purificateur du repentir.[5]

L'intensité de ce repentir efface le péché et exalte le pécheur. Dans la longue lettre de confession qu'il adresse de Monquin, le 26 février 1770, au très pieux M. de St Germain, il répète inlassablement: 'J'étois homme et j'ai péché; j'ai fait de grandes fautes que j'ai bien expiées, mais jamais le crime n'approcha de mon coeur. Je me sens juste, bon, vertueux, autant qu'homme qui soit sur la terre' (*CG*, XIX, 260).

On retrouve ici l'écho lointain du célèbre 'O felix culpa' chrétien. Mais Rousseau renchérit sur cette vertu rédemptrice de la faute assumée en proclamant l'excellence du pécheur ainsi pardonné (par lui-même si ce n'est par les autres). Lui seul sait ses vrais mérites et peut donc se proclamer *meilleur*, en vertu d'une introspection purifiante qui n'est possible qu'à un être exceptionnel tel que lui.[6]

Cette affirmation revient sous sa plume comme un leit-motiv révélateur.

A Madame d'Houdetot, le 2 novembre 1757 (*CC*, IV, 333):

> Ah si je suis un méchant, que tout le genre humain est vil! *Qu'on me montre un homme meilleur que moi!* Qu'on me montre une âme plus aimante, plus sensible, plus éprise des charmes de l'amitié, plus touchée de l'honnête et du beau, qu'on me la montre, et je me tais.

A M. de Malesherbes, le 4 janvier 1762 (*CC*, X, 7):

> Je mourrai [. . .] très persuadé que de tous les hommes que j'ai connus en ma vie, *aucun ne fut meilleur que moi.*

Au même, le 28 janvier 1762 (*CC*, X, 64):

> Aussi je ne vous déguiserai point que, malgré le sentiment de mes vices, *j'ai pour moi une très haute estime.*

Ce qui corrobore ce qu'il écrivait, vers la fin de 1753, dans une lettre destinée au critique Fréron et qu'il garda en portefeuille (*CC*, II, 241):

> Il ne vous est pas, sans doute, aisé de concevoir comment on peut jouir *de sa propre estime* [. . .] je vous déclare derechef très publiquement que *je m'estime beaucoup*; et que je ne désespére pas de venir à bout *de m'estimer beaucoup d'avantage.*

Ce sentiment d'excellence, s'il vient à entrer en conflit avec le jugement des autres, se trouve devant une alternative: ou il s'effondre devant l'évidence d'une culpabilité admise par le reste du groupe social, ou il s'exalte encore, mais cette fois au détriment des autres, tenus *a priori* pour 'méchants' et malveillants. La conscience de l'excellence morale dans la singularité conduit, avec une implacable logique, à l'obsession du complot. Au fil des années, la conspiration des 'méchants' devient, dans son esprit, toujours plus présente et plus menaçante. L'homme pur est, par essence, leur cible, mais il les défie du haut de son innocence et de sa supériorité morale. En pleine querelle de l'Ermitage, il écrit à Diderot (le 24 ou le 25 octobre 1757):

> Je défie un coeur comme le vôtre d'oser mal penser du mien. D'autres peut-être parleroient mieux de moi *si je leur ressemblois davantage.* Que Dieu me préserve de me faire approuver d'eux. Que les méchans m'épient et m'interprétent: Rousseau n'est pas fait pour les craindre, ni Diderot pour les écouter (*CC*, IV, 296)

Lorsqu'il ne croira plus à l'innocence de Diderot, c'est M. de St Germain qu'il prendra à témoin pour crier son mépris des 'méchans', mais aussi l'impossibilité où ils sont d'avoir prise sur lui (lettre du 26 février 1770). On notera comment Rousseau oppose de manière radicale *moi* et les *méchants*, mais aussi *moi* et les *hommes*, comme si les deux ensembles se confondaient à la limite:

> Jusqu'à ma dernière heure, je reste à la merci des méchants; mais enfin que me peuvent-ils faire? [...] au jour de ma mort, qu'il faudra bien enfin qui vienne, mes persécuteurs m'auront rendu service en dépit d'eux. Pour quiconque en est là, les hommes ne sont plus guère à craindre. Aussi peuvent-ils jouir de leur reste: tant qu'ils ne changeront pas la nature des choses, tant qu'ils n'ôteront pas de ma poitrine le coeur de Jean-Jacques Rousseau pour y mettre celui d'un malhonnête homme, je les mets au pis.[7] [...] j'envie la gloire des martyrs, Si je n'ai pas en tout la même foi qu'eux, j'ai la même *innocence* et le même zèle, et mon coeur se sent digne du même prix.

Un tel être peut, à la rigueur, se suffire à lui-même, grâce à la richesse de sa vie intérieure et au sentiment qu'il a de son excellence et de sa pureté. Il écrira en 1777, dans la *Huitième Promenade* (*OC*, I, 1075):

> Réduit à moi seul, je me nourris il est vrai de ma propre substance, mais elle ne s'épuise pas et je me suffis à moi-même [...] C'est à ce retour sur nous même que nous force l'adversité, et c'est peut-être là ce qui la rend insupportable à la pluspart des hommes. Pour moi qui ne trouve à me reprocher que des fautes, j'en accuse ma faiblesse et je me console; car jamais mal prémédité n'approcha de mon coeur.

L'unicité de Jean-Jacques, sa vertu jusque dans la faute, sa *dissemblance* profonde avec 'les autres', tout cela le justifie à ses yeux, mais fait aussi son malheur sur terre. De toute évidence, il se croit et se sent *incompris* parce que *différent*, et il le dit sans ambages dans la violente réponse du 26 octobre 1757 à Melchior Grimm (*CC*, IV, 302):

> Je crois voir d'où viennent tous les bizarres devoirs qu'on m'impose; c'est que tous les gens avec qui je vis me jugent toujours sur *leur* sort, jamais sur le *mien* [...] Personne ne sait se mettre à ma place, et ne veut voir que je suis *un être à part*, qui n'a point le caractère, les maximes, les ressources des autres, et *qu'il ne faut point juger sur leurs règles*.[8]

Idée qu'il explicite après coup dans une note où il s'exclame: 'Quel honnête homme n'aimerait pas cent fois mieux être coupable de *mes fautes* que de *leurs trahisons?*'

Parce qu'il est 'un être à part' et qu'il dissemble des autres, Rousseau estime avoir droit à un traitement particulier, ainsi qu'à un jugement fondé sur des normes exceptionnelles, adéquates à son cas.

Il fonde ce droit imprescriptible sur sa sincérité et sur sa franchise, vertus supérieures et rares qui effacent les fautes qu'il a pu commettre, tant il est vrai que, pour Rousseau, *l'intention* importe bien plus que l'acte lui-même.

Puisqu'il est à la fois 'innocent' et 'être à part', il connaît son bon droit en même temps qu'il ressent la difficulté de le faire admettre par autrui, contradiction qui le crucifie et qu'il essaie de dépasser en s'adressant directement au lecteur. Toute l'oeuvre autobiographique de la vieillesse pourrait porter la suscription 'A tout François aimant encor la justice et la vérité' figurant sur le 'billet circulaire' qu'il distribua sans succès au printemps de 1776.

La tragédie de l'être 'à part' est moins dans sa solitude, puisqu'elle est acceptée comme telle, que dans la difficulté de communiquer et de se faire entendre, comme si l'on ne parlait pas la même langue de part et d'autre. C'est bien la situation qu'il décrit dans une lettre à Madame d'Epinay que R. Leigh date des environs du 12 mars 1756 (*CC*, III, 296): 'Apprenez mieux *mon dictionnaire*, ma bonne amie, si vous voulez que nous nous entendions. Croyez que mes termes ont *rarement le sens ordinaire*, c'est toujours mon coeur qui s'entretient avec vous et peut-être connoîtrez-vous quelque jour qu'*il ne parle pas comme un autre*.' Il aime à répéter, après Ovide, 'Barbarus hic ego sum, quia non intelligor illis'.

Rousseau parle la langue du coeur, mais surtout la langue de *son* coeur, et il incombe aux autres de faire l'effort indispensable pour entrer dans cet univers préservé.

Certains s'y refusent, les uns par ignorance, d'autres par indifférence, quelques-uns par calcul. Ceux-là le qualifient hypocritement de 'monstre abominable' (*Premier Dialogue*, *OC*, I, 738) et tentent par tous les moyens d'accréditer cette imposture. Ils l'accusent d'être 'hors de la nature' et l'estiment trop coupable pour mériter d'être entendu. Jean-Jacques devra donc crier sa vérité, la déposer au besoin dans le choeur de l'église Notre-Dame, multiplier les écrits justificatifs, et tenter même de pénétrer dans le for intérieur de ses pires détracteurs pour mieux les accabler et faire éclater son innocence: ce sera la fonction du 'Français' moyen des *Dialogues*.

L'hostilité du public s'explique par la gêne qu'il éprouve devant un homme 'dont *la singularité* révolte son amour-propre' (*OC*, I, 768). Il le juge à son aune, et le juge donc mal, 'car cet homme ne *ressemble à nul autre que je connoisse*; il demande *une analyse à part* et *faite uniquement pour lui*' (*ibid.*, 774).

Ce texte capital n'a peut-être pas été suffisamment souligné par la critique. Il contient simultanément l'énoncé le plus clair d'une singularité revendiquée comme unique et l'exigence d'un examen fondé sur des normes particulières. Jamais, peut-être, l'individu n'avait proclamé ses droits avec autant de vigueur contre la société; jamais il ne s'était réclamé avec autant d'insolente audace d'un statut exceptionnel.

Rousseau se sent donc 'autre', irréductiblement 'à part'. Il l'est, dans une certaine mesure, par des dispositions caractérielles innées; mais il l'est surtout parce que le monde ne l'a pas adultéré. 'De tous les hommes que j'ai connus celui dont le caractère derive le plus pleinement de son seul tempérament est Jean-Jacques. *Il est ce que l'a fait la nature*: l'éducation ne l'a que bien peu modifié' (*OC*, I, 799).

Des observateurs, pourtant bien intentionnés, sont portés à juger sa conduite extraordinaire: 'au contraire, c'est à force d'être naturelle que celle de Jean-Jacques est peu commune' (*OC*, I, 850).

Au début du *Premier Dialogue*, Rousseau évoque la seule société qui pourrait lui convenir, celle d'êtres vertueux et simples qui lui ressembleraient (*OC*, I, 668 et suiv.) thème déjà abordé dans la troisième lettre à M. de Malesherbes (26 janvier 1762: 'Je la peuplois bientôt d'etres selon mon coeur [. . .] Je m'en formois une société charmante dont je ne me sentois pas indigne'). Compagnie imaginaire, bien entendu, et qui relève de la pure chimère, puisqu'il est entendu qu'ici bas Rousseau est et restera solitaire et différent, singulier et incompris. Dans cet univers de rêve, qu'il appelle 'monde idéel' ou 'monde enchanté', la communication est directe et aisée, mais on remarquera surtout que la moralité (à l'instar de celle de Jean-Jacques) est plus dans l'intention que dans l'acte. 'Peut-être n'est-on pas dans ces contrées plus vertueux qu'on ne l'est autour de nous, mais on y sait mieux aimer la vertu' (*ibid.*, p. 670).

Il est vrai que ce monde-là n'existe pas, et que dans celui-ci Jean-Jacques est douloureusement *seul* (le mot revient sept fois en deux alinéas, *ibid.*, pp. 728–9). Lui qui se sent 'le plus sociable et le plus aimant des humains' (*Première Promenade*) tentera donc de renouer un contact sans cesse menacé. Le recours personnel l'a déçu et ses meilleurs amis (de Diderot à Duclos) l'ont abandonné et trompé. Peu importe la vérité du fait, puisque telle est la conscience qu'il en a. Il ne lui reste donc qu'à trouver le salut dans l'écriture. Ce médium, qui n'avait servi qu'à établir sa gloire dans les premières oeuvres, devra maintenant le *sauver* en le justifiant devant les autres. Parce qu'il est 'dissemblable' et qu'on lui refuse cette 'analyse à part' qu'il réclamait à Mme d'Epinay, il fera servir l'écriture à une fin qu'on ne lui avait jamais assignée avec autant de vigueur. Elle le dévoilera, elle analysera les tréfonds de son être; et par là elle le disculpera. Rousseau institue, avec son lecteur, un dialogue où il s'engage intégralement, dans une totale 'transparence'. L'oeuvre se fait confession; elle s'édifie sur l'histoire d'un 'être à part', dont elle ne cachera rien, puisque – une fois encore – la franchise de l'aveu effacera les fautes avouées.

L'homme exceptionnel élabore une oeuvre exceptionnelle, et il en a conscience. Cet 'homme qui ne ressemble à nul autre' (cf. supra) va créer une oeuvre qui ne ressemble à nulle autre, et il le proclame avec fierté. Faut-il citer ici le célèbre début des *Confessions*: 'Je forme une entreprise qui n'eut jamais d'exemple, et dont l'exécution n'aura point d'imitateur?'

Mais Jean-Jacques n'a pas attendu 1766 pour revendiquer cette priorité et cette excellence. Au début de janvier 1758 (*CC*, V, 2), il déclarait à Sophie d'Houdetot: 'Je commence une correspondance qui n'a point d'exemple et ne sera guère imitée', ce qui est déjà presque littéralement la formule des *Confessions*.

'Oeuvre unique parmi les hommes', affirme-t-il fièrement dans le *Deuxième Dialogue* (*OC*, I, 859).

La nouveauté n'est pourtant pas dans l'intention de surprendre ou d'étonner; elle est dans le sujet lui-même, qui rompt avec les habitudes littéraires et avec les usages moraux:

> Je veux montrer à mes semblables un homme dans toute la vérité de la nature; et cet homme, ce sera moi. *Moi seul*. Je sens mon coeur et je connois les hommes. Je ne suis fait comme aucun de ceux que j'ai vus; j'ose croire n'être fait comme aucun de ceux qui existent. Si je ne vaux pas mieux, au moins *je suis autre*.

Il rejette toute prétention 'littéraire', au sens traditionnel, puisqu'écrire pour le plaisir d'écrire n'est que futilité et vaine gloriole. Dans un *Fragment biographique* daté par les éditeurs de 1755–6, il condamne les livres modernes 'si froids avec tant d'esprit', dont les auteurs 'ne croyent rien de ce qu'ils disent, et ne se soucient pas même de le faire croire aux autres. Ils veulent briller et non convaincre [...] (*OC*, I, 1113).

L'oeuvre est là pour *témoigner*. Elle exprime sa différence, sa singularité; elle l'éclaire et le justifie. Non qu'il ait à se guinder ou à prendre la pose: 'On m'a imputé de vouloir être original et faire autrement que les autres. En vérité je ne songeais guére à faire ni comme les autres, ni autrement qu'eux. Je désirois sincerement de faire ce qui étoit bien' (*OC*, I, 56).

Mais s'il ne se blanchit pas, il ne blanchira pas les autres. Le seul crédo dont il se réclame est celui de la vérité, *intus et in cute*, et la vérité a ses droits, qui sont imprescriptibles.

Déjà en 1757 (le 31 août selon R. Leigh), il se présentait en héraut d'une franchise totale, allant jusqu'à la brutalité, dans une lettre à Madame d'Epinay:

> Mais savez-vous comment je racheterai mes fautes durant le peu de tems qui me reste à passer près de vous? *En faisant ce que nul autre ne fera après moi.* En vous disant sincérement ce qu'on pense de vous dans le monde et les bréches que vous avez à réparer dans votre réputation. Malgré tous les prétendus amis qui vous entourent, quand vous m'aurez vu partir, vous pourrez dire adieu à la Vérité; vous ne trouverez plus personne qui vous la dise. (*CC*, IV, 249)[9]

On conçoit la frayeur que cette entreprise sans précédent suscita parmi les anciens amis de Rousseau, assurés d'emblée d'être mis en cause. Mais l'essentiel n'est pas là; il est dans une volonté de dévoilement qui souligne ce qu'un individu a *d'unique*, ce qui le différencie des autres, propos déjà explicite dans sa première lettre à M. de Malesherbes (4 janvier 1762):

> Je me peindrai sans fard, et sans modestie, je me montrerai a vous tel que je me vois et tel que je suis, car passant ma vie avec moi je dois me connoitre et je vois par la maniere dont ceux qui pensent me connoitre, interpretent mes actions, et ma conduite qu'ils n'y connoissent rien. *Personne au monde ne me connoit que moi seul.* (*OC*, X, 7)

Rousseau proclame son originalité, sa 'dissemblance', et il l'assume avec orgueil. Il la réalise en la vivant et il la fixe dans son oeuvre.

'Moi, moi seul': ce cri souvent répété marque l'irruption de l'individu dans la littérature, mais aussi la valorisation positive de la singularité. Avec Rousseau, la littérature change de fonction. Elle échappe au souci formel des 'belles lettres' pour devenir le constat d'une expérience, unique et précieuse. L'original n'est plus un excentrique – comme Cardan, qui était sincère mais fou (*OC*, I, 1150); il est 'l'homme de la nature', le témoin de la Vérité, et parfois son martyr. A la perspective esthétique normative va se substituer une perspective psychologique et morale différentielle qui privilégiera la singularité, l'écart, *l'authenticité*. En somme, singularité, sincérité, moralité fourniront de nouveaux critères d'appréciation. L'oeuvre n'a de sens que *vécue*, et une nouvelle critique y prend sa source, qui prétend avec Herder que la vie d'un auteur est le meilleur commentaire de son oeuvre. A cet égard, Rousseau a sans doute contribué plus que quiconque à l'émergence d'une nouvelle norme littéraire, méconnue jusque-là au profit de la mimèsis: *l'originalité*. C'est de lui, c'est de son exemple, que se réclameront les *Stürmer*, et avec eux tous ceux qui privilégient l'expression *immédiate* de l'expérience, ressentie dans son unicité et dans la fascination de sa 'différence'. En affirmant simultanément le caractère unique de son *moi* et le caractère exceptionnel de son projet, Rousseau jetait les bases d'une nouvelle littérature, qui est encore la nôtre. Peu de singularités auront été littérairement aussi fécondes.[10]

Notes

1. On lira avec profit, sur ce sujet, le chapitre 3, 'Rousseau, sincerity and truth' dans *Literature and Sincerity* de Henri Peyre (New Haven and London 1963), pp. 79–110.
2. Voir à ce sujet notre article sur 'L' "original" selon Diderot', dans *Saggi e ricerche di letteratura francese*, IV (Torino 1963), pp. 139–57.
3. Voir entre autres Marcel Raymond, 'Jean-Jacques Rousseau: deux aspects de sa vie intérieure (Intermittences et permanence du 'moi'), dans *Annales de la Société J.-J. Rousseau*, t. XXIX (1941–2), pp. 7–57; Jean Starobinski, *Jean-Jacques Rousseau: la transparence et l'obstacle* (Paris 1957); Ronald Grimsley, *Jean-Jacques Rousseau, a study in self-awareness* (Cardiff 1961); ainsi que le petit *Rousseau par lui-même* (Paris 1961), de Georges May, admirable dans sa justesse et dans sa concision. On tirera grand profit des notes très copieuses du tome Ier de l'édition de la Pléiade (1959), dues à B. Gagnebin, R. Osmont et M. Raymond. Grâce à M. Ralph Leigh, nous disposons maintenant d'une édition de la *Correspondance complète* qui excelle à la fois par sa rigueur dans l'établissement du texte et par sa sérénité de ton dans les commentaires, qui nous changent heureusement du style apologétique ou hagiographique qu'ont cru longtemps devoir adopter certains éditeurs et critiques de Rousseau.
4. A juste titre, Donal O'Gorman rapproche cette déclaration du portrait du neveu de Rameau par Diderot, au deuxième alinéa de son dialogue, et surtout de la formule de synthèse: 'Rien ne dissemble plus de lui que lui-même'. Sur ce point et sur quelques autres, les analogies relevées par ce

critique entre Jean-Jacques et le Neveu donnent à réfléchir (*Diderot the Satirist* (Toronto 1971), t. III, ch. 7, pp. 136–84: 'The caricature of Rousseau'. O'Gorman remarque que toute cette thématique remonte à la satire I, iii, d'Horace, où il est dit de Trebatius: 'Nil fuit unquam sic impar sibi.'

5. Dr Jacques Borel, *Génie et folie de Jean-Jacques Rousseau* (Paris 1966), p. 117: 'On devine là une position religieuse traditionnelle.'

6. Bien que pénétré de lectures évangéliques, Rousseau n'a jamais songé que ce raisonnement apologétique était assez proche de celui tenu par le pharisien de la parabole de Luc, XVIII, 11, qui priait en lui-même: 'O Dieu! je te rends grâces que je ne suis pas comme le reste des hommes.'

7. Ce détachement annonce l'inspiration de la *Première Promenade* ('Qu'ai-je encore à craindre d'eux, puisque tout est fait? [. . .] Ils se sont ôté sur moi tout empire, et je puis désormais me moquer d'eux').

8. La suite ressemble étonnamment à certains passages du *Neveu de Rameau*, et apporte ainsi de l'eau au moulin de D. O'Gorman.

9. Dans le même ton, il écrit au maréchal de Luxembourg, dont le fils venait d'être fait capitaine des gardes (*CC*, VI, 156; vers 1e 30 août 1759): 'Assez d'autres vous feront des complimens [. . .]'.

10. A moins d'adopter le point de vue étroitement moraliste et traditionnel d'Irving Babitt, qui voit dans cette volonté de singularité la marque de la maladie et de la folie, *Rousseau and Romanticism* (New York 1919).

GEORGES POULET

Le Sentiment de l'existence et le repos

Le 'sentiment de l'existence', trop avidement, trop frénétiquement
recherché, risque de se détruire lui-même dans les excès et les ou-
trances auxquels il nous porte. Telle est cependant une des tendances
majeures du dix-huitième siècle déclinant. Si l'exaspération de la sensation aboutit à une intensification du sentiment de l'existence, et si
celui-ci peut être indéfiniment augmenté, il est naturel que ceux qui
considèrent cette opération comme hautement désirable, produisent
des efforts répétés pour dépasser le niveau atteint dans chaque
expérience antécédente. Il en résulte qu'il n'y a jamais pour eux de conscience de soi stable et permanente. Il n'y a qu'une quête perpétuellement renouvelée, la réitération obstinée d'une suite d'actions, de
chacune desquelles l'homme de désir espère tirer une joie plus cons-
ciente, plus nettement perçue, et par conséquent plus aiguë. En un
mot, la conscience de soi se recrée sans cesse grâce à la multiplication
ou au renforcement des voluptés. Ou, du moins, elle tente de réaliser ce
programme, mais le plus souvent en vain. Il faut bien constater en effet
qu'elle est souvent entravée dans son activité par le rôle que joue le
désir dans cette chasse au bonheur. Dès que l'objet du désir devient
moins attrayant, le sentiment de soi dont il nous faisait jouir,
s'émousse, s'alentit, tandis que le désir, libéré de l'objet auquel il était
attaché, n'en est que plus empressé à chercher de nouvelles proies.
D'où une usure rapide des sentiments et une diminution correspondante de l'efficacité des procédés par lesquels l'amateur de voluptés espère, en renouvelant sans cesse le sentiment de son existence, jouir
plus complètement des plaisirs qu'il procure. L'affaiblissement des
sensations a pour conséquence une réduction correspondante du
pouvoir que possède l'esprit de se percevoir en train de sentir. De sorte
qu'une inquiétude grandissante a tendance à se faire jour dans la

37

pensée des voluptueux. Comment réussir à transmuer constamment la conscience qu'on a de soi en jouissance, si cette conscience devient en chaque moment plus agitée et plus insatisfaite? La quête de soi se transforme en une course harassante, en une activité sans répit et sans repos.

Heureusement cette forme particulière d'expérience n'est pas la seule qu'on rencontre au dix-huitième siècle. L'homme d'alors découvre aussi, fréquemment, qu'à côté de la quête systématique de soi-même dans le plaisir, il y a une découverte de soi spontanée qui se fait sans être délibérément cherchée, et qui, à l'inverse de ce qui se passe d'habitude, n'entraîne aucune désillusion ni impatience. Le meilleur moment pour ressentir toute la richesse intérieure que comprend notre être, n'est peut-être pas celui où ce dernier s'évertue à atteindre le sentiment le plus vif qu'il puisse avoir de lui-même. Même les voluptueux les plus impatients se rendent compte qu'il existe une volupté toute différente de celle qu'on éprouve dans le bref désordre d'une jouissance précipitamment poursuivie. Aussi n'est-il pas rare de voir des épicuriens attachés à leur plaisir, apprendre à goûter l'espèce de paix intérieure avec laquelle ils reprennent conscience d'eux-mêmes dans le moment qui suit celui où, cette conscience même, ils l'ont troublée par l'excès de leurs délices. D'où, au dix-huitième siècle, parfois chez les mêmes personnes, l'apparition de deux façons très différentes l'une de l'autre d'avoir le sentiment de son existence. Il y a celle qui consiste, comme nous venons de le voir, à porter à son maximum l'activité du *sentir*. Mais il y a aussi l'attitude inverse, celle qui a pour principale caractéristique la réduction à son minimum de l'expérience sensible, non pour substituer à celle-ci, comme le faisait Descartes, une intuition de soi rigoureusement intellectuelle, mais pour donner à l'expérience sensible avec un minimum d'intensité une apparence plus modeste et des traits plus mesurables.

Nous en avons un admirable exemple dans un texte de Diderot que nous ne nous lassons pas de citer: l'article 'DÉLICIEUX de *l'Encyclopédie*. Citons-en ici, au moins, une partie:

> Mais qu'est-ce qu'un repos délicieux? Celui-là seul en a connu le charme inexprimable dont les organes étaient sensibles et délicats; qui avait reçu de la nature une âme tendre et un tempérament voluptueux; qui jouissait d'une santé parfaite; qui se trouvait à la fleur de son âge; qui *n'avait l'esprit troublé d'aucun nuage, l'âme agitée d'aucune émotion trop vive*; qui sortait d'une fatigue douce et légère, et qui éprouvait dans toutes les parties de son corps un plaisir si également répandu qu'il ne se faisait distinguer dans aucune. Il ne lui restait dans ce moment d'enchantement et de

faiblesse, ni mémoire du passé, ni désir de l'avenir, *ni inquiétude sur le présent.* Le temps avait cessé de couler pour lui, parce qu'il existait tout en lui-même; *le sentiment de son bonheur ne s'affaiblissait qu'avec celui de son existence.* — Il passait par un mouvement imperceptible de la veille au sommeil; mais sur ce passage imperceptible, au milieu de la défaillance de toutes ses facultés, il veillait encore assez, sinon pour penser à quelque chose de distinct, du moins pour *sentir toute la douceur de son existence.*

Où sont donc ici les 'émotions trop vives' qui, dans toute une série de passages souvent cités, emportent dans leur cours celui qui les éprouve, et qui, en les éprouvant, s'éprouve lui aussi, avec une fièvre égale? Entre tous ces passages et le texte dont nous nous occupons maintenant, il y a, cela saute aux yeux, une énorme différence de *tempo*. Dans le premier cas nous nous trouvons en présence d'émotions directes, immédiates, qui affectent les êtres qui y sont sujets dans le moment même où la joie est encore un transport. Mais, dans un texte comme celui que nous venons de lire, nous percevons au contraire l'émotion au moment où elle *s'éloigne* de celui qui l'éprouve, et où, par conséquent, prenant ses distances, elle se transforme en réflexion ou en rêverie. Transformation qui, pour réaliser le dessein qui l'inspire, procède aussi lentement que possible, de sorte que nous avons tout le temps de noter le 'mouvement imperceptible' qui va de la veille au sommeil, mais qui aussi, avant que le sommeil ne gagne définitivement le rêveur, l'amène sans secousse à cet état où, comme le dit Diderot, il peut 'sentir toute la douceur de son existence'. — Un tel passage, dans la lente variation des humeurs qui le composent, a quelque chose de musical. Il a le déroulement sans hâte d'un *adagio*. Le temps y a presque cessé de couler, et le sentiment de soi qui s'y trouve décrit, en raison de la lenteur avec lequel il se développe dans la pensée, semble remplir une petite éternité.

N'est-il pas étonnant, quand on y réfléchit, que Diderot, cet être toujours pressé et avide de saisir pour ainsi dire au vol le sentiment de soi au moment où il l'éprouve, soit aussi celui qui avec tant de précautions a lié ce sentiment au repos lui-même? Mais il n'est pas le seul dans ce cas. Il en va ainsi, par exemple, chez un auteur comme Saint-Lambert. Souvent ce qui apparaît chez lui, c'est le *sentiment vif de l'existence.* Mais voici maintenant un texte de lui où ce qui prévaut, c'est exactement comme dans le texte précédent de Diderot, l'image d'un 'repos délicieux'. Ce passage de Saint-Lambert est tiré des *Saisons.* Il décrit l'état d'âme de celui qui jouit des plaisirs de la bonne saison:

> La chaleur dans un corps bien constitué et qui n'est point obligé à des efforts, donnant aux nerfs et aux muscles le même *relâchement modéré* que le plaisir, fait éprouver à l'âme un état agréable, un bien-être dont elle se rend compte; c'est alors que la simple existence est un bien et qu'on pourrait se dire: Je suis parce que je suis. C'est alors qu'à l'ombre des arbres, sur un gazon frais, près des eaux qui tempèrent les feux de l'été sans empêcher de les sentir, l'esprit abandonné à la rêverie, le coeur content, les sens tranquilles, on jouit pendant quelques moments d'un repos délicieux et semblable à celui qui succède aux plus grands plaisirs.[1]

Le 'relâchement modéré' dont parle Saint-Lambert, rappelle l'atmosphère générale de détente que nous relevions dans le texte de Diderot. Il caractérise admirablement cette diminution mesurée de la *tension* chez l'être sensible, qui est peut-être le phénomène le plus important que nous ayons à considérer dans une étude sur le sentiment de l'existence. Si celui-ci, chez la plupart des écrivains du dix-huitième siècle, est le plus souvent associé à l'acuité de la sensation comme à l'activité de l'esprit, il n'y a rien au contraire qui semble moins *tendu*, plus paisiblement subi, que le sentiment de l'être, tel qu'il apparaît chez certains de ces écrivains, au moins dans leurs moments de complète détente. Cela est particulièrement vrai en ce qui regarde Rousseau. Saint-Lambert parle de *relâchement*. Rousseau se sert d'un mot presque identique, c'est-à-dire du substantif *relâche*:

> Le plus indifférent spectacle, remarque-t-il, a sa douceur par *le relâche* qu'il nous procure, et pour peu que l'impression ne soit pas tout à fait nulle, le *mouvement léger* dont elle nous agite suffit pour nous préserver d'un *engourdissement léthargique* et nourrir en nous le *plaisir d'exister* sans donner de l'exercice à nos facultés. (*OC*, I, 816)

Chez Rousseau comme chez Saint-Lambert, voire aussi chez Diderot, l'épanouissement (ou plutôt l'approfondissement) du sentiment de soi ne requiert donc pas nécessairement une immobilisation de la pensée et du pouvoir de sentir. Bien au contraire! L'état dont il s'agit ici et qui constitue moins un aboutissement qu'une approche, loin d'entraîner un arrêt complet des activités du corps et de l'esprit, implique, comme dit Diderot, un *mouvement imperceptible*, ou, comme dit Rousseau, un *mouvement léger*. Mouvement trop peu marqué sans doute pour qu'il puisse indiquer une direction déterminée, mais suffisant pour qu'il n'y ait pas stagnation, ou selon le dire de Rousseau, engourdissement léthargique. En d'autres termes, ce 'relâchement modéré' apparaît comme se situant à égale distance de l'activité fébrile que montre l'amateur de sentiments intenses, et de l'immobilité totale de l'être devenu apathique et s'enlisant dans une espèce de stupeur. 'Le grand art est de trouver, écrit Sénac de Meilhan, *un état mitoyen entre la léthargie et la convulsion*.[2] Peut-être pourrait-on voir encore dans ce phénomène un changement dans l'orientation de la pensée, celle-ci au lieu de se tourner vers le dehors, vers une activité externe, trouvant une heureuse détente, une reposante soustraction à la pression du désir dans le léger mouvement par lequel elle se rapproche de la personne pensive, du moi central. Quoi qu'il en soit, comme le note encore Rousseau sur l'une de ses 'cartes à jouer', il y a non fixation du sentiment mais un 'mouvement continu que j'aperçois [et qui] *m'avertit que j'existe*, car il est certain que la seule affection que j'éprouve est la faible sensation d'un bruit léger, égal et monotone'. Et Rousseau d'ajouter à sa notation: 'De quoi donc est-ce que je jouis? De moi [...]' (*OC*, I, 1166).

Jouissance de soi, d'un 'soi' presque complètement indéterminé, jouissance aussi éloignée que possible du plaisir furieusement poursuivi au dehors, comme une proie certaine, par l'amateur de jouissances. N'est-ce pas Bergson qui distinguera à la fin du siècle suivant deux directions de l'esprit entre lesquelles l'homme choisit, et dont l'une mène vers le monde externe, l'autre vers lui-même et son intériorité profonde? Il va de soi que la première de ces deux directions le conduit vers un but fixé à l'avance. L'autre, au contraire, plus imprécise, convient moins à une démarche dirigée vers quelque résultat positif. N'avons-nous pas vu Diderot, dans le passage sur le 'repos délicieux' que nous avons cité, parler du sentiment qui l'affecte, comme d'un état où il ne pense pas à 'quelque chose de distinct'. D'autre part, Saint-Lambert, à propos de cette disposition de l'âme, prononce le mot de 'rêverie'. On le voit, nous sommes ici au seuil du romantisme et du dix-neuvième siècle. La conscience humaine commence à attacher du prix à un état qui n'est plus celui d'une pensée explicite et intéressée; c'est dans l'absence de toute détermination, dans l'omission de toute idée expressément formulée, que la pensée errante se noue et se dénoue, va de l'avant, revient en arrière, sans avoir de dessein et poursuit un songe de moins en moins définissable; de sorte qu'au milieu de ces ombres qui ne la retiennent pas et qui se dissipent, ne se distingue plus en fin de compte, et très faiblement, que la conscience de soi du songeur. Point de formes reconnaissables, point non plus de voie toute tracée que parcourrait l'esprit. Cessation de presque toute activité. L'être qui rêve ne se sent plus l'originateur de sa propre pensée. S'il jouit de lui-même, c'est comme le dit Diderot, 'd'une

jouissance tout à fait passive'. Et Diderot de décrire cette manière de
vivre comme 'une situation de pur sentiment où toutes les facultés du
corps et de l'âme sont vivantes sans être agissantes', et de prononcer à
leur propos le nom de quiétisme.[3]

Quiétisme peut-être pris dans un sens plus étendu que celui offert
par le quiétisme proprement religieux, puisque chez ce dernier la
passivité se présente le plus souvent comme un retrait de l'âme accep-
tant de céder la place à la présence active de Dieu. Or il n'en va nullement ainsi chez l'être absorbé dans la contemplation infinie de lui-
même, qui est le quiétisme épicurien. A sa passivité ne correspond pas
quelque activité d'origine divine. Détaché de tout, ignorant toute intervention de la surnature, c'est en lui-même et en lui seul qu'il se
retire. Là, à l'intérieur de lui, que distingue-t-il? Même pas sa personne propre avec les caractéristiques individuelles qui sont les
siennes; rien que son existence nue, et encore celle-ci perçue non comme un objet que du dehors la pensée contemple; mais tout au contraire
comme une réalité purement subjective se confondant avec celui qui
est en train de la rêver.

Invinciblement l'on songe ici à une sorte de balancement spirituel de
l'être, qui, sans fin, prend conscience de lui-même alternativement
comme engendrant sa propre pensée et comme se laissant engendrer
par elle. Ce mouvement pendulaire nous fait penser à Baudelaire, et à
ses 'infinis bercements du loisir embaumé'. Par une sorte de paradoxe
la rêverie ainsi présentée apparaît comme un état d'inertie, mais
d'inertie néanmoins perpétuellement mouvante. Ceci se trouve admirablement décrit dans un texte cité d'abord par Victor Cousin et ensuite par Marcel Raymond, qui date du milieu du dix-huitième siècle.
Il est de l'abbé de Lignac:

> Ce qui se passe en moi se trouve quelquefois *réduit au pur sens intime de*
> *l'existence*; cela nous arrive dans cet état qu'on appelle, en style familier,
> rêver à la suisse. La façon d'être de l'âme est alors dégagée de toute im-
> pression venue du dehors, ou relative au dehors; on ne sent ni chaud ni
> froid; on a les yeux ouverts; on ne voit pas; on n'entend pas; on est *absorbé*
> *par un sentiment d'inertie qui renferme pourtant celui de l'existence ac-*
> *tuelle et numérique.*[4]

Le *pur* sentiment de l'existence se révèle donc comme le plus intime
qui soit; si intime qu'il ne se rattache à aucun agent spirituel ou
matériel, à aucune cause externe ou interne, à aucun jeu d'idées, à
aucune sensation déterminante, à aucun dessein que l'on se décide à
poursuivre. Le pur sentiment de l'existence est déclaré *inerte*, parce

que rien ne le fait pencher définitivement dans un sens plutôt que dans un autre, et qu'il semble ainsi non fixé ni propulsé, mais flottant pour ainsi dire sur place au centre de la pensée. Entité que l'on peut considérer à la fois comme absolument première dans l'esprit, puisqu'elle se confond avec la naissance (ou la renaissance) de l'être à lui-même, telle qu'elle est éprouvée par Rousseau au sortir de son évanouissement à Ménilmontant; mais aussi que nous pouvons considérer comme absolument dernière, puisque le pur sentiment de l'existence, étant détaché de tout autre, n'étant qu'en soi, ne se prolonge pas en quelque autre, ne se continue en rien. C'est ce *rien* que considère Lignac dans la seconde partie du même texte, que nous donnons ici:

> L'inertie est le calme de l'âme, un repos qui n'a rien de désagréable, qui ne renferme ni sensations ni idées. Demandez à une personne que vous surprenez dans cet état: A quoi pensez-vous? *A rien*, répondra-t-elle gaiement. Je prends sa réponse à la lettre, c'est la nature même qui la donne.[5]

Ne nous laissons pas tromper par le caractère apparemment frivole de cette réponse. En réalité, il faut, comme le dit Lignac, la prendre à la lettre, c'est-à-dire très au sérieux. Elle nous indique que le sentiment de l'existence, saisi dans sa pureté initiale et finale, est indéfinissable, ou, en tout cas, ne peut être défini par rien qui l'avoisine et auquel on voudrait le rattacher. En d'autres termes, il n'existe qu'en soi, c'est-à-dire qu'il s'identifie de la façon la plus étroite avec celui même qui l'éprouve, qui l'engendre et qui le subit; avec lui et avec personne ni rien d'autre que lui.

Reportons-nous maintenant une fois encore au plus fameux de tous les textes sur le sentiment de l'existence, la rêverie sur le lac de Bienne. Cette rêverie, non plus, quelles que soient les apparences, ne saurait être définie par rien, sinon par *l'inertie* (au sens de Lignac) qui caractérise son protagoniste. Là aussi le mot *rien* apparaît comme l'unique répondant éveillé par le sentiment de soi. Celui-ci s'entoure de rien, accepte d'exister au centre d'une absence universelle. Il est cela seul qui demeure lorsqu'aux alentours tout, ou presque tout, cesse d'être perçu. Se saisir ainsi, éprouver l'existence de son moi sans qu'il n'y ait plus besoin de le rattacher à la plénitude d'un monde extérieur, c'est le dépouiller, ce moi, de tout ce qu'il a d'individuel, de local, de déterminé comme objet particulier par le milieu ambiant.

Relisons les lignes si belles: 'De quoi jouit-on dans une pareille situation? De *rien* d'extérieur à soi, de *rien sinon de soi-même et de sa propre existence.* Tant que cet état dure on *se suffit* à soi-même comme Dieu.'

Le quiétisme de Rousseau, pas plus que celui de Diderot, n'est un quiétisme chrétien. Il est ce repos profond qu'un être met en lui-même – et *rien* qu'en lui-même – quand, comme le dit Rousseau, le sentiment de l'existence se trouve chez lui 'dépouillé de toute autre affection', et qu'ainsi l'être atteint à une totale suffisance. Tel qu'il existe en Rousseau, on peut comparer ce sentiment à celui dont parle un autre contemporain de l'auteur des *Rêveries*, le chancelier D'Aguesseau. Au sortir non d'une rêverie mais d'une méditation d'allure philosophique, celui-ci en arrive à décrire un état intérieur qui est comme une sorte de *consentement* à sa propre pensée, et qu'il appelle un état de certitude:

> Cet état de certitude que je cherche à bien connaître, *ne peut être autre chose qu'un sentiment intérieur de mon âme, une espèce de repos et de calme que rien ne trouble plus*, et *dont je me rends témoignage à moi-même par cette conscience intime* qui est comme l'écho de toutes les modifications de mon âme.[6]

Un peu plus loin, dans le même passage, D'Aguesseau parle encore d'un 'sentiment simple qui se prouve lui-même, comme dans ces vérités, *j'existe, je pense, je veux*; et que je puis appeler un *sentiment de pure conscience*'.[7]

Voici encore qu'apparaît cette expression: sentiment pur, sentiment de pure conscience. Pur en ce sens que, 'dépouillé, ainsi que le dit Rousseau, de toute affection', il existe uniquement sous la forme d'une 'pure' présence de soi-même à soi-même. Ailleurs D'Aguesseau parlera d'une 'conscience de la conscience'.[8] Cette conscience de soi, réduite à une opération extrêmement simple ('J'existe, je pense, je veux') nous fait penser à Descartes, ou, du moins, nous *ferait* penser à celui-ci, si au verbe *penser* ne se substituait ici naturellement le verbe *sentir*. Nous restons très proches de Malebranche, mais d'un Malebranche devenu optimiste, qui ne considérerait plus le sentiment de soi comme un état de l'esprit inférieur, incomplet, quelque peu impur et somme toute malheureux. Cette transformation du sentiment intérieur malebranchien en quelque chose de pur, de paisible et d'heureux est l'oeuvre du dix-huitième siècle. Elle avait déjà été prévue à l'orée de ce siècle par un disciple anglais de Malebranche, John Norris, qui préfigure à cette époque presque tout ce que Rousseau et ses contemporains sauront exprimer.

La citation suivante que nous extrayons d'un de ses écrits, pourra nous servir de conclusion. John Norris y est peut-être le premier écrivain à sentir en lui ce qu'il appelle le bonheur général (ou indéterminé) que le penseur ou le rêveur éprouve rien qu'à se sentir vivre:

> À côté de ces particulières sensations de plaisir qui à l'occasion et en raison de certaines impressions sont excitées en nous, nous ne pouvons pas ne pas découvrir un certain sentiment général de plaisir qui accompagne notre *être* et qui, loin d'apparaître et de disparaître comme le font les autres sensations, reste fixe et permanent et maintient en nous une fermeté constante et ininterrompue. Bien que nous n'ayons aucune occasion particulière de nous réjouir ou d'être incités au plaisir par quelque cause externe, par l'un quelconque de ces objets sensibles qui nous entourent, bien que toutes choses près de nous restent silencieuses et que nos pensées non plus ne sont nullement absorbées par quelque objet extraordinaire, *nous sentons néanmoins un certain plaisir dans notre existence même, non dans le fait d'être ceci ou cela, ou d'être dans tel état physique ou moral, mais absolument et simplement dans notre être, dans le fait d'être conscients en nous-mêmes d'être.* Ce plaisir général que nous donne le simple fait d'être (car c'est ainsi, je crois, qu'on pourrait justement le dénommer), chacun peut l'éprouver bien plus adéquatement que je ne saurais le décrire.[9]

Notes

1. Saint-Lambert, *Oeuvres*, éd. Janet (Paris 1823), p. 111.
2. Sénac de Meihan, *Considérations sur l'esprit et les moeurs.*
3. Diderot, Article DÉLICIEUX de l'*Encyclopédie.*
4. Abbé de Lignac, *Lettres à un matérialiste ou Eléments de métaphysique* (Paris 1753), 2e lettre (passage cité par Victor Cousin dans sa 18e leçon du Cours de l'année 1815–16).
5. *Ibid.*
6. D'Aguesseau, *Méditations métaphysiques, Oeuvres* (éd. Fantin, 1819), t. 14, p. 107.
7. *Ibid.*
8. *Ibid.*, p. 183.
9. John Norris, *Practical Discourses* (Londres 1707), t. 3, p. 187: 'Besides those particular Sensations of Pleasure which are occasionally and upon some certain impressions excited in us, we cannot but find a certain general sentiment of pleasure that accompanies our *Being*, and which does not come and go, off and on, as our other sensations do, but remains fixed and permanent, and maintains one constant and uninterrupted steadiness. Though we have no particular occasion of joy, or incitement of Pleasure from anything without, from any of those sensible objects which surround us, though all things about us are silent, and our thoughts too are no way engaged upon any object extraordinary, yet we feel a certain pleasure in our very *existence*, not in our being thus and thus, in this or that state of mind and body, but absolutely and simply in our *being*, in our being conscious to ourselves that we are. This general pleasure of *mere being* (for so I think it may be fitly called), everyman may much better experiment than I can describe.'

JEAN STAROBINSKI

Les Descriptions de journées dans La Nouvelle Héloïse

Réfugié sur le rocher de Meillerie, Saint-Preux contemple passionné-ment, sur l'autre rive du lac, la maison qu'habite Julie. Dans la lettre qu'il lui écrit (et qui aura pour effet de déterminer sa 'chute') il lui fait connaître à quelles occupations il 'passe les jours entiers dans cet asile': il poursuit son image, il cherche, à défaut de véritable présence, un contact optique; et bientôt l'imagination prend le relais du regard et du télescope, qui n'ont pu franchir les murs de la demeure lointaine. Bientôt aussi, par le jeu de l'imagination, Julie cesse d'être une image immobile tout entière contenue dans ses 'traits charmants' et le 'son' de sa 'douce voix'. La mémoire aidant, un mouvement entraîne la figure aimée, qui s'anime pour accomplir les gestes attendus de son existence quotidienne. La fiction, guidée par le souvenir, invente le 'détail' vraisemblable de la vie, les activités, les parures successives. Et spontanément, la diversité des actes imaginés se dispose selon l'ordre temporel réglé par le *cours de la journée*:

> Bientôt forcé de rentrer en moi-même, je te contemple au moins dans *le détail de ton innocente vie*; je suis de loin les diverses occupations de ta *journée*, et je me les représente dans les temps et les lieux où j'en fus quelquefois l'heureux témoin [. . .]. Maintenant, me dis-je au matin, elle sort d'un paisible sommeil, son teint a la fraîcheur de la rose, son âme jouit d'une douce paix; elle offre à celui dont elle tient l'être un *jour* qui ne sera point perdu pour la vertu. Elle passe à présent chez sa mère [. . .] Dans un autre temps, elle s'occupe sans ennui des travaux de son sexe, elle orne son âme de connaissances utiles, elle ajoute à son goût exquis les agréments des beaux-arts, et ceux de la danse à sa légèreté naturelle [. . .] (*OC*, II, 91)

Il importait de suivre un ordre logique, et le matin constitue un point de départ adéquat: toutefois, le développement imaginé, tout en remplissant l'espace d'un jour, n'en marque pas les autres moments cardinaux: midi, après-midi, soir. L'évocation s'achève en une sorte de réflexion interne ou de 'mise en abîme' du roman par lettres: Saint-Preux imagine Julie lisant l'une des lettres qu'elle a reçues, ou écrivant à son tour. Le spectacle des moments de la vie de Julie, redoublés par la mémoire, aboutit au redoublement (dans la lettre qu'écrit Saint-Preux) de l'acte de lecture et de l'acte même d'écrire:

> Quelques moments, ah pardonne! j'ose te voir même t'occuper de moi; je vois tes yeux attendris parcourir une de mes lettres; je lis dans leur douce langueur que c'est à ton amant fortuné que s'adressent les lignes que tu traces, je vois que c'est de lui que tu parles à ta cousine avec une si tendre émotion. O Julie! ô Julie, et nous ne serions pas unis? et nos *jours* ne couleraient pas ensemble? et nous pourrions être séparés pour toujours? (*OC*, II, 91–2)

Nouveau redoublement: après avoir imaginé la journée telle que Julie la passe loin de lui, Saint-Preux rêve des jours qu'ils passeraient à deux, enfin *unis*, enfin admis au bonheur d'occuper pleinement leurs journées par la plénitude du sentiment partagé.

Cette image d'une plénitude heureuse inscrite dans le cours temporel de la journée est mise en valeur, par contraste, par une autre image du temps, radicalement opposée: temps destructeur, qui dépouille les êtres de leur identité, qui annule les chances de bonheur, qui conduit à la mort:

> Mais hélas! vois la rapidité de cet astre qui jamais n'arrête; il vole et le temps fuit, l'occasion s'échappe, ta beauté, ta beauté même aura son terme, elle doit décliner et périr un jour comme une fleur qui tombe sans avoir été cueillie; et moi cependant, je gémis, je souffre, ma jeunesse s'use dans les larmes, et se flétrit dans la douleur [...] Ah, tendre et chère amante, dussions-nous n'être heureux qu'un seul jour, veux-tu quitter cette courte vie sans avoir goûté le bonheur? (*OC*, II, 92–3)

Un ensemble de motifs s'indique ici: celui du bonheur étroitement attaché à la succession des instants du jour, celui de la diversité des occupations qui se succèdent dans l'espace diurne, celui de la plénitude affective (jamais pourtant assez complète) qui autorise à dire qu'une journée a été véritablement *vécue*. Il convient dès lors de prêter attention à l'usage que Rousseau fait, dans ses écrits, du cadre temporel de la journée. Dans quelles circonstances recourt-il au récit d'une journée? Quelle valeur cet emploi revêt-il? Nous pressentons bien qu'il ne s'agira pas d'une simple indication de repères, d'un simple point d'appui de la narration, mais d'une *forme* porteuse de sens. Et il se

trouve qu'elle n'intervient que dans les pages où la prose de Rousseau
prend son plus large essor et cherche à produire ses effets les plus
saisissants.

Poursuivons – sur ce problème – la lecture de *La Nouvelle Héloïse*.
Ne prêtons attention qu'aux journées complètes, où le trajet ne part
pas à mi-course (comme dans la lettre qui relate l'accueil de St Preux à
Clarens par le couple Wolmar, et dans la lettre sur l'Elysée) ou ne s'y
arrête pas (comme dans le récit des excuses de milord Edouard, ou
dans celui de la 'matinée à l'anglaise'). Il faudra attendre jusqu'à la lettre XVII de la quatrième partie, pour trouver le premier grand récit
d'un événement qui se déploie de l'aube à la nuit: c'est la promenade
en bateau de Julie et de Saint-Preux, épisode dramatique qui constitue
l'un des temps forts du roman. Les anciens amants débarquent à
Meillerie et retrouvent les lieux où Saint-Preux a séjourné. Cette lettre
est le pendant, à bien des égards, de la première lettre de Meillerie. A
ce moment, Saint-Preux espérait, de tout son désir, unir sa vie à celle
de Julie; il espérait connaître des jours qui 'couleraient [. . .] ensemble'.
L'union espérée a eu lieu: elle a été clandestine et brève. Et maintenant
la situation est inversée. Lors de la promenade sur le lac, Julie mariée
est pour jamais interdite à Saint-Preux; leur 'union' n'a pu prévaloir
contre la volonté paternelle, qui a décidé que Julie deviendrait
Madame de Wolmar; les deux amants ne peuvent s'appartenir que
dans la mémoire ou dans l'amitié vertueuse. Et pourtant ils s'aiment
encore. Le tourment de cette journée, pour eux, c'est d'éprouver la
perte irrémédiable de leur ancien bonheur, et de découvrir l'interdit
qui les sépare, alors que l'espace étroit du bateau les livre pour ainsi
dire l'un à l'autre, les rapproche l'un de l'autre pour leur faire sentir
plus cruellement la contrainte qu'ils s'imposent. Ils peuvent lire dans
leurs coeurs, comme sur le rocher de Meillerie, la trace encore distincte
que la passion y a gravée:

> Quoi! dis-je à Julie en la regardant avec un oeil humide, votre coeur ne
> vous dit-il rien ici, et ne sentez-vous point quelque émotion secrète à
> l'aspect d'un lieu si plein de vous? Alors sans attendre sa réponse, je la con-
> duisis vers le rocher et lui montrai son chiffre gravé dans mille endroits, et
> plusieurs vers du Pétrarque et du Tasse relatifs à la situation où j'étais en
> les traçant. En les revoyant moi-même après si longtemps, j'éprouvai com-
> bien la présence des objets peut ranimer puissamment les sentiments
> violents dont on fut agité près d'eux [. . .]. Voilà la pierre où je m'asseyais
> pour contempler au loin ton heureux séjour; sur celle-ci fut écrite la lettre
> qui toucha ton coeur; ces cailloux tranchants me servaient de burin pour
> graver ton chiffre [. . .] (*OC*, II, 518–9)

Saint-Preux constate, à tour de rôle, la distance qui le *sépare* à tout jamais de tout ce qui fut autrefois en sa possession, et la persistance indélébile d'un lien spirituel ('nos coeurs sont toujours unis'). Le *continuum* naturel des moments de la journée ne constitue pas seulement le cadre temporel de l'action psychologique. Il a lui-même une signification éminemment 'psychique'. Sa continuité guide le récit, qui n'est lui-même, sur le mode narratif, rien d'autre que le chant filé et lié, né de la séparation tout ensemble reconnue et refusée. Dans ce récit mélodieux, le désir charnel est vaincu, mais les amants, qui ont travaillé à sa défaite, ne renoncent pas à le voir triompher – ou du moins à atteindre le *dédommagement* – sur un autre plan. Ce plan supérieur est celui de l'amitié des âmes, du sentiment sublime et purifié. Il a son emblème dans la suite ininterrompue des instants qui se déploient jusqu'à former une totalité *pleine*. Le cours de la journée, dans l'ordre naturel, est la métaphore du discours mélodieux dans lequel l'amour répare sa blessure. Dans le chant sans lacune du regret élégiaque, l'écrivain peut déplorer et dépasser l'écart des temps, les interruptions imposées par l'adversité, la tentation du silence mortel. Le jour 'romanesque' de la promenade sur le lac conduit l'écriture, d'un mouvement nécessaire, à son terme qui est la nuit apaisée. Rousseau nous le dit, il a écrit cette lettre pathétique dans le 'ravissement' et 'l'attendrissement', c'est-à-dire – à travers le malheur de ses personnages – dans le *bonheur d'écrire*.

'Au lever du soleil, nous nous rendîmes au rivage.' Ainsi commence le récit. La matinée, après la pêche et la tempête, s'achève par un *dîner*. L'après-midi est consacré à la promenade sur les rochers qui surplombent le lac. Rousseau n'omet pas de mentionner le *souper*, qui marque la transition avec la soirée. Assis sur la grève, Saint-Preux et Julie voient la lune se lever. Le retour se fait de nuit, sur un lac apaisé, mais dans la tentation du suicide et dans la tempête intérieure. Chacune des trois parties (que les commentateurs ont bien su discerner dans cette lettre), occupe un espace temporel bien défini: matinée, après-midi, 'nocturne'. Et il est aisé de repérer, dans chacune des trois parties, un crescendo, un paroxysme, puis un apaisement. Chaque partie du jour est marquée par moment d'intensité: la tempête matinale, la longue apostrophe à Julie dans 'l'asile' sauvage; l'horrible tentation' de la mort à deux, lors de la navigation nocturne. La série temporelle (matin, après-midi, soirée) trouve dans la série spatiale son exact correspondant (navigation vers la rive opposée, selon une horizontalité troublée par l'agitation des vagues; ascension vers un lieu

surplombant, avec effet de verticalité; navigation de retour, en glissement horizontal). On notera que la partie médiane de la lettre ne correspond pas seulement au milieu de la journée, et à la montée vers un
'séjour riant et champêtre'; elle correspond encore à la montée de
l'effusion verbale. Cette effusion lyrique ('grand air d'opéra' selon B.
Guyon) se détache d'autant mieux que la première partie (matinée) ne
comportait que des propos sans rapport avec les sentiments de Saint-
Preux, et que la dernière partie se déroule dans un silence que double
en secret le monologue intérieur et la fureur du héros. La parole
passionnée n'a pu éclater à découvert qu'au moment central, l'après-
midi. Et c'est aussi à ce moment central que l'expérience de la *journée*
a pu accéder à la vision rapide de *l'intemporalité*. ('Derrière nous une
chaîne de roches inaccessibles séparait l'esplanade où nous étions de
cette partie des Alpes qu'on nomme les glacières, parce que d'énormes
sommets de glace qui s'accroissent incessamment *les couvrent depuis
le commencement du monde*'.) Mais le moment médian n'est pas celui
de la plus grande intensité. Les trois *paroxysmes* successifs forment
une série croissante: la tempête n'est qu'un paroxysme naturel et un
danger physique vécu dans l'espace extérieur; l'effusion sur les
rochers, élan subjectif, compare les temps, les saisons, et reste, de la
sorte, liée pour une large part à l'espace extérieur, au *spectacle* du
souvenir; mais, à la nuit, le mouvement d'intériorisation s'est
parachevé: dans le monologue désespéré de Saint-Preux, le souvenir
du *passé* tout entier s'est avivé, pour ramener et fixer la conscience du
héros à sa situation *présente*, c'est-à-dire au constat de la séparation et
de l'interdiction irrévocables. Comme il se doit, le sentiment *s'inten-
sifie* à mesure que s'accroît la pression de la puissance séparatrice:
c'est alors que la pensée de l'issue dans la mort devient obsédante. La
nuit, le paysage raréfié, avec les rayons de la lune, le bruit des rames, 'le
chant assez gai des bécassines', constituent le décor de ce paroxysme intérieur, qui se résoudra, finalement, dans le plaisir des larmes ('cet état
comparé à celui dont je sortais n'était pas sans quelques plaisirs').

Le lac est omniprésent et représente le *fond* général du texte. Mais
l'eau se manifeste comme puissance active, de façon diverse, selon les
trois moments de la journée. Dans la tempête matinale, c'est *l'eau des
profondeurs* qui menace: Julie a essuyé les visages en sueur des
rameurs, elle leur a distribué 'du vin avec de l'eau'; mais le paroxysme
fait suite: 'Un instant seulement deux planches s'étant entrouvertes
dans un choc qui nous *inonda* tous, elle crut le bateau perdu [. . .] je
croyais voir de moment en moment le bateau englouti, cette beauté si

touchante se débattre au milieu des flots, et la pâleur de la mort ternir les roses de son visage.' Il est inutile ici d'insister sur la symbolique sexuelle: le bateau, 'la chaleur et l'agitation' de Julie, les planches écartées, le verbe *inonder* (employé par Rousseau à plusieurs reprises, en d'autres circonstances, dans des passages parfaitement révélateurs), la mort imaginée au milieu des flots, etc. . . . Dans l'épisode médian, ce n'est plus l'eau des profondeurs, mais *l'eau des sommets* qui traverse la scène: 'un torrent formé par la fonte des neiges roulait à vingt pas de nous une eau bourbeuse, et charriait avec bruit du limon, du sable et des pierres'. Enfin le soir, au moment où 'l'attendrissement' surmonte 'le désespoir', l'eau monte de l'*intérieur* des êtres: ce sont les 'torrents de larmes'. Cet attendrissement né du difficile renoncement se substitue aux autres plaisirs. Saint-Preux, reprenant la *main* de Julie, découvre après coup, au contact de son mouchoir 'fort mouillé', qu'elle a pleuré comme lui, en même temps que lui, sans qu'il l'ait aperçu: coïncidence et simultanéité, mais dans l'écart et la séparation.

Les vraies fêtes sont des *journées*. La cinquième partie de *La Nouvelle Héloïse* nous présente coup sur coup deux fêtes fort différentes: la fête pour le retour de Claire (V, vi), qui est une fête privée; et, dans la lettre qui fait suite, la fête des Vendanges, qui, pour le domaine de Clarens, est une réjouissance collective.

La fête privée, 'célébrée [. . .] avec délire', tient en une seule page: la chronologie en est clairement donnée par les débuts de paragraphe:

> *La matinée* se passa à mettre Mme d'Orbe en possession de son emploi d'intendante [. . .]
> *L'après-midi* il y eut une belle collation dans le gynécée [. . .]
> *Le soir*, toute la maison, augmentée de trois personnes, se rassembla pour danser [. . .]
> *Après le souper*, je tirai des *fusées* que j'avais apportées de la Chine, et qui firent beaucoup d'effet [. . .] (*OC*, II, 600–1)

Comme dans toutes ses descriptions de journées, Rousseau n'a omis de mentionner ici ni le dîner (midi), ni le souper (soir): le repas, outre la fonction du plaisir oral que Rousseau n'oublie jamais, exerce le rôle de repère (naturel, physiologique et social tout ensemble) pour délimiter et scander les parties du jour.

Rousseau veut, à ce stade de son livre, que nous nous intéressions à Claire: car l'intérêt fléchirait, dans la dernière partie du roman, si le lecteur ne s'interrogeait sur la possibilité d'un rapprochement entre Claire, devenue veuve, et Saint-Preux: un certain bonheur est

accessible; mais ce serait un bonheur de consolation et de
remplacement; il sera refusé. La passion ne sauvegarde son caractère
absolu que si elle renonce à tous les compromis. Mais il faut que la tentation s'en soit fait sentir: Claire a beaucoup d'attraits. Et en ce jour,
comme pour accomplir les promesses de son nom, Claire aura été
brillante: 'Claire semblait parée par la main des Grâces; elle n'avait
jamais été si brillante que *ce jour-là*. Elle dansait, elle causait, elle riait,
elle donnait des ordres, elle suffisait à tout [...]' L'éclat émane d'une
seule personne, centre d'une fête improvisée qui nous est présentée
comme un événement ponctuel, limité à cette seule journée, et réservé
au seul cercle des habitants de la maison et à leurs très proches
serviteurs.

Qu'après la danse, des fusées soient lancées dans la nuit, cela ne
désigne pas seulement le point culminant du 'délire' et du 'désordre' de
cette journée, cela en confirme aussi le caractère individuel et singulier:
les fusées traceront chacune leur trajectoire propre.

La lettre suivante (V, vii), qui relate la fête des vendanges, fait contraste: elle se déploie dans un autre espace, une autre durée, une autre
lumière. Mais elle adopte une disposition temporelle qui, pour l'essentiel, est la même: la description d'une journée.

Cette journée n'est pas unique. Elle est exemplaire: c'est l'une des
journées qui, 'depuis huit jours', occupent l'ensemble des habitants de
Clarens. Les jours se répètent, semblables et identiquement heureux.
Prêtons attention au début de la lettre:

> Il y a trois *jours* que j'essaie chaque soir de vous écrire. Mais après une
> *journée* laborieuse, le sommeil me gagne en rentrant: *le matin dès le point
> du jour* il faut retourner à l'ouvrage. (*OC*, II, 602)

Mais prêtons aussi attention aux dernières lignes, qui font pendant:

> Chacun [...] *va se coucher* content d'une *journée* passée dans le travail, la
> gaîté, l'innocence, et qu'on ne serait pas fâché de *recommencer* le lende-
> main, le surlendemain, et toute sa vie. (*OC*, II, 611)

Rousseau n'aurait su mieux marquer ses intentions: la substance de
cette lettre, c'est le cours de la journée — le cycle des occupations
heureuses, qui durent depuis une semaine, et qui s'étendront sur une
nouvelle semaine ('depuis huit jours que cet agréable travail nous occupe on est à peine à la moitié de l'ouvrage'). Le temps qui convient à
cette description sera le présent d'habitude, qui étale et 'déponctualise'
les gestes et les événements évoqués. (Notons que, dans *Les Saisons*,

Thomson semblablement avait choisi de décrire l'été selon le cours d'une seule journée, semblable en principe à toutes les autres journées estivales.) La mise en scène qui se déploie à l'échelle du paysage total, le solennise comme un spectacle où nature et culture, plaisir et travail, bruits, musique et lumière s'unissent et se concilient. Pour donner à son 'tableau' toute la plénitude et l'ampleur qu'il lui souhaite, Rousseau ralentit le rythme de la description, insère des digressions. Le *matin* est évoqué dès le premier paragraphe; il apparaît à nouveau dans la description 'en masse' qui précède le récit de la journée ('le voile de brouillard que le soleil élève *au matin* comme une toile de théâtre'); enfin, il est évoqué une troisième fois lorsque commence la succession détaillée des occupations du jour: "Tout le monde est sur pied *de grand matin*.' Effet de lenteur! Saint-Preux a longuement préludé, et il est remonté aux grandes images du bonheur – à 'l'âge d'or' et au 'temps des patriarches': cette scène dont il a été quotidiennement le proche témoin est aussi belle, aussi éloignée du malheur général des hommes que les époques mythiques de la plénitude. 'On oublie son siècle et ses contemporains.' La détemporalisation fait que ces jours d'*égal* bonheur et d'égalité quasi retrouvée paraissent appartenir aux époques révolues (âge d'or, temps des patriarches) dont il est dit qu'elles furent longtemps à l'abri du devenir destructeur. Dans ce mouvement euphorique, une séduction intense s'exerce. Clarens diffère de la grande ville moderne comme l'âge d'or de l'âge de fer. Mais dans les jours heureux de Clarens, c'est un bonheur que l'on croyait perdu qui revient à la présence et qui se laisse décrire comme une réalité tangible, offerte aux sens et au sentiment. Ce qu'il y a de plus distant dans la mémoire collective est ainsi devenu, dans la fiction romanesque, l'immédiat le plus proche; seulement, du fait qu'il y a ici fiction, cette pseudo-proximité se dérobe en s'offrant: nous devons nous l'avouer, notre désir de bonheur se laisse prendre à un leurre, et cependant cette vie régénérée paraît si simple que le lecteur la croit à sa portée, moyennant un acte de sa volonté, une ferme résolution de vivre *ailleurs*. C'en est assez pour nous faire refuser la vie dans les villes, et l'ordre social que l'on subit 'en certains pays': nous acquiesçons à l'accusation de Rousseau, et nous consentons sans peine à rompre avec le monde de la misère et de l'oppression:

> J'avoue que la misère qui couvre les champs en certains pays où le publicain dévore les fruits de la terre, l'âpre avidité d'un fermier avare, l'inflexible rigueur d'un maître inhumain ôtent beaucoup d'attrait à ces tableaux [. . .] (*OC*, II, 603)

Tout ceci fait, hélas, partie de la réalité contemporaine. Mais ce que
Rousseau nous offre en contrepartie est un mirage, qui repose sur la
sagesse de Wolmar, la bonté de Julie – personnages 'de papier'. 'Mais
quel charme de voir de bons et sages régisseurs faire de la culture de
leurs terres l'instrument de leurs bienfaits [. . .]' L'opposition se donne
entre les maux du monde réel et la 'fête continuelle' inventée par le
romancier, qui prend d'ailleurs soin d'en parler comme d'une 'douce illusion': l'option pour le bonheur et la vertu est option pour
l'imaginaire. Ainsi travaille l'attrait de l'utopie, monde construit par le
désir raisonneur pour faire pièce à une réalité mauvaise – récusée en sa
totalité. Si l'imaginaire n'avouait aussi nettement son intervention,
nous serions dans l'utopie.

La séduction opère sur la prémisse d'un refus de la réalité in-
satisfaisante, en nous gagnant à une vertigineuse fusion entre le passé
mythique (l'âge d'or, le temps des patriarches) qui appartient à la
mémoire culturelle, et l'idylle vigneronne développée dans le décor
d'une fiction vraisemblable. Au *fil de la lecture*, l'on suit le temps
linéaire et irréversible d'un texte qui aboutira, à la fin du roman, à la
destruction du bonheur; mais dans la lettre sur les vendanges, juste
avant qu'une autre lettre fasse entendre les plus sinistres présages, ce
dont nous parle le texte, c'est d'un temps plein qui s'écoule sans déper-
dition, c'est de journées qui se renouvellent dans le bonheur stable. Il y
a donc un secret contraste – source d'émotion – entre le déroulement
mélodique et fini du texte de la lettre et le temps itératif, plein et sans
pente, virtuellement infini, dont elle nous parle: ce contraste est ce qui
constitue le *ton élégiaque*. Même si la période des vendanges n'est pas
encore achevée, même si le temps du récit est le présent d'habitude, la
lettre de Saint-Preux nous en parle d'un point de vue qui fait d'elle un
passé – le regret s'insinue dans l'évocation du bonheur.

Le parcours de la lettre est lent, du matin jusqu'aux feux dans la
nuit: c'est pour que chaque instant du jour soit gorgé de plénitude et
accueille, dans sa simplicité, les actes les plus divers. Pour Saint-Preux,
les journées passées à Paris, loin de Julie, avaient été nulles, insubstan-
tielles: du temps vide: 'Le soleil se lève et ne me rend plus l'espoir de te
voir; il se couche et je ne t'ai point vue: mes *jours vides de plaisir et de
joie* s'écoulent dans une *longue nuit*' (*OC*, II, 228). A Clarens, les
tâches précises et les réjouissances occupent tous les instants. 'Les
tâches ainsi partagées, le métier commun *pour remplir les vides* est
celui de vendangeur.' Et, selon l'exigence d'une analogie profondément
éprouvée, il est significatif que l'on travaille à produire 'des vins de

tous les pays': 'C'est ainsi qu'une économe industrie supplée à la diversité des terrains, et rassemble vingt climats en un seul.' La plénitude du temps bien occupé a pour corrélat une *plénitude géographique* qui fait d'un territoire limité l'équivalent du monde. L'espace social, où maîtres, serviteurs, paysans se côtoient familièrement n'obéit pas moins au principe de plénitude: les intervalles ont disparu, ou du moins la conscience de l'écart social a fait place, provisoirement, à 'la douce égalité', et à un 'commun état de fête'. Ce rapprochement, c'est lors des repas, surtout, qu'il est vécu: la communion sociale (ou tout au moins son apparence) s'atteste par la nourriture partagée. Sans jeu de mots, comment ne pas reconnaître, dans les plaisirs d'appétit, une autre modalité de cette qualité infiniment variée en ces jours de fête: la plénitude?

> On dîne avec les paysans et à leur heure, aussi bien qu'on travaille avec eux. On mange avec appétit leur soupe un peu grossière, mais bonne, saine, et chargée d'excellents légumes. (*OC*, II, 607)

Mais le soir, au souper, ce sont les paysans et les serviteurs qui sont conviés à la table des maîtres, dans une 'salle à l'antique avec une grande cheminée où l'on fait un bon feu':

> Le souper est servi à deux longues tables. Le luxe et l'appareil des festins n'y sont pas, mais l'abondance et la joie y sont. Tout le monde se met à table, maîtres, journaliers, domestiques; chacun se lève indifféremment pour servir, sans exclusion, sans préférence, et le service se fait toujours avec grâce et plaisir. On boit à discrétion, la liberté n'a point d'autres bornes que l'honnêteté. (*OC*, II, 608–9)

A 'dîner', les maîtres étaient 'descendus'; à souper, les gens de condition inférieure sont 'montés': la nourriture partagée, les désirs satisfaits (dans l'honnêteté et l'ordre) renforcent et doublent l'image du travail commun par celle d'une consommation commune. Mais les énergies ne sont pas épuisées: d'autres activités, gratuites et ludiques, s'inventent à la nuit tombante. Le dimanche, 'l'on danse jusqu'au souper'; les autres jours, on *mêle* travail et musique: 'Après le souper on veille encore une heure ou deux en teillant du chanvre; chacun dit sa chanson tour à tour.' Au terme de la journée scandée par le travail et les repas, le temps de l'après-souper est celui de la plénitude musicale: chansons dites 'tour à tour', parfois 'en choeur', ou bien 'alternativement à voix seule et en refrain', vieilles chansons 'à l'unisson'. Autant de façons de vivre l'instant en jouissant purement de sa

présence – sans le moindre souci d'une utilité future, sans désir pour
un bien à venir. Le plaisir est ici tout entier *contenu* dans la stabilité de
ce qui se *réitère* (le 'tour à tour', le 'refrain', 'l''unisson', la répétition
d'un passé que la 'vieille romance' ravive, homologues à l'écho de l'âge
d'or et du temps patriarcal que Saint-Preux évoquait au commencement de sa lettre). Ceci n'exclut pas que, dans la résurrection présente
d'une plénitude liée à la mémoire d'un bonheur ancien, situé dans
l'immémorial (*in illo tempore*), ne s'insinue le 'tressaillement' du
regret, qui va jusqu'à 'une impression funeste': ce n'est pas la seule fois
où Rousseau nous parle d'une inquiétude ou d'un vide renaissant, qui
se font sentir jusque dans l'extase du bonheur, et qui blessent la
totalité presque atteinte: une angoisse, une lacune, une incomplétude
pointent soudain, comme pour signifier que le désir (le sentiment d'un
manque à combler) ne veut pas mourir et ne peut consentir à s'avouer
satisfait.

Enfin, comme lors de la fête pour Claire, le dernier instant de la
journée, et qui en confirme le caractère de fête, est le 'feu d'artifice':
mais c'est un feu d'artifice qui, comme toutes les activités du jour qui
précède, *unit* travail et plaisir: on brûle les *chènevottes*, c'est-à-dire le
rebut laissé par le 'teillage' du chanvre. On célèbre un vainqueur – au
jeu qui consiste à avoir accompli le plus d'*ouvrage*. C'est Julie – qui a
été partout présente au cours du jour – qui distribue le prix, lequel
consiste en l'honneur de recevoir de sa main le flambeau et de mettre le
feu au tas de chènevottes. L'image du flambeau, du feu qui brûle
dans la nuit – symbole érotique transmué en célébration domes-
tique – met un terme à la lettre et au cycle des heures du jour:

> Les chènevottes font un feu clair et brillant qui s'élève jusqu'aux nues, un
> vrai feu de joie autour duquel on saute, on rit. Ensuite on offre à boire à
> toute l'assemblée; chacun boit à la santé du vainqueur et va se coucher
> content d'une *journée* passée dans le travail, la gaîté, l'innocence [. . .] (*OC*,
> II, 610–11)

A quel point l'idée du bonheur s'attache à cette image d'une journée
campagnarde et de son déroulement, mi-travail mi-fête, entre matin et
soir: il suffit de lire pour en trouver la preuve réitérée, les pages du
rêve éveillé ('si j'étais riche') par quoi s'achève le livre IV de l'*Emile*.
La 'maison blanche avec des contrevents verts' y prend la place de la
demeure de Clarens. Pour qui vient de lire la lettre sur les vendanges,
les deux paragraphes de la vie aux champs sonnent comme une variation en raccourci, sur le même thème (*OC*, IV, 686–8): n'y manquent

que les héros du roman: Julie, le baron d'Etanges, Saint-Preux, Claire,
On y est 'en haleine depuis *le lever du soleil*'. Le repas de midi, cou-
pant la journée, est longuement décrit: 'Nous serions nos valets pour
être nos maîtres, chacun serait servi par tous, le temps passerait sans
le compter, le repas serait le repos et durerait autant que l'ardeur du
jour'. Et le jour s'achève, une fois encore, par la danse et le chant: 'Si
quelque fête champêtre rassemblait les habitants du lieu, j'y serais des
premiers avec ma troupe [...] Je souperais gaiment au bout de leur
longue table, j'y ferai chorus au refrain d'une *vieille chanson* rustique,
et je danserais dans leur grange de meilleur coeur qu'au bal de l'Opéra'.
Et, comme à Clarens, la plénitude sociale vient doubler la somme des
activités et des 'amusements' qui remplissent les heures du jour: 'Les
vrais amusements sont ceux qu'on partage avec le peuple' (*OC*, IV,
690). Le bonheur ainsi décrit conjugue l'autarcie et le partage, le
glissement des heures et l'absence de tout mouvement de la conscience
vers le futur qui n'est pas encore: le bonheur est à chaque instant lié au
présent de *ce qui est*. L'un des aspects importants de la sagesse que
Rousseau veut inculquer consiste à ne pas anticiper: les 'passions'
d'Emile 'sont tellement modérées qu'il est toujours plus où il est qu'où
il sera' (*OC*, IV, 771). Ainsi conjure-t-on le mal, qui consiste en la
prévoyance, en la projection de soi vers un lieu et un temps hors de
portée, vers un ailleurs insubstantiel, interdit à la jouissance. Les
bornes du jour où les minutes s'écoulent sans être comptées, contien-
nent et retiennent l'existence au sein d'un *ordre* naturel – temps diurne
du travail *dans* la nature, réconcilié avec la nature, qui est l'inverse
même de la dissipation nocturne où les riches, dans les villes,
cherchent en vain le plaisir.

Confrontées entre elles, ces diverses descriptions de journées nous
permettent de saisir un aspect important de la pensée romanesque de
Rousseau, et plus particulièrement de son imagination du temps vécu.
 La lettre que Saint-Preux écrit de Meillerie marquait le point culminant du désir. C'est dans cette lettre que le héros achève de se définir
comme une 'âme sensible' et que l'éloquente invitation à l'amour
touche de façon décisive le coeur de Julie: l'effet de persuasion est
porté à son comble. Or l'objet que l'amour déclare viser (et, de la rive
opposée, la *visée* est tout ensemble un acte littéral et métaphorique),
c'est, dans la personne imaginée et remémorée, la série des moments et
des occupations qui constituent 'le détail de son innocente vie'. Telle
que Saint-Preux la désire, Julie est un être qui n'a pas d'histoire, qui

vit encore en deçà du devenir: l'innocence est, par excellence, un *état*
(et en cela, elle est analogue à l'"état de nature', avec lequel, toutefois,
elle ne se confond pas). L'innocence habite un présent sans pente; par
définition, elle est inaltérable; la plus grande variété des gestes s'y
réduit à une essentielle uniformité: par conséquent une journée
équivaut à toutes les autres journées. La blonde image de Julie, par-
courant les heures du jour dans des activités sans cesse renouvelées,
exerce dans l'ordre de la vie du coeur le même attrait que le spectacle
des travaux heureux des paysans valaisans dans le registre de la vie
sociale. Peu de temps auparavant, à la fin de sa lettre sur le Valais (I,
xxiii), Saint-Preux avait mêlé la séduction du paysage et la séduction
'sociale' de la vie simple pour amplifier son appel amoureux. Il avait
évoqué, dans un futur idéalisé, la fusion du bonheur affectif . du
bonheur social, au sein d'une nature où l'élément d'"inaltérable pureté'
(*OC*, II, 78) va de pair avec 'la variété [...] de mille étonnants spectacles'. Vivre à deux, parmi les paysans, dans la continuité heureuse
d'une existence itérative, équivaudrait à l'innocence retrouvée. Julie
resterait fidèle à ce qu'elle a de plus précieux. Les jours se
succéderaient en se ressemblant. Tout s'y goûterait 'sans cesse':

> O ma Julie! disais-je avec attendrissement, que ne puis-je *couler mes jours*
> avec toi dans ces lieux ignorés, heureux de notre bonheur et non du regard
> des hommes! [...] Délices de l'amour, c'est alors que nos coeurs vous
> savoureraient *sans cesse*! Une longue et douce ivresse nous laisserait
> *ignorer le cours des ans*; et quand enfin l'âge aurait calmé nos premiers feux,
> l'habitude de penser et sentir ensemble ferait succéder à leurs transports
> une amitié non moins tendre. Tous les sentiments honnêtes nourris dans la
> jeunesse avec ceux de l'amour en rempliraient un jour le vide immense;
> nous pratiquerions au sein de cet heureux peuple, et à son exemple, tous les
> devoirs de l'humanité: sans cesse nous nous unirions pour bien faire, et
> nous ne mourrions point sans avoir vécu. (*OC*, II, 83–4)

Le seul temps qui puisse avoir prise sur le bonheur rêvé est le temps
naturel (nous dirions aujourd'hui: biologique), qui calme les feux de
l'amour et qui conduit à la mort les êtres vivants. Ce n'est pas le temps
de l'histoire.

Mais quand bien même l'amour, attiré par l'image d'une 'innocente
vie' antérieure à toute histoire, se fixe pour but lointain un bonheur
continu qui, à son tour, échappe à la malédiction de l'histoire, – il a
pour effet de rompre l'équilibre premier de l'existence où il intervient.
Il la précipite dans une ère historique, dans le mouvement d'une
destinée qui comportera déchirements et souffrances. Rousseau

recourt à un artifice pour nous le faire savoir dans la lettre même que Saint-Preux écrit de Meillerie; pour mieux dire, il nous l'a déjà fait savoir dans la lettre qui précède (I, xxv), et où Julie avoue son état d'agitation. Saint-Preux l'a reçue et lue au milieu de la rédaction de sa propre lettre, et il découvre que l'existence de Julie a perdu l'uniformité innocente qu'il vient de célébrer. La belle plénitude de l'"innocente vie' est perdue; la passion y a introduit le sentiment du manque et de l'absence; l'ordre paisible de la journée est désormais troublé:

> Je le sens, mon ami, le poids de l'absence m'accable. Je ne puis vivre sans toi, je le sens; c'est ce qui m'effraie le plus. Je parcours cent fois le jour les lieux que nous habitions ensemble, et ne t'y trouve jamais. Je t'attends à ton heure ordinaire; l'heure passe et tu ne viens point. Tous les objets que j'aperçois me portent quelque idée de ta présence pour m'avertir que je t'ai perdu. (*OC*, II, 88)

Le vide s'est insinué, les deux tristesses se découvrent semblables, et désormais la 'chute dans l'histoire' devient inéluctable.

L'histoire n'admet plus les activités répétitives ni la continuité du 'sans cesse' où rien ne se passe. Elle est faite d'événements uniques et irréversibles. De fait, ceux-ci occuperont tout le roman, jusqu'à la fin de la quatrième partie. La cinquième et la sixième parties (à l'exception de la catastrophe finale) sont consacrées à la description d'un ordre méta-historique où, au prix du sacrifice héroïque et de la répression vertueuse, les personnages retrouvent une forme nouvelle de stabilité et de plénitude. Si l'on peut parler d'utopie à propos de *La Nouvelle Héloïse*, c'est dans la mesure où l'imagination s'y emploie à dépasser le temps historique. A partir de ce moment, les jours pourront s'écouler de manière itérative et pleine.

Comment, dès lors, ne pas s'apercevoir que la journée de la promenade en barque – voulue et prévue par M. de Wolmar pour assurer la *guérison* des amants – marque très précisément la frontière entre le temps historique de la passion, et le temps méta-historique où gravitera le microcosme des 'belles âmes'. La promenade en barque est une journée *unique*, comme toutes celles qui encadrent un événement passionnel; mais la passion ne passera pas aux actes; elle trouve son issue dans la parole élégiaque et dans les larmes; l'événement de la promenade en barque, c'est que rien ne s'y passe. Aussi bien ce 'jour périlleux' marque-t-il une 'fin de l'histoire', la fermeture d'un grand cycle. C'est la leçon que tire explicitement Milord Edouard:

> Tout ce qu'un coeur sensible peut éprouver de plaisirs et de peines a rempli le vôtre; tout ce qu'un homme peut voir, vos yeux l'ont vu. Dans un espace

de douze ans vous avez épuisé tous les sentiments qui peuvent être épars
dans une longue vie [. . .] Vous avez parcouru tous les climats, vous avez vu
toutes les régions que le soleil éclaire. Un spectacle plus rare et digne de
l'oeil du sage, le spectacle d'une âme sublime et pure triomphant de ses
passions et régnant sur elle-même est celui dont vous jouissez. Le premier
objet qui frappa vos regards est celui qui les frappe encore, et votre admiration pour lui n'est que mieux fondée après en avoir contemplé tant
d'autres. Vous n'avez plus rien à sentir ni à voir qui mérite de vous occuper. Il ne vous reste plus d'objet à regarder que vous-même, ni de
jouissance à goûter que celle de la sagesse. Vous avez vécu de cette courte
vie; songez à vivre pour celle qui doit durer. (*OC*, II, 524)

On serait tenté de comparer au cycle solaire, au circuit d'une grande
journée, cette existence qui épuise le champ du possible et qui, au bout
de *douze* ans, achève son parcours en retrouvant 'le premier objet qui
frappa [son] regard'. La circularité du destin ressemble, à tout le
moins, à la circularité du jour.

Cessant d'obéir à la loi de la passion et de l'histoire, l'existence de
Julie se caractérise à nouveau par l'uniformité (qui est la face temporelle de la plénitude). Dans la longue lettre II de la cinquième partie,
Saint-Preux décrit cette existence uniforme comme l'expérience du
contentement. Et les termes qu'il utilise sont ceux que Rousseau
emploiera encore à maintes reprises, dans maint passage fameux, pour
décrire son propre bonheur itératif, et du même coup sa propre
innocence:

La manière dont on passe ici le temps est trop simple et trop uniforme
pour tenter beaucoup de gens; mais c'est par la disposition du coeur de
ceux qui l'ont adoptée qu'elle leur est intéressante. Avec une âme saine,
peut-on s'ennuyer à remplir les plus chers et les plus charmants devoirs de
l'humanité, et à se rendre mutellement la vie heureuse? Tous les soirs, Julie
contente de sa journée n'en désire point une différente pour le lendemain,
et tous les matins elle demande au Ciel un jour semblable à celui de la
veille: elle fait toujours les mêmes choses parce qu'elles sont bien, et qu'elle
ne connaît rien de mieux à faire. Sans doute elle jouit de toute la félicité per-
mise à l'homme. Se plaire dans la durée de son état n'est-ce pas un signe
assuré qu'on y vit heureux? (*OC*, II, 553)

La fête des vendanges ne sera rien d'autre que la version exaltée et
sacralisée de cette existence répétitive. C'est la consécration joyeuse
d'une société sans histoire.

D'où l'altération d'où le changement pourraient-ils encore survenir?
En tout cas pas d'un retour de la passion. Car à partir de la promenade
sur le lac, tout est joué. L'ordre esthétique du roman interdit aussi

bien une disparition de l'amour (qui ne peut s'effacer au fond des coeurs) qu'une chute dans l'adultère (dont l'occasion est désormais révolue). Pour qu'une faille néanmoins se glisse au sein du bonheur, pour qu'un vide s'insinue à nouveau dans la plénitude méta-historique, il faut maintenant une autre puissance que la passion amoureuse: ce sera le rôle du désir religieux, du besoin d'éternité, que la vie dans le temps naturel ne peut assouvir. Tel est le sens de la 'peine secrète' (*OC*, II, 528) qu'éprouve Julie devant l'athéisme de son époux; tel est également le rôle de l'ennui, de la 'langueur secrète' (*OC*, II, 694) qu'elle avoue ressentir au sein même du bonheur. (Chez Rousseau, le sentiment du vide se renouvelle constamment, pour donner lieu au plaisir lié à une nouvelle recherche de la plénitude.) Ces sentiments annoncent l'élan vers une 'détemporalisation' encore plus complète que celle qui règne dans le microcosme utopique de Clarens. Après l'histoire et la méta-histoire, où domine encore le temps de la vie naturelle et mortelle, la seule issue offerte est l'éternité, et le passage par la mort.

La lettre de Wolmar (VI, xi) qui relate la maladie et la mort de Julie fait un compte exact des nuits, des jours, des moments de la journée; les repas eux-mêmes ne sont pas oubliés: ils sont des moments passagers d'euphorie: 'Le souper fut encore plus agréable que je ne m'y étais attendu [. . .]' (*OC*, II, 730) Le récit est mis en place dans un cadre temporel qui, parce qu'il dépend du point de vue de Wolmar, ne relate que les événements diurnes dont celui-ci a été le témoin. Wolmar ne passe pas les nuits au chevet de son épouse. La malade est veillée par sa cousine Claire. Et la mort survient à la fin d'une nuit: dans la chambre voisine, Wolmar a entendu un 'bruit sourd'. Il accourt pour apercevoir 'Julie expirante' (*OC*, II, 733–4). Dans le regard du témoin narrateur, la mort n'est qu'un seul *instant*. (Rousseau, dans toute son oeuvre, ne parle guère des nuits: chez lui, la nuit est en général le temps de la lecture et de l'écriture; elle est aussi, en l'occurrence, celui de la mort.)

Faut-il inclure le récit de la maladie de Julie parmi les descriptions de journées? Au sens strict, oui. Mais le cours de la journée est devenu ici quelque chose d'inessentiel: une simple série de repères temporels. Dans les exemples que nous avons analysés précédemment, la durée du jour, les activités humaines associées à son écoulement constituaient la substance même de l'expérience vécue; le jour était tout ensemble la mesure et la mélodie. Ici, il n'est que la mesure, tandis que, dans les paroles de Julie rapportées par Wolmar, puis dans la lettre qu'elle adresse à Saint-Preux, la melodie est chant d'éternité. Les dernières journées du roman sont les derniers battements du temps naturel, du temps de l'ordre stable, auquel les héros avaient accédé en se délivrant du temps historique. Rousseau l'a admirablement senti: après avoir, au long de son roman, traversé toutes les modalités de l'expérience du temps, il ne pouvait terminer l'ouvrage qu'en nous offrant le spectacle d'un arrachement au temps.

II Politics

JOHN LOUGH

The Encyclopédie *and the* Contrat social

The distribution of the last ten volumes of the text of the *Encyclopédie* began at the end of 1765 or the beginning of 1766. It is clear that in November 1764 the text of the manuscript was not yet complete, as in a postscript to his furious letter to Le Breton, Diderot could make the threat: 'J'oubliois de vous avertir que je vais rendre la parole à ceux à qui j'avais demandé et qui m'avoient promis des secours, et restituer à d'autres les articles qu'ils m'avoient déjà fournis, et que je ne veux pas livrer à votre despotisme.'[1] The composition of the text of volumes X–XVII had still not been completed nine months later, in August 1765. On 25 July Diderot wrote to Sophie Volland: 'Il ne nous reste plus que quatorze cahiers à imprimer; c'est l'ouvrage de huit ou dix jours'; but even on 18 August the work was not finished: 'Notre ouvrage seroit fini, sans une nouvelle bêtise de l'imprimeur qui avoit oublié dans un coin une portion du manuscrit. J'en ai, je crois, pour le reste de la semaine, après laquelle je m'écrierai: *Terre! terre!*'[2]

As the *Contrat social* had appeared in print more than three years earlier, it is not *a priori* impossible that the reader of these last ten volumes should occasionally encounter echoes of Rousseau's work. It is true that, as one follows in the *Correspondance complète* the history of its printing and publication, after reading Rey's letter of 15 April 1762 stating that two days earlier bales of the work had been dispatched from Amsterdam for Dunkirk and Paris, one finds that on 12 May Dessaint and Saillant wrote to inform him of Malesherbe's refusal to allow its entry into Paris. 'Nous voyons que la plus grande grace que nous pourions obtenir,' they added, 'sera celle du Renvoy' (*CC*, X, 196, 240).

It is, however, notorious that in eighteenth-century France a mere government ban did not prevent books from circulating. The refutation of the *Contrat social* in the periodical, *La Religion vengée*, had begun to appear by August 1763,[3] two years before the composition of the last ten volumes of the *Encyclopédie* was completed. There was thus ample time for some contributors to the final volumes to have procured Rousseau's work and to have made use of it in their articles.

It is naturally improbable that one should find even here a serious and detailed discussion of the fundamental ideas of the *Contrat social*; if there is, it has escaped my attention as well as that of the Genevan pastor, Pierre Mouchon, who was responsible for the very useful *Table* which appeared in 1780. Indeed the *Table* does not mention under either *Contrat* or *Social* two articles in vol. XVII which almost certainly show that their authors had some acquaintance with Rousseau's text.

The first of these is UNITAIRES which offers some astonishingly bold philosophical and religious ideas and none the less is followed by the words: 'Article de M. NAIGEON'. Voltaire was very much taken with the article. On 12 March 1766 he wrote to Damilaville: 'L'article *unitaire* est terrible', adding ironically: 'J'ai bien peur qu'on ne rende pas justice à l'auteur de cet article, et qu'on ne lui impute d'être trop favorable aux sociniens. Ce serait assurément une extrême injustice, et c'est pour cela que je le crains.'[4] Indeed in the 1767 edition of his *Dictionnaire philosophique* he drew on it, with acknowledgements, for ANTITRINITAIRES and BAPTEME.[5] Though the article is chiefly concerned with religion and philosophy, it also has a certain political content.

While it could scarcely be maintained that the political ideas in the article were derived straight from the *Contrat social*, it does appear to contain two echoes of it. The first concerns both the use made of the expression 'volonté générale' and the context in which it appears. Among the consequences which, according to Naigeon, flow from what he calls 'la loi fondamentale de toute bonne politie, *Salus populi suprema lex est*', is the following: 'Que ce qu'on appelle dans certains états *la parole de Dieu*, ne doit jamais être que *la parole de la loi*, ou si l'on veut l'expression formelle de la volonté générale statuant sur un objet quelconque (XVII, 395a). The expression 'volonté générale' was not, of course, copyright by Jean-Jacques. Even if as a man of (at most) twenty-seven when he wrote this article, Naigeon did not yet have the detailed knowledge of Diderot's writings which he was later to possess, he would not have have had to go any further afield than the article *DROIT NATUREL to find the expression. On the other hand his use of the phrase 'statuant sur un objet quelconque' does seem a reminiscence of the threefold use of this verb in Book II, ch. IV, of the *Contrat social* in which Rousseau gives his famous definition of a law: 'Mais quand tout le peuple statue sur tout le peuple [. . .] alors la matiere sur laquelle on statue est générale comme la volonté qui statue' (*OC*, III, 379).

In the next column on the same page Naigeon argues that in order to take away from the priests the power which they have usurped, one of the ideas which must be inculcated in the minds of the people is that 'il n'y a d'impies envers les dieux, que les infracteurs du contrat social'. If the combination of words which forms the title of Rousseau's work was original (a point to which we shall return in a moment), then here is an obvious echo of it.

Another important article in the last volume of the *Encyclopédie* which undoubtedly contains reminiscences of the *Contrat social* is VINGTIEME, IMPOSITION. This was apparently produced so late that not only is it printed out of its alphabetical order, but it is placed right at the end of vol. XVII (pp. 855−90) after a hundred pages or so of 'Articles omis'. This curious article contains some very misleading information about its authorship as it ends with the following paragraph:

> *Cet article est tiré des papiers de défunt* M. BOULANGER, *ingénieur des ponts et chaussées.* La connexité des opérations dont il étoit chargé, avec celles qu'on vient de voir, l'avoit mis à portée d'en être instruit. Pour un esprit comme le sien, ces connoissances ne pouvoient pas être inutiles; il s'étoit proposé d'en faire le sujet d'un ouvrage important sur l'administration des finances. On a trouvé les matériaux de cet ouvrage épars; on les a rassemblés avec le plus d'ordre & de liaison qu'il a été possible. Si l'on y trouve des choses qui paroissent s'écarter du sujet, & former des digressions étendues, c'est qu'on n'a voulu rien perdre, & que peut-être on n'a pas eu l'art de les employer comme l'auteur se l'étoit proposé; mais on a cru se rendre utile à la société, en les publiant dans ce Dictionnaire, destiné particulierement à être le dépôt des connoissances humaines.

Again, in introducing a detailed account of the new land tax which would replace not only the existing *vingtième*, but all other taxes, the author of the article writes:

> Je ne sais si les opérations nécessaires pour établir une semblable administration sont impossibles, mais voici ce qui a été fait, & ce que je propose: ce n'est point une spéculation de cabinet que je donne ici. C'est un travail exécuté sous mes yeux, tandis que j'étois occupé aux grandes routes de la Champagne & du Soissonnois [. . .] (XVII, 881b)

The fact that Nicolas Antoine Boulanger who is described in vol. VII (p. xiii) as 'Inspecteur des Ponts & Chaussées', died in 1759, would not necessarily rule out his authorship of the article, although it does contain a reference to 'un mémoire publié en 1764' (XVII, 865b). However, it is clear from two letters written by Voltaire to his Paris correspondent, Damilaville, that the latter was responsible for the main part of the article.

On 21 February 1766, no doubt after being informed by the proud author that Boulanger's name had been used as a cover for the bold ideas contained in the article, Voltaire began his letter to Damilaville with the words: 'L'article *vingtième*, mon cher ami, est l'ouvrage d'un excellent citoyen et d'un philosophe, qui a de grandes vues.' Similarly his letter of 12 March to the same correspondnet opens with the words: 'Je viens de relire le *vingtième* de M. Boulanger mon cher ami, et c'est avec un plaisir nouveau. Il est bien triste qu'un si bon philosophe et un si parfait citoyen nous ait été ravi à la fleur de son âge.'[6] Placed in its context, the meaning of these remarks is perfectly clear.

Étienne-Noël Damilaville (1723–68) would seem well placed to write on this subject since in the 1760s he held the post of 'premier commis au bureau du vingtième'. Surprisingly the article does not offer a detailed description of the workings of this tax the introduction of which had led to a violent controversy in the 1750s. In its meandering way it contains a critique of the whole system of taxation and of many aspects of French society under the Ancien Régime as well as producing the panacea of a land tax and entering into an elaborate discussion of how it might be assessed and levied. It is one of the numerous longer articles in the *Encyclopédie* which would repay a detailed examination, but obviously this is not the place for it.

While in the *Correspondance littéraire* Grimm does confirm that Damilaville was mainly responsible for the article, he introduces a complication by attributing parts of it to Diderot:

> L'article VINGTIÈME, qui se trouve à la fin de *l'Encyclopédie*, sous le nom de feu Boulanger, est de Damilaville. Je ne l'ai point lu, mais je le soupçonne rempli de déclamations vides de sens, compilé de morceaux pris de tous côtés, et j'ai lieu de penser que ce qu'il y a de bon dans cet article y a été fourré par M. Diderot.[7]

As Grimm admits he had not read the article, this final remark is not very helpful. While it is possible that in his capacity as editor Diderot took it upon himself to make a few changes or additions to the article, there is practically nothing in it which bears the stamp of his style. It is true that it offers one of his favourite expressions – 'des créatures malheureusement nées' (XVII, 860b) – but that is about all.

The article does, however, contain a curious passage in the section in which the author argues that if men entrusted power to one or more rulers, then it was on the understanding that they would be governed 'suivant les conventions & les lois de la société qu'ils avoient formée' (XVII, 863a). The article continues:

> Je sais bien que Grotius n'a pas été le seul qui ait pensé d'une façon contraire à ces principes. Hobbes ne leur paroît pas plus favorable; mais il ne faut attribuer ce qu'il semble dire d'analogue aux maximes du premier, qu'à ses malheurs personnels, & à la nécessité des circonstances dans lesquelles il s'est trouvé. Ce philosophe s'est enveloppé: il en est de ses ouvrages politiques comme du prince de *Machiavel*; ceux qui n'ont vu que le sens apparent qu'ils présentent, n'ont point compris le véritable.[8]
>
> Hobbes avoit un autre but; en y regardant de près, on voit qu'il n'a fait l'apologie du souverain, que pour avoir un prétexte de faire la satyre de la divinité à laquelle il le compare, & à qui il n'y a pas un honnête homme qui voulût ressembler.

To whom does the author of the article attribute this somewhat unusual interpretation of Hobbes's political theories? To Diderot in person, under a transparent disguise since the article HOBBISME in the *Encyclopédie* bears his editorial asterisk: 'Cette idée lumineuse & juste ne se trouveroit pas ici, si elle se fût présentée plutôt à l'un des plus beaux génies de ce siecle, qui est l'auteur de *l'article* HOBBES. Elle explique toutes les contradictions apparentes de l'un des plus forts logiciens & des plus hommes de bien de son tems.' Whatever one makes of this remarkable passage, it would seem improbable that Diderot actually *wrote* it.

The author of VINGTIEME was certainly familiar with Rousseau's article ECONOMIE POLITIQUE since he criticises one point of detail in it. He rejects Rousseau's views as to who should pay certain indirect taxes – namely that 'il convient que l'impôt soit payé par celui qui employe la chose taxée, plutôt que par celui qui la vend' (*OC*, III, 276). Damilaville devotes a paragraph to a fairly polite refutation of this opinion:

> L'auteur de l'article ECONOMIE POLITIQUE de ce Dictionnaire est de même sentiment quant à la nature de l'impôt; mais il ne veut pas qu'il soit payé par le marchand, & prétend qu'il doit l'être par l'acheteur. J'avoue que je ne vois dans cette différence que des chaînes ajoutées à la liberté des citoyens, & une con-

tradiction de plus dans celui qui s'en dit le plus grand défenseur. Néron ne fit qu'ordonner l'inverse de ce que propose M. Rousseau, & parut, dit Tacite, avoir supprimé l'impôt. C'étoit celui de quatre pour cent, qu'on levoit sur le prix de la vente des esclaves. Tant il est vrai que la forme y fait quelque chose, & que celle du citoyen de Geneve n'est pas la meilleure. (XVII, 868 a–b)

That he was also familiar with the *Contrat social* might perhaps be inferred from his use of the such expressions as 'la volonté générale des peuples' (XVII, 890a) and 'contrat social', (XVII, 856b)[9] but obviously this does not furnish conclusive proof.

Somewhat greater weight might be attached to a passage in which the author defines the relationship between legislative power which belongs to the people, and executive power which must be exercised by some form of government:

La société ne peut veiller elle-même sur sa conservation & sur celle de ses membres. Il faudroit qu'elle fût incessamment assemblée, ce qui seroit non-seulement impratiquable, mais même contraire à son but. Les hommes ne se sont réunis & n'ont associé leur puissance que pour jouir individuellement d'une plus grande liberté morale & civile; & puis une société qui veilleroit sans cesse sur tous ses membres, ne seroit plus une société, ce seroit un état sans peuple, un souverain sans sujets, une cité sans citoyens. Le surveillant & le surveillé ne peuvent être le même; si tous les citoyens veilloient, sur qui veilleroient-ils? Voilà pourquoi tous ceux qui ont écrit avec quelques principes sur la politique, ont établi que le peuple avoit seul la puissannce législative, mais qu'il ne pouvoit avoir en même tems la puissance exécutrice. (XVII, 861a)

If it is possible to see here traces of the influence of Book III ch. IV of the *Contrat social*, it must be said that Jean-Jacques's name is well hidden from sight.

There is, however, at least one occasion on which the writer's acquaintance with the *Contrat social* is self-evident. The famous paragraph in Book I ch. vi in which Rousseau sets out the problem which he is seeking to solve is echoed in Damilaville's exposition of the problem which confronts him after his destructive criticism of the existing taxation system:

Contrat social	*Vingtième*
'Trouver une forme d'association qui défende et protege de toute la force commune la personne et les biens de	*Trouver une forme d'imposition qui, sans altérer la liberté des citoyens & celle du commerce, sans vexations &*

chaque associé, et par laquelle chacun s'unissant à tous n'obéisse pourtant qu'à lui-même et reste aussi libre qu'auparavant.' Tel est le problème fondamental dont le contrat social donne la solution. (*OC*, III, 360)

sans troubles, assure à l'état des fonds suffisans pour tous les tems & tous les besoins, dans laquelle chacun contribue dans la juste proportion de ses facultés particulières, & des avantages dont il bénéficie dans la société. (XVII, 866b)

In short such echoes of the *Contrat social* in these two *Encyclopédie* articles furnish a very modest contribution to the continuing debate as to the influence exercised by Rousseau's political writings in the period between 1762 and 1789.[10]

Another article in the last ten volumes of the *Encyclopédie* has some bearing on the interpretation of the *Contrat social*. The presence of the word *social* in the title has become so familiar that it is perhaps not surprising that when an eminent authority on Rousseau's political ideas was asked some years ago what meaning was to be attached to the word in this context, he replied that he had never given any thought to the question.

In Vol. XV of the *Encyclopédie*, published in 1765, there is a very short article with this headword. It is quite probably by Diderot, like many of the grammatical articles in the later volumes of the work. It reads: 'SOCIAL, adj. (Gramm.) mot nouvellement introduit dans la langue, pour désigner les qualités qui rendent un homme utile dans la société, propre au commerce des hommes: des vertus *sociales*.' The meaning attached to the word here is a somewhat restricted one, and in any case the statement that the word was a new one is misleading as was long ago pointed out by Ferdinand Brunot.[11] Indeed if Diderot had consulted, for instance, a well-known work by an early contributor to the *Encyclopédie* – Toussaint's *Les Moeurs* – he would have found the word used frequently in it; indeed the third part of this book bears the title 'Des Vertus Sociales'.

It is true that 'social' makes its first appearance in the *Dictionnaire de l'Académie Française* only in the fourth edition which was published in the very same year as the *Contrat social*. Most of the short entry devoted to the word is given up to an explanation of the meaning of 'Guerre sociale' in Roman history, and what the reader learns of its contemporary meaning is very little: 'SOCIAL, ALE, adj. Qui concerne la société. (Les vertus, les qualités sociales.)' Once again the meaning attached to the word is a decidedly restricted one. The

1798 edition of the dictionary is no more helpful as it simply repeats this entry.

It is clear that 'social' was not a new word in the early 1760s; indeed Brunot and such dictionaries as those of Godefroy, von Wartburg and Huguet trace its history far back into the Middle Ages. However, as Brunot puts it, 'le mot "social", jusque là dans la pénombre, passe au premier plan'. Why Rousseau should have applied to his version of the contract the adjective 'social' which was beginning to come into fashion at the time when he was expounding his political theories would seem a legitimate subject for investigation, even if in the end one were driven to the conclusion that he did so only because the word was becoming fashionable. One could hypothetically link his choice of the word to the particular form which he finally gave to his version of the contract. By the time he came to write the *Contrat social* he had abandoned the provisional view advanced in the *Discours sur l'inégalité* that the contract was one between ruler and ruled (*OC*, III, 184–5). Now he takes a very different view, summed up in the title of Book III, ch. xvi: 'Que l'institution du gouvernement n'est point un contract', and in its final paragraph: 'Il n'y a qu'un contract dans l'Etat, c'est celui de l'association; et celui-là seul en exclud tout autre. On ne sauroit imaginer aucun Contract public, qui ne fut une violation du premier' (*OC*, III, 433). The only contract is the one which sets up a society; in other words it is a 'social' contract.

It is interesting to work out how often and in what different contexts Rousseau came to use the adjective 'social' in his writings, both private and public, down to the moment when in the early months of 1762 he was correcting the proofs and putting the final touches to the *Contrat social*. An examination of his extant letters down to this date yields very little. Leaving aside the relatively few references to the work itself, one finds (*sauf erreur*) only two widely scattered examples of his use of the word. Both occur in letters to which he obviously devoted great care. The first is in the long letter of 18 August 1756 to Voltaire; paragraph 34 begins with a sentence which contains the words: 'Je voudrais donc qu'on eut dans chaque Etat un Code moral, ou une espèce de profession de foi civile qui contint positivement les maximes sociales que chacun seroit tenu d'admettre [. . .]' (*CC*, IV, 49).[12] More than five years passed before he used the word again in letters which have come down to us. In one of the famous letters to Malesherbes (12 January 1762), written when the *Contrat social* was already in the press, he again uses the word in describing his emotions when in 1749, on his way to visit Diderot in prison in Vincennes, he encountered in the *Mercure de France* the subject of what was to be his *Discours sur les sciences et les arts*: 'Oh Monsieur Si j'avois jamais pû écrire Le quart de ce que j'ai vû et Senti sous cet arbre, avec quelle clarté j'aurois fait voir toutes Les contradictions du systeme Social [. . .]' (*CC*, X, 26).

In contrast in his published writings down to and including both the *Contrat social* and the pages of *Émile* which offer a summary of his political ideas (*OC*, IV, 836–49) he uses the word much more frequently, though this was a gradual development. It is to be found neither in the *Discours sur les sciences et les arts* nor in the series of pamphlets in which he replied to the critics of this work (*OC*, III, 31–107), counting amongst these the preface to *Narcisse* (*OC*, II, 959–74). 'Social' makes its first appearance in the *Discours sur l'inégalité*, but only on a modest scale as it occurs a mere four times – twice linked with 'vertus' and once each with 'relations' and 'institutions' (*OC*, III, 155, 162, 184, 187). Considering the comparative length of the two works, it can be said to occur relatively as well as absolutely with greater frequency in his article ECONOMIE POLITIQUE which appeared in print later in the same year. Here it is linked with a different set of nouns – once with 'corps', 'union' and 'confédération' and twice with 'pacte' (*OC*, III, 247, 256, 271, 269, 273). It will be noticed that so far Rousseau had not hit upon the combination of 'contrat' and 'social'.

His replies to the critics of the *Discours sur l'inégalité* (*OC*, III, 226–37) do not provide any examples of his use of 'social'. If they become quite numerous in the *Contrat social*, it has to be remembered that the *Manuscrit de Genève* shows that Rousseau hesitated over its use in the title of the work, as although he began by calling it *Du Contract social*, he subsequently changed this to *De la Société civile* before returning to his original title (*OC*, III, 1410).

The word occurs quite frequently – over forty times – in both the *Manuscrit de Genève* and in the version which finally appeared in print in 1762.[13] Indeed, given the fact that the manuscript is incomplete, it could be said that 'social' appears proportionately more often in the earlier form of the work. It is also used in a much greater variety of contexts than in Rousseau's earlier political writings. If we count in the passage on political theory in *Émile*, we get the following table of Rousseau's use of the word from the *Discours sur l'inégalité* onwards:

	Discours sur l'inégalité	Économie politique	Ms. de Genève	Contrat social	Émile	Total
ACTIONS sociales	–	–	1	–	–	1
CONFÉDÉRATION sociale	–	1	–	–	–	1
CONTRACT social	–	–	6	8	3	17
CONVENTION sociale	–	–	1	–	–	1
CORPS social	–	1	7	4	–	12
DROIT social	–	–	1	1	–	2
ESPRIT social	–	–	1	2	–	3
ETAT social	–	–	1	2	–	3
INSTITUTIONS sociales	1	–	–	–	1	2
LIEN social	–	–	5	4	–	9
LOI(X) sociale(s)	–	–	2	–	–	2
NOEUD social	–	–	1	1	–	2
ORDRE social	–	–	2	2	1	5
PACTE social	–	2	8	14	5	29
RELATIONS sociales	1	–	–	–	–	1
SECTE[. . .] sociale[14]	–	–	1	–	–	1
SISTÊME social	–	–	1	1	–	2
TRAITÉ social	–	–	1	4	–	5
UNION sociale	–	1	2	2	–	5
UNITÉ sociale	–	–	–	1	–	1
VERTUS sociales	2	–	1	–	–	3
Total	4	5	42	46	10	107

It will be observed that a high proportion of the examples of his choice of nouns with which to link the word 'social' concern words conveying the notion of a contract; such synonyms for 'contract' as 'traité' and especially 'pacte' were obviously brought in for the sake of variety. Yet the range of other words with which 'social' is joined is quite considerable.

From all this laborious examination of the text of Rousseau's political writings one can only reach the negative conclusion that in making use of the term 'contract social' he was not attaching to it the specific meaning of 'a contract to establish a society' as distinct from the type of contract – one between ruler and ruled – which he specifically rejected. He appears simply to have made use of the word 'social' at a time when it was gradually coming into fashion. Clearly when Rousseau's work appeared in 1762, this was not, as the *Encyclopédie* maintained three years later, a 'mot nouvellement introduit dans la langue', nor apparently was it confined to such uses as in 'vertus sociales' in the way suggested both by the *Dictionnaire de l'Académie française* and the *Encyclopédie*. That was certainly one of the contexts in which Rousseau had used the word from the *Discours sur l'inégalité* onwards, but he had gradually come to use it in a wider framework as part of his political vocabulary.

Notes

1. *Correspondance*, ed. G. Roth and J. Varloot (Paris 1955–70), 16 vols., vol. IV, p. 306.
2. *Ibid.*, V, 64, 91.
3. See my article, 'The Earliest Refutation of Rousseau's *Contrat social*', *French Studies*, vol. XXIII (1969), p. 24.
4. *Complete Works* (Geneva–Oxford 1968–), vol. CXIV, p. 133.
5. *Dictionnaire philosophique*, ed. J. Benda and R. Naves (Paris n.d.), 2 vols., vol. I, pp. 40, 68.
6. *Complete Works*, vol. CXIV, pp. 106, 133.
7. *Correspondance littéraire, philosophique et critique*, ed. M. Tourneux (Paris 1877–82), 16 vols., vol. VIII, p. 224.
8. In the article MACHIAVELISME (unsigned but attributed to Diderot by Naigeon) we find the following interpretation of *The Prince*: 'Lorsque Machiavel écrivit son traité du prince, c'est comme s'il eût dit à ses concitoyens, *lisez bien cet ouvrage. Si vous acceptez jamais un maître, il sera tel que je vous le peins: voilà la bête féroce à laquelle vous vous abandonnerez*' (IX, 793b).
9. The adjective 'social' is used quite frequently in the course of the article: 'pacte social' (856b, 863b), 'union sociale' (857a), 'affection sociale' (857b), 'vertus sociales' and 'vertus humaines et sociales' (858a), 'liai[son] sociale' (858b) and 'affections sociales' (876b).
10. See, for instance, W. Katz, 'Le Rousseauisme avant la Révolution', *Dix-huitième siècle*, vol. III (1971), pp. 205–22, D. Echeverria, 'The Pre-Revolutionary Influence of Rousseau's *Contrat social*', *Journal of the History of Ideas*, vol. XXXIIII (1972), pp. 543–60, and J. J. Tatin, 'Les Lectures du *Contrat social* avant 1789' in *Index du Contrat social*, eds. M. Launay and G. von Proschwitz (Geneva–Paris 1977), pp. 287–319.
11. *Histoire de la langue française*, 2nd edn. (Paris 1966–9), VI, vol. i, pp. 101–3. He attributes its increased use in part to the influence of the *Contrat social* (a misprint gives 1761 as its date of publication; this is faithfully reproduced in all editions of the *Dictionnaire étymologique de la langue française* of O. Bloch and W. von Wartburg as well as in the *Dictionnaire Robert*).
12. The draft of the letter also contains the word (p. 79).
13. The frequency with which the word occurs in the *Manuscrit de Genève* and the *Contrat social* has been checked with the *Index du Contrat social* of M. Launay and G. von Proschwitz.
14. *OC*, III, 344: 'L'expérience apprend que de toutes les sectes du christianisme la protestante comme la plus sage et la plus douce est aussi la plus pacifique et la plus sociale.'

BERNARD GAGNEBIN

L'Influence de Rousseau sur la Déclaration des droits de l'homme et du citoyen

Dès les débuts de ses travaux, l'Assemblée nationale songea à rédiger une constitution qui fixerait la forme et la manière de gouverner un royaume de 25 millions d'habitants. Le 6 juillet 1789, elle convint que cette constitution devait contenir les règles fondamentales scellées par le consentement de la nation. Un comité de trente membres – comprenant notamment Rabaud de Saint-Etienne, Pétion, Mounier, Lally-Tolendal, Bailly, Volney, Alexandre de Lameth – fut formé et rapporta le 9 juillet 1789: 'Le comité a cru qu'il serait convenable, pour rappeler le but de notre constitution, de la faire précéder par une déclaration des droits des hommes, mais de la placer, en forme de préambule, au-dessus des articles constitutionnels, et non de la faire paraître séparément.'[1] Ce jour-là, M. Mounier, au nom du comité chargé de préparer le travail d'une constitution, déclara, selon les principes énoncés par Montesquieu et J.-J. Rousseau, que le gouvernement monarchique convenait surtout à une grande nation et il ajouta que le but de toutes les sociétés était le bonheur général.

La déclaration des droits de l'homme devait donc précéder les principes de la monarchie, puis viendraient les droits de la nation, ceux du roi, ceux des citoyens, ensuite l'organisation et les fonctions de l'Assemblée nationale et des assemblées provinciales, enfin seraient énumérés les principes, les obligations et les limites du pouvoir judiciaire.

Le 11 juillet, le marquis de La Fayette présenta un projet de déclaration des droits destinés à précéder la rédaction d'une constitution et renfermant les premiers éléments de toute législation. Le mérite d'une telle déclaration consiste dans la vérité et la précision, ajoutait La Fayette qui énonça dix articles, d'où nous extrayons les termes suivants:

> La nature a fait les hommes libres et égaux; les distinctions nécessaires à l'ordre social ne sont fondées que sur l'utilité générale.
>
> Tout homme naît avec des droits inaliénables et imprescriptibles; telles sont la liberté de toutes ses opinions, le soin de son honneur et de sa vie; le droit de propriété, la disposition entière de sa personne [. . .], la communication de ses pensées par tous les moyens possibles, la recherche du bien-être et la résistance à l'oppression.
>
> L'exercice des droits naturels n'a de bornes que celles qui en assurent la jouissance aux autres membres de la société.
>
> Nul homme ne peut être soumis qu'à des lois consenties par lui ou ses représentants, antérieurement promulguées et légalement appliquées.
>
> Le principe de toute souveraineté réside dans la nation.
>
> Tout gouvernement a pour unique but le bien commun [. . .]
>
> Les lois doivent être claires, précises, uniformes pour tous les citoyens.[2]

On verra que les constituants puiseront largement dans ce projet, tout en prenant pour base de travail un autre texte rédigé par un des bureaux de l'Assemblée.

Il fut convenu que la déclaration des droits devait être courte, simple et précise. Mais qui serait chargé de l'élaborer? Après discussion, un comité de huit membres fut élu le 14 juillet, dont MM. Mounier, l'évêque d'Autun (Talleyrand), l'abbé Sieyès faisaient partie, et il présenta un premier rapport douze jours plus tard. Deux projets de déclaration des droits furent discutés, celui de l'abbé Sieyès et celui de Mounier, tous deux fondés sur la déclaration américaine et sur les auteurs du XVIIIe siècle.

Dans son projet, M. Mounier donne la félicité publique pour but du gouvernement (notion américaine), et affirme (en son article 3) que 'la nature a fait les hommes libres et égaux en droits; les distinctions sociales doivent donc être fondées sur l'utilité commune' (notion rousseauiste). Mounier distingue les pouvoirs législatif, exécutif et judiciaire et il estime que, pour procurer la félicité générale, le gouvernement doit protéger les droits et prescrire les devoirs.

D'autres projets, plus ou moins inspirés des principes définis par Rousseau dans son *Contrat social*, furent présentés à l'Assemblée, par exemple le 'Projet de déclaration des droits de l'homme et du citoyen' élaboré de M. de Servan, avocat au parlement de Grenoble, lequel avait été en relations avec Jean-Jacques lors du séjour de ce dernier en Dauphiné.

Chaque phrase paraît issue directement des oeuvres de Rousseau.

1° Toute société civile est le produit d'une convention entre tous ses membres, et jamais celui de la force;

2°Le contrat social, qui constitue la société civile, n'est et ne peut être que l'union de tous pour l'avantage de chacun;

3°Ce qui convient au bien commun ne peut être déterminé que par la volonté générale, qui est la seule loi;

4°Nul membre de la société civile n'est obligé d'obéir à d'autre autorité qu' à celle de la loi;

5°La loi, par rapport à la société civile, n'étant que la volonté générale, la puissance législative appartient orginairement à tous ...

Dans cette déclaration en onze articles, Servan affirme encore que l'objet de la société civile peut se réduire à la liberté civile et que le citoyen doit pouvoir disposer de ses pensées, de sa personne et de ses propriétés.[3]

Mais lors du débat public, les points de vue parurent beaucoup plus divergents. Les uns considéraient que le bonheur public était la fin de toute organisation politique, d'autres visaient à l'établissement des droits naturels. Certains orateurs confondaient une déclaration des droits avec les articles d'une constitution, des députés affirmaient que les droits naturels de l'homme étaient si connus qu'il était inutile de les coucher par écrit, d'autres encore qu'une déclaration des droits devait être accompagnée de celle des devoirs.

Dans l'esprit de nombreux représentants, la déclaration des droits devait consacrer le triomphe du peuple sur le roi ou plus exactement le passage de la souveraineté du roi à la souveraineté de la nation. Il s'agissait surtout de rendre impossible le retour à la monarchie absolue, avec ses abus et son arbitraire. Ce qui est digne de remarque, c'est que ce sont de jeunes nobles, comme les comtes de Montmorency et de Castellane, qui défendirent avec le plus de vigueur l'idée d'une déclaration des droits de l'homme et du citoyen.

Au soir du 1er août, quarante-sept orateurs étaient encore inscrits pour se prononcer sur l'objet, le but, l'utilité d'une déclaration de droits, de sorte qu'un député proposa d'acquérir un sablier et de limiter le temps de parole à 5 minutes, ce qui ne parut pas convenir à l'Assemblée. On en était à l'ajournement des débats, lorsque la nuit du 4 août mit fin au régime féodal en France et permit de relancer l'élaboration d'une déclaration des droits. Un nouveau comité de cinq membres fut chargé de confronter les propositions qui avaient été faites et il chargea le comte de Mirabeau d'être son porte parole. Or Mirabeau était secrètement hostile à toute déclaration, de sorte qu'il proposa une charte des droits de l'homme en dix-neuf articles, mais il assortit sa proposition d'en renvoyer l'adoption à la suite de la rédaction d'une constitution qui seule pourrait montrer l'utilité des principes élaborés!

Dans cette déclaration de principes 'simples et incontestables'. on décèle une fois de plus l'influence de Rousseau.

> art. 1er. Tous les hommes naissent *égaux et libres* [. . .][4]
>
> art. 2. Tout corps politique reçoit l'existence d'un *contrat social* exprès ou tacite, par lequel chaque individu met en commun sa personne et ses facultés sous la suprême direction de la *volonté générale* [. . .]
>
> art. 4. *Le bien commun de tous*, et non l'intérêt particulier d'un homme ou d'une classe d'hommes quelconque, est le principe et le but de toutes les associations politiques [. . .]
>
> art. 5. *La loi étant l'expression de la volonté générale*, doit être générale dans son objet, et tendre toujours à assurer à tous les citoyens la liberté, la propriété et l'égalité civile.

Viennent ensuite des articles proclamant le droit pour le citoyen d'être jugé uniquement par les tribunaux, la liberté d'opinion, d'établissement, de réunion, le droit de propriété, la perception des impôts, l'admissibilité aux emplois, enfin le rôle de l'armée dans la nation.[5]

Ce projet fut imprimé sur le champ, puis distribué dans les bureaux pour faire l'objet dès le lendemain d'une discussion en assemblée générale. Les représentants de la nation furent très critiques à l'égard du travail du comité. Ils se trouvaient placés devant plusieurs projets émanant de différents groupes et ne se dissimulaient pas la difficulté de la tâche. L'un d'entre eux remarqua même que tous ces projets avaient les mêmes défauts. 'Les articles qui les composent, dit-il, sont ou moyens, ou conséquences, ou principes' et il se plaignit du fait que l'on n'avait pas de plan, ni d'ordre dans les idées. Le travail paraissait d'autant plus difficile que, dès ce moment, naquit l'idée que l'on allait rédiger une déclaration des droits de l'homme applicable à tous les hommes et à toutes les nations.

Comme l'a remarqué François-Alphonse Aulard dans son *Histoire politique de la Révolution française*,[6] il se produisit un phénomène presque invraisemblable 'que ces 1200 députés, incapables d'aboutir à une expression concise et lumineuse, quand ils travaillaient, soit isolément, soit par petits groupes, trouvèrent les vraies formules courtes et nobles, dans le tumulte d'une discussion publique'.

Après une longue intervention de Lally-Tolendal, qui s'efforça de poser les problèmes plus que de les résoudre et qui se fonda sur l'histoire d'Angleterre pour déterminer les droits de la nation, mais aussi pour confondre la matière d'une constitution avec les principes d'une déclaration de droits, l'Assemblée décida, le 19 août, de prendre pour base de discussion le projet du sixième bureau (qui fut préféré à ceux de La Fayette et de Sieyès).

Après avoir relu divers préambules, l'Assemblée décida d'adopter celui qui avait été rédigé par le Comité des Cinq et présenté par Mirabeau: 'Les représentants du peuple français, constitués en Assemblée nationale, considérant que l'ignorance, l'oubli ou le mépris des droits de l'homme sont les seules causes des malheurs publics, et de la corruption des gouvernements ont résolu d'exposer dans une déclaration solennelle, les droits naturels, inaliénables et sacrés de l'homme [. . .]'.[7]

Lecture fut ensuite faite des dix premiers articles qui passèrent au crible de la critique jusqu'au moment où M. Mounier, subitement inspiré et puisant dans divers projets, proposa l'adoption des trois premiers articles de la déclaration: 'art. 1er. Les hommes naissent et demeurent libres et égaux en droits. Les distinctions sociales ne peuvent être fondées que sur l'utilité commune'.

La première phrase rappelle les déclarations des droits de Virginie et de Pennsylvanie de 1776. 'Tous les hommes naissent également libres et indépendants, et ont certains droits inhérents à leur personne [. . .]', lit-on dans la déclaration de Virginie, où le mot d'égalité ne figure pas. Les notions de liberté et d'égalité réunies se trouvent, en revanche, dans le *Contrat social*. Au livre II, chapitre xi Rousseau écrit: 'Si l'on recherche en quoi consiste précisément le plus grand bien de tous, qui doit être la fin de tout système de législation, on trouvera qu'il se réduit à ces deux objets principaux, la *liberté*, et *l'égalité*' (*OC*, III, 391).

Auparavant Rousseau avait engagé son lecteur à bien distinguer la liberté naturelle 'qui n'a pour bornes que les forces de l'individu', de la liberté civile qui est limitée par la volonté générale. Quant à l'égalité, il précisait qu'il entendait que l'égalité de puissance ne s'exerce qu'en vertu du rang et des lois et que l'égalité de richesse signifiait une modération tant d'avarice que d'ambition.

En posant cette double affirmation de la liberté et de l'égalité de l'homme, les constituants de 89 ont voulu souligner la dignité de la personne face à la toute puissance de la monarchie. Ils ont fait de la liberté et de l'égalité des droits naturels de l'homme, des droits fondés sur la raison humaine. 'Si les hommes ne sont pas égaux en *moyens*, c'est-à-dire en richesses, en esprit, en force, etc., il ne suit pas qu'ils ne soient pas tous égaux en *droits* [. . .]' a dit Sieyès dans ses 'Principes essentiels de l'exposition raisonnée des droits de l'homme et du citoyen', dont l'Assemblée s'est inspirée au moment de donner une forme définitive à la déclaration des droits.

Comme Rousseau, les hommes de 89 ne prétendent pas abolir les inégalités naturelles, mais ils veulent restaurer l'égalité juridique, et c'est pourquoi ils ont ajouté: 'les distinctions sociales ne peuvent être fondées que sur l'utilité commune.'

Remarquons encore que les constituants ont tenu à préciser que les hommes non seulement *naissent* libres et égaux en droits, mais qu'ils le demeurent dans une société organisée, avant comme après le contrat social. Rousseau n'a-t-il pas écrit (liv. I, ch. viii) que par le contrat social l'homme perd sa liberté naturelle mais gagne la liberté civile? Pour les hommes de 89 la liberté et l'égalité natives persistent dans la vie sociale. L'homme en société demeure ce qu'il est par nature, libre et égal en droits aux autres hommes, telle est l'idée dominante. Et si les mots *en droits* accompagnent celui d'égalité, c'est bien parce que les constituants admettaient les différences dues aux fonctions publiques, mais rejetaient tout système aristocratique, toute distinction due à la naissance ou à la fortune. 'Dans un pays libre, [a dit La Fayette], je ne vois que des citoyens et des officiers publics.' Rousseau lui-même admet que les 'degrés de puissance' ne peuvent s'exercer 'qu'en vertu du rang et des lois' (*CS*, liv. II, ch. xi).

Malgré tout, la seconde partie de l'article est empruntée au projet de déclaration présenté par La Fayette à l'Assemblée nationale dans sa séance du 11 juillet 1789. Après avoir affirmé que la nature a fait les hommes libres et égaux, le général proposait d'ajouter: 'Les distinctions nécessaires à l'ordre social ne sont fondées que sur l'utilité générale.'

Cette formule a été reprise par Mounier à l'article 3 de son projet de déclaration des droits présenté le 27 juillet et c'est ce même Mounier qui fera voter le 20 août par l'Assemblée nationale trois premiers articles de la déclaration définitive.[8]

Projet Mounier art. 3	Déclaration art. 1
La nature a fait les hommes libres et égaux en droits; les distinctions sociales doivent dont être fondées sur l'utilité commune.	Les hommes naissent et demeurent libres et égaux en droits; les distinctions sociales ne peuvent être fondées que sur l'utilité commune.

L'influence de La Fayette est tout aussi marquante dans l'article 2 de la déclaration des droits de 1789: 'article 2: Le but de toute association politique est la conservation des droits naturels et imprescriptibles de l'homme. Ces droits sont la liberté, la propriété, la sûreté et la résistance à l'oppression.'

La Fayette n'avait-il pas énuméré le 11 juillet les droits inaliénables et imprescriptibles de l'homme: 'telles sont la *liberté* de toutes ses opinions, le soin de son honneur et de sa vie; *le droit de propriété* [. . .], la *communication de ses pensées* par tous les moyens possibles, la *recherche du bien-être* et la *résistance à l'oppression.*'

Sans doute La Fayette s'inspirait-il des déclarations américaines, notamment de celle de Virginie de 1776, où on lisait dans l'article 3 que 'les gouvernements sont institués pour le *bien commun*, pour la protection et la *sûreté* du peuple', et plus loin, 'toutes les fois qu'un gouvernement sera reconnu incapable de remplir ce but, ou qu'il y sera contraire, la pluralité de la nation a le droit [. . .] de l'abolir, de la changer ou de la réformer'.

Nous avons déjà vu que Rousseau a proclamé l'égalité de tous devant la loi. En revanche il ne semble pas avoir considéré la propriété comme un droit naturel. C'est Locke et Puffendorf qui sont à l'origine de cette affirmation. La recherche du bonheur est une notion proclamée tant par Locke que par Barlamaqui, mais Rousseau, qui s'est efforcé toute sa vie de conquérir le bonheur individuel, n'a pas dans son *Contrat social* exprimé l'idée que le bonheur collectif est la fin de toute société.

Quant à la résistance à l'oppression, il s'agit d'une notion médiévale, reprise à la fin de XVIe siècle par les protestants brimés et tyrannisés par le pouvoir royal. Cette notion a été constamment répétée par les adeptes du droit naturel jusqu'aux théoriciens de la guerre d'indépendance américaine. Et on les comprend. Pour justifier leur refus de se plier aux exigences des colonisateurs, ils ont fait appel à des principes qu'ils ont puisés dans les oeuvres des auteurs de droit politique des XVIe, XVIIe et XVIIIe siècles.

Le droit de résistance à l'oppression fonde en quelque sorte le droit à l'insurrection. Le peuple peut se trouver en état de légitime défense, lorsque le gouvernement abuse de son pouvoir. Dans un discours resté fameux, Mounier déclarait le 4 septembre 1789: 'L'insurrection est certainement un moyen terrible que l'opprobre de l'esclavage peut seul rendre légitime. Mais voulez-vous qu'il ne soit jamais nécessaire? Prévenez, par la constitution, l'oppression du peuple.' 'art. 3. Le principe de toute souveraineté réside essentiellement dans la Nation; nul corps, nul individu ne peut exercer l'autorité qui n'en émane expressément.'

Là encore l'influence de La Fayette est fort nette. Le 11 juillet, il proposait à l'Assemblée nationale dans son projet de déclaration des droits un paragraphe 5 utilisant les termes qui scront repris le 20 août: 'Le principe de toute souveraineté réside dans la nation', et un paragraphe 6 où on lit: 'Nul corps, nul individu ne peut avoir une autorité qui n'en émane expressément.' La filiation est évidente. Une fois encore, La Fayette s'inspirait des déclarations américaines, par exemple celle de Virginie qui, en son article 2 déclare: 'Toute autorité appartient au peuple, et par conséquent émane de lui. Les magistrats sont ses dépositaires [. . .]', ou encore celle de Pennsylvanie, où on lit à l'article 4: 'Toute autorité résidant originairement dans le peuple, et é-tant par conséquent émanée de lui, il s'en suit que tous les officiers du gouvernement revêtus de l'autorité [. . .] sont ses mandataires, ses ser-viteurs, et lui sont comptables dans tous les temps.'

Cet article est particulièrement révolutionnaire, quand on songe que le souverain, jusqu'en juillet 1789, est le roi. Cette doctrine de la souveraineté nationale a été affirmée depuis l'antiquité jusqu'à la Révolution française par tous ceux qui s'opposent à l'arbitraire royal, de François Hotman à Spinoza et des puritains anglais à J.-J. Rousseau. Un siècle auparavant, cinquante ans, trente ans auparavant, les rois de France règnent en monarques absolus. Souverains du pays ils affirment tenir leur pouvoir du droit divin. La volonté du roi crée le droit. Tout acte est juste si le monarque l'a ordonné. La raison d'Etat justifie tout, y compris les abus. Alors que Louis XVI règne toujours sur la France, l'Assemblée nationale décrète que le principe de toute souveraineté réside dans la nation. Et Louis XVI lui-même acceptera la déclaration des droits de l'homme et du citoyen!

Entre-temps, l'Assemblée nationale avait poursuivi la rédaction de la déclaration des droits. Le projet Mounier s'allongeait démesuré-ment, en ses articles 4 à 10, sur l'exercice des droits et des devoirs de l'homme. C'est pourquoi le chevalier Alexandre de Lameth proposa le 21 août d'adopter deux articles qu'il avait rédigés et qui furent ap-prouvés sans grandes modifications.[9]

art. 4. La liberté consiste à pouvoir faire tout ce qui ne nuit pas à autrui. Ainsi l'exercice des droits naturels de chaque homme n'a de bornes que celles qui assurent aux autres membres de la société la jouissance de ces mêmes droits; ces bornes ne peuvent être déterminées que par la loi.

On a reconnu dans l'article 4 une notion typiquement anglo-saxonne. La liberté s'arrête là où elle rencontre la liberté d'autrui. John Locke l'a fort bien exprimé dans son traité *Du gouvernement civil*.

Mieux encore, l'abbé Sieyès, dans son projet (art. IV), a défini les limites de la liberté en ces termes: 'Tout homme est libre dans l'exercice de ses facultés personnelles, à la seule condition de ne pas nuire aux droits d'autrui', et La Fayette n'a fait qu'expliciter cette notion, lorsqu'il a proposé le 11 juillet d'inscrire dans la déclaration que 'L'exercice des droits naturels n'a de bornes que celles qui en assurent la jouissance aux autres membres de la société'.

La formulation des limites de la liberté est particulièrement heureuse. Il ne s'agit pas de donner à l'homme un droit illimité, le pouvoir de faire tout ce qu'il lui plaît, y compris d'asservir son prochain. Bien au contraire, l'action de chacun est limitée par le droit d'autrui. Ainsi que l'a dit un des commentateurs de la déclaration de 1789: 'La véritable liberté est dans le respect du droit.'

> art. 5. La loi n'a le droit de défendre que les actions nuisibles à la société. Tout ce qui n'a pas été défendu par la loi ne peut être empêché et nul ne peut être contraint à faire ce qu'elle n'ordonne pas.

Quant à l'article 5, il définit fort bien le caractère de la loi. Par action nuisible, il faut entendre un acte de nature à troubler la vie de la société, de nature à attenter au droit d'autrui. Les actions immorales ne sauraient être poursuivies. L'Etat n'a pas pour objet de faire régner la vertu, même si Montesquieu a affirmé que le moteur de la République est précisément la vertu. L'Etat ne saurait contraindre les consciences. Il doit faire régner la justice.

Dans cet article 5, les constituants ont tenu à marquer la primauté de la loi et l'égalité des citoyens devant elle. Loin de tendre à la prolifération des lois, cet article vise à respecter l'autonomie du citoyen. Seuls sont défendus les actes proscrits par la loi. Et ces actes sont ceux qui nuisent à la vie sociale. Là encore Alexandre de Lameth s'est inspiré des deux textes qui ont servi de base à de nombreux articles de la déclaration. A celui de Sieyès il a emprunté l'article XV qui dit: 'La loi n'a pour objet que l'intérêt commun, elle ne peut donc accorder de privilège à qui que ce soit [...]', et à celui du 6e bureau l'article 12: 'Tout ce qui n'est pas défendu par la loi est permis, et nul ne peut être contraint à faire ce qu'elle n'ordonne pas.'

Remarquons encore que le caractère de généralité donné à la loi par les représentants se trouve affirmé par Rousseau dans son *Contrat social*. 'Quand je dis, écrit-il au livre II, chap. vi, que l'objet des lois est toujours général, j'entends que la loi considère les sujets en corps et les actions comme abstraites, jamais un homme comme individu ni une action particulière.' Pour Jean-Jacques, la loi tend à assurer l'intérêt public, et non tel ou tel intérêt particulier. C'est exactement la doctrine des membres de l'Assemblée nationale.

> art. 6. La loi est l'expression de la volonté générale. Tous les citoyens ont le droit de concourir personnellement, ou par leurs représentants à sa for-mation. Elle doit être la même pour tous, soit qu'elle protège soit qu'elle punisse. Tous les citoyens étant égaux à ses yeux sont également ad-missibles à toutes dignités, places et emplois publics, selon leur capacité, et sans autre distinction que celle de leurs vertus et de leurs talents.[10]

Cet article exprime plusieurs aspects de la loi, son origine, sa rédac-tion, son application. De plus il répète l'idée que les hommes étant égaux sont admissibles à toutes les fonctions.

Il est fort probable que les constituants se soient inspirés pour la rédaction de cet article du projet de l'abbé Sieyès qu'ils avaient sous les yeux. En son article XXVI, Sieyès déclarait: 'La loi ne peut être que l'expression de la volonté générale. Chez un grand peuple, elle doit être l'ouvrage d'un corps de représentants [...] choisis [...] par tous les citoyens qui ont à la chose publique, intérêt et capacité [...]'.

Remarquons que les mots volonté générale figurent dans d'autres projets, peut-être inspirés les uns des autres. Le 27 juillet Mounier proposait un article XI libellé ainsi: 'Les citoyens ne peuvent être soumis à d'autres lois qu'à celles qu'ils ont librement consenties par eux ou par leurs représentants; et c'est dans ce sens que la loi est l'expression de la volonté générale'. Et le 17 août Mirabeau réunissait deux principes en un seul article, l'article 5: 'La loi étant l'expression de la volonté générale, doit être générale dans son objet et tendre toujours à assurer à tous les citoyens la liberté, la propriété et l'égalité civile'.

Ici l'influence de Rousseau est indéniable. Sa théorie de la volonté générale est adoptée par les auteurs de projets comme par les membres de l'Assemblée nationale. La loi énonce la volonté générale du simple fait qu'elle émane d'un législateur attentif à exprimer la volonté de tous et à ne faire acception de personne. Cela ne signifie pas que tout le peuple participe à l'élaboration des lois, il peut le faire par l'intermédiaire de ses représentants, il peut aussi se prononcer par referendum sur telle ou telle loi. Dans l'esprit de Rousseau la démocratie directe n'est possible que dans les petits Etats. Parlant des représentants du peuple, Mounier affirmait lui-même que le peuple 'a toujours assez de lumière pour discerner ceux qui méritent sa confiance', et qu'il doit 'confier le pouvoir de faire des lois comme celui de les exécuter'.

Un des principaux commentateurs de la déclaration des droits, Eugène Blum,[11] a également relevé l'influence capitale de la philosophie politique de Rousseau dans cet article, sans d'ailleurs citer les passages du *Contrat social* qui s'y réfèrent. Nous en avons trouvés près d'une dizaine non seulement dans le *Contrat social*, mais aussi dans l'article de *l'Encyclopédie* sur L'ECONOMIE POLITIQUE. 'La souveraineté n'est que l'exercice de la volonté générale', lit-on dans ce dernier texte – qui est le plus ancien chronologiquement. 'La volonté générale est un acte de souveraineté et fait loi' (*Contrat social*, liv. II, ch. ii). 'Les lois [...] sont des actes de la volonté générale' (*Contrat social*, liv. II, ch. vi, *OC*, III, 379). Rousseau a constamment insisté sur deux principes: Tout gouvernement légitime a pour objet le bien du peuple. Le premier devoir du législateur est de conformer les lois à la volonté générale. Il ne s'agit pas ici du problème de la souveraineté qui est inaliénable et indivisible, qui ne peut même être représentée. Il s'agit d'un problème de législation et les lois ne pouvant être rédigées par le peuple tout entier devront au moins être ratifiées par lui. C'est ce que Rousseau entend expliquer au livre III, ch. xiv et xv de son *Contrat social.*

Nous n'avons pas la prétention d'examiner les dix-sept articles de la déclaration des droits avec la même attention, mais seulement d'y déceler ce qui peut avoir été emprunté aux théories politiques de J.-J. Rousseau. Une polémique a opposé au début du siècle deux grands juristes, Georges Jellinek et Emile Boutmy, l'un niant l'origine 'rousseauiste' de ce document, l'autre y voyant au contraite la forte empreinte du *Contrat social.*[12] Plutôt que de résumer cette polémique, nous avons préféré rechercher l'origine des textes et indiquer les articles où l'influence de Rousseau nous paraît évidente et ceux qui puisent leur inspiration dans les déclarations américaines, lesquelles reposent sur les lectures des 'constitutionnalistes', qu'il s'agisse d'auteurs anglo-saxons, tels que Locke, Puffendorf, Hutcheson, Cumberland, ou d'auteurs français traduits en anglais, tels que Montesquieu, Rousseau et Burlamaqui.

Remarquons que les articles 7 à 9 de la déclaration de 1789 traitent de la sûreté de l'individu et qu'ils constituent une garantie contre tout arbitraire. Ces articles, adoptés à l'unanimité le 22 août, sur rédaction de deux membres de l'Assemblée, Duport et Target, sont à la source de toute la législation postérieure.

Les garanties qu'ils offrent (nul ne peut être accusé, arrêté ni détenu que dans les cas déterminés par la loi; la loi ne doit établir que des peines strictes et évidemment nécessaires; tout homme est présumé innocent jusqu'à ce qu'il soit déclaré coupable) sont d'autant plus remarquables que le XVIIIe siècle a connu une véritable marée de lettres de cachets. La torture y était encore en vigueur, malgré les appels de Montesquieu et de Voltaire a plus d'humanité. Duport et Target n'ont eu qu'à puiser dans tous les projets soumis à l'Assemblée, ceux de Sieyès, de Mounier, de Mirabeau. Il n'empêche que le 22 août l'Assemblée nationale a proclamé les principes de la sûreté de la personne et de la liberté individuelle. Ce n'était pas un petit, mais un immense pas vers une législation équitable.

L'article suivant (10) sur la liberté d'opinions religieuses devait provoquer un débat extrêmement animé. Dans sa formulation définitive, cet article a bel et bien institué la tolérance religieuse en France. C'était une nouvelle révolution dans un pays qui avait pratiqué si longtemps l'intolérance et qui avait abusé des poursuites pour cause de religion. Le texte proposé par le comte de Castellane fut l'objet de divers amendements et se présenta finalement ainsi: 'Nul ne doit être inquiété pour ses opinions, même religieuses, pourvu que leur manifestation ne trouble pas l'ordre public établi par la loi'.[13] Jean-Jacques Rousseau fut évoqué dans le débat par un représentant de la noblesse qui ne l'avait guère lu, puisqu'il en faisait un incroyant, tandis que Mirabeau tempêtait contre un article qu'il trouvait trop timoré, parce que la liberté de conscience y était assortie de restrictions quant à son expression publique.

L'article 11 parle de la liberté des pensées et des opinions comme d'un des droits les plus précieux de l'homme et il insiste sur le droit de tout citoyen à parler, à écrire et à imprimer librement. Nouvelle révolution dans un pays qui a connu la triple censure de l'Université, de l'Eglise et du Parlement. N'oublions pas que quelques années auparavant les oeuvres de Jean-Jacques Rousseau étaient condamnées au bûcher et leur auteur décrété d'arrestation. Là encore, la déclaration des droits de 89 innove totalement et garantit la liberté d'expression. Le texte de l'article a été formulé par le duc de La Rochefoucauld et modifié en séance à la suite d'amendements.

Les articles 12, 13 et 14 traitent, d'une part, de la nécessité d'une force publique 'instituée pour l'avantage de tous' à l'image des déclarations américaines, et, d'autre part, de la contribution publique indispensable à l'entretien de la force publique et aux dépenses d'administration qui doivent être contrôlées par les citoyens. Réforme audacieuse de tout le système fiscal qui date de la nuit du 4 août et instaure l'égalité devant l'impôt et la répartition selon les facultés de chacun. Ces quatre articles ont été repris intégralement ou avec des amendements à partir de la déclaration des droits élaborée par le sixième bureau.

L'article 16 stipule que 'la société a le droit de demander compte à tout agent public de son administration'.

L'avant-dernier article concerne la séparation des pouvoirs. Principe posé par Locke, approfondi par Montesquieu et Burlamaqui (liv. XI, ch. vi de *l'Esprit des lois*) que les constituants américains avaient lus. Quant à Rousseau, il distinguait très clairement la puissance législative, qui appartient au peuple ou à ses représentants, et la puissance exécutive, qui est entre les mains du gouvernement (*Contrat social*, liv. III, ch. i), mais il ne se préoccupe pas du pouvoir judiciaire.

La déclaration de Virginie disait en son article 5: 'Les trois puissances, la législative, l'exécutive et la judiciaire, doivent être séparées et distinctes.' La Fayette, fidèle interprète des idées qui avaient triomphé Outre-Atlantique, avait proposé le 11 juillet de dire: 'Tout gouvernement a pour unique but le bien commun.' Cet intérêt exige que les pouvoirs législatifs, exécutif et judiciaire, soient distincts et définis [. . .]' Même idée chez Mounier: 'Pour prévenir le despotisme et assurer l'empire de la loi, les pouvoirs législatif, exécutif et judiciaire, doivent être distincts' (art. 14 du 27 juillet). Quant au 6e bureau il proposait une formule curieuse qui allait être reprise par l'Assemblée nationale: 'Toute société dans laquelle la garantie des droits n'est pas assurée, et la séparation des pouvoirs déterminée, n'a pas de véritable constitution.' C'est le chevalier de Lameth qui, le 26 août, rappela que, sans la séparation des pouvoirs, il n'y a que despotisme. Et il proposa de poser ce principe et de le discuter. Les constituants n'étaient pas tous d'accord d'insérer un tel article dans la déclaration des droits, certains d'entre eux estimaient qu'il appartenait à la constitution, d'autres que le principe était si important pour la liberté du citoyen qu'il fallait l'insérer dans la déclaration. Finalement un texte très proche de celui du 6e bureau fut adopté.

On allait clore les débats, lorsqu'un membre de l'Assemblée, Adrien Duport, député de Paris, proposa et fit voter presque sans discussion un dernier article sur l'inviolabilité de la propriété et le versement d'une juste indemnité au cas où la nécessité publique exigerait qu'on en soit privé.[14]

Ainsi la déclaration des droits de l'homme et du citoyen a été rédigée en une semaine par une Assemblée nombreuse où les trois ordres étaient représentés. Bien que les discussions aient été parfois âpres, les constituants se sont mis d'accord sur des principes clairs et ordonnés, comme l'avaient souhaité les meilleures têtes. Si l'influence des déclarations américaines a été prédominante, on ne peut dire comme l'ont fait certains commentateurs que J.-J. Rousseau ait été absolument ignoré des représentants de la nation. Quelques articles et non des moindres s'expliquent par la lecture du *Contrat social* et l'on peut dire que l'ombre du 'citoyen de Genève' a pour la première fois plané sur l'Assemblée constituante.

Notes

1. *Archives parlementaires*, t. VIII (Paris 1875), p. 216.
2. *Ibid.*, p. 222.
3. *Ibid.*, pp. 306–7. Séance du 30 juillet 1789.
4. C'est nous qui soulignons.
5. *Archives parlementaires*, t. VIII, pp. 438–9. Séance du 17 août.
6. Paris 1901, p. 42.
7. *Archives parlementaires*, t. VIII, p. 463.
8. *Ibid.*, p. 222, 11 juillet (La Fayette); p. 285, 27 juillet (Mounier); p. 403, 20 août (Assemblée nationale).
9. *Ibid.*, p. 464.
10. *Ibid.*, p. 466. 21 août.
11. *La Déclaration des droits de l'homme et du citoyen* (Paris et Montpellier 1902).
12. Selon Jellinek, l'idée d'une déclaration des droits est absolument contraire aux principes du *Contrat social*, puisque les associés ont, par contrat, aliéné tous leurs droits à toute la communauté et que celle-ci ne peut même pas se maintenir par une loi fondamentale. Pour lui, la déclaration française s'est inspirée presque uniquement des déclarations américaines, Virginie, Massachusetts, Maryland, North Carolina, New Hampshire et Pennsylvanie. Quant à ces déclarations, on en trouve la source dans les oeuvres des théoriciens du droit naturel et non dans celles des légistes anglais. Jellinek admet cependant que la notion d'égalité est une notion purement française et qu'elle reflète l'influence du *Contrat social (La Déclaration des droits de l'homme et du citoyen*. Trad. de l'allemand par G. Fardis (Paris 1902), p. 46). Mais il insiste sur l'origine religieuse et même puritaine des droits de l'homme. A quoi Boutmy ('La Déclaration des droits de l'homme et du citoyen et M. Jellinek' in *Annales des sciences politiques*, t. XVII (1902), pp. 415–43, repris dans *Etudes politiques*, (Paris 1907), pp. 117–82) réplique que rien chez Rousseau n'empêche le

souverain comme tel ... de rédiger et de promulguer une déclaration de droits. M. Jellinek a découpé dans les déclarations américaines les articles qui se rapprochent de la déclaration française des droits, ce qui est non seulement contestable, mais invérifiable, les constituants n'ayant cité qu'une seule déclaration, celle de Virginie et cela très rarement; le but que se sont proposés les rédacteurs des *bills of rights* américains et ceux de la déclaration française est tout à fait différent; enfin et surtout les déclarations, tant américaines que française dérivent des idées qui se sont imposées au XVIIIe siècle sous l'influence des différents courants de pensée, issus du droit naturel.

La polémique ne devait pas s'arrêter là. Jellinek répliqua dans la *Revue de droit public et de la science politique*, t. XVIII (1902), pp. 385–400, et quelques années plus tard V. Marcaggi épousait ses thèses dans *Les Origines de la déclaration des droits de l'homme*, (Paris 1904) et allait jusqu'à dire que Rousseau est l'homme de toutes les contradictions.

13. *Archives parlementaires*, t. VIII, pp. 476–80. 23 août.
14. *Ibid.*, p. 489. Les dix-sept articles de la déclaration des droits ont donc été rédigés, présentés, amendés et adoptés en une semaine par l'ensemble de l'Assemblée.

ROBERT DERATHÉ

Les Réfutations du Contrat social en France dans la première moitié du dix-neuvième siècle

C'est une véritable coalition qui s'est formée en France dans la première moitié du dix-neuvième siècle contre la doctrine politique de Rousseau, puisqu'il a été attaqué successivement par les traditionalistes (de Bonald), les libéraux (Benjamin Constant), les positivistes (Auguste Comte) et les socialistes (P.-J. Proudhon). Ces critiques présentent un intérêt particulier, car elles montrent combien une oeuvre aussi célèbre que le *Contrat social* peut faire l'objet de lectures différentes, chacun ne voyant qu'un aspect d'une pensée, qui se prêtera peut-être toujours à des interprétations divergentes ou même opposées. Elles ont, en outre, un point commun: c'est qu'elles sont écrites à une époque où les esprits sont encore obsédés par le souvenir de la Révolution française, et que, dans la plupart des cas, on y juge Rousseau, moins d'après ses écrits qu'en fonction de l'influence qu'à tort ou à raison, on lui attribue sur le déroulement des événements révolutionnaires.

I. LOUIS-GABRIEL-AMBROISE DE BONALD[1] (1754–1840)

Il est difficile de caractériser d'un mot de Bonald: c'est, certes, un doctrinaire ou, comme dit Faguet, un logicien; mais c'est aussi un penseur qui veut tenir compte des enseignements de l'histoire. C'est incontestablement un monarchiste et un traditionaliste, mais c'est aussi un libéral de tendance, même si ses conclusions pratiques semblent exclure tout libéralisme. Si de Bonald loue l'ancien régime, c'est qu'à la différence de Joseph de Maistre, il y trouve une constitution libérale.[2]

C'est pendant l'émigration, à Heidelberg, que de Bonald écrit l'ouvrage qui contient l'essentiel de sa doctrine politique: la *Théorie du pouvoir politique et religieux*. Le livre parut à Constance en 1796, et fut saisi par ordre du Directoire; l'édition fut mise au pilon et il n'en reste que peu d'exemplaires. De Bonald avait mis en épigraphe cette phrase de *Contrat social* (liv. II, chap. xi): 'Si le législateur se trompant dans son objet, établit un principe différent de celui qui naît de la nature des choses, l'Etat ne cessera d'être agité jusqu'à ce que ce principe soit détruit ou changé et que l'invincible nature ait repris son empire.'

Ce premier ouvrage, comme presque tous les autres, a été écrit sous l'influence de la révolution, dont de Bonald a souligné à maintes reprises l'importance. Montesquieu et Rousseau, dit-il, 'se sont hâtés de faire des théories avant que le temps leur eût révélé un assez grand nombre de faits, et des faits assez décisifs. Il a surtout manqué à leur instruction le plus décisif de tous les événements, la Révolution française, réservée, ce semble, pour la dernière instruction de l'univers'.[3] Toutefois, ce qui l'intéresse et ce qu'il combat, ce n'est pas seulement la Révolution qui a détruit l'ancien régime, ce sont aussi les écrivains qui ont contribué à la préparer dans les esprits: 'Depuis *l'Evangile*, dit-il, jusqu'au *Contrat social*, ce sont les livres qui ont fait les révolutions.'[4] Aussi ne faut-il pas s'étonner qu'il consacre de nombreuses pages à exposer et à réfuter les théories de Montesquieu et de Rousseau. Dans la préface de sa *Théorie du Pouvoir politique et religieux*,[5] il dit:

> J'ai beaucoup cité Montesquieu et J.-J. Rousseau. Comment, en effet, écrire sur la politique sans citer *l'Esprit des Lois* et le *Contrat social*, qu'on peut regarder comme l'extrait de toute la politique ancienne et moderne [...] On remarquera que je les mets volontiers l'un et l'autre à ma place lorsqu'ils s'accordent avec mes principes, parce que, si ces écrivains célèbres n'ont pas su se préserver de l'erreur, ils ont aperçu de grandes vérités et les ont exprimées avec énergie.

Selon les historiens que nous avons cités, la critique de Rousseau par de Bonald porte sur trois points: l'état de nature, la notion même de contrat social, la théorie de la volonté générale et de souveraineté.

1. Selon de Bonald, ce fut 'la grande erreur de J.-J. Rousseau', et même de Montesquieu, d'avoir opposé 'l'état de pure nature à tout état de société': 'Tous deux, dit-il, admirent comme la base de la société ou du moins établirent dès l'entrée la bonté naturelle de l'homme, et un prétendu état humain *de pure nature* antérieur à la société et meilleur que la société.'[6] De Bonald, qui a lu sérieusement *l'Emile* et le *Contrat social*, cite, à cette occasion, les deux textes suivants: 'L'homme est né bon et la société le déprave . . . Tout ce qui n'est pas dans la nature a des inconvénients, et la société civile plus

que tout le reste'.[7] Ce qui lui permet d'affirmer que Rousseau a été 'le détracteur de l'état civilisé et le romancier de l'état de nature'.[8] En réalité, la grande erreur de Rousseau vient de ce qu'il a omis de faire une distinction fondamentale et a confondu *l'état natif* et *l'état naturel*. L'état natif d'un être est son état originel ou primitif, donc un état de faiblesse et d'imperfection, comme le gland pour le chêne ou l'enfance pour l'homme adulte. L'état naturel ou la nature d'un être est un état de développement, d'accomplissement, de perfection, conforme à l'essence de cet être. La société est l'état naturel de l'homme, car c'est la société seule qui lui permet de parvenir au plein développement de son être: 'La société est la vraie et même la seule nature de l'homme.'[9]

2. Si la société est l'état naturel de l'homme, si c'est pour lui un état nécessaire, on ne peut pas considérer la société politique comme une institution arbitraire ou volontaire, résultant d'un contrat. Dans *l'Essai analytique sur les lois naturelles de l'ordre social* (Migne, I, 992), de Bonald déclare qu' 'il n'y a pas de contrat social dans la société politique'. Il n'y en a pas 'avant l'institution du pouvoir; car il faudrait pour cela que l'institution du pouvoir fût arbitraire'. Il n'y en a pas non plus 'après l'institution du pouvoir, puisqu'il n'y a plus alors entre les parties cette égalité nécessaire pour la validité du contrat, et qu'il n'y a plus entre le *pouvoir* et le *sujet* d'autre rapport naturel que celui de la dépendance'. Cette argumentation très générale ne vise qu'indirectement Rousseau et laisse de côté la question essentielle d'une autorité *légitime*, qui doit précisément, selon l'auteur du *Contrat social*, résulter d'un pacte.

On cite souvent un autre texte, tiré du *Principe constitutif de la société* (Migne, I, 52): 'Le système d'un *contrat social* entre les peuples et les rois, ce contrat qui suppose une délibération *a priori* pour sacrifier, sans nécessité urgente et démontrée, sa liberté et sa volonté à la volonté d'un autre, n'a pu naître que dans des esprits sans jugement et des âmes sans élévation.' Dans ce texte, de Bonald ne vise pas et ne peut viser Rousseau, car il connaît trop bien le *Contrat social* pour attribuer à son auteur l'idée d'un pacte 'entre les peuples et les rois'. A mon sens, quand il écrit ces lignes, il pense à Jurieu, qu'il ne connaît d'ailleurs que par le Ve *Avertissement aux protestants* de Bossuet, son maître préféré.

3. Aussi me paraît-il plus important d'insister sur la critique de la souveraineté du peuple et sur l'examen de la notion de volonté générale.

De Bonald rejette, au nom de l'histoire, la souveraineté du peuple, et écrit dans sa *Théorie du pouvoir* (Préface, p. 18):

Des hommes qu'on a honorés du titre de métaphysiciens politiques, et dont toute la métaphysique est l'obscurité d'un esprit faux, et toute la politique, les désirs effrénés d'un coeur corrompu, ont avancé que *la souveraineté résidait dans le peuple*. C'est là une proposition générale ou abstraite; mais lorsqu'on veut en faire l'application à l'histoire ou par l'histoire, il se trouve que le peuple n'a jamais été et qu'il ne peut jamais être souverain [. . .][10]

Ici encore, c'est Jurieu qui me semble visé plutôt que Rousseau, Jurieu dont de Bonald cite souvent la célèbre maxime: 'Que le peuple est la seule autorité qui n'ait pas besoin d'avoir raison pour valider ses actes.'

Si de Bonald a été amené à examiner la fameuse définition de Rousseau 'la loi est l'expression de la volonté générale', c'est en raison de l'importance qu'il accorde lui-même à la notion de volonté générale. Il y a, selon de Bonald, deux façons de comprendre la volonté générale, et ces deux façons, qui sont inconciliables, se trouvent l'une et l'autre dans le *Contrat social*. Il y a la volonté générale proprement dite ou volonté du corps social: elle est toujours droite, 'puisqu'elle n'est autre chose que la nature ou la tendance naturelle d'un être à remplir sa fin'. De Bonald ajoute: 'Rousseau a aperçu cette vérité; il la développe et, par une inconséquence inexcusable, il l'abandonne un instant après.' Il l'abandonne pour identifier la volonté générale avec la volonté populaire ou la volonté de tous. Or, 'la volonté de tous, même en la supposant unanime, n'est que la somme des volontés particulières de l'homme naturel, volontés essentiellement dépravées et destructives' (*Théorie du pouvoir*, liv. I, ch. x, pp. 130–1). Ce qu'en définitive, de Bonald reproche à Rousseau, c'est d'avoir 'élevé l'édifice du *Contrat social* sur cette misérable équivoque de volonté populaire et de volonté générale' (*Théorie du pouvoir*, liv. I, ch. ii, p. 39).

De Bonald qui, répétons-le, a lu attentivement le *Contrat social*, même s'il n'a pas toujours compris la pensée de l'auteur, reconnaît donc que Rousseau a aperçu de grandes vérités, sans avoir su pourtant se préserver de l'erreur. Certes, il écrit en 1802, dans le *Discours préliminaire* de la *Législation primitive* (*Oeuvres*, éd. Le Clère, t. II, p. 124): 'L'auteur du *Contrat social* dans la société ne vit que l'individu, et dans l'Europe ne vit que Genève; il confondit dans l'homme la domination avec la liberté, dans la société la turbulence avec la force, l'agitation avec le mouvement, l'inquiétude avec l'indépendance, et il voulut réduire en théorie le gouvernement populaire, c'est-à-dire fixer l'inconstance et ordonner le désordre'. On peut toutefois se demander si ce réquisitoire éloquent, cette condamnation en apparence sans appel, correspond bien à sa véritable pensée. Car il est exceptionnel que de Bonald fasse preuve d'une telle sévérité à l'égard de Rousseau, qu'en général il juge avec plus de modération et d'équité.

Dans la *Théorie du pouvoir*, (liv. I, ch. xiii, p. 153), de Bonald écrit:

> Je ne dis pas: voilà mon système; car je ne fais pas de système; mais j'ose dire: voilà le système de la nature dans l'organisation des sociétés politiques, tel qu'il résulte de l'histoire de ces sociétés. En effet, c'est l'histoire de l'homme et des sociétés qu'il faut interroger sur la perfection ou l'imperfection des institutions politiques qui ont pour objet le bonheur de l'un et la durée des autres.

Certes, il arrive à de Bonald d'opposer l'histoire aux principes, comme, par exemple, dans sa critique de la souveraineté du peuple, mais d'une manière générale, il fait moins appel à 'l'autorité des faits' qu'à l'argumentation abstraite. Et, de ce point de vue, il reste par sa tournure d'esprit plus proche de Rousseau que de Montesquieu. Comme le dit Faguet,[11] ce sont deux adversaires qui parlent la même langue et sont, par conséquent, faits pour s'entendre, ou comme le dit V. Delbos, 'malgré ses qualités d'observateur, de Bonald reste encore trop asservi à l'abstraction, plus semblable en cela à Rousseau qu'il ne le pense'.[12]

II. BENJAMIN CONSTANT[13] (1767–1830)

De toutes les critiques du *Contrat social*, qui ont été faites au dix-neuvième siècle, celle de Benjamin Constant est sans aucun doute la plus importante, car on la retrouve plus tard sous la plume de plusieurs écrivains, juristes ou historiens.[14]

Pour la résumer d'un mot, cette critique, reprise ultérieurement par la plupart des libéraux, porte sur la souveraineté du peuple, principe qui, selon Benjamin Constant, contient en germe tous les risques du despotisme.

Certes Benjamin Constant déclare qu'il ne veut pas se joindre aux détracteurs de Rousseau:

> Sans doute, en relevant ce que je considère comme une méprise importante à dévoiler, je serai circonspect dans ma réfutation et respectueux dans mon blâme. J'éviterai certes de me joindre aux détracteurs d'un grand homme. Quand le hasard fait qu'en apparence je me rencontre avec eux sur un seul point, je suis en défiance de moi-même; et pour me consoler de paraître un

instant de leur avis, sur une question unique et partielle, j'ai besoin de désavouer et de flétrir autant qu'il est en moi ces prétendus auxiliaires.[15]

Mais son admiration pour l'auteur ne l'empêche pas de faire une critique impitoyable du *Contrat social*.

1. Benjamin Constant reconnaît qu'il y avait chez Rousseau 'l'amour le plus pur de la liberté', mais il lui reproche d'avoir eu une conception fausse de la liberté, c'est-à-dire de s'être prononcé pour la liberté des anciens, sans avoir aucune idée de la liberté des modernes et d'avoir ainsi sacrifié la liberté individuelle à la liberté politique.

Dans le *Discours sur la liberté des anciens comparée à celle des modernes* (1819), il vise d'ailleurs plus Mably que Rousseau:

> Ce n'est d'ailleurs point à Rousseau, comme on le verra, que l'on doit prin-cipalement attribuer l'erreur que je vais combattre: elle appartient bien plus à l'un de ses successeurs, moins éloquent, mais non moins austère, et mille fois plus exagéré. Ce dernier, l'abbé de Mably, peut être regardé com-me le représentant du système qui, conformément aux maximes de la liberté antique, veut que les citoyens soient complètement assujettis pour que la nation soit souveraine, et que l'individu soit esclave pour que le peu-ple soit libre. – L'abbé de Mably, comme Rousseau et comme beaucoup d'autres, avait, d'après les anciens, pris l'autorité du corps social pour la liberté, et tous les moyens lui paraissaient bons pour étendre l'action de cette autorité sur cette partie récalcitrante de l'existence humaine, dont il déplorait l'indépendance [. . .] Il détestait la liberté individuelle, comme on déteste un ennemi personnel.[16]

En ce qui concerne Rousseau, Benjamin Constant n'avait certainement pas tort de lui reprocher d'avoir été égaré par son admiration pour les anciens et sa prédilection pour l'histoire ancienne. Il serait trop long de rappeler ici tous les textes que nous avons cité dans notre thèse.[17] Dans ses écrits politiques, Rousseau est pénétré de l' 'esprit des an-ciennes institutions',[18] et persuadé que rien ne peut égaler la gloire de Sparte et de Rome.[19] Quand il rejette le gouvernement rerésentatif, son argument est que les anciens n'avaient pas de représentants: 'Dans les anciennes républiques, dit-il, et même dans les monarchies, jamais le peuple n'eut de représentants; on ne connaissait pas ce mot-là' (*Con-trat social*, liv. III, ch. xv).

Malgré certaines déclarations résolument libérales, comme, par exemple, dans *l'Economie politique*,[20] Rousseau donne souvent l'im-pression de sacrifier la liberté individuelle à l'intérêt de tous. Et, de ce point de vue, la critique de Benjamin Constant, me paraît entièrement justifiée.

2. En est-il de même lorsqu'elle porte sur la souveraineté du peuple, telle que l'a exposée Rousseau?

On connaît le texte célèbre des *Principes de politique* (1815): 'Dans une société fondée sur la souveraineté du peuple, il est certain qu'il n'appartient à aucun individu, à aucune classe, de soumettre le reste à sa volonté particulière; mais il est faux que la société tout entière possède sur ses membres une souveraineté sans bornes [...] La souveraineté n'existe que d'une manière limitée et relative [...] Rousseau a méconnu cette vérité et son erreur a fait de son *Contrat social*, si souvent invoqué en faveur de la liberté, le plus terrible auxiliaire de tous les genres de despotisme' (*Oeuvres*, Pléiade, p. 1071). L'année précédente, en 1814, Benjamin Constant écrivait dans le *Traité de l'esprit de conquête et de l'usurpation*:

> J'examinerai peut-être une fois la théorie du plus illustre de ces écrivains, et je relèverai ce qu'elle a de faux et d'inapplicable. On verra, je le pense, que la métaphysique subtile du *Contrat social* n'est propre, de nos jours, qu'à fournir des armes et des prétextes à tous les genres de tyrannie, à celle d'un seul, à celle de plusieurs, à celle de tous, à l'oppression constituée sous des formes légales, ou exercée par des fureurs populaires (*Oeuvres*, Pléiade, pp. 1014–15).

Il y a enfin un troisième texte, où Benjamin Constant critique la religion civile. Voici ce texte, moins connu et peut-être encore plus sévère que les deux autres: 'A l'appui de cette nouvelle espèce d'intolérance, l'on a fréquemment cité Rousseau, qui chérissait toutes les théories de la liberté, et qui a fourni des prétextes à toutes les prétentions de la tyrannie [...] Je ne connais aucun système de servitude, qui ait consacré des erreurs plus funestes que l'éternelle métaphysique du *Contrat social*' (*Principes*, ch. xvii; *Oeuvres*, Pléiade, pp. 1181 et 1182).

Ce que reproche Benjamin Constant à Rousseau, c'est donc d'avoir accordé au peuple une *souveraineté illimitée* et d'avoir ainsi ouvert la voie à la tyrannie ou au despotisme.

Or, une lecture attentive du *Contrat social* montre que ce n'est pas le cas, puisque l'un des chapitres les plus importants de l'ouvrage a pour titre 'Des bornes du pouvoir souverain' (liv. II, ch. iv). Selon Rousseau, la limitation de la souveraineté résulte de la nature même de la volonté générale et ces conditions d'exercice: 'On voit par là, dit-il, que le pouvoir souverain, tout absolu, tout sacré, tout inviolable qu'il est, ne passe ni ne peut passer les bornes des conventions générales, et

que tout homme peut disposer pleinement de ce qui lui a été laissé de
ses biens et de sa liberté par ces conventions; de sorte que le souverain
n'est jamais en droit de charger un sujet plus qu'un autre, parce
qu'alors, l'affaire devenant particulière, son pouvoir n'est plus com-
pétent'. Même Vaughan, qui fait de la doctrine de Rousseau 'une
forme extrême de collectivisme', est bien obligé de reconnaître que la
théorie de la volonté générale restitue à l'individu les droits auxquels
il semblait avoir renoncé. Après avoir résumé cette théorie et rappelé
que la volonté générale doit l'être dans son objet, comme elle l'est dans
son essence, Vaughan conclut:

> Ces deux conditions, lorsqu'on considère leurs effets pratiques, fournissent
> effectivement et ont été conçues par Rousseau comme devant fournir à la
> liberté de l'individu et du groupe social, une garantie contre la tyrannie de
> la communauté ou, autrement dit, leur restituer au moins une partie de
> l'indépendance qui, selon la première façon dont l'auteur avait présenté les
> choses, semblait avoir été définitivement supprimée [...] Tout cela, du
> moins selon les intentions de l'auteur, aboutit en somme à enfermer l'ab-
> solutisme primitif de la communauté dans un réseau complet de limites, à
> restituer pratiquement à l'individu une grande partie des droits qu'il a
> théoriquement aliénés.[21]

Benjamin Constant en aurait peut-être convenu. Mais il n'aurait vu là
qu'une limitation abstraite de la souveraineté, sans efficacité pratique.
Certes, selon Rousseau, la limitation de la souveraineté résulte des
conditions d'exercice de la volonté générale. Mais, pour qu'il en soit
ainsi, il faut que la souveraineté ne soit 'ni aliénée, ni déléguée, ni
représentée'. 'C'était, conclut Benjamin Constant, déclarer en d'autres
termes qu'elle ne pouvait être exercée' (*Principes*, ch. I, *Oeuvres*,
Pléiade, p. 1072). Les conditions pratiques de l'exercice de la
souveraineté sont telles, qu'en fait, le souverain ne peut l'exercer par
lui-même et que ce sont ceux qui parlent au nom du peuple souverain,
qui disposent d'une souveraineté illimitée.

Il faut juger les dangers du système par l'usage qu'on en a fait pendant la révolution:

> Telles nous voyons apparaître à toutes les époques de l'histoire les con-
> séquences de ce système; mais elles se sont développées surtout dans toute
> leur effrayante latitude au milieu de notre révolution: elles ont fait à des
> principes sacrés des blessures peut-être difficiles à guérir. Plus le gouverne-
> ment que l'on voulait donner à la France était populaire, plus ces blessures
> ont été profondes. Il serait facile de démontrer par des citations sans nom-
> bre, que les sophismes les plus grossiers des plus fougueux apôtres de la

terreur, dans les conséquences les plus révoltantes, n'étaient que des conséquences parfaitement justes des principes de Rousseau. (*Oeuvres
politiques*, éd. Charles Louandre, p. 15)

Citons, pour terminer, un extrait d'un discours prononcé à la Chambre
des députés le 20 mars 1840. Dans ce discours, Benjamin Constant
s'élève contre un projet de loi d'exception, qui portait atteinte à la
liberté individuelle:

> M. le ministre des affaires étrangères a invoqué Rousseau; mais toutes les
> fois qu'on a voulu proposer des lois contre la liberté, on s'est appuyé de
> l'autorité de J.-J. Rousseau. Avec beaucoup d'amour pour la liberté,
> Rousseau a toujours été cité par ceux qui ont voulu établir le despotisme.
> Rousseau a servi de prétexte au despotisme, parce qu'il avait le sentiment
> de la liberté, et qu'il n'en avait pas la théorie (*Oeuvres*, Pléiade, p. 1595).

A lire tous les textes que nous avons tenu à citer, on voit que Benjamin
Constant refuse, comme il le dit, de se joindre aux détracteurs de
Rousseau, car ce serait attaquer un écrivain qui 'a, le premier, rendu
populaire le sentiment de nos droits' (*Oeuvres*, Pléiade, p. 1015, note).
S'il dénonce et réfute la métaphysique du *Contrat social*, c'est en
raison de l'usage que l'on en a fait, tant sous la révolution qu'au dix-
neuvième siècle. Certes, Rousseau avait 'l'amour le plus pur de la
liberté', mais il 'a servi de prétexte au despotisme'.

Il ne pouvait certes pas prévoir qu'on utiliserait sa doctrine
politique en un sens contraire à ses principes. Mais une doctrine
politique se juge peut-être moins en elle-même que par les conséquences, bénéfiques ou néfastes, qu'on en tire. Telle est la conclusion
d'un écrivain qui a participé aux luttes politiques de son temps et s'est
toujours défié des abstractions.

III. AUGUSTE COMTE (1798–1857)
Comme la plupart de ses contemporains, Auguste Comte juge
Rousseau en fonction de la Révolution de 1789. Il voit en lui le chef de
l' 'école politique' dont l'ascendant a été considérable pendant la
révolution, mais l'influence néfaste, quoique son rôle historique ait été
de ruiner définitivement l'ancien régime:

> Malgré la désastreuse influence sociale propre à l'école de Rousseau, à
> laquelle il faut particulièrement rapporter, même aujourd'hui, les plus
> graves aberrations politiques, une juste appréciation historique conduit à
> reconnaître que non seulement son avénement fut inévitable, ce qui est
> certes assez évident, mais aussi qu'elle dut remplir un dernier office in-
> dispensable, dans le système total de l'ébranlement révolutionnaire.[22]

Pour bien comprendre ce jugement, il convient de rappeler l'appréciation générale qu'Auguste Comte donne de la philosophie du dix-huitième siècle et que l'on trouve dans une page significative de la préface du *Catéchisme positiviste* :

> Depuis que la situation écarte toute tendance purement négative, il n'y a de vraiment discréditées, parmi les écoles philosophiques du siècle dernier, que les sectes inconséquentes, dont la prépondérance dût être éphémère. Les démolisseurs incomplets, comme Voltaire et Rousseau, qui croyaient pouvoir renverser l'autel en conservant le trône ou réciproquement, sont irrévocablement déchus, après avoir dominé, suivant leur destinée normale, les deux générations qui préparèrent et accomplirent l'explosion révolutionnaire. Mais, depuis que la reconstruction est à l'ordre du jour, l'attention publique retourne de plus en plus vers la grande et immortelle école de Diderot et du Hume, qui caractérisa réellement le XVIIIe siècle, en le liant au précédent par Fontenelle et au suivant par Condorcet. Egalement émancipés en religion et en politique, ces puissants penseurs tendaient nécessairement vers une réorganisation totale et directe, quelque confuse qu'en dût être alors la notion. Tous se rallieraient aujourd'hui à la seule doctrine qui, fondant l'avenir sur le passé, pose enfin les bases inébranlables de la régénération occidentale. C'est d'une telle école que je m'honorerai toujours de descendre immédiatement, par mon précurseur essentiel, l'éminent Condorcet. Au contraire, je n'attendis jamais que des entraves, spontanées ou concertées, chez les débris arriérés des sectes superficielles et immorales émanées de Voltaire et de Rousseau.[23]

On le voit, l'école encyclopédique de Diderot est constructive, tandis que celles de Voltaire et de Rousseau sont purement destructives ou critiques et, par conséquent, radicalement opposées à la réorganisation de la société, que le positivisme se propose de réaliser.

Quoiqu'elles aient, l'une et l'autre, fourni l'essentiel de la critique temporelle de l'ancien régime, Comte ne met pas ces deux écoles sur le même plan : celle de Rousseau est l'école politique, qui a prévalu pendant la révolution :

> La présidence révolutionnaire devait donc flotter entre l'école philosophique de Voltaire et l'école politique de Rousseau : l'une sceptique, proclamant la liberté, l'autre anarchique, vouée à l'inégalité : la première frivole, la seconde déclamatoire : toutes deux incapables de rien construire. Néanmoins, celle-ci dut bientôt dominer comme possédant seule une doctrine apparente, pendant le peu d'années où le *Contrat social* inspira plus de confiance et de vénération que n'en obtinrent jamais la Bible et le Coran.[24]

L'expression '*doctrine apparente*' surprend. C'est pourtant la conviction de Comte : il est persuadé que Rousseau s'est borné à coordonner des notions préexistantes, mais éparses, et qu'il n'a rien apporté de nouveau dans le domaine de la philosophie politique:

> Sans doute, dit-il, cette dernière école, dont Rousseau fut le chef distinct, apportait encore moins d'idées vraiment nouvelles, même négatives, que l'école principale dirigée par Voltaire; puisque tous les divers dogmes politiques propres à la métaphysique révolutionnaire avaient dû se trouver spontanément développés, quoique d'une manière accessoire et sous des formes incohérentes, dans la plupart des attaques purement philosophiques dirigées contre l'ancien système social pendant la période que je viens d'examiner. Aussi l'élaboration négative spécialement réservée à Rousseau ne put-elle présenter d'autre difficulté intellectuelle que la coordination directe de ces notions préexistantes, mais éparses, et dut-elle tirer son principal caractère de cet intime appel à l'ensemble des passions humaines, véritable source de son énergie ultérieure;[25] tandis que l'école voltairienne s'était, au contraire, toujours essentiellement adressée à l'intelligence, quelque frivoles que fussent d'ailleurs ses conceptions habituelles.[26]

On est surpris de lire deux pages plus loin ce texte inattendu où Comte compare Rousseau à Mably, et donne la préférence à celui-ci:

> A la vérité il faut reconnaître que déjà le consciencieux Mably s'était montré suffisamment capable de formuler la systématisation politique de la doctrine révolutionnaire, et même en tempérant spontanément, par une heureuse influence du point de vue historique, les principales aberrations qui devaient s'y rattacher ensuite: ce qui ne laisse essentiellement en propre à Rousseau, que ses sophismes et ses passions, mutuellement solidaires. Mais, quoique cette opération dogmatique dispensât Rousseau d'une élaboration rationnelle peu convenable à sa nature, bien plus esthétique que philosophique, cette froide exposition abstraite, seulement destinée aux esprits méditatifs, auxquels les célèbres publicistes du siècle précédent auraient même pu, sous ce rapport, presque suffire, était bien loin de rendre superflue l'audacieuse explosion de Rousseau, dont le paradoxe fondamental vint partout soulever directement l'ensemble des penchants humains contre les vices généraux de l'ancienne organisation sociale, en même temps que malheureusement il contenait aussi le germe inévitable de toutes les perturbations possibles, par cette sauvage négation de la société elle-même, que l'esprit de désordre ne saurait sans doute jamais dépasser, et d'où découlent, en effet, toutes les utopies anarchiques qu'on croit propres à notre siècle.[27]

La formule 'cette sauvage négation de la société elle-même' vise manifestement la théorie de l'état de nature. Dans l'un de ses écrits de jeunesse, le *Plan des travaux scientifiques nécessaires pour réorganiser la société* (mai 1822), Comte fait cette réflexion, souvent reprise par la suite par les historiens:

> On voit même que les partisans les plus conséquents de la politique métaphysique, tels que Rousseau qui l'a coordonnée, ont été conduits jusqu'à regarder l'état social comme une dégénération d'un état de nature composé par leur imagination, ce qui n'est que l'analogue métaphysique de l'idée théologique relative à la dégradation de l'espèce humaine par le péché originel.[28]

Il est curieux que Comte n'ait retenu du *Discours sur l'inégalité* que l'hypothèse de l'état de nature et qu'il passe sous silence la notion de *perfectibilité*, qui est si proche de sa théorie du progrès.

Lorsqu'il critique Rousseau, Auguste Comte parle toujours de son 'école', sans jamais citer aucune de ses oeuvres. On se demande s'il a lu le *Contrat social*, mais s'il l'a lu, il n'en a rien retenu. Sa critique reste donc donc purement *extérieure*, et de ce point de vue est inférieure à celle des traditionalistes dont il se réclame.[29]

Comte ne juge Rousseau qu'en fonction de l'influence néfaste qu'il lui attribue sur l'explosion révolutionnaire. Pour lui, l'influence de Rousseau a été purement négative ou destructive et il n'a vu dans son école que la tendance *anarchique*,[30] la négation de tout ordre social et même de toute société.

C'est pourquoi le *Contrat social* ni aucun des écrits de Rousseau ne figure dans la Bibliothèque du Prolétaire au XIXe siècle, (insérée dans le *Catéchisme positiviste*, à la suite de la préface), alors qu'on y trouve *Le Siècle de Louis XIV* de Voltaire, parmi les ouvrages historiques.

IV. PIERRE-JOSEPH PROUDHON[31] (1809–1865)

De tous les écrivains qui figurent dans notre étude, celui qui a été le plus sévère, le plus injuste, le plus violent à l'égard de Rousseau est incontestablement P.-J. Proudhon. Georges Guy-Grand est surpris d'un tel acharnement: 'Il a fallu, dit-il, que le Franc Comtois fût bien possédé par son parti pris pour ne pas sentir ce qu'il y avait au fond, en dépit de toutes ses tares, de fierté républicaine et d'amour de l'indépendance chez son compatriote de l'autre côté du Jura.'[32] Les raisons de cette hostilité permanente sont de deux ordres. Tout d'abord d'ordre politique: 'Si Proudhon, précise Guy-Grand, se montre si acharné contre Rousseau, c'est que le citoyen de Genève est à ses yeux le patron idéologique des deux hommes politiques qu'il déteste le plus: Robespierre, le mauvais génie de la révolution, le "parleur sans initiative trouvant à Danton trop de virilité"[33] et Louis Blanc, "l'ombre rabougrie de Robespierre".[34] A cela s'ajoute une sorte d'antipathie générale qui ne vise plus seulement le penseur, mais aussi l'homme et l'écrivain. Dans la XIème Etude du Livre sur la *Justice dans la Révolution et dans l'Eglise* (t. IV, p. 217), Proudhon fait de Rousseau 'le premier de ces *femmelins* de l'intelligence, en qui, l'idée se troublant, la passion ou affectivité l'emporte sur la raison, et qui, malgré des qualités éminentes, viriles même, font incliner la littérature et la société vers leur déclin'. Il est encore plus violent dans *l'Idée générale de la Révolution au XIXe siècle* (éd. Aimé Berthod, 1924, pp. 194–5):

> Jamais homme n'avait réuni à un tel degré l'orgueil de l'esprit, la sécheresse de l'âme, la bassesse des inclinations, la dépravation des habitudes, l'ingratitude du coeur: jamais l'éloquence des passions, l'ostentation de la sensibilité, l'effronterie du paradoxe, n'excitèrent une telle fièvre d'engouement [...] Méfiez-vous de cette philosophie, de cette politique, de ce socialisme à la Rousseau. Sa philosophie est toute en phrases et ne couvre que le vide; sa politique est pleine de domination; quant à ses idées sur la société, elles déguisent à peine leur profonde hypocrisie. Ceux qui lisent Rousseau et qui l'admirent peuvent être simplement dupes, et je leur pardonne: quant à ceux qui le suivent et le copient, je les avertis de veiller à leur propre reputation. Le temps n'est pas loin où il suffira d'une seule citation de Rousseau pour rendre suspect un écrivain.—Disons, pour finir, qu'à la honte du XVIIIe siècle et du nôtre, le *Contrat social* de Rousseau, chef-d'oeuvre de jonglerie oratoire, a été admiré, porté aux nues, regardé comme la table des libertés publiques; que constituants, girondins, jacobins, cordeliers, le prirent pour oracle; quil a servi de texte à la Constitution de 93, déclarée absurde par ses propres auteurs; et que c'est encore de ce livre que s'inspirent aujourd'hui les plus zélés réformateurs de la science politique et sociale. Le cadavre de l'auteur, que le peuple traînera à Montfaucon[35] le jour où il aura compris le sens de ces mots, Liberté, Justice, Morale, Raison, Société, Ordre, repose glorieux et vénéré sous les catacombes du Panthéon, où n'entrera jamais un de ces honnêtes travailleurs qui nourrissent de leur sang leur pauvre famille, tandis que les profonds génies qu'on expose à leur adoration envoient, dans leur rage lubrique, leurs bâtards à l'hôpital.

Et, pour finir, le couplet nationaliste où le chauvinisme de Proudhon se donne libre cours: 'Notre patrie, qui ne souffrit jamais que de l'influence des étrangers, doit à Rousseau les luttes sanglantes et les déceptions de 93'.

Dans son étude sur *Proudhon e Rousseau* (Milan 1965), Madame Silvia Rota Ghibaudi a repris l'ensemble du problème et présenté sous un autre jour le jugement de Proudhon. Après avoir étudié l'attitude de

Proudhon à l'égard de Rousseau dans les trois étapes de sa pensée, elle conclut (p. 158): 'Si l'on peut considérer Proudhon comme un continuateur de Rousseau, [. . .] il est aussi implicitement son interprète.' Il me paraît difficile de dire que Proudhon a été le continuateur de Rousseau. En ce qui concerne son interprétation, je ne vois pas qu'elle ait, comme le soutient Mme S. Rota Ghibaudi, une double signification, ni que l'on puisse trouver chez Proudhon les deux interprétations qui divisent la critique contemporaine, l'interprétation libérale et l'interpretation totalitaire. Pour Proudhon, Rousseau reste un partisan de l'autorité: 'Sa politique, dit-il, est pleine de domination.' Ce que Proudhon ne cesse de combattre dans le *Contrat social*, c'est la théorie 'liberticide'. Comme le dit Guy-Grand (*op. cit.*, p. 73), 'politiquement, les griefs de Proudhon contre Rousseau découlent directement de sa conception de l'anarchie'. Bien loin de voir dans la politique de Rousseau, comme Auguste Comte, une tendance anarchique, il rejoint Benjamin Constant en affirmant, à son tour, que la théorie de la souveraineté du peuple 'mène droit au despotisme' (*Idée générale de la révolution*, p. 193).

Ce n'est que dans les écrits de la maturité que Proudhon attaque Rousseau avec un tel acharnement. Dans ses écrits de jeunesse, il tient seulement à indiquer ce qui le sépare de Rousseau, sans la moindre invective et avec une certaine modération de ton. Dans la *Célébration du dimanche* (1839), son étude de Moïse lui sert de prétexte pour affirmer son principe de l'égalité des conditions. Mais il ne veut pas passer pour un disciple de Rousseau:

> Qu'on se rassure je n'ai nulle envie de réchauffer les théories du célèbre discours sur *l'inégalité des conditions*; à Dieu ne plaise que je vienne ici reprendre en sous-oeuvre la thèse mal conçue du philosophe de Genève! Rousseau m'a toujours paru n'avoir pas compris la cause qu'il voulait défendre, et s'être embrrassé dans des *a priori* sans fondements, alors qu'il fallait raisonner d'apres le rapport des choses.[36]

Ce qu'a cette époque, Proudhon reproche à Rousseau, c'est d'avoir voulu fonder sa philosophie sociale et son système d'éducation sur l'idée de nature:

> Souvenez-vous, messieurs, qu'une simple question de philosophie jetée il y a bientôt un siècle par l'Académie de Dijon, fit tout à coup éclore le génie puissant dont les écrits influèrent le plus sur les destinées de l'Europe. Qui sait ce que vous réserve votre génie tutélaire? La philosophie de la pure nature a passé; les spéculations *d'Emile* et du *Contrat social* ont ressorti leur effet: de nouveaux besoins ont pu naître, de nouvelles idées et ces idées attendent encore leur représentant.[37]

Le ton change dans les écrits de la maturité où est traitée la question du contrat. On sait que la philosophie sociale de Proudhon est fondée sur l'idée de contrat. Il écrit en 1863: 'Puisqu'en d'autres termes, le régime libéral ou contractuel l'emporte de jour en jour sur le régime autoritaire, c'est à l'idée de contrat que nous devons nous attacher comme à l'idée dominante de la politique.' Une telle philosophie devait nécessairement l'amener à confronter sa propre conception du contrat à celle de Rousseau et à affirmer avec vigueur qu'elles n'avaient rien de commun: 'Entre le contrat fédératif, dit-il, et celui de Rousseau et de 93, il y a toute la distance de la réalité à l'hypothèse'.

Ces deux textes, cités par Mme S. Rota Ghibaudi, sont tirés du *Principe fédératif* (éd. Rivière, pp. 315 et 318). Mais pour bien comprendre tout ce qui sépare Proudhon de Rousseau, il faut surtout se référer à *l'Idée générale de la Révolution au XIXe siècle*, publiée en 1851.

Le contrat, tel que le conçoit Proudhon, est essentiellement 'synallagmatique': il est de 'l'essence du contrat commutatif'. Il faut entendre par là que 'le contrat social est l'accord de l'homme avec l'homme, accord duquel doit résulter ce que nous appelons la société' (p. 187). Au contraire, le contrat social de Rousseau exige que chaque contractant aliène une partie de sa liberté et se soumette à une autorité, alors que 'l'idée de contrat est exclusive de celle de gouvernement'. C'est pourquoi, 'Rousseau n'a rien compris au contrat social'. Cette incompréhension résulte d'une lacune de sa pensée: 'il n'a vu que les rapports politiques,' alors que 'le contrat social doit embrasser l'universalité des citoyens, de leurs intérêts et de leurs rapports.[38] 'C'est, en un mot, à l'aide d'une supercherie savante, la législation du chaos social; la consécration basée sur la souveraineté du peuple, de la misère. Du reste, pas un mot ni du travail, ni de la propriété, ni des forces industrielles, que l'objet du Contrat social est d'organiser. Rousseau ne sait ce que c'est que l'économie. Son programme parle exclusivement de droits politiques; il ne reconnaît pas de droits économiques' (p. 192).

Normalement, c'est-à-dire sans la déviation due à Rousseau, l'idée de contrat devait conduire à la négation du gouvernement: 'Le XVIIIe siècle, je crois l'avoir surabondamment établi, [dit Proudhon] s'il n'avait été dérouté par le républicanisme classique, rétrospectif et déclamatoire de Rousseau, serait arrivé, par le développement de l'idée de contrat, c'est-à-dire par la voie juridique, à la négation du Gouvernement.'[39] Telle sera la conclusion de Proudhon sur l'idée de

contrat et sa signification authentique qu'avait entrevue Jurieu et que
'Rousseau et ses sectateurs' ont par la suite 'corrompue et déshonorée'
(p. 198). On ne s'attendait, certes pas, à voir Proudhon se réclamer de
Jurieu pour mieux accabler Rousseau. C'est cependant ce qu'il fait
dans un texte étonnant, exemple significatif de la façon dont il interprète ou utilise l'histoire:

> Postérieurement à Luther, le principe du libre examen fut transporté,
> notamment par Jurieu, du spirituel au temporel. A la souveraineté de droit
> divin, l'adversaire de Bossuet opposa la souveraineté du peuple, ce qu'il
> exprima avec infiniment plus de précision, de force et de profondeur, par
> les mots de *Pacte* ou *Contrat social*, dont la contradiction avec ceux de
> pouvoir, autorité, gouvernement, imperium, 'αρχή, est manifeste [...]. De la
> controverse de Jurieu avec Bossuet jusqu'à la publication du *Contrat social*
> de Rousseau, il s'écoule près d'un siècle: et quand ce dernier arrive, ce n'est
> point pour revendiquer l'idée qu'il prend la parole, c'est pour
> l'étouffer. – Rousseau, dont l'autorité nous régit depuis près d'un siècle, n'a
> rien compris au contrat social. C'est à lui surtout qu'il faut rapporter, com-
> me à sa cause, la grande déviation de 93, expiée déjà par cinquante-sept
> ans de bouleversements stériles, et que des esprits plus ardents que
> réfléchis voudraient nous faire reprendre encore comme une tradition
> sacrée. (p. 187)

On arrive donc à cette conclusion inattendue que Jurieu a su, dés le
dix-septième siècle, exprimer dans sa vérité l'idée du Contrat social,
alors qu'au siècle suivant, 'Rousseau n'a rien compris au contrat
social'.

On ne saurait, toutefois, être équitable envers Proudhon sans
rappeler qu'à la différence d'Auguste Comte, il a lu attentivement les
écrits de Rousseau et qu'il en a été comme obsédé. De tous les
philosophes du XVIIIe siècle, Rousseau est celui qu'il cite le plus et
qu'il attaque avec le plus de véhémence. A lire Proudhon, on a l'impression que la pensée et même la personne de Rousseau ne le quittent
pas, qu'il ne parvient pas à s'en délivrer. Tout se passe comme s'il
avait peur de passer pour un disciple de Rousseau et de lui avoir emprunté l'idée du contrat social, la pensée maîtresse de sa philosophie
sociale. Notons enfin que, dans la courte notice qu'il consacre aux
écrits de Rousseau dans la XIe Etude de son grand ouvrage sur la
Justice (éd. Rivière, t. IV, 219), Proudhon conclut par ces mots:
'L'influence de Rousseau fut immense cependant: pourquoi? Il mit le
feu aux poudres que depuis deux siècles avaient amassées les lettrés

français. C'est quelque chose d'avoir allumé dans les âmes un tel embrasement: en cela consiste la force et la virilité de Rousseau: pour tout le reste il est femme.' Il est curieux de constater que ce jugement rejoint celui de Mme de Staël que nous avons cité plus haut: 'Il n'a rien découvert, mais il a tout enflammé.'

Les textes que nous avons cités dans cette étude montrent clairement que même ceux qui admirent l'oeuvre de Rousseau condamnent le *Contrat social*. Ils le condamnent surtout à cause de l'influence néfaste qu'ils lui attribuent et jugent les principes de Rousseau en fonction de l'application qui en été faite pendant la Révolution, surtout en 1793. Ce sont plutôt les conséquences du système que la doctrine elle-même que l'on condamne.

Les critiques formulées dans la première moitié du XIXe siècle ont été reprises au XXe par les écrivains qui, à tort ou à raison, s'obstinent à rendre Rousseau responsable des erreurs de notre politique.

Il y a, tout d'abord, ceux qui, à l'école de Maurras, reprennent l'accusation d'Auguste Comte. Ainsi Barrès qui, à l'occasion du bicentenaire de Rousseau, en 1912, s'est refusé de glorifier 'l'apôtre éminent et le principe de toutes les anarchies'.[40] Ce n'était certes pas l'avis de Proudhon qui, joignant sa voix à celle de libéraux, ne voyait dans le *Contrat social* qu'un instrument de domination. Ce sont finalement les libéraux qui se montreront les adversaires les plus résolus du *Contrat social*, en reprenant à leur compte ce qu'avait dit, au début du siècle, Benjamin Constant. Ainsi Emile Faguet écrit dans son *Dix-huitème siècle*, dont la première édition remonte à 1890: 'Le système de Rousseau, en sa simplicité extrême, dont il est si fier [. . .] est certainement l'organisation la plus précise et la plus exacte de la tyrannie qui puisse être' (43e éd., p. 406). Trente ans plus tard, le juriste Léon Duguit dira de même: 'Il suffit d'ouvrir le *Contrat social* pour voir comment J.-J. Rousseau sacrifie sans réserve les droits de l'individu à la toute-puissance de l'Etat.' Bien loin d'avoir été 'l'inspirateur des doctrines libérales de la Déclaration des droits promulguée en 1789', Rousseau 'est, au contraire, l'initiateur de toutes les doctrines de dictature et de tyrannie, depuis les doctrines jacobines de 1793 jusqu'aux doctrines bolcheviques de 1920' (*Souveraineté et Liberté* (Paris 1922), pp. 136 et 135).

Ceux qui, de nos jours, soutiennent que Rousseau a été un 'libéral' auront donc à lutter contre une tradition si bien établie qu'elle ne cesse de trouver de nouveaux adeptes.

Notes

1. Sur de Bonald, on consultera avec profit la thèse d'Henri Moulinié, *De Bonald*, (Paris, Alcan, 1915), l'excellent chapitre de Victor Delbos dans *La Philosophie française* (Paris 1919), chapitre intitulé 'De Bonald et les traditionalistes' (pp. 277–99), et l'étude d'Emile Faguet (*Politiques et moralistes du dix-neuvième siècle*, Première Série (Paris 1891), pp. 69–121). – Nos références renvoient tantôt à l'édition Le Clère des *Oeuvres*, tantôt aux *Oeuvres complètes d'Ambroise de Bonald*, publiées par l'abbé Migne (Paris 1859). Pour éviter toute confusion, nous indiquons pour chaque ouvrage l'édition utilisée.

2. 'De Maistre', écrit Faguet (*op. cit.*, pp. 116–17), 'qui n'a pas vu un atome de liberté, de gouvernement mixte et tempéré, de constitution complexe, dans l'ancienne France, est du moins plus logique, et il nous montre aussi un terrain plus solide en nous assurant que l'absolutisme est à la fois de raison et de tradition. On ne peut en vouloir à de Bonald d'avoir démêlé ce qu'il y avait de constitution libérale dans l'ancien royaume de France, quand on estime qu'il a eu raison de l'y apercevoir; mais on se demande à quoi il lui sert de l'avoir vu.'

3. (*Législation primitive*, Discours préliminaire', *Oeuvres*, éd. Le Clère, t. II, p. 131. Victor Delbos cite (pp. 287–8) un autre texte, peut-être plus significatif, tiré des *Mélanges littéraires, politiques et philosophiques* (*Oeuvres*, éd. Le Clère, t. X, p. 180): 'La révolution française, ce phénomène inouï en morale, en politique, en histoire, qui offre à la fois et l'excès de la perversité humaine dans la décomposition du corps social et la force de la nature des choses dans sa recomposition; cette révolution qui ressemble à toutes celles qui l'ont précédé, et à laquelle nulle autre ne ressemble, mérite bien autrement d'occuper les pensées des hommes instruits, et de fixer l'attention des gouvernements, parce qu'elle présente dans une seule société les accidents de toute la société, et dans les événements de quelques jours des leçons pour tous les siècles.'

4. Cité par Faguet, *op. cit.*, p. 71.

5. *Oeuvres*, éd. Le Clère, t. XIII, pp. 12–14.

6. '*Législation primitive*, Discours préliminaire', p. 126.

7. Dans les *Dialogues* (*OC*, I, 934), Rousseau déclare en commentant son oeuvre: 'J'y vis partout le développement de son grand principe, que la nature a fait l'homme heureux et bon, mais que la société le déprave et le rend misérable'. Le second texte cité par de Bonald est tiré du *Contrat social* (Liv. III, ch. xv).

8. *Législation primitive*, IIIe Partie, ch. ii, in *Oeuvres complètes*, éd. Migne, t. I, p. 1368. Texte reproduit dans l'article du *Mercure*, an VIII: 'De l'état natif et de l'état naturel'.

9. *Recherches philosophiques*, ch. XI (texte cité par Delbos, p. 288). Cf. *Théorie du pouvoir*, Préface, p. 3: 'L'homme n'existe que pour la société, et la société ne le forme que pour elle.'

10. *Théorie du pouvoir*, Préface, p. 18. Cf. Hume, cité par de Maistre, *Essai sur le principe générateur des constitutions politiques* (Lyon 1844) p. 64: 'Le principe que tout pouvoir légitime part du peuple est noble et

spécieux en lui-même, cependant il est démenti par tout le poids de l'histoire et de l'expérience' (*Histoire d'Angleterre*, Charles Ier, ch. lix, année 1642; édition anglaise de Bâle, 1789, in-8°, p. 120).

11. *Op. cit.*, p. 120.

12. *La Philosophie française*, p. 297.

13. Les écrits politiques de Benjamin Constant sont rassemblés dans l'édition du *Cours de politique constitutionnelle* publiée par Edouard Laboulaye (Paris 1861) 2 vol. in-8°. L'édition de Charles Louandre, *Oeuvres politiques de Benjamin Constant* (Paris, Charpentier, 1874), est commode à consulter, car elle contient l'essentiel des textes de l'auteur, présentés d'une façon systématique. Elle a toutefois le défaut de ne pas mentionner les écrits de Benjamin Constant, dont sont tirés les extraits imprimés dans ce livre. Aussi, pour la commodité du lecteur, nos références renvoient-elles, sauf exception, à l'édition des *Oeuvres* de Benjamin Constant, publiées dans la Bibliothèque de la Pléiade par Alfred Roulin (Paris 1964).

14. Parmi les écrivains, il faut surtout penser à Emile Faguet; parmi les juristes, citons seulement L. Duguit, et parmi les historiens Taine ('Dans le couvent démocratique de Rousseau, construit sur le modèle de Sparte et de Rome, l'individu n'est rien. l'Etat est tout', *L'Ancien régime*, p. 289–90), et J. L. Talmon (*Les origines de la démocratie totalitaire*, tr. fr., Paris 1966).

15. *De la liberté des anciens comparée à celle des modernes* (1819), in *Oeuvres politiques*, éd. Ch. Louandre, p. 271).

16. *Ibid.*, pp. 271–2.

17. *Rousseau et la science politique de son temps* (Paris 1950), pp. 274–5.

18. *Considérations sur le gouvernement de Pologne*, ch. ii, titre.

19. Cf. *Contrat social*, liv. III, ch. xi: 'Si Sparte et Rome ont péri, quel Etat peut espérer de durer toujours?'

20. 'En effet, l'engagement du corps de la nation n'est-il pas de pourvoir à la conservation du dernier de ses membres, avec autant de soin qu'à celle de tous les autres? et le salut d'un citoyen est-il moins la cause commune que celui de tout l'Etat?' (*OC*, III, 256).

21. *The Political Writings of Jean Jacques Rousseau* (Cambridge 1915), Introduction, pp. 64 et 70–1.

22. *Cours de philosophie positive*, 55e Leçon (écrite du 10 janvier au 26 février 1841), 3ème édition (Paris 1869), t. V, p. 526.

23. *Catéchisme positiviste*, éd. P.-F. Pécaut (Paris, Garnier, s. d.), p. 4–5. La première édition du *Catéchisme* a été publiée en 1852.

24. *Système de Politique positive*, tome III (dans la cinquème édition publiée à Paris, au siège de la société positiviste, 1929, pp. 596–7). La première édition de ce tome III a été publiée on août 1853.

25. Le jugement d'Auguste Comte sur Rousseau rejoint donc celui de Madame de Staël: 'Il n'a rien découvert, mais il a tout enflammé' (*De la Littérature . . .*, ch. xx de la Première Partie). Faguet, souvent clairvoyant lorsqu'il s'agit des écrivains politiques, remarque judicieusement: Madame de Staël 'adore l'homme de sentiment et, si l'on prend garde,

c'est tout le théoricien qu'elle repousse' (*Politiques et Moralistes du dix-neuvième siècle*, Première Série, 7ème éd. (Paris 1901), p. 134).

26. *Cours de philosophie positive*, 55e Leçon, pp. 525–6.

27. *Ibid.*, p. 527–8.

28. *Système de Politique positive*, t. IV, Appendice général, p. 85.

29. Cf. *Système de politique positive*, t. III, p. 605: 'On a trop méconnu l'immortelle école qui surgit, au début du dix-neuvième siècle, sous la noble présidence de De Maistre, dignement complété par Bonald, avec l'assistance poétique de Chateaubriand.'

30. Dans le *Système de Politique positive* (t. III, p. 601), Auguste Comte rappelle les quatre mois de la Révolution 'où l'école de Rousseau manifesta *sa nature anarchiste*'.

31. Nous citons les ècrits de Proudhon d'après l'édition des *Oeuvres complètes*, Paris, Marcel Rivière.

32. *Pour connaître la pensée de Proudhon* (Paris, Bordas, 1947), p. 75.

33. *Idée générale de la Révolution au XIXe siècle*, éd. A. Berthod (Paris 1924) p. 234. Cf. A. Comte (*Système de Politique positive*, t. III, p. 600): 'Quand Danton eut succombé sous l'ombrageuse rivalité d'un déclamateur sanguinaire . . .'

34. Dans l'artice de la *Voix du Peuple* des 26–7 décembre 1849.

35. Le célèbre gibet, édifié sous Philippe-le-Bel. Villon et Marot lui ont consacré chacun l'une de leurs poésies.

36. *De la Célébration du Dimanche*, éd. Rivière (1926), p. 55.

37. *De la Célébration du Dimanche*. Pages retrouvées, in P.-J. Proudhon, *Qu'est-ce que la propriété?* Deuxième mémoire (Paris, Rivière), pp. 471–6 (cité par Mme S. R. Ghibaudi, *op. cit.*, p. 26, note 2).

38. *Idée générale*, p. 188. Ainsi Rousseau n'a pas seulement *dénaturé* l'idée de contrat social, en la liant à celle d'autorité ou de gouvernement, il l'a également *simplifiée*. Un an après l'Idée générale, en 1852, Proudhon écrit dans *La révolution sociale démontrée par le Coup d'Etat du Deux Décembre* (éd. Rivière, 1936, p. 134): 'On reconnaît dans la centralisation préconisée par les Jacobins, l'influence de l'instinct populaire, plus facilement saisi de la notion simple du pouvoir que de *l'idée compliquée du contrat social.*'

39. Comme il fallait s'y attendre, Proudhon signale que Saint-Simon est arrivé à cette négation du gouvernement, mais par une autre voie que par l'idée de contrat: 'Cette négation, Saint-Simon l'a déduite de l'observation historique et de l'éducation de l'humanité' (*Idée générale de la révolution*, p. 198).

40. Observation présentée à la Chambre des députés le 11 juin 1912, in *Les Maîtres* (Paris, Plon, 1927, p. 168). Barrès dépasse toute mesure et va sans doute au-delà de sa pensée lorsqu'il déclare un peu auparavant: 'A l'heure où nous sommes, avez-vous vraiment l'idée qu'il est utile et fécond d'exalter solennellement, au nom de l'Etat, l'homme qui a inventé le paradoxe détestable de mettre la société en dehors de la nature et de dresser l'individu contre la société au nom de la nature? Ce n'est pas au moment où vous abattez comme des chiens ceux qui s'insurgent contre la

société en lui disant qu'elle est injuste et mauvaise, et qu'ils lui déclarent une guerre à mort, qu'il faut glorifier celui dont peuvent se réclamer, à juste titre, tous les théoriciens de l'anarchie. Entre Kropotkine ou Jean Grave et Rousseau, il n'y a rien, ni Jean Grave, ni Kropotkine ne peuvent intellectuellement désavouer Garnier et Bonnot.' C'est, comme si de nos jours nous voulions rendre Rousseau responsable des méfaits de la bande à Baader!

BRONISŁAW BACZKO

Moïse, législateur ...

Un sentiment d'étonnement sinon de surprise était au départ de cette étude. Il fut provoqué par les textes où Rousseau évoque le nom de Moïse comme 'grand législateur' et notamment par le contexte de cette référence au patriarche: 'Je regarde les nations modernes; j'y vois force faiseurs des loix et pas un législateur. Chez les anciens j'en vois trois qui méritent une attention particulière: Moyse, Lycurgue et Numa' (*OC*, III, 956). Il arrive même parfois à Rousseau de placer Moïse et son oeuvre de législateur au-dessus des faits et gestes de ces deux autres. Or, la référence à Lycurgue et à Numa n'étonne pas; elle paraît, pour ainsi dire, 'naturelle'. Inutile d'insister sur l'importance que prend le mythe de l'Antiquité dans le siècle des Lumières; on sait aussi que Rousseau a vécu ce mythe avec une intensité toute particulière, en lui donnant une nouvelle vigueur sinon une nouvelle orientation.[1] Mais pourquoi Moïse dans cette 'série' où l'on s'attendrait à rencontrer plutôt Solon, Romulus, peut-être Platon? Qu'allait-il faire dans cette galère et en cette compagnie? Est-ce un simple souvenir de la Bible qui, certainement, n'était pas moins connue du jeune Jean-Jacques que Plutarque? Ou bien la référence à Moïse, placé à côté des 'anciens'. témoigne-t-elle d'autre chose? Si les modèles antiques sont des symboles dans lesquels Rousseau, ainsi que ses contemporains, incarne ses idées et ses rêves, ses mythes et ses espoirs, alors la figure de Moïse qu'incarne-t-elle à son tour? Si les modèles antiques forment un code culturel cohérent pourquoi alors y faire intervenir un signe provenant d'un autre ensemble de symboles qui dans l'esprit de l'époque s'opposait à celui-là plutôt qu'il ne s'accordait avec lui? Rousseau lui-même n'était-il pas d'ailleurs conscient du caractère déconcertant sinon insolite de l'association de Moïse à Lycurgue et Solon? Dans un fragment manuscrit il présente un curieux dialogue des morts entre

Moïse pénétrant dans l'Elysée et les âmes illustres qui l'accueillent.

> Que fais-tu parmi nous, ô Hebreu, je t'y vois avec plaisir; mais comment
> peux-tu t'y plaire toi qui nous méprisois si fort, pourquoi n'es tu pas resté
> parmi les tiens.
> Tu te trompes, je viens parmi les miens. J'ai vécu seul sur la terre, au sein
> d'un peuple nombreux j'étois seul. Lycurgue, Solon, Numa sont mes frères.
> Je viens rejoindre ma famille. Je viens gouter enfin la douceur de converser
> avec mes semblables, de parler et d'être entendu. (*OC*, III, 500).

Pourquoi Jean-Jacques tenait-il à réparer le tort et à faire intégrer
Moïse au sein de cette 'famille' de laquelle on l'avait injustement
séparé? L'image de Moïse n'était-elle pas chargée d'un message, de
thèmes et d'idées, qui ne pouvaient *être dits* autrement que par l'incursion dans le domaine des modèles antiques d'un symbole étranger à
lui? Telle est l'interrogation qui nous a guidé dans la recherche des
traces de Moïse dans l'oeuvre de Jean-Jacques. La moisson s'est avérée
maigre et riche tout à la fois. Maigre en volume: notre 'corpus' n'est
composé que de quelques fragments dispersés – ici une page, ailleurs
quelque lignes à peine. Au cours d'une lecture attentive le tout se
révèle pourtant cohérent et riche en contenu. La présentation des
résultats de cette lecture demande pourtant que nous commencions
par un détour.

Autant Lycurgue et Solon jouissent d'un prestige inégalé dans ce
'siècle éclairé', autant Moïse fait plutôt piètre figure. Son image de
marque est des plus mauvaises. Nous sommes loin de l'époque où un
Michel-Ange l'avait personnifié sous les traits d'un imposant vieillard
au visage noble de sage, appuyant sa main sur la table des lois. Moïse
est devenu une des cibles préférées des critiques rationalistes de la
tradition chrétienne, qu'ils soient déistes ou sceptiques, pour ne pas
parler des athées. Tous ces critiques rencontraient nécessairement
Moïse sur leur chemin et cette rencontre ne pouvait être que fâcheuse
pour le patriarche. Quelle pierre d'achoppement pour ceux qui
s'interrogeaient comment le Dieu de l'univers, celui d'une morale
naturelle et, partant, universelle pouvait être le Yahvé, terrible et
vengeur, de l'Ancien Testament? Pierre d'achoppement mais très souvent simple prétexte à des critiques qui ne voulaient pas s'attaquer
directement au christianisme et, notamment, au Nouveau Testament
où bien n'osaient pas le faire. Auteur présumé des livres sur lesquels se
fonde toute l'histoire sacrée, faiseur de miracles, celui qui se targue

d'avoir rencontré Dieu en personne sous la forme du buisson ardent, d'avoir exécuté ses ordres en guidant le peuple élu vers la Terre promise et en lui imposant les lois dictées par Yahvé lui-même – Moïse présentait autant de raisons pour qu'on s'acharne sur lui et son histoire, qu'on le classe parmi les imposteurs, sinon de lui refuser tout existence. A travers la critique de Moïse on pouvait aborder habilement plusieurs questions aussi épineuses que dangereuses. Qu'en est-il du caractère sacré et inspiré des Ecritures, vu les contradictions et les légendes dont abonde le Pentateuque? Qu'en est-il de tous les miracles s'il est impossible de distinguer les 'vrais' miracles de Moïse des 'faux' miracles accomplis par les prêtres égyptiens? Qu'en est-il de ce Dieu qui se proclame le seul vrai et qui s'avère tyrannique et capricieux, qui s'enferme lui-même dans des croyances et des lois d'un seul peuple de son élection, aussi barbare que superstitieux? Et le chef de cette tribu n'est-il pas à l'image de son peuple et de son Dieu?

A partir de ce genre de questions se forment les images stéréotypées de Moïse qui reviennent tout au long de la controverse déiste en Angleterre. Il ne nous appartient pas de les passer toutes en revue, rappelons néanmoins quelques points de repère. Toland, dans l'*Adeisidaemon*, consacre toute une partie de son ouvrage à la dénonciation de Moïse et de la loi mosaïque. En se réclamant de Strabon il affirme que les Hébreux auxquels le Pentateuque fait référence n'étaient en réalité que des Egyptiens. Les Juifs ne se sont-ils pas mêlés aux Egyptiens pendant les quatre siècles de leur séjour au bord du Nil, n'ont-ils pas adopté leurs croyances et leurs superstitions? Il est donc fort probable que Moïse n'était qu'un prêtre ou un chef égyptien. Il faut donc soigneusement distinguer dans son livre ce qui est l'expression de la religion naturelle, commune à tous les peuples, de ce qui n'est que préjugé et imposture. Tindal, dans *Christianity as Old as Creation*, ne ménage aucun détail dans le Pentateuque pour démontrer le 'fanatisme' des Hébreux, la cruauté de leurs lois, de leurs coutumes et de leurs légendes. Moïse, avec ses aventures extravagantes et ses miracles est digne de son peuple sauvage et superstitieux. Bolingbroke dans ses *Essais* reprend et amplifie toute cette argumentation. Quand Dieu renouvelle à Moïse son alliance avec Israël les descendants d'Abraham ont déjà oublié leur Dieu. Ils sont devenus Egyptiens, ils se sont attachés au pays qu'ils habitaient et encore plus à ses superstitions. Moïse par ses prétendus miracles pouvait forcer les Juifs à l'exode, mais les forces lui manquèrent pour leur faire abandonner leurs préjugés. Le cas de Moïse, de ce 'fameux législateur', n'est guère différent de celui d'autres fondateurs légendaires des Etats et des religions. Moïse se réclame de la révélation de Yahvé, comme Zoroastre de celle de Vesta ou comme Minos de celle de Jupiter. Sont-ils donc tous de simples imposteurs? La réponse de Bolingbroke est plus nuancée. Il voit dans les 'anciens législateurs' des politiciens habiles qui ne se distinguent pas tellement des politiciens de son propre temps. Certes, Moïse baignait dans les superstitions et les préjugés de son peuple qui était particulièrement grossier. Il pouvait croire qu'il parlait à Dieu, comme les autres fondateurs des religions croyaient fréquenter les démons. Mais la religion était pour Moïse sur-tout un *instrument* dont il se servait pour imposer des lois à une horde ignorante et barbare. Cet instrument devait nécessairement être adapté à l'état d'esprit de ceux auxquels il s'appliquait. D'où toutes ces histoires absurdes et invraisemblables dont abonde la narration de Moïse (à supposer qu'il en soit l'auteur, ce qui est d'allieurs fort douteux). D'où aussi les peines atroces et cruelles qu'il infligeait au nom de Dieu à son peuple quand celui-ci transgressait la loi. Ainsi la religion de Moïse ne peut guère prétendre à l'universalisme dont elle se réclame. Ce n'est que le culte local d'une idole tyrannique. Si les représentations de ce Dieu sont particulièrement marquées par les préjugés les plus odieux à tout esprit éclairé c'est parce qu'elles reflé-tent en quelque sorte la sauvagerie d'une tribu de vagabonds sinon de brigands perdus dans le désert. Remarquons pourtant que Bolingbroke n'excluait pas le cas de Moïse de son hypothèse générale selon laquelle les anciens législateurs ne partageaient pas nécessairement tous les préjugés qu'ils inculquaient et imposaient à leurs peuples. Ils gardaient pour eux-mêmes et pour les initiés le secret d'une religion ésotérique qui ne pouvait pas être autre que le culte vrai, c'est à dire la religion naturelle, un déisme primitif, dicté par la nature elle-même et con-forme à la raison. Ce n'était pas pourtant une circonstance atténuante pour Moïse. La part de l'imposture qui lui revenait était d'autant plus grande que son oeuvre avait particulièrement contribué à l'etouffement par les préjugés de la voix de la raison.[2]

Nous avons plus longuement insisté sur les développements de Bolingbroke parce qu'on y trouve à l'oeuvre presque tous les stéréotypes de Moïse élaborés par la libre pensée anglaise. La 'critique philosophique' en France met en circulation à peu près les mêmes clichés mais avec beaucoup plus de virulence, de combativité et de violence verbale. Contentons nous d'en donner deux exemples.

Voltaire partage les idées de Bolingbroke et il se réfère souvent à ses écrits. Il est fort douteux que Moïse ait jamais existé. Comment expliquer autrement que

> le Nil aura été changé en sang, un ange aura égorgé tous les premiers-nés dans l'Egypte, la mer se sera ouverte, ses eaux auront été suspendues à droite et à gauche, et nul auteur n'en aura parlé! et les nations auront oublié ces prodiges; et il n'y aura qu'un petit peuple d'esclaves barbares qui nous aura conté ces histoires, des milliers d'années après l'événement.

Aucune source historique ne confirme l'authenticité des histoires absurdes contées dans le Pentateuque. D'ailleurs il est évident que les Juifs, 'peuple si pauvre, si ignorant, si étranger dans tous les arts', ne pouvaient faire que copier chez leurs voisins, notamment chez les Phéniciens, tous leurs contes jusqu'aux noms qu'ils donnaient à leur Dieu. Mais en admettant même que Moïse ne soit pas un 'être fantastique' il est évident qu'il ne pouvait pas être l'auteur des livres qu'on lui attribue et que l'on considère comme inspirés. Maints passages dans l'Ecriture même prouvent que le Pentateuque a été composé du temps des Rois et que les cérémonies dont Moïse aurait été l'instigateur n'avaient été qu'une tradition séculaire. Moïse, auteur présumé, ne fait que de se contredire: ainsi, par exemple, le Lévitique défend d'épouser la femme de son frère, le Deutéronome par contre l'ordonne. Mais finalement peu importe qui était l'auteur de ces livres; Moïse n'en demeure pas moins un personnage particulièrement cruel et odieux. Les Juifs 'murmurateurs, ces enfants injustes des Juifs vagabonds, morts dans le désert', auraient pu à juste raison reprocher à Moïse toutes les histoires qu'on raconte à son propos. N'a-t-il pas ordonné à ses Lévites d'égorger vingt-trois mille hommes au lieu de punir son frère dont il a fait un pontife? 'Non content de cette boucherie, n'a-t-il pas encore massacré vingt-quatre mille de ses propres suivants', parce que l'un d'eux avait couché avec une Madianite, tandis que Moïse lui-même avait épousé une Madianite? Moïse se vante d'être le plus doux de tous les hommes; 'encore quelques actions de cette douceur et il ne serait plus resté personne'. Toutes ces histoires sont aussi stupides que barbares et l'image même de Moïse prouve que 'c'est un singulier exemple de la stupidité humaine que nous ayons si longtemps regardé les Juifs comme une nation qui avait tout enseigné aux autres'. Le procès fait à Moïse est du même coup fait aux Juifs. Ou plutôt, pour être plus exact, aux Juifs aussi longtemps qu'ils resteront fidèles au judaïsme en s'enfermant dans cette tradition particulièrement méprisable en raison de son fanatisme et de ses préjugés. La nuance est de taille. Les attaques outrancières dont les Juifs sont la cible relèvent surtout de l'antijudaïsme de Voltaire et non pas de son antisémitisme. Les Juifs ne peuvent se régénérer qu'en abandonnant la tradition de Moïse, en faisant éclater cette loi qui les dégrade tout en les isolant du reste de l'humanité. Procès fait à Moïse et au judaïsme mais à travers ces attaques c'est aussi sinon surtout le christianisme, *l'infâme*, qui est visé.[3]

La *Moïsade*, texte attribué à Diderot, est un autre exemple de la critique 'philosophique' de Moïse. Les accusations et les arguments sont les mêmes, seules la poétique et les fleurs de rhétorique changent. La pièce maîtresse de la *Moïsade* est une tirade faite par le narrateur, personnage qui a parcouru 'toutes les contrés de l'univers'. Partout il a vu 'la superstition, le prestige, l'intérêt, le préjugé, l'orgueil même tenir lieu de toute religion'. Or, il entend parler 'd'une nation qui n'adore qu'un Dieu, et pour Dieu, qu'un pur Esprit, qu'un Etre simple. Je cours, je vole parmi les Juifs dans l'espérance de trouver enfin la vérité'. Il se met à lire le livre inspiré et qu'y trouve-t-il?

> En parcourant ce livre reçu, dit-on, des mains de Dieu par l'entremise de son serviteur Moïse et de ses autres prophètes, je suis indigné d'y trouver les traits qui blessent la grandeur et la majesté divine, et qui me le dépeignent aussi mauvais qu'il doit être bon. Tout me révolte, je crois errer dans le champ de l'imposture; tout porte le sceau du fanatisme; tout est marqué au coin de l'impertinence et du ridicule, de la cruauté et de la barbarie.

Ensuite c'est l'histoire de Moïse qui nous est contée dans un récit qui marie le pathétique au blasphème. Moïse, de simple berger est devenu ministre du Très-Haut 'qu'il dit avoir vu dans un buisson, la face cachée et ne lui montrant que son derrière'. Les miracles et les plaies que Dieu fait abattre sur les pauvres Egyptiens, pleurant leurs enfants innocents. 'Les plaintes, les cris, l'horreur règnent de toutes parties'. L'exode, Moïse devenu législateur car Dieu lui-même le rend dépositaire de ses lois. Que fait-il, instruit par son Maître et plein d'esprit de son Dieu, quand il voit son peuple élever un veau d'or? 'Il entre en fureur, il brise le dépôt que lui a confié le Très-Haut.' Sa frénésie ne se borne pas à cet excès. Il réunit une troupe de fanatiques et c'est le carnage.

> Hommes, femmes et enfants, tout tombe sous le fer meurtrier des esclaves de Moïse. Le zèle pour leur Dieu les anime, Dieu lui-même les agite; ils ne sont plus des hommes, mais des monstres furieux, insensibles à la vue des

membres palpitants et du sang de leurs plus proche parents [. . .]. Ici coule
le sang d'un fils massacré par son père. là fument encore les entrailles d'un
père égorgé par son fils; plus loin un époux sanguinaire et dénaturé
poignarde du même coup et innocente femme et le fruit malheureux qu'elle
porte.

Ainsi périssent vingt-trois mille hommes et les carnages se succèdent
chaque fois que quelqu'un ose reprocher à Moïse sa fourberie, son
orgueil extrême et le pouvoir qu'il veut usurper sur Israël. Une
apostrophe pathétique achève le récit:

> Meurs, Moïse, meurs, tyran déstructeur! Que le ciel t'écrase de ses foudres
> vengeurs; que la terre irritée comme le ciel, de ta perfidie et de ta cruauté,
> s'entrouvre sous tes pas criminels et t'engloutisse, monstre abominable,
> dont l'haleine empestée a soufflé sur toute la surface de la terre les
> semences empoisonnées du plus horrible et du plus détestable fanatisme
> dont elle est encore malheureusement infectée: que ta mémoire abominable
> reste en horreur dans tous les siècles et chez tous les hommes et périssent
> ceux qui la révèrent![4]

Pauvre patriarche, complétement accablé! Et combien sont rares ceux
qui osent le défendre contre les injures et les malédictions de ses
détracteurs, comme elles sont faibles ces défenses! Ainsi Martin
Hubner dans son *Essai sur l'histoire du droit naturel* évoque rapidement 'l'écrivain respectable dont nous tenons l'Histoire du temps qui a
précédé le déluge universel', et observe que dans 'la loi morale publiée
par le ministère de Moïse' on retrouve 'un abrégé très succinct des
Lois naturelles'. Référence aussi vague qu'embarrassée qui n'est qu'un
tribut payé à l'Eglise. Hubner se contente de conscrarer une dizaine de
lignes à la loi de Moïse, sans en examiner les détails; il parle longuement, sur plusieurs pages, de Confucius, de Lycurgue, de Solon etc.[5]
Montesquieu, avec sa prudence et son sens du relativisme habituels.
relève ici ou là des aspects positifs dans les lois mosaïques tout en insistant sur le fait que l'on pourrait faire sur elles 'maintes difficultés'. Il
demande pourtant qu'on n'attache pas une trop grande importance à
ces dernières, car il n'y a pas de législation parfaite et tous les lois 'doivent être relatives aux moeurs et aux manières'. Cette maxime est particulièrement valable dans le cas de Moïse dont la loi était 'bien rude'
et s'écartait de la loi naturelle. Mais est-ce bien de la faute de Moïse de
n'avoir pas respecté l'esprit de modération, vertu pourtant essentielle à
tout législateur? Tout législateur doit suivre l'esprit de sa nation; si
Moïse est parfois rude et terrible c'est parce que la férocité du
caractère des anciens Juifs l'avait bien forcé à procèder ainsi. 'Quel

peuple que celui où il fallait que la loi civile se relachât de la loi naturelle!' Les Juifs ont d'ailleurs toujours gardé quelque chose de cette férocité primitive. Elle se retrouve dans leur fanatisme, dans leur obstination invincible pour la religion qui va jusqu'à la folie et qui les isole de toutes les autres nations.[6]

Il n'y a qu'un seul ouvrage de taille qui fasse l'apologie de Moïse législateur mais combien celle-ci est paradoxale sinon bizarre. C'est en pleine 'querelle déiste' que Warburton publie sa *Divine Legation of Moses* (1737–41).[7] Il y avance une démonstration qu'il trouve d'une rigueur quasi-mathématique. La légation divine de Moïse est prouvée par le fait que sa législation s'écarte des voies suivies par tous les anciens législateurs. Moïse est notamment le seul qui dans ses lois ne fait appel ni à la Providence ni à un au-delà, c'est à dire à l'état futur de peines et de récompenses. L'argument se résume en trois propositions. 1. Telle est la nature de l'homme que la croyance en la Providence et notamment en un état futur de peines et de récompenses est le fondement indispensable à toute société car autrement il aurait été impossible d'imposer aux peuples le respect des lois. 2. Ceci est démontré par l'expérience de toute l'histoire humaine; tous les peuples, notamment les plus sages nations de l'Antiquité, les Egyptiens, les Grecs, les Romains, ont considéré cette croyance comme nécessaire à la prospérité de leurs Etats; tous les anciens législateurs se réfèrent à la révélation divine, prêchent la doctrine d'une Providence et du même coup enseignent une religion qui pour faire respecter les lois promet des peines et des récompenses dans la vie posthume. 3. On ne trouve pas une telle doctrine chez Moïse bien qu'il fût initié à tous les mystères des prêtres égyptiens. Les incrédules y cherchent le prétexte pour contester sa 'légation divine'. Or, c'est le contraire qui est vrai. L'abandon par Moïse de cette sagesse séculaire ne peut s'expliquer que par l'intervention aussi directe qu'extraordinaire de Dieu lui-même dans les affaires humaines. Moïse instaure la seule véritable théocratie où Dieu lui-même régit son peuple et se manifeste à lui à travers ses miracles.

Ainsi la légation divine de Moïse serait prouvée par l'absence dans les lois des dogmes et des croyances essentiels à toute société. Ce genre de paradoxe qui opposait Moïse à l'esprit et aux gestes de tous les anciens législateurs traduisait plus la mauvaise posture dans laquelle se trouvait le patriarche qu'il ne contribuait à rehausser son prestige ...

Rousseau a-t-il lu la *Légation divine de Moïse?* Rien n'est moins certain. Dans le *Contrat Social* le nom de Warburton est mentionné à deux reprises mais Rousseau ne se réfère à aucun ouvrage précis et son information pouvait aussi bien être de seconde main. D'autre part il se livre à une polémique avec l'auteur de la *Légation divine* en contestant notamment ses idées sur les rapports entre religion et politique. Après avoir examiné l'usage que les anciens législateurs faisaient de la religion Rousseau observe 'qu'il ne faut pas de tout ceci conclure avec Warburton que la politique et la religion aient parmi nous un objet commun, mais que dans l'origine des nations l'une sert d'instrument à l'autre'. Si les anciens législateurs mettaient leurs décisions dans la bouche des immortels ce n'était que 'pour entraîner par l'autorité divine ceux qui ne pourrait ébranler la prudence humaine'. Ainsi il n'y avait pas de 'légation divine' ni chez Moïse ni chez les autres grands législateurs bien qu'ils aient tous évoqué leur commerce avec 'quelque divinité'. En effet 'tout homme peut graver des tables de pierre ou acheter un oracle [. . .] ou trouver d'autres moyens pour en imposer au peuple'. S'il y a un 'miracle de Moïse', il faut le chercher ailleurs que dans les prodiges qu'on lui attribua. Warburton oppose Moïse faiseur des miracles et mandataire de Dieu à tous les autres législateurs antiques. Par contre pour Rousseau *l'Hébreu* devrait rejoindre les mânes de ceux-ci car son cas n'était guère différent de leur. Le seul 'vrai miracle' par lequel tout grand législateur prouve sa mission est la grandeur de son âme et de son oeuvre (*OC*, III, 384).[8]

Il y a donc un 'miracle profane' pour ainsi dire, un prodige purement politique et moral dans la mission de tout grand législateur et notamment dans celle accomplie par Moïse. Par contre Moïse n'a jamais effectué aucun miracle au sens propre de ce mot. Autrement dit, on trouve dans l'oeuvre de Rousseau deux images de Moïse nettement distinctes et opposées: celle de Moïse 'faiseur des miracles' et celle de Moïse grand législateur. Quelques observations rapides sur la première avant de passer plus longuement à l'autre.

Il n'est pas de notre propos d'évoquer ici toute la controverse sur les miracles provoquée par la *Profession de foi du Vicaire savoyard*; rappelons seulement les points qui se réfèrent directement à Moïse et à son histoire. Toute la 'doctrine des miracles' contredit la raison et l'idée sublime de Dieu. 'C'est l'ordre inaltérable qui montre le mieux l'Etre Suprême' et non pas les prodiges présumés. Il est absurde de supposer que 'Dieu choisit pour attester sa parole des moyens qui ont eux-mêmes si grand besoin d'attestation, comme s'il se joüoit de la crédulité des hommes et qu'il évitât à dessein les vrais moyens de les

persuader'. Aucune foi dans les miracles ne résiste à l'argument
crucial: comment distinguer les uns des autres les vrais des faux
miracles? Le cas de Moïse est un exemple saillant de cette difficulté in-
surmontable. Ceux qui croient aux miracles ne prétendent-ils pas en
même temps que le diable réussit parfaitement à imiter ceux-ci?
Quand Moïse changea l'eau en sang, les magiciens ont fait de même;
quand Moïse produisit des grenouilles, les magiciens produisirent à
leur tour des grenouilles.

> Puisque les magiciens de Pharaon osaient en présence même de Moyse
> faire les mêmes signes qu'il faisait par l'ordre exprès de Dieu, pourquoi
> dans son absence n'eussent-ils pas aux mêmes titres prétendu la même
> autorité? Ainsi donc après avoir prouvé la doctrine par le miracle il faut
> prouver le miracle par la doctrine, de peur de prendre l'oeuvre du Démon
> pour l'oeuvre de Dieu.

Et Moïse instruit par toutes ces expériences, n'a-t-il pas dit lui-même
que si un faux prophète vient annoncer d'autres dieux et que ce faux
prophète autorise son dire par des prédictions ou des prodiges qui
réussissent, il ne faut point l'écouter mais le mettre à mort? Tout cela
est inextricable et on ne sort pas des contradictions en accumulant des
subtilités théologiques. Il ne reste qu'une seule chose à faire: 'revenir
au raisonnement et laisser-là les miracles'.[9]

Rien de très original dans cette polémique. L'argumentation
ironique reprend à son compte les lieux communs de la critique
rationaliste des Ecritures et met l'accent sur l'opposition entre l'ordre
de la nature et les prétendus miracles. Par contre l'originalité de la
religion de Jean-Jacques ressort par son refus de tout médiateur entre
l'individu et Dieu de même que par le contraste qu'il voit entre la
morale de Moïse et celle de Jésus. 'Est-il simple, est-il naturel, que
Dieu ait été chercher Moïse pour parler à Jean-Jacques Rousseau?'
(OC, I, 642). Cette réponse ironique à l'archevêque de Beaumont n'est
qu'une paraphrase de la célèbre invocation du Vicaire Sayoyard: 'que
d'hommes entre moi et Dieu!' Une vieille femme qui pour toute prière
ne savait dire que O, qui se passait de toute parole et de tout signe
pour louer Dieu, n'était-elle pas dans l'élévation de son âme plus
proche de l'Etre Suprême que tous les théologiens savants? (OC, I,
642). Telle est aussi la prière de Jean-Jacques. Elle correspond parfaitement à l'expérience à la fois la plus fondamentale et la plus simple
dans laquelle le rapport de l'individu à Dieu est le plus évident et le
plus intime, expérience possible grâce à la conscience morale, cet

'instinct divin'. Cette conscience, qui ne trompe jamais, saisit tout de suite l'opposition entre Moïse et Jésus.

Jésus n'a jamais fait des miracles; il a même déclaré 'très positivement qu'il n'en ferait point et a marqué un très grand mépris pour ceux qui en demanderaient' (*OC*, IV, 1147).[10] Les Juifs réclamaient de Jésus un signe du Ciel, ils 'voulaient un Messie apparent et tout miraculeux'. Selon leurs principes ils avaient raison car ils étaient formés dans et par la tradition mosaïque. Mais c'est une preuve de plus que Jésus ne pouvait prendre chez les siens 'cette morale élevée et pure dont lui seul a donné les leçons et l'exemple. Du sein du plus furieux fanatisme la plus haute sagesse se fit entendre et la simplicité des plus héroïques vertus honora le plus vil de tout les peuples'. D'ailleurs dans le Sermon sur la Montagne Jésus lui-même met en lumière les différences entre la morale de Moïse et la sienne (*OC*, IV, 626).

Les commentateurs de Rousseau ont souvent insisté sur les pages dans lesquelles Jean-Jacques fait le parallèle entre Jésus et Socrate et conclut par la phrase célèbre: 'si la vie et la mort de Socrate sont d'un Sage, la vie et la mort de Jésus sont d'un Dieu.' Par contre on oublie parfois que Rousseau établit encore un autre paralléle selon lequel il fait ressortir la divinité du Christ, à savoir celui entre d'une part Jésus, sa vie, sa mission et sa mort et, d'autre part, ces êtres exceptionnels dans l'histoire de l'humanité qui étaient les grands législateurs. Comme nous l'avons dit, Rousseau n'accepte ni les miracles de Jésus ni sa mission de Rédempteur. C'est l'humanité même de Jésus, la vérité morale qu'il apporte et incarne qu'élèvent le Christ au-dessus des hommes. La première intention de Jésus était cependant analogue à celle qui animait tous les grands législateurs: il a voulu faire par lui-même 'une révolution chez son peuple'.

> Son noble projet était de relever son peuple, d'en faire derechef un peuple libre et digne de l'être; car c'était par là qu'il falloit commencer. L'étude profonde qu'il fit de la loi de Moyse, ses efforts pour en réveiller l'enthousiasme et l'amour dans les coeurs montrèrent son but autant qu'il était possible pour ne pas effaroûcher les Romains.

Ce premier projet de Jésus, de réformer et de régénérer son peuple a pourtant échoué. 'Ses vils et lâches compatriotes au lieu de l'écouter le prirent en haine précisément à cause de son génie et de sa vertu qui leur reprochaient leur indignité.' Ce n'est qu'après avoir subi cet échec que Jésus aurait développé 'dans sa tête' sa première idée. Il décida de faire une révolution morale et cela non pas dans le cadre d'une seule nation mais celui de tout l'Univers. Cette nouvelle mission prend ainsi une dimension humaine universelle qui donne à Jésus une tout autre envergure que celle d'un législateur. Double raison donc de l'échec de la mission de Jésus en tant que réformateur et nouveau législateur des Juifs. D'une part c'était la 'bassesse de son peuple incapable de toute vertu'; les Macabés, malgré leur héroïsme, ont eux aussi échoué en essayant de rétablir la théocratie de Moïse. Mais la cause de l'échec de Jésus se situait encore ailleurs, dans la grandeur spirituelle qui l'amena à l'apostolat moral et religieux. Son âme extraordinaire lui dicta d'agir par d'autres moyens que par les ruses habilement employés par les grands législateurs et réformateurs politiques. La vertu héroïque de Jésus était d'une autre trempe. Elle traduisait

> la trop grande douceur de son propre caractère; douceur qui tient plus de l'ange et du Dieu que de l'homme, qui ne l'abandonnera pas un instant, même sur la croix, et qui fait verser des torrents de larmes à qui sait lire sa vie comme il faut, à travers les fatras dont ces pauvres gens l'ont défigurée. Heureusement ils ont respecté et transcrit fidèlement ses discours qu'ils n'entendaient pas; ôtez quelques tours orientaux ou mal rendus, on n'y voit pas un mot qui ne soit pas digne de lui et c'est là qu'on reconnoit l'homme divin.[11]

On admire les lois énoncées par Moïse et Lycurgue; on ne pleure pas en les lisant. S'il y avait dans l'histoire humaine une 'légation divine' elle était dans la vie et la mort de Jésus et non pas dans l'oeuvre de Moïse.

C'est donc à un Moïse laïcisé, personnage profane, que revient sa vraie grandeur, celle d'avoir été un de ces 'grands législateurs' que l'humanité avait connus au cours de son histoire. C'est à ce titre glorieux que l'Hébreu doit rejoindre les mânes de Lycurgue, de Numa et de Solon. Sa mission, son oeuvre, ses moyens d'action ont été les mêmes que ceux de ses pairs.

On connaît les termes du paradoxe qui, selon Rousseau, définit la mission et l'action du législateur:

> Ainsi on trouve à la fois dans l'ouvrage de la législation deux choses qui semblent incompatibles: une entreprise au dessus de la force humaine, et pour l'exécuter, une autorité qui n'est rien [. . .] Pour qu'un peuple naissant pût goûter les saines maximes de la politique et suivre les régles fondamentales de la raison d'Etat, il faudrait que l'effet pût devenir la cause, que l'esprit social qui doit être l'ouvrage de l'institution présidât à l'institution même, et que les hommes fussent avant les loix ce qu'ils doivent devenir par elles. (*OC*, III, 383)

Pour accomplir sa mission paradoxale le législateur ne dispose, en fin de compte, que d'un seul moyen d'action, à savoir sa parole. Mais quelle parole extraordinaire que celle du législateur! Dans sa théorie du langage politique Rousseau lui accorde un rôle tout particulier; c'est le *verbe fondateur*, le modèle même de toute parole politique agissante. Parole fondatrice, car elle instaure la loi en la créant, pour ainsi dire, *ex nihilo*. Parole agissante, car elle transforme les individus, avec leurs intérêts particuliers et opposés les uns aux autres, en un être collectif, en 'une personne morale'. Le grand législateur ne propose pas de 'vues abstraites', il ne pratique pas un discours *sur* la politique. Sa parole va directement aux âmes, élève les hommes au-dessus d'eux-mêmes, se matérialise dans des institutions et dans des moeurs. Verbe fondateur mais aussi parole contraignante. On ne rend les hommes heureux qu'en les contraignant à l'être (cette formule qui apparaît dans un écrit mineur forme l'autre volet de la fameuse phrase du *Contrat social*: on forcera d'être libre celui qui refusera d'obéir à la volonté générale) (*OC*, II, 1623–4; III, 364). D'où vient la puissance qui assure à cette parole son pouvoir contraignant? Pour que les 'peuples obéissent avec liberté et portassent docilement le joug de la félicité politique' le législateur doit nécessairement recourir à une autorité qui 'puisse entraîner sans violence et persuader sans convaincre'. Ainsi fait-il 'parler les dieux'. Les législateurs recouraient à l'intervention du ciel, ils attribuaient à Dieu leur propre sagesse et leur propre parole. Fondateurs de la Cité, ils étaient en même temps fondateurs sinon des religions alors des cultes et des cérémonies attachés aux lois.

Crier à l'imposture, comme le fait 'l'orgueilleuse philosophie', c'est méconnaître l'envergure et le caractère spécifique d'un 'ancien législateur'. En effet, il apparaît comme un héros dont les qualités extraordinaires correspondent parfaitement à une situation historique précise qui du même coup définit les conditions de possibilité de son action. C'est un vrai héros car son action, la puissance même de sa parole, reposent sur la grandeur de son âme. Certes, tout homme peut essayer de 'faire parler les dieux', tout homme 'peut graver des tables de pierre ou acheter un oracle'. Il ne sera pourtant pas le fondateur d'un empire ou d'une nation. 'Il n'appartient pas à tout homme de faire parler les Dieux, ni d'en être cru quand il s'annonce pour être leur interprète. La grande âme du Législateur est le vrai miracle qui doit prouver sa mission'. L'époque où peut s'exercer la parole fondatrice est celle des mythes. Temps des mythes en ce sens qu'il est celui de l'aube de l'histoire et de l'origine des nations. Mais aussi en ce sens que le

verbe du législateur fait confondre dans un seul récit les gestes de
l'homme et les actions des dieux. Le grand législateur est en même
temps héros et créateur d'un mythe. Son message il l'exprimait dans
un langage qui faisait fusionner la poésie et la loi, l'acte et la pensée.
Les grands législateurs savaient utiliser le langage originel dans lequel
les peuples mettaient en vers et chantaient leurs premières lois comme
leurs premières histoires. Ils savaient aussi recourir au langage des
signes, des actes symboliques qui 'argumentent aux yeux' et ébranlent
l'imagination. L'oeuvre d'un grand législateur ne se résume pas dans
un code abstrait. C'est un tout organique qui lie les règles aux rites,
aux fêtes, aux croyances, etc, dans un mode de vie par lequel le peuple
matérialise et reproduit la loi fondatrice. Le politique et le religieux se
confondent ainsi en établissant ce fondement inébranlable de la Cité
que sont les moeurs de son peuple.[12]

Tel est, schématiquement reproduit, le portrait idéal d'un grand
législateur et il s'accorde parfaitement à l'image de Moïse. Les Juifs,
en tant que nation, ne doivent leur existence qu'à lui et qu'à son
oeuvre. Qu'étaient-ils avant Moïse sinon 'un essaim de malheureux
fugitifs, sans arts, sans armes, sans talens, sans vertus, sans courage et
qui n'ayant pas en propre un seul pouce de terrain faisaient une troupe
étrangère sur la face de la terre'. Or Moïse exécuta 'l'étonnante entreprise' d'instituer en corps politique cette 'troupe errante et servile',
d'en faire 'un corps politique, un peuple libre'. Oser l'entreprendre
était déjà un acte qui annonçait l'homme exceptionnel; l'oeuvre accomplie témoigne d'autant plus de la grandeur de celui qui dicta la loi
judaïque.

> Pour empêcher que son peuple ne se fondît pas parmi les peuples étrangers,
> il lui donna des moeurs et des usages inaliables avec ceux des autres
> nations; il les surchargea de rites, de ceremonies particulières; il le gêna de
> mille façons pour tenir sans cesse en haleine et le rendre toujours étranger
> parmi les autres nations, et tous les liens de fraternité qu'il mit entre les
> membres de sa république étaient autant des barrières qui le tenaient
> séparé de ses voisins et l'empêchaient de se mêler avec eux. (*OC*, III,
> 956–7)

C'est donc une oeuvre analogue à celles accomplies par Lycurgue ou
par Numa; eux aussi se sont trouvés devant la tâche de transformer
une sorte de troupeau d'hommes en un peuple, d'identifier son 'joug',
ses lois et ses institutions, avec son existence et son destin. Chez
Moïse, comme chez les autres grands législateurs, se retrouve un grand
projet.

> Tous [les anciens législateurs] cherchèrent à établir des liens qui attachas-
> sent les citoyens à la patrie et les uns aux autres, et ils les trouvèrent dans
> des usages particuliers, dans des cérémonies religieuses qui par leur esprit
> étaient toujours exclusives et nationales. (*OC*, III, 958)

Assimilé à Lycurgue et à Numa, Moïse est donc considéré comme un personnage de l'histoire profane. Par conséquent *le texte* qui a transmis son histoire est lui aussi un *livre profane* ou plutôt c'est un texte qui conte sur le mode mythologique l'histoire d'un grand législateur. Dieu, certes, n'avait pas besoin de Moïse pour parler à Jean-Jacques; par contre Moïse avait besoin de se réclamer de Dieu pour se faire entendre de son peuple. Certes, il est absurde de voir dans les 'miracles' de Moïse l'intervention divine dans l'histoire. Mais ne pas reconnaître la figure grandiose de Moïse dans le geste qui conte son oeuvre c'est faire preuve d'ignorance en matière de politique. La religion annoncée par Moïse ne se distingue guère d'autres religions des peuples anciens. Comme celles-ci elle est 'renfermée, pour ainsi dire, dans un seul pays, lui donne ses dieux propres et tutélaires. Elle a ses cérémonies, ses rites, son extérieur prescrit par les lois; hors de la seule nation qui la suit, tout le reste est pour elle infidèle, étranger, bar-bare, elle n'entend les devoirs et les droits de l'homme qu'aussi loin que ses Dieux et ses lois. *Telles étaient la plupart des Religions du paganisme et celle du peuple juif*' (*OC*, III, 336).[13] Moïse n'a nullement transmis la parole sacrée mais comme tous les autres grands législateurs il a réussi à sacraliser par sa parole les liens sociaux qui transforment une simple agrégation d'hommes en un peuple.

Pourquoi Rousseau ne se contente-t-il pas d'assimiler l'oeuvre de Moïse à celle de ses illustres pairs, les Lycurgue et les Numa, mais la considère-t-il comme supérieure, du moins à certains égards, aux législations qui ont pourtant fondé Rome et Sparte? Tel est le dernier problème qu'il nous reste à examiner.

Constatons, tout d'abord, que cela ne tient guère à une analyse com-parative des législations respectives. Il est en effet frappant que tout en faisant l'éloge de la loi mosaïque Rousseau n'évoque aucune prescrip-tion précise, ne fait valoir aucune institution concrète des anciens Juifs. Les termes qu'il emploie sont aussi généraux que vagues: 'rites', 'cérémonies particulières', 'législation capable d'opérer des prodiges', etc. Fait encore plus frappant Rousseau n'évoque pas non plus les Hébreux comme un peuple modèle. Les images vertueuses des Romains et des Spartiates abondent dans l'oeuvre de Jean-Jacques.

> Quand on lit l'histoire ancienne on se croit transporté dans un autre univers et parmi d'autres êtres. Qu'ont de commun les Français, les Anglais, les Russes avec les Romains et les Grecs? Rien presque que la figure. Les fortes âmes de ceux-ci paraissent aux autres des exagérations de l'histoire. (*OC*, III, 956)

Aucune évocation analogue des Hébreux et de leur histoire. Rappelons les passages cités ci-dessus: avant Moïse les Juifs n'étaient qu'une 'troupe errante et servile'; à l'époque de Jésus c'était 'le plus vil de tous les peuples', marqué par un fanatisme furieux. Sur quelle réussite répose donc l'image de marque de Moïse législateur? En quoi le peuple qu'il a formé est-il une 'nation singulière' et quel est le 'spectacle vraiment étonnant et unique' que ce peuple donne au monde? (*OC*, III, 449)

Le chef d'oeuvre en politique c'est de réussir à attacher le citoyen à sa Cité par des liens indissolubles de telle façon que l'amour de la patrie façonne toute son existence. C'est alors qu'il 'ne voit que la patrie; il ne vit que pour elle; sitôt qu'il est seul, il est nul; sitôt qu'il n'a plus de patrie, il n'est plus et s'il n'est pas mort, il est pis' (*OC*, III, 966). C'était notamment le cas de Rome. Quand Rome ne fut plus, il fut permis à des Romains de cesser d'être. 'Ils avaient rempli leurs fonctions sur la terre, ils n'avaient plus de patrie [...] Après avoir employé leur vie à servir Rome expirante et à combattre pour les Lois, ils moururent vertueux et grands comme ils avaient vécus et leur mort fut encore un tribut à la gloire du nom Romain' (*OC*, I, 392). Or une telle identification totale du citoyen à sa patrie ne peut se faire en exècution d'aucune loi. Ou, si l'on veut, elle est le résultat des lois bien spécifiques qui ne se gravent pas 'sur le marbre ni sur l'airain, mais dans les coeurs des citoyens', c'est à dire l'effet des moeurs et des coutumes d'un peuple.

> Partie inconnue à nos politiques, mais de laquelle dépend le succès de toutes les autres; partie dont le grand Législateur s'occupe en secret, tandis qu'il paraît se borner à des réglemens particuliers qui ne sont que le ceintre de la voute, dont les moeurs, plus lentes à naître, forment enfin l'inébranlable clef. (*OC*, III, 331)

A cette 'partie inconnue à nos politiques' Moïse a consacré l'essentiel de son effort et dans ce domaine il a particulièrement réussi en dépassant même ses illustres pairs. Preuve en est que les Romains et les Spartiates ont disparu et que par contre les *Juifs existent toujours*. Ils ont conservé leur identité, ils sont demeurés un peuple et cela malgré la disparition de leur Etat et de leur patrie, et sont toujours citoyens.

> Quelle doit être la force d'une legislation capable d'opérer de pareils prodiges, capable de braver les conquètes, les dispersions, les révolutions, les siècles, capable de survivre aux coutumes, aux lois, à l'empire de toutes les nations, qui promet enfin par les épreuves qu'elle a soutenues de les soutenir toutes, de vaincre les vicissitudes des choses humaines et de durer autant que le monde. (*OC*, III, 499)

Il nous semblait utile de citer longuement ce texte remarquable à plusieurs égards. Il est particulièrement révélateur des problèmes qui captivent Rousseau à travers ses rèflexions sur Moïse législateur et son oeuvre. Retenons tout d'abord la provenance de ce texte. Nous l'avons tiré d'un groupe de fragments manuscrits consacrés aux Juifs et à leurs institutions (au même corpus appartient aussi le texte déjà cité sur l'Hébreu rejoignant les mânes de ses 'frères', Lycurgue, Numa, Solon ...). Nous manquons de renseignements précis sur la date de leur rédaction. Nous ne savons pas non plus avec quelles intentions Rousseau les a écrits. S'agit-il des développements qui devaient entrer dans les *Institutions politiques?* ou bien de l'ébauche d'un ouvrage jamais achevé qui se proposait d'étudier à fond '*le spectacle etonnant*', ses causes ainsi que les leçons politiques à en tirer? Quoi qu'il en soit Rousseau utilise ses fragments dans sa dernière oeuvre politique. Dans les *Considérations sur le gouvernement de la Pologne* il reprend textuellement quelques lignes et expressions, résume ou formule de manière différente d'autres développements (*OC*, III, 498–500; 956–7). Le plus frappant est cependant l'usage que Rousseau fait dans les *Considérations* de ce sorte de paradigme que constitue *Moïse législateur*. En effet, il s'en sert comme d'un instrument pour aborder une situation contemporaine particulièrement complexe et en dégager des problèmes aussi nouveaux pour lui-même que pour la pensée politique de son temps.

Nous ne pouvons que résumer ici, aussi brièvement que schématiquement, ce que nous avons développé plus longuement ailleurs.[14] En 1770 Rousseau, sollicité par le prince Wielhorski, se décide de donner ses conseils aux Polonais. Dans son oeuvre il envisage deux hypothèses différentes sur l'avenir de la Pologne. Dans la première, optimiste, la Pologne devrait réussir à conserver son indépendance, son statut d'Etat libre. Mais d'autre part Jean-Jacques envisage aussi une hypothèse pessimiste, celle d'une Pologne subjuguée par les Russes et qui ne serait plus un Etat indépendant. Dans la

première hypothèse le paradigme gréco-romain, celui de Lycurgue et
de Numa, est pertinent; il faudrait que les Polonais réforment leur
gouvernement, les structures politiques et sociales de leur pays. Par
contre dans l'autre hypothèse le problème se pose de savoir si un
peuple peut survivre à la déstruction de son *Etat*, protéger son
existence et son originalité. En d'autres termes: un peuple, sans patrie,
sans structures étatiques, vaincue et subjugué peut-il conserver son
identité en demeurant une *nation*. C'est alors qu'intervient le
paradigme biblique ou plutôt le paradigme juif, l'exemple de cette
'singulière nation, si souvent subjuguée, si souvent dispersée, et
détruite en apparence' mais qui 's'est pourtant conservée jusqu'à nos
jours éparse parmi les autres sans s'y confondre' (*OC*, III, 957). D'où
le conseil donné aux Polonais: il faut qu'ils reprennent, à leur manière
et dans des conditions différentes, la leçon politique à tirer de l'oeuvre
de Moïse et du destin d'Israël. Il faut donner aux âmes une
'physionomie nationale', la 'force nationale', la 'forme nationale' – les
termes 'nation' et 'national' reviennent sans cesse sous la plume de
Rousseau dans les *Considérations*. 'Vous ne sauriez pas empêcher
qu'ils [les Russes] ne vous engloutissent, faites du moins qu'ils ne puissent vous digérer' (*OC*, III, 959–60). Dans ce monde où les mots
'patrie' et 'citoyen' ont perdu leur sens les Polonais peuvent former un
îlot qui résisterait aux vagues d'un universalisme abstrait et d'un
cosmopolitisme néfaste. Chaque Polonais doit trouver dans l'identité
nationale la source originaire des valeurs vigoureuses, une manière
d'être dans le monde, qui imprègne toute son existence. 'A vingt ans un
Polonais ne doit pas être un autre homme; il doit être un Polonais'
(*OC*, III, 966).

Ainsi ce n'est pas l'antiquité biblique que contemple Moïse
législateur. Son regard se tourne vers une mythologie naissante, celle
des nations et des nationalismes. Ce n'est pas le pouvoir ni le savoir
qui font un peuple. Celui-ci n'existe que grâce à son 'âme', à son 'moi
commun' qui se traduisent par une sensibilité collective ainsi que par
la conscience de son unité et son identité. Ce n'est qu'à cette condition
qu'un peuple est capable de s'élever au dessus de lui-même, de connaître un destin et de marquer l'histoire. La gloire de Moïse repose, en
fin de compte, sur le fait qu'il a réussi dans son oeuvre à allier la
religion à l'esprit national en sorte que le sacré et le social se confondent dans les liens qui attachent les individus les uns aus autres et tous
ensemble à leur peuple.

Reprenons notre interrogation de départ. N'y aurait-il pas donc une opposition entre une sensibilité 'préromantique' qui s'annonce chez Rousseau à travers le 'modèle juif' et un 'néoclassicisme' qui s'exprime dans le 'modèle gréco-romain'? Les termes mêmes de l'opposition traditionelle entre le préromantisme et le néoclassicisme nous semblent être périmés. Le modèle de Moïse législateur ne s'oppose pas à celui de Lycurgue et de Numa mais le complète et le prolonge. Dans le discours politique de Rousseau le paradigme de Moïse assume une fonction spécifique. C'est une figure qui permet de dire avec plus de vigueur et de netteté certaines idées sous-jacentes à l'exaltation de Rome et de Sparte. En joignant les mânes de Lycurgue et de Numa Moïse s'est retrouvé parmi les siens. Certes, il n'avait rien à leur apprendre en matière de politique. Mais il apportait peut-être à l'Elysée son parler à lui, sa manière de dire le message légué par les Anciens aux peuples modernes.

Notes

1. Voir l'excellente mise au point récente de D. Leduc-Fayette, *J.-J. Rousseau et le mythe de l'Antiquité* (Paris 1974).
2. Cf. Bolingbroke, *Philosophical Works* (London 1754), t. I, pp. 305–17; t. IV, pp. 90–4, 218–19. Sur le débat concernant les rapports entre le culte rationnel primitif et sa dégénération en religion positive voir F. M. Manuel, *The Eighteenth Century confronts the Gods* (Cambridge, Mass. 1959).
3. Cf. Voltaire, *Dictionnaire philosophique*, éd. R. Naves (Paris 1954), pp. 5, 320–4, 588–90. Voltaire s'inspire d'ailleurs largement des arguments de Le Clerc et de Meslier. Sur Voltaire et l'antisémitisme, voir les analyses pertinentes de R. Desné, 'Voltaire et les Juifs. Antijudaïsme et antisémitisme. A propos du *Dictionnaire philosophique*', in *Pour une histoire qualitative. Etudes offertes à S. Stelling-Michaud* (Genève 1975).
4. Cf. Diderot, *Oeuvres*, éd. Assézat (Paris 1875), t. IV, pp. 118–27. *La Mosaïde* a été publiée la première fois en annexe à la *Lettre de Thrasibule à Leucippe* (vers 1768), ouvrage attribué à Fréret. L'attribution de la Mosaïde à Diderot n'est pas certaine; Assézat y reconnaît 'au moins les défauts du philosophe ...'.
5. M. Hubner, *Essai sur l'histoire du droit naturel* (Londres 1775), t. I, p. 16.
6. Cf. Montesquieu, *Esprit de lois, Oeuvres complètes*, éd. de la Pléiade, t. II, pp. 485, 504–7, 571, 739; *Lettres persanes, op. cit.*, t. I, pp. 218–19.
7. Cf. Warburton, *Works* (London 1811), t. I. On n'a traduit en français qu'un seul chapitre de la *Divine Legation of Moses* en annexe à l'oeuvre de Warburton *Dissertation sur les tremblements de terre et les éruptions de feu qui firent échoué le projet formé par l'empereur Julien de rebâtir le temple de Jérusalem* (Paris 1754). Rappelons encore le livre sur Moïse de

Cl. E. Pastoret *Moïse considéré comme législateur et comme moraliste* (Paris 1788). L'auteur s'inspire largement de l'oeuvre de Warburton tout en se méfiant de ses paradoxes; il insiste notamment sur les analogies entre Moïse et Zoroastre etc. Quelques réflexions sur la 'durée étonnante de la législation de Moïse' font penser aux pages des *Considérations sur le gouvernement de Pologne*, éditées pour la première fois en 1782.

8. Vaughan voit dans ces lignes sur Warburton une allusion à un passage précis de la *Divine Legation* of Moses, à savoir aux paragraphes 5 et 6 du livre II. Cf. C.-E. Vaughan, *Political Writings of J.-J. Rousseau* (Cambridge 1905) t. II, p. 54. Dans un autre passage du *Contrat Social*, notamment dans le chapitre sur la 'Religion civile', Rousseau polémique avec la thèse de Warburton affirmant que le christianisme est 'le plus ferme appui' du corps politique. Warburton a longuement développé cette thèse dans son ouvrage *The Alliance between Church and State* (1726) traduit en français sous le titre *Dissertation sur l'union de la religion, de la morale et de la politique* (Londres 1741).

9. Cf. *Emile*, *OC*, IV, 611–13; *Lettres écrites de la Montagne, OC*, III, 745–6.

10. *Lettre à M. de Franquières* du 25 mars 1769. Dans cette lettre Rousseau résume avec fermeté ses opinions sur les miracles de Jésus qu'il a développées, avec beaucoup de détours et de prudence dans les *Lettres écrites de la Montagne* (*OC*, III, 730–6).

11. Voir Lettre à M. de Franquières, *loc. cit.*; sur les Macabés et leur destin voir le *Contrat Social*, première version, *OC*, III, 324. Nous avons plus longuement insisté sur la vision du Christ de Jean-Jacques, marquée par l'esprit des Lumières et préfigurant le Christ des romantiques, dans notre livre *Rousseau, Solitude et communauté* (Paris–La Haye 1974), pp. 248–9.

12. Cf. *Essai sur les origines des langues*, éd. Ch. Porset (Bordeaux 1970), pp. 31–3, 141–3.

13. Le passage souligné remplace par une variante la formule que Rousseau a définitivement retenue et dans laquelle il ne mentionne le judaïsme qu' implicitement: 'Telles étaient les Religions de tous les anciens peuples sans exception'. Dans la version définitive du *Contrat Social* il reprendra la même idée en multipliant encore les précautions. Cf. *OC*, III, 1427, 460–1.

14. Cf. B. Baczko, *Lumières de l'Utopie* (Paris 1978), pp. 67–100.

III Writing

FELICITY BAKER

La Route contraire

I. PARADOXE ET NON-CONTRADICTION

Toute étude du paradoxe rousseauiste doit reconnaître à quel point la pensée de Rousseau respecte un principe de non-contradiction. Sa pensée s'oppose à la contradiction 'que nous éprouvons sans cesse en nous', effet de l'éducation qui rend les hommes 'doubles'. 'Entraînés par la nature et par les hommes dans des routes contraires, forcés de nous partager entre ces diverses impulsions, nous en suivons une composée qui ne nous mène ni à l'un ni à l'autre but' (*OC*, IV, 251). Si l'*Emile* est une construction entièrement hypothétique, c'est que Rousseau aimerait mieux laisser l'éducation comme elle est, que de mêler ensemble avec le mal existant des fragments d'une bonne formation: car ainsi 'il y aurait moins de contradiction dans l'homme; il ne peut tendre à la fois à deux buts opposés' (*OC*, IV, 243). Ou encore, dans les premiers chapitres du *Contrat social*, où Rousseau pose ses prémisses en balayant d'abord des théories qu'il oppose, son procédé consiste à démontrer le non-sens des idées de ses adversaires, par une analyse qui en révèle leurs contradictions internes: 'Ces mots, *esclave* et *droit*, sont contradictoires; ils s'excluent mutuellement. Soit d'un homme à un homme, soit d'un homme à un peuple, ce discours sera toujours également insensé [. . .]' (*OC*, III, 358). Une argumentation rigoureuse découle de ce principe méthodologique. Seulement, la non-contradiction en question ne se réfère pas à un critère strictement logique de vérification ou d'infirmation. La vérité qui sert de critère ici est philosophique et psychologique: c'est la nature de l'homme. C'est elle que tous les écrits de Rousseau ont pour tâche de rendre claire; c'est sa théorie de la nature de l'homme qui gouverne la logique spécifique de son discours sur la société. C'est à partir de ce contexte de la non-contradiction fondée dans la nature, que nous choisissons d'examiner le célèbre paradoxe du *Contrat social*: 'quiconque refusera

132

d'obéir à la volonté générale, y sera contraint par tout le corps: ce qui ne signifie autre chose, sinon *qu'on le forcera d'être libre* [. . .]' (*OC*, III, 364). Mais comparer, c'est juger; nous nous offrons donc comme point de comparaison un autre paradoxe à la fois semblable et dissemblable; celui-ci fera l'objet d'un examen moins approfondi, mais jettera sa propre lumière sur le paradoxe politique. Il s'agit du paradoxe moral de la bienfaisance: 'Le coeur ne reçoit de lois que de lui-même; en voulant l'enchaîner on le dégage, *on l'enchaîne en le laissant libre*' (*OC*, III, 521).

Admettons d'emblée que le caractère antinomique et paradoxal de ces deux formules est forcément déterminé par un contexte théorique qui oppose des contradictions préétablies: par un contexte où il s'agit de démanteler la fausseté d'une société communément tenue pour être vraie, au bénéfice d'une vision du monde qui tout en se présentant comme une chimère, s'annonce comme la vérité dont dépend l'ordre social légitime.

Rousseau n'a jamais voulu que ses écrits choquent la raison; ce n'est pas pour cela qu'il a embrassé l'expression paradoxale: 'J'aime mieux être homme à paradoxes qu'homme à préjugés' (*OC*, IV, 323). Le 'pays des chimères' qu'il préfère fréquenter s'oppose, nous explique-t-il, au 'pays des préjugés' comme le vrai au faux: le paradoxe est donc chez Rousseau une arme vrai, semblable en cela à l'ironie socratique; même s'il semble s'approcher de l'absurde, pour Rousseau il se situe à l'autre extrême du discours que le ridicule, qu'une rhétorique corrompue emploie pour vaincre le vrai moral au service du préjugé.[1] La fonction première du paradoxe chez Rousseau est d'étonner, mais non pas de mystifier l'esprit; ce qu'il vise, c'est l'étonnement de celui qui voit enfin un aspect voilé de la réalité, et tout d'abord de la réalité du language: le paradoxe est didactique.

II. Le Topos de la contrainte libératrice

On constate tout de suite que Rousseau ne fait que retourner à sa guise un lieu commun éminemment réversible: l'image de la situation humaine comme mise en relation de la contrainte et de la liberté est universelle, et leur rapprochement n'est pas nécessairement paradoxal. Sa signification se modifie profondément d'auteur en auteur, conformément aux différents rapports de sens établis entre les deux champs sémantiques. Platon avait présenté la figure inverse; l'extrême liberté engendre l'extrême servitude: ici l'image résume l'idée que les démocraties glissent vers le despotisme. On trouve d'autre part dans

un texte du seizième siècle, dans une préface adressée au Roi Henri
VIII, l'observation que la majesté du roi augmente les pouvoirs
naturels de ses sujets: la sujétion est une amplification.[2] On n'a qu'à
ouvrir quelques ouvrages pour voir comment la tradition politique
renchérit sur ce lieu commun. La philosophie civile de Hobbes vise à
résoudre l'ambiguïté d'une époque qui oppose ceux qui revendiquent
une trop grande liberté et ceux qui veulent imposer une trop grande
autorité: 'in the act of our *submission*, consisteth both our obligation,
and our *liberty*'. Pour Locke, la loi, c'est *the direction of a free and in-
telligent Agent* to his proper Interest'. Montesquieu dit que 'la liberté
est le droit de faire tout ce que les lois permettent'.[3] Cette tradition entretient sans doute un certain rapport avec la tradition théologique.
Celle-ci s'est souvent préoccupée des moyens de réconcilier les doctrines de la grâce et du libre-arbitre, et cela sans toujours respecter la
vraisemblance psychologique: l'esprit théologique a pu définir l'absolu
par une dialectique de la *coincidentia oppositorum*. On peut se
demander si, chez Rousseau, la pensée politique n'est pas affectée par
de pareilles habitudes d'esprit. 'Dans un sens, pour Rousseau, la
liberté, *c'est* l'autorité [. . .], de même que, pour certains théologiens, le
libre-arbitre n'est autre chose que la grâce même qui agit en nous.'[4]
Dans la religion de Julie, Rousseau fait coïncider l'imposition de la
grâce divine et l'action du libre-arbitre: 'Nous sommes libres, il est
vrai, mais nous sommes ignorants, faibles, portés au mal [. . .] voyons
notre faiblesse, et nous serons forts. Ainsi s'accorde la justice avec la
clémence; *ainsi règnent à la fois la grâce et la liberté*. Esclaves par
notre faiblesse, nous sommes libres par la prière . . .' (*NH*, *OC*, II,
672–3).

Nous voyons ici la coexistence sereine de l'autorité divine et de la
liberté humaine; mais par une inspiration d'une grande cohérence artistique, Rousseau attribue à son héroïne, si capable de s'abandonner
en toute confiance à ceux qu'elle aime, une insouciance souveraine
quant à savoir si elle est libre ou pas: 'Que je sois libre de vouloir le
bien par moi-même, ou que j'obtienne en priant cette volonté, si je
trouve enfin le moyen de bien faire, tout cela ne revient-il pas au
même?' (*OC*, II, 681). Elle évoque là un problème central du paradoxe
d'*Emile*, à savoir le sentiment qu'éprouve l'être plus faible lorsqu'il
choisit de se confier à l'autorité d'un autre plus fort que lui. A ce
mouvement d'accueil vis-à-vis d'une puissance externe correspond le
sentiment que notre être est 'contenu', mais non pas contraint, par
cette puissance, que nous concevons ainsi comme étant à la fois

protectrice et libératrice. S'abandonner ainsi présuppose qu'on était libre de ne pas le faire, mais cet abandon peut en même temps indiquer que la liberté n'est pas nécessairement, dans ce genre de rapport intime, très importante. 'Que m'importent toutes ces questions oiseuses sur la liberté?' écrit Julie à Saint-Preux (et ce n'est pas seulement une question de doctrine). Rousseau n'a pu postuler la coexistence de l'autorité divine et de la liberté humaine sans introduire déjà une certaine tension entre les termes, tension qui, au niveau de la religion et dans son roman, nous fait envisager son relâchement possible dans un abandon de la liberté. Il en va tout autrement pour le *Contrat social*, ouvrage dont l'idée-clé est la liberté, et dans lequel la critique du christianisme s'exprime même comme un écho parodique des mots de Julie: 'et après tout, qu'importe qu'on soit libre ou serf dans cette vallée de misères? L'essentiel est d'aller en paradis [. . .]' (*OC*, III, 466). La différence, c'est qu'en politique, l'emploi du terme *liberté* est soumis au critère d'une certaine vraisemblance.

Lieu commun de la pensée politique, lieu commun de la théologie. Mais en plus, pour Rousseau cette figure 'bipolaire'[5] correspond à la perception de l'expérience affective fondamentale de l'espèce humaine: la famille patriarcale. 'Chaque famille devint une petite société d'autant mieux unie que *l'attachement réciproque et la liberté en étaient les seuls liens* [. . .]' (*DI, OC*, III, 168). Et elle correspond également à ce qui a été une expérience affective fondamentale dans la vie personnelle de Rousseau: l'amour de Madame de Warens. 'J'étais parfaitement libre, et *mieux que libre, car assujetti par mes seuls attachements*, je ne faisais que ce que je voulais faire' (*R, OC*, I, 1099). La liberté de l'âge d'or, comme la liberté de la jeunesse de Rousseau lui-même, *se ressent* comme un effet de l'attachement, dans un rapport à un être ou à un groupe supérieur dont le pouvoir entoure et contient la liberté de l'être faible. Cette dimension affective du lieu commun chez Rousseau, celle de l'amour interpersonnel et religieux, colore certainement le paradoxe moral et le paradoxe politique.

En cherchant à formuler la signification *affective* de cette réunion de termes contraires chez Rousseau, nous avons recouru quant à nous à une notion dérivée de la psychanalyse moderne, celle du 'contenant'. Le *libre* développement de la personnalité a sa source dans la *dépendance*, dans le sentiment qu'a l'enfant d'être *contenu* par une personnalité maternelle adéquate. Constatons que cette formulation moderne ne dépasse pas l'expression paradoxale; tant s'en faut; la psychanalyse postule dans le stade pré-logique entre la fusion du sujet et de l'objet,

et leur lente séparation, 'an essential paradox, one that we must accept
and that is not for resolution',[6] condition de toute maturation des
processus créateurs de l'esprit. Le paradoxe est l'aire natale de la
pensée, bien avant de faire son apparition dans les jeux raffinés de
l'intelligence adulte ... L'avènement en nous de la pensée scientifique
nous impose normalement la tâche d'éliminer les paradoxes. Il arrive
pourtant que des paradoxes surgissent de temps à autre, dans des con-
textes très évolués et indéniablement sérieux: l'esprit formé à la non-
contradiction ne sait pas trop qu'en faire. Le créateur du paradoxe
s'est permis, au sein d'un grave travail intellectuel où il engage ses
lecteurs à le suivre, un moment de jeu très libre. Trait superficiel,
ajouté pour choquer ou pour amuser le lecteur? Aberration régressive à
écarter par une critique propre à défaire le paradoxe selon une logique
linéaire, propre à remplir et à aplanir cette anfractuosité dans la sur-
face lisse du discours? L'attitude critique la plus fréquente, face aux
paradoxes de Rousseau, consiste à les abolir, à les anéantir par
l'explication. Ce serait absurde, d'autre part, de réduire ces paradoxes
à d'hypothétiques origines infantiles. Mais rien n'empêche d'imiter,
devant l'art de l'écrivain, le respect de la tension paradoxale que
Rousseau lui-même manifeste lorsqu'il parle de l'amour. Si le paradoxe
tient à l'illusion archaïque fondatrice de toute pensée, sans doute qu'y
tiennent aussi la découverte et l'invention. Le didactisme du paradoxe
requiert une lecture ouverte à tous les plans de l'évolution mentale, et
non pas bornée au seul plan *établi d'avance* comme scientifique.

III. ASPECTS D'UNE ARGUMENTATION: RAPPORTS SÉMANTIQUES,
ÉCART STYLISTIQUE
(i) *Le Contexte*
'On l'enchaîne en le laissant libre'; 'on le forcera d'être libre.' Une contrainte *impersonnelle* ne réussit d'abord que si l'individu est libre. Ensuite, c'est la contrainte qui le libère. Le premier paradoxe surgit au
milieu d'un passage où Rousseau pose les bases du rapport bienfaisant
entre individus (tel le rapport du précepteur à l'élève) par une analyse
critique des règles de la morale reçue. Tout l'*Emile* a déjà préparé un
arrière-plan de cette autorité morale d'un individu sur un autre, condition de son succès: c'est le rapport préalablement établi entre le sujet
et le monde objectif. La volonté de l'enfant doit apprendre à céder devant le réel, à ne pas viser l'inaccessible. Loin que le précepteur serve
d'interprète dans le rapport originel de l'enfant et du monde, c'est au
contraire ce rapport originel de l'enfant et du monde qui est seul

capable de médiatiser le rapport personnel (comme tous ceux qui le suivront), sans que la liberté intérieure soit submergée. Si jamais l'éducateur exigeait que l'esprit de l'enfant *obéisse*, dépende de son autorité à lui, cette intervention intéressée arrêterait le développement de la liberté éclairée. Mais le désintéressement de l'éducateur lui assure, plus tard, son autorité morale dans le coeur du jeune adulte devenu conscient de ses rapports, car alors sa liberté intérieure lui fait vouloir son bien, aimer son bienfaiteur. Un premier rapport objectif et impersonnel garantit la bonne conduite des rapports entre individus, qui sont toujours, par la grande diversité des états de besoin psychique, des rapports inégaux.

Le contexte du second paradoxe décrit le processus par où se constituera le rapport de base du citoyen à son *monde social*, sa dépendance du souverain: rapport qui va prendre le relai de la dépendance des choses pour assurer des rapports personnels justes. Cette seule et unique dépendance ne sera pas un rapport inégal, puisqu'il ne se fait pas entre individus; c'est au contraire l'obligation qui lie l'individu au milieu civil qu'il s'est lui-même librement créé. Si Rousseau introduit la contrainte d'obéir à la volonté générale, c'est donc pour faire conformer au modèle de la nécessité impersonnelle de la nature, le rapport fondamental à l'Etat. Il faut que les lois puissent à tout moment rétablir ce rapport de l'individu à son nouveau 'monde objectif'; c'est à cette condition que le rapport au souverain fondera la liberté civile et rendra possible la liberté morale; que dans la conduite de l'individu, la justice parviendra à se substituer à l'instinct: car l'homme sera 'forcé d'agir' en regardant l'intérêt d'autrui aussi bien que le sien.

(ii) *Hyponymie, synonymie, antonymie*
'On l'enchaîne en le laissant libre'; 'on le forcera d'être libre.' Ces deux formules réunissent les mêmes notions de liberté et de contrainte. Il y a même une tension des deux formules entre elles: les deux prises ensemble paraissent se refléter, à la fois s'appeler et se repousser. En même temps, il y a chez le lecteur une réponse nettement différente devant l'une et devant l'autre formule. Le paradoxe d'*Emile* est tout de suite accessible comme vérité affective. Mais le jugement et l'affectivité des lecteurs tendent ensemble à rejeter le paradoxe du *Contrat social*, et à déclencher une activité mentale conciliatrice ou négatrice. Elaboration intellectuelle et formulation linguistique, matière littéraire et rhétorique, procédé de persuasion et réponse du lecteur: il n'y a pas de scission possible entre ces processus, que nous prenons donc com-

me un ensemble, – tout en privilégiant, comme le mieux adaptée à l'étude d'une seule proposition insolite, l'analyse sémantique.[7]

Contrainte et liberté sont fréquemment réunies chez Rousseau, ce sont les deux facteurs de la situation humaine actuelle: 'L'homme est *né libre*, et partout il est *dans les fers*.' N'allons pas trop vite conclure que ces deux champs sémantiques sont trop vagues pour se prêter à autre chose qu'aux analyses le plus strictement syntagmatiques. Consultons d'abord l'évidence de leur liaison variable, afin de voir s'il existe entre eux des rapports de sens paradigmatiques qui nous permettent de cerner une signification, sanctionnée par le critère de la nature, et qui serait donc susceptible d'informer l'étude sémantique et stylistique des paradoxes.

Les champs sémantiques *force* et *liberté* sont chez Rousseau étroitement liés ensemble par un rapport hiérarchique à un troisième mot.[8] Les mots *force* et *liberté* sont chacun une espèce du genre *pouvoir*. Comme co-hyponymes de *pouvoir*, tantôt ces deux mots entrent dans des rapports de fusion proches de la synonymie, tantôt ils sont dissociés jusqu'à devenir antonymes l'un de l'autre.

La fusion des deux termes se trouve d'abord dans le contexte de la nature physique, 'la force et la liberté de chaque homme étant les premiers instruments de sa conservation' (*OC*, III, 360). La force physique et l'habileté mentale signifient ici le pouvoir de se suffire à soi-même, de satisfaire à ses besoins propres, et de se défaire de toute contrainte extérieure. La liberté, c'est également le pouvoir sur soi, pouvoir de choisir, qui distingue l'homme parmi les autres animaux (*DI, OC*, III, 142). En morale, la force, c'est la force d'âme, pouvoir de se suffire moralement; et la liberté est la maîtrise de soi: pouvoir de choisir ce qui est bon pour soi *et* ce qui est bien pour autrui. Ma liberté n'est jamais liberté de vouloir mon propre mal; si je me fais mal c'est par ma faiblesse, qui entrave ma liberté. Un principe moral se dégage donc selon lequel la force *devrait* faire couple avec la liberté. Dieu seul jouit de cette fusion, que l'homme connaîtra au paradis (*OC*, IV, 586–9, 605). 'Si j'eusse été [...] comme Dieu, j'aurais été bienfaisant et bon comme lui. C'est la force et la liberté qui font les excellents hommes' (*R, OC*, I, 1057). Cette liaison sémantique force-liberté dépasse en quelque sorte le dualisme de Rousseau. La force, d'abord physique, est moralement neutre, alors que la liberté définit d'emblée l'humanité et détermine sa grandeur spirituelle; mais ce dualisme perd son relief dans cet idéal de fusion, condition du bonheur et de la bonté: les connotations des termes désignant la force

et la liberté glissent insensiblement entre le physique et le moral.
Observons toutefois que ce niveau de fusion est un en-deçà de toute
contradiction, plutôt qu'un dépassement dialectique de celle-ci : malgré
l'élévation morale de certaines de ses applications, cette fusion a
quelque chose de primitif qui précède la division et l'opposition des
concepts. Elle nous fait penser, assurément, à tout ce qui chez
Rousseau aspirait à l'élaboration d'une 'morale sensitive', au rêve
d'une existence sociale émancipée de toute division du physique et du
moral, et où la perfection du premier garantirait la perfection du second. Mais Rousseau n'a laissé aucune réalisation théorique de ce
dépassement rêvé. Sa pensée sociale ne comporte donc pas l'idée de
cette fusion force-liberté comme élément constitutif d'une argumentation ; cette fusion reste pourtant décelable dans sa parole, comme une
image affective qui informe la théorie de la liberté.

Dans l'état de nature, la fusion idéale quoique possible n'est nullement assurée : l'indépendance naturelle a pour effet que l'individu est
sujet aux atteintes éventuelles de ses voisins. La loi du plus fort détermine les contacts restreints entre les hommes normalement isolés.
Cette loi de la supériorité d'abord occasionnelle n'a été instaurée comme 'droit' du plus fort qu'au stade où la guerre généralisée s'est résolue
dans l'institution de la société. Or l'*opposition* des termes désignant la
force et la liberté, déjà *possible* dans le contexte de l'état de nature, est
désormais *nécessaire* pour désigner les rapports humains érigés en
système. La société a opéré une dissociation radicale, en s'appropriant
la force et en la tournant contre la liberté des hommes faibles. Dès
maintenant, la liberté intérieure reste uniquement comme la puissance
du sage. 'La liberté n'est dans aucune forme de gouvernement, elle est
dans le cœur de l'homme libre' (*OC*, IV, 857). Cette dissociation
modifie le rapport de sens entre *force* et *liberté* : les mots restent
hyponymes de *pouvoir*, mais leur synonymie partielle tend à
s'estomper au profit d'une tension antonymique. Car le plus souvent,
ces mots s'appliquent l'un à l'extériorité sociale, l'autre à l'intériorité
psychique, et les chances de la non-contradiction en sont gravement
diminuées. Faute d'un régime politique idéal, la liberté intérieure, que
l'emprisonnement même ne saurait aliéner, peut seule confirmer que la
providence n'eût pu 'mettre de la contradiction dans notre nature'
(*OC*, IV, 587). La nature, avons-nous dit, sert chez Rousseau de
critère de vérité : elle confirme et la force et la liberté ; mais la force se
montre moralement neutre et sans cesse aliénable, tandis que la liberté
ne cesse jamais de définir l'homme comme valeur morale. Seulement,

pour les êtres dépendants: jeunes, pauvres, faibles, le *sentiment* de la liberté intérieure a besoin du soutien d'un milieu social propice à la liberté publique. Les dissociations opérées par la société actuelle n'étant point déterminées par la nature de l'homme, la cité idéale concilierait la contrainte *sociale* avec la liberté *individuelle* (sans rétrograder vers la fusion primitive rêvée). Dans le *Contrat social*, la liberté publique remplace la liberté naturelle, définie par la seule indépendance. Mais *liberté* ne cesse de désigner, par-dessus la liberté naturelle ou conventionnelle, cette faculté dont dépend le bien-être de l'homme, ce pouvoir de choisir qui caractérise depuis toujours sa nature: 'la vie et la liberté' des personnes privées sont 'naturellement indépendantes' de l'Etat (*OC*, III, 373). Mais d'autre part, qui dit société dit dépendance, et il faudra compter toujours avec la faiblesse de l'homme social: 'il n'y a que la force de l'Etat qui fasse la liberté de ses membres,' qui assure dans le milieu social la liberté conventionnelle (*OC*, III, 394). Pareille conciliation n'aspire même à cette fusion idéale dont on trouve l'image dans la parole de Rousseau, ni n'absorbe tout-à-fait la liberté privée dans la liberté publique du citoyen.

(iii) *Dissociation des concepts et restrictions du sens dans le* Contrat
      social

Par un procédé analogue à celui d'*Emile*, c'est à partir d'une suite de critiques des théories politiques en vigueur que Rousseau établit en principe le rapport politique équitable. Dans le *Contrat social*, les cinq premiers chapitres de critique prennent la forme d'analyses non pas psychologiques mais sémantiques. Il s'agit d'instaurer un vocabulaire politique, un langage abstrait — car il s'agit d'un *art* — et scientifiquement exact, c'est-à-dire conforme au critère de la non-contradiction naturelle. La critique entraîne donc la dissociation de concepts autrefois conjugués, et amène un vocabulaire plus précis, fondé sur la restriction du sens de certains termes du discours politique. Le mot *liberté* est entendu dans le sens le plus fondamental que nous n'avons cessé ici de rappeler: le pouvoir sur soi, trait définissant de l'humanité; voilà le sens de 'L'homme est né libre...'.[9] *Liberté* dans ce sens est générique et possède ses hyponymes propres, dûs à des modifications syntagmatiques: liberté naturelle (ou indépendance), liberté commune, liberté publique ou conventionnelle. Lorsque le contexte immédiat précise de quel hyponyme il s'agit, Rousseau n'écrit parfois que *liberté*.

La critique accompagnant ces précisions du sens de *liberté* s'adresse aux *présuppositions* déterminant les idées reçues, et avance des *implications* jusqu'ici négligées, ou que Rousseau lui-même invente. La nature en tant que telle est d'abord disqualifiée comme fondement historique de l'ordre social. Mais dès lors, Rousseau introduit la nature comme *critère abstrait de tout jugement* de vérité ou de valeur qui soit porté sur les théories du fondement de cet ordre social. Car la 'liberté commune est une conséquence de la nature de l'homme' (*OC*, III, 352): la société n'est donc valable que si elle confirme et renforce cette liberté propre à tous, qui est notre maîtrise des moyens de conservation de nous-mêmes. Cette implication selon laquelle *nature*, et donc *société*, entraînent *liberté*, remplace le rapport repoussé par Rousseau selon lequel *l'état de fait* implique le *droit* — et dont une application préétablie postule que *société* implique *servitude*.

Sur ces bases, Rousseau se met à démontrer le non-sens de la présupposition du 'droit' du plus fort, afin de rejeter le concept d'un pacte de soumission (*OC*, III, 354–8). Ce 'droit' n'est qu'une transformation abusive du sens de la *force*, il est illusoire, fondé sur une fausse rhétorique. Rousseau procède en niant la validité de l'application de l'expression 'droit du plus fort' à des faits extra-linguistiques observables dans le milieu concret: il méprise l'autorité d'une dénotation communément acceptée et démontre en revanche que ce 'droit' n'est pas vérifié par le *critère* de la nature — bien que la *loi* du plus fort soit présente *dans* la nature.

Pour manifester l'erreur du pacte de soumission, Rousseau pousse les pouvoirs de l'analyse sémantique jusqu'à l'invention littéraire, en offrant à l'inspection cette théorie sous la seule forme de pactes effectifs, de stipulations, d'énoncés performatifs que pourraient vraisemblablement échanger entre elles d'éventuelles parties prenantes. Cette formulation linguistique du rapport d'esclavage se profère comme une flagrante déformation des pouvoirs signifiants de la nature humaine. Le but de Rousseau est, de toute évidence, de discréditer le critère de la vraisemblance. Toute aliénation de la liberté d'un homme ou d'un peuple est non-sens, folie. 'Une telle renonciation est incompatible avec la nature de l'homme' (*OC*, III, 356). Ainsi, d'une série d'hypothèses sur les échanges linguistiques aptes à traduire l'acte de soumission politique, il ne ressort que sa qualité 'vaine et contradictoire', voire 'la nullité de l'acte', de ce discours 'insensé': 'Je fais avec toi une convention toute à ta charge et toute à mon profit, que j'observerai tant qu'il me plaira, et que tu observeras tant qu'il me plaira' (*OC*, III, 358). En intensifiant le langage critique par la traduction du rapport de force en échange verbal imaginaire, Rousseau précise son argument à lui, le rend très immédiat, violent même: l'analyse sémantique se fait coup de hache, pour cliver en deux un concept maléfique (soumission justifiée) et pour en faire désormais deux concepts parfaitement incompatibles: force physique, droit légitime. Cette distinction rhétorique récupère, comme fondement et fin de toute convention légitime, la liberté inaliénable.

Cette dissociation de concepts permet ensuite toute une énumération d'incompatibilités sémantiques: 'soumettre une multitude' est incompatible avec 'régir une société'; 'un maître et ses esclaves' est incompatible avec 'un peuple et son chef'; une 'aggrégation' d'hommes est incompatible avec une 'association'. L'incompatibilité réside dans deux implications antonymiques: alors que les termes qu'on vient de citer en seconde place impliquent un 'bien public' et un 'corps politique', les premiers termes n'impliquent qu'un 'particulier' asservissant autrui pour son 'intérêt privé'. Après cette énumération, Rousseau entreprend un nouveau départ: si un peuple peut se donner à un roi, cela implique qu'un peuple est déjà un peuple; et l'acte de constitution d'un peuple sera l'essentiel, car de cet acte dépend l'*obligation* de l'individu envers sa communauté: l'articulation de la liberté intérieure et du bien public. Ce sera là le 'vrai fondement de la société' (*OC*, III, 359). Ainsi se termine la critique rousseauiste de théories contraires, critique moins strictement textuelle que visant les présuppositions partagées par les auteurs politiques et par leurs lecteurs: présuppositions impliquant des contradictions que Rousseau promeut du rang de sous-texte: qu'il explicite, grâce à l'invention littéraire, *comme* un texte, et comme un texte absurde, secouant ainsi les bases du critère de la vraisemblance, et élevant du même coup au rang de véritable autorité son propre critère de la nature non contradictoire de l'homme.

L'énoncé neuf que Rousseau peut à présent proposer, celui du pacte d'association, se donne ainsi comme formulant la seule et unique signification des mots de *force* et de *droit* (maintenant rapprochés selon une hiérarchie nouvelle) qui soit ratifiée par la nature (*OC*, III, 360–2). L'obligation est légitimée du fait que c'est l'individu libre qui se commande à lui-même sa fidélité envers l'Etat, et de ce que la force commune est au service des individus. L'aliénation des droits en quoi consiste le contrat regarde, bien entendu, l'indépendance naturelle déjà infirmée (et remplacée par la liberté civile), et toute possibilité qui en provenait d'exercer la loi du p.us fort. 'Aussi libre qu'auparavant' se

réfère directement à la proposition liminaire: 'L'homme est né libre';
la justice politique garantit ce pouvoir sur soi, liberté inaliénable de
l'homme. Le pacte d'association est donc conforme – comme la liberté
naturelle ne l'a jamais été – au droit naturel.

Il en résulte de nouvelles restrictions du sens de certains termes fondamentaux: cité, souverain, peuple, citoyens, sujets, etc. Or ce qui est
remarquable c'est que Rousseau ne change pas le schéma des rapports
du pouvoir politique: cela est attesté par les rapports de sens prévalant
entre ces divers termes du discours politique, et dont les implications
se conforment, sur un premier plan, à la hiérarchie traditionnelle: 'le
souverain commande au sujet' implique comme d'habitude 'le sujet
obéit au souverain', et ainsi de suite. Mais les *composantes sémantiques* de chaque terme ne sont plus ce que le lecteur pouvait présup-
poser de par sa connaissance de la réalité politique. La vraisemblance
exigeait l'application stable de chaque terme à une personne ou à un
groupe de personnes distincts; cette application n'est plus en vigueur.
Le contrat rousseauiste, en changeant le rapport entre les fonctions et
les personnes auxquelles s'appliquent les termes, ajoute à ces termes
des lois d'implication nouvelles, non prévisibles par une connaissance
préalable du langage politique, par exemple: 'le souverain commande
au sujet' implique non seulement 'le sujet obéit au souverain', mais
aussi 'le sujet obéit à lui-même', et ainsi de suite.

Donc, tout en conservant la proportion habituelle entre l'autorité et
l'obéissance, Rousseau nie l'universalité des composantes sémantiques
des termes politiques courants. Il peut se permettre ainsi de proposer
un nouveau rapport selon lequel le sujet étant citoyen fait partie du
tout qui est l'autorité souveraine. Or c'est le caractère propre du contrat rousseauiste qui introduit ces innovations. Louis Althusser a
défait et disséqué les composantes sémantiques de cet emploi de *contrat*.[10] Mais un principe méthodologique de M. Althusser est justement cette *universalité* des composantes sémantiques des termes
politiques, que Rousseau avait soigneusement éliminée, au bénéfice de
ce qu'on appelerait aujourd'hui l'ébauche d'une sémantique struc-
turale. M. Althusser insiste donc que l'emploi du terme *contrat* est ici
inexact: il ne s'agit pas d'un contrat, car il n'y a pas au départ deux
parties prenantes, et que cet acte fait exister la deuxième partie con-
tractante, c'est-à-dire le souverain. Mais Rousseau insiste au contraire
sur le terme de *contrat*, sans cacher le fait que ce contrat-ci est unique.
Il modifie le sens du mot, mais cette modification, loin d'être
arbitraire, respecte au contraire une congruïté d'application que

M. Althusser paraît négliger. La création d'un peuple doit se faire par une
convention qui engage tout l'être de chaque individu dans une obligation envers une réalité extérieure. Les individus créent d'eux-mêmes la
collectivité en s'engageant à elle par une *promesse*, rapport où la liberté
intérieure se lie au monde social, et qui infléchit l'intérêt vers le bien
commun. Ce que Rousseau préserve, en appliquant le mot *contrat* à
l'acte par lequel des individus s'associent pour s'engager envers la
collectivité comme souverain, c'est la fonction psychologique des con-
trats, la psychologie de la promesse. Cette seule exigence théorique de
Rousseau autorise toutes les innovations introduites ici dans les rapports de sens reliant les termes politiques.

(iv) *Un Ecart stylistique*
Ce rapport du sujet au souverain présente une difficulté analytique: car
'entre choses de diverses natures on ne peut fixer aucun vrai rapport'
(*OC*, III, 357). Seulement les 'choses' (sujet, souverain) sont de même
nature, ce sont les mêmes hommes; mais leurs *rapports* réciproques
sont hétérogènes. Cette non-équivalence des liens formant la
hiérarchie sujet-souverain entraîne, au milieu de ce nouveau
vocabulaire *second*, abstrait, de l'art politique, un écart stylistique: cet
écart prend la forme de ce qu'il faut à présent considérer comme l'introduction d'un vocabulaire autre, d'un vocabulaire *premier*, celui non
pas de l'art mais de la nature.

Le rapport du souverain envers le sujet jouit de toute la précision du
langage politique: le souverain est l'être artificiel par excellence; 'ne
tirant son être que de la sainteté du contrat', c'est l'exact contraire du
plus fort: par tout acte dérogeant à l'acte primitif qui le fit naître, il
s'anéantit. 'Le souverain, par cela seul qu'il est, est toujours ce qu'il
doit être' (*OC*, III, 363). Ce seul concept du *peuple souverain* légitime
la hiérarchie chef-sujets.

Rousseau n'entend pas opérer une nouvelle dissociation conceptuelle
entre *sujet* et *souverain* pour analyser le rapport qui les lie. Mais le
langage et le style portent seuls le contraste entre une définition
restrictive du souverain incapable d'action imprévisible ou in-
convenable, et une notion large du particulier qui reste, dans l'univers
artificiel du contrat social, le domaine de l'imprévisible: car en plus de
ses deux fonctions politiques (sujet, citoyen), il garde une existence
non politique, selon sa nature 'en tant qu'homme'. Ce qui se passe ici
c'est que Rousseau intercale soudain, dans les interstices du
vocabulaire de l'art politique, son vocabulaire de la nature. Tous les

deux sont, pour Rousseau, des vocabulaires scientifiques; mais ils ne s'imbriquent ni ne se recouvrent. Sur le plan linguistique, ce qui les oppose, c'est que le vocabulaire de la nature n'est soumis à aucun travail de précision du sens. D'une part, l'*art* s'est fondé sur la vérité en restreignant, en bornant certaines possibilités de l'homme naturel. Toute forme, toute organisation implique une contrainte. Le vocabulaire de la contrainte politique est, pareillement, un vocabulaire sémantiquement restrictif: *liberté* devient liberté civile ou morale, sacrifice de la liberté naturelle, etc. D'autre part, les termes du vocabulaire de la nature (le contraire de toute contrainte): individu, particulier, homme, indépendance, existence absolue, etc., n'ont pas de sens restrictif: ou plus précisément, c'est dans le contexte naturel que Rousseau souscrit au principe de l'universalité des composantes sémantiques, comme si, par rapport au rationalisme politique, l'observation introspective de la nature avait quelque chose de presque 'empirique'.[11]

Tout écart stylistique traduit sans doute une difficulté d'expression: mais Rousseau aurait pu escamoter celle-ci, s'il s'était agi d'une faiblesse de son argumentation. Il a introduit cet écart pour marquer une différence de signification qui sépare l'intérieur psychique et l'extérieur social. Et l'inclusion même discordante, dans le système du droit, d'éléments du vocabulaire de la nature, signifie que le langage du droit regarde toujours cette nature comme le critère qui assure la vérité de son discours et, partant, la justice de ses préceptes.

> Afin donc que ce pacte social ne soit pas un vain formulaire, il renferme tacitement cet engagement, qui seul peut donner de la force aux autres, que quiconque refusera d'obéir à la volonté générale, y sera contraint par tout le corps: ce qui ne signifie autre chose sinon qu'on le forcera d'être libre; car telle est la condition qui, donnant chaque citoyen à la patrie, le garantit de toute dépendance personnelle, condition qui fait l'artifice et le jeu de la machine politique, et qui seule rend légitime les engagements civils, lesquels, sans cela, seraient absurdes, tyranniques, et sujets aux plus énormes abus.[25] (*OC*, III, 364)

Tout cela est 'tacite': Rousseau *pose* par l'invention linguistique ce qui devra être une *présupposition* du contrat social. C'est ainsi dans un paragraphe rentré parfaitement dans l'abstraction politique, que le paradoxe fait soudainement irruption. Or son pouvoir dépaysant dérive d'abord du fait que tout le contexte que nous venons d'analyser avait subtilement opéré une résolution de l'antinomie initiale de la force et de la liberté; on venait de voir réconciliés des concepts préalablement dissociés. Mais l'apparition du paradoxe rejette le lecteur dans l'antinomie, sa forme nous oblige à dissocier de nouveau les concepts de force et de liberté. L'annonce du paradoxe est d'ailleurs curieusement réductrice: 'ce qui ne signifie autre chose sinon que . . .', locution qui loin de préparer le lecteur pour une déroute de sa pensée, semble annoncer une explication scientifique sans équivoque.[12] Nous savons bien qu'au chapitre suivant Rousseau expliquera que la liberté dans la cité, c'est la liberté civile et morale. Mais l'ordre de la lecture nous impose au contraire, à la rencontre du paradoxe, un retour à l'existence naturelle et non-politique de l'homme, à la liberté intérieure.[13] Le paradoxe réintroduit la tension que Rousseau venait de résoudre entre des termes contradictoires. Au sein d'un effort créateur visant à inventer la non-contradiction de l'homme en société, l'écrivain profère un paradoxe: faut-il nous en défaire comme d'une pointe mal placée, due à la verve endiablée du styliste? Nous préférons considérer cette formule comme une création extrême qui pousse à la limite la tentative de communiquer une chose inconnue, et recourant pour cela à cette pensée irréductiblement paradoxale qui préexiste dans l'esprit, antérieure à toutes les distinctions réflexives. Nous ne chercherons pas à résoudre l'ambiguïté d'un paradoxe que Rousseau manifestement accepte sous sa forme non résolue, mais seulement à étudier ce qu'en a fait l'art de l'écrivain.

IV. LA ROUTE CONTRAIRE

L'*Encyclopédie* dit qu'un paradoxe est une proposition absurde en apparence, 'à cause qu'elle est contraire aux opinions reçues, & qui néanmoins est vraie au fond, ou du moins peut recevoir un air de vérité'. Cette définition convient aux deux formules de Rousseau; elle s'éloigne bien sûr des antinomies logiques et sémantiques dont le type le plus connu est le paradoxe du Menteur.[14] En revanche, elle se conforme à la fonction du *paradoxon* de la rhétorique classique: le rhéteur énonce non pas l'*endoxon* ou prémisse probable et attendue, qui persuadera en confirmant les idées préconçues de son interlocuteur, mais au contraire il étonne en proférant ce qui s'oppose exactement à ces idées, obligeant ainsi l'interlocuteur à faire un travail destiné à l'amener, par un certain détour, précisément à l'avis du rhéteur. Or le paradoxe de Rousseau semble bien, par des effets de polysémie, effectuer cette sorte d'activité. C'est Rousseau lui-même qui tend à résoudre ses propres paradoxes, en appelant le lecteur à faire attention à la multiplicité des sens, et au sens peu ordinaire qu'il attribue pour sa part à certains mots. Mais la présence ou la proximité d'une solution laisse ouverte la question des conditions déterminant le surgissement d'une forme paradoxale; ouverte aussi, la question de savoir pourquoi deux siècles d'interprétation – datant des solutions offertes par Rousseau lui-même – n'ont nullement réduit l'impact paradoxal, pour les lecteurs d'aujourd'hui, de ces formules. Si le dix-neuvième siècle a profité surtout de la fécondité du paradoxe du *Contrat social* comme d'une formule privilégiée, génératrice de sens toujours nouveaux, le demi-siècle passé s'est chargé plutôt de revenir au sens de Rousseau, en réaffirmant les solutions qu'il a proférées, ou en en trouvant d'autres, ou bien en dénonçant comme inadmissibles ou pas sérieuses ses expressions paradoxales. On a récemment affirmé la valeur positive des paradoxes, en préconisant une lecture de Rousseau capable de les comprendre sans les transformer en propositions univoques.[15] S'il est vrai que le surgissement toujours imprévu d'un paradoxe trahit une crise profonde dans les systèmes d'idées dont la cohérence apparente va être mise en échec par de nouvelles façons de voir, on en conclura peut-être du cas présent que la crise se fait longue, puisqu'on ne cesse pas de retourner les paradoxes de Rousseau, de s'en servir pour déplacer sans cesse le lieu d'observation de nos théories de la liberté et de la loi.

'On l'enchaîne en le laissant libre'; 'on le forcera d'être libre'. A voir les deux paradoxes dans leur contexte, l'on perçoit qu'ils s'en distinguent en se plaçant à un niveau supérieur du discours: le premier, par un effet d'accumulation d'arguments dont le paradoxe est le point culminant (et d'autant plus efficace qu'il se double de son contraire); le second, par une discontinuité momentanée de l'argument. Ils surgissent tous les deux, en effet, comme des affirmations soustraites au va-et-vient des arguments pour et contre, marquées en quelque sorte d'un voeu d'incontestabilité – fait qui met en doute leur statut de *paradoxa* rhétoriques. Ces paradoxes commentent l'argumentation qui les précède: s'agit-il d'explications? Si oui, c'est une forme d'explication plutôt obscure. Rousseau a parfois connu la tentation d'expliquer un phénomène humain par une formule obscure. Wolmar, expliquant l'amour de Saint-Preux pour Julie, dit: 'Il l'aime dans le temps passé: voilà le vrai mot de l'énigme' (*OC*, II, 509). Ce mot, avec son verbe au présent, est lui-même paradoxal, chose à deviner: *amour*, comme *liberté*, est un concept ambigu. Mais les deux paradoxes dont nous parlons ne sont pas exactement du même ordre. Il se peut que ce soient des explications d'un certain genre; mais leur causalité, loin de bannir l'étonnement, l'introduit. Ils 'expliquent' dans le sens qu'ils ren-

dent manifeste l'obscurité, ou plutôt la complexité interne du
phénomène traité. Plus précisément, ils figurent chacun comme
l'énoncé d'une loi. Mais les deux 'lois' ne sont pas tout-à-fait
semblables. Le paradoxe moral d'*Emile* est l'une de ces formules
générales, constatives, fondées sur l'analyse de l'expérience, qui
caractérisent les lois de la nature. Rousseau commence sa phrase, en
effet, en se référant aux lois que le coeur reçoit: les lois du coeur sont
effectivement fondées dans la nature de l'homme et ne sont pas suscep-
tibles d'impératifs arbitraires. Cette loi qui se borne à résumer un fait
psychique inchangeable reflète donc par sa forme même, la réalité en
question: l'impossibilité d'assujettir la liberté intérieure, qui choisit
toute seule ses contraintes. Par contre, le paradoxe politique du *Contrat social* énonce une règle obligatoire, qui dit comment se réalisera
une certaine fonction idéale, et un état de droit. Pourtant, l'on
remarquera que cette loi idéale ne semble dépasser que pour le rejoindre à un niveau supérieur, le genre de la loi constative qui énonce ce
qui ne peut pas ne pas se passer, telle la loi du coeur dont on vient de
parler. Car le paradoxe politique ne dit pas comment l'homme doit
agir, mais postule l'une des circonstances nécessaires dans lesquelles se
déploiera son action morale et libre. Rousseau s'efforce à définir un
rapport qui ne serait pas chimérique, qui tout en étant idéal serait immanent à l'existence humaine; qui déterminerait le rapport perfec-
tionné de l'homme à la société, et assurerait sa réponse respectueuse
aux bienfaits que lui offre le monde tel que sa propre liberté l'a recréé.
Le rapport que les deux formules entretiennent avec leur contexte
nous permet donc de les définir comme étant en quelque sorte des lois.
Elles semblent ainsi repousser l'appellation de *paradoxa*; on dirait que
Rousseau veut les imposer 'comme' des *endoxa* ayant, pour des
raisons qui restent à discuter, et que nous n'aborderons qu'à la fin de
cette étude, une forme paradoxale.

C'est le paradoxe du *Contrat social* qui a engagé la critique. En
examinant des exemples de cette très intéressante tradition interprétative, on remarque que le procédé le plus fréquent consiste à
résoudre le paradoxe en infléchissant tout le signifié dans un sens
spécifique du mot *libre* ou du mot *forcer*. La liberté en question n'est
pas toute liberté, c'est la liberté civile et morale (voilà la lecture qui
correspond à l'explication de Rousseau), ou c'est le triomphe de l'esprit
sur l'instinct, ou ce n'est même plus la liberté puisque la volonté
générale la commande et la consume; ou même – c'est l'explication la
plus extrême – c'est la liberté de ne s'occuper que des affaires de la

nation: dans cette dernière lecture, liberté *signifie* contrainte. D'autre part, on trouve que la contrainte entendue par 'forcer' n'est pas la contrainte en général, ce n'est surtout pas la force physique, mais c'est le despotisme de la liberté, ou l'universalité de la volonté, ou l'imposition de la liberté comme nécessité extérieure, ou le sentiment de la contrainte qui accompagne le devoir; ou bien c'est la force d'âme même du citoyen: dans cette lecture-là, contrainte *signifie* liberté.[16] Cette tradition interprétative paraît se conformer à la méthode aristotélicienne d'analyser certains paradoxes (tels que la proposition qu'un homme obéit et désobéit simultanément à un seul et même homme) en leur appliquant, comme critère de vérité, la question de savoir si ou non ils correspondent à la réalité extra-linguistique qu'ils désignent: de cette manière, quoiqu'une proposition paradoxale ne puisse être vraie dans un sens 'absolu' ou global, elle peut l'être dans un certain sens (ainsi, celui qui désobéit à quelqu'un n'obéit pas absolument, mais peut à certains égards obéir).[17]

Nous avons dit ne pas vouloir ajouter à cette tradition interprétative, d'autant plus que nous voyons peu de difficulté à accepter la solution rousseauiste, selon laquelle le citoyen perd sa liberté naturelle et gagne la liberté civile et morale. Nous voudrions plutôt nous borner à voir aussi clairement que possible le facteur paradoxal des deux propositions; pour cela nous réduirons arbitrairement le sens des termes à une sorte de minimum: ce procédé analytique par la réduction du sens s'inspire non seulement des procédés linguistiques de Rousseau dans le *Contrat social*, mais aussi de la méthode interprétative que nous venons d'évoquer — tout en restant bien en-deçà d'elle. Mettons qu'un homme libre est un homme qui peut faire ce qu'il choisit de faire; alors qu'un homme qu'on force (ou qu'on enchaîne) est un homme qui ne peut faire ce qu'il choisit, qui doit faire ce que choisit un autre. C'est dans la mesure où l'on n'impose de sens plus spécifique ni au mot *forcer* ni au mot *libre*, que les deux formules de Rousseau sont insolubles. Réduisons seulement les concepts de force et de liberté à ce qui a pu être au temps de Rousseau, comme nous l'avons vu, leur sens le plus générique. Ainsi, alors que *liberté* est l'une des espèces du genre *pouvoir*, à savoir le pouvoir sur soi-même, *empire* (terme utilisé par Rousseau dans le contexte du paradoxe d'*Emile*) est le pouvoir sur les autres personnes.[18] Il n'importe pour notre propos de distinguer telle ou telle portée de ce 'pouvoir sur soi-même': qu'il s'agisse de la définition juridique du statut d'un citoyen de Rome par rapport à celui d'un esclave, ou bien de la maîtrise

rationnelle de soi-même qui définit l'homme adulte et éclairé, il reste
en tout cas évident que chez Rousseau, *liberté* accède à la signification
par son contraste avec *esclavage*; Rousseau oppose toujours 'pouvoir
sur soi' et 'empire d'autrui'.

Ainsi, le paradoxe d'*Emile* consiste à dire que laisser à l'individu son
pouvoir sur soi, c'est acquérir un pouvoir sur lui (et aussi que la tentative d'acquérir un pouvoir sur l'individu lui rend infailliblement son
pouvoir sur soi). Et le paradoxe du *Contrat social*, plus serré dans sa
causalité impossible, consiste à dire que le pouvoir de l'individu sur
soi-même est précisément l'action sur lui d'un pouvoir impersonnel
externe. Les deux paradoxes expriment une action unilatérale: un ac-
tant, ou une force impersonnelle, exerce son pouvoir sur un sujet
passif; et ce qui est déroutant alors, c'est que l'être passif est désigné
comme *libre*. Il difficile de concevoir en bonne logique (sinon en psychologie) qu'au moment même où un homme me laisse le coeur libre, il
acquiert un pouvoir sur mon coeur. Et il est inconcevable que je subisse involontairement ma liberté comme m'étant imposée du dehors.

Il faut maintenant nous demander ce que fait Rousseau ici de l'ambiguïté contrainte-liberté: ambiguïté vécue sereinement dans la foi ou
dans l'amour, mais intolérable dans une réalité sociale et politique où
les chaînes des tyrans évincent la liberté naturelle. Comment se fait-il
que Rousseau préfère cette tension paradoxale pour représenter l'idée
que l'égalité politique engendre une liberté qui assure l'attachement
personnel, une dépendance qui assure la liberté civile et morale? Que
pouvons nous dire, sinon de ses intentions, du moins de sa méthode?
Devant l'opposition d'une notion de la liberté naturelle qui abolit toute
contrainte, et d'une tradition selon laquelle la contrainte sociale
réprime la liberté naturelle, Rousseau ne procède en tout cas pas à une
via media qui résoudrait l'ambiguïté des deux théories. Il propose au
contraire, dans deux formules différentes, que dans la société contrainte et liberté *s'engendrent* mutuellement. Le passage d'un plan de
suppression mutuelle de deux réalités, à un nouveau plan où ces deux
mêmes réalités se créent l'une l'autre, n'est nullement une *via media*
entre les deux formes de suppression. S'il y avait eu une pareille
résolution dialectique, l'effet de paradoxe aurait disparu; au lieu de
quoi, c'est cet effet qui est mis en évidence. L'évocation d'une *via
media* a pourtant l'utilité de nous rappeler une invention de Rousseau
lui-même, à laquelle nous préférons tout de suite recourir: c'est la *route
contraire*, ou la route opposée. Rousseau s'est fréquemment servi de
cette notion pour exprimer, dans la plupart des cas, la différence entre

sa pensée et ses attitudes, et celles de son siècle.[19] Il tend à parler de deux routes qui tendent au même but: la route habituelle qui manifestement échoue, et la sienne, qui est plus sûre. Parfois Rousseau propose de suivre une route opposée au but, pour mieux y arriver. D'autres fois, il affirme que c'est la route habituelle qui est opposée au but, qu'on n'atteindra qu'en suivant la sienne qui y va tout droit. Ainsi nous lisons dans la *Lettre à Christophe de Beaumont*: 'toute éducation suit, comme qu'on s'y prenne, une route opposée à son but [la bonté du coeur humain], et je montre comment on tend au même but, et comment on y arrive par le chemin que j'ai tracé' (*OC*, IV, 945).

Nous voyons tout de suite, en appliquant cette idée de *route contraire* au paradoxe d'*Emile*, qu'il en est une illustration limpide, car la première route est déjà dénoncée comme n'atteignant pas le but auquel elle tend de façon directe: 'en voulant l'enchaîner on le *dégage*.' Mais on arrive au 'même but' par une démarche qui lui est contraire: le coeur *non contraint* à la reconnaissance obéissante choisira de lui-même de *s'attacher* au bienfaiteur, de l'accepter comme autorité. Ce paradoxe énonce ainsi un principe de la théorie de Rousseau sur la sociabilité de l'homme, à savoir que l'individu (naturellement isolé) se liera naturellement (c'est-à-dire par une extension de son amour de soi éclairé par la raison) à un autre homme *qui lui fait du bien*; et ce principe est *contraire* au principe Diderot selon lequel l'homme se lie à d'autres *qui ont les mêmes intérêts*. Pour Rousseau cela ne conduira jamais qu'au conflit d'intérêts et à la loi du plus fort; d'où le désintéressement exigé de la part du bienfaiteur et de l'éducateur, qui informe 'en le laissant libre'.

Cette analyse par la route contraire ne répond pas encore à la question de savoir s'il reste un sens au mot *liberté* dans une situation où un être faible choisit de s'assujettir à l'autorité d'un être plus fort, – en lui disant même, par exemple: 'forcez-moi d'être mon propre maître en n'obéissant point à mes sens, mais à ma raison' (*OC*, IV, 652). Il ne peut s'agir d'un abandon insouciant de la liberté, puisqu'Emile 'aime la liberté par-dessus toute chose'. S'agit-il alors d'une liberté illusoire, ne marquant aucun progrès sur l'"apparence de la liberté' où le maître laissait Emile petit enfant (*OC*, IV, 362)? La route contraire paraît limpide lorsqu'on ne l'envisage qu'au seul jour de ce qu'elle oppose; on la suit volontiers; mais dès qu'on se laisse l'envisager de nouveau dans son seul et unique sens propre, il arrive une sorte de crise de la signification, de notre confiance dans le langage. Crise que l'activité interprétative existe pour dépasser: ainsi, il ne faut pas oublier ce qu'a

dit Rousseau ailleurs: 'On a beau vouloir confondre l'indépendance et
la liberté. Ces deux choses sont si différentes que même elles s'excluent
mutuellement [. . .]' (*LM*, *OC*, III, 841). L'interprétation ne se trompe
pas en nuançant ainsi les termes selon le sens que Rousseau lui-même,
ailleurs, leur donne. Mais constatons, en-deçà de tout véritable
développement interprétatif, que la possibilité d'une issue de la crise
du sens provoquée par le paradoxe, réside dans la perception double
que le paradoxe rend possible (et qui ratifie le choix de la route contraire): à côté de l'illusion que sa forme accuse (illusion dont les mots
sont toujours facilement porteurs), il y a aussi l'idée d'une chose
cachée, l'idée d'une complexité interne: en l'occurrence, l'art réflexif de
l'éducateur, et le mystère du changement intrapsychique. Voilà ce qui
nous rend enfin acceptable le paradoxe de la loi du coeur qui ne s'attache qu'à celui qui le laisse libre. Si la soi-disant société peut être
autre chose qu'un croisement et dégagement d'intérêts, c'est par les
moeurs: c'est parce que ceux qui sont éclairés ont l'art d'exercer la
bienfaisance désintéressée, et que celle-ci engendre infailliblement l'attachement d'un être libre. Tout aussi paradoxale que l'effet, est la
cause qui le produit, cette réflexion du bienfaiteur qui poursuit son but
par une voie contraire à ce but. Et Emile choisissant de s'aussujettir à
l'autorité du maître n'est peut-être pas, le moment d'après, libre; mais
il l'était au moment de choisir, et *il le sera*, du seul fait d'avoir accepté
l'autorité du bienfaiteur désintéressé et de nul autre. *Le coeur ne reçoit
pas la loi du plus fort*, donc, quoique celle-ci soit naturelle (ce qui
signifie que le coeur peut bien songer à imposer à autrui cette loi du
plus fort qu'il refuse pour soi), elle n'a pas de place dans le *droit
naturel*, qui n'est fondé que sur les moeurs. L'expression paradoxale
relance ici le langage des moeurs, c'est-à-dire le langage de la psychologie en conformité avec le droit naturel, après la mise en question
d'attitudes psychologiques erronées.[20] Elle représente, comme cause et
effet, une réflexion pédagogique ésotérique et un changement psychique qui est lui-même invisible et presque incommunicable.

   Le paradoxe du *Contrat social*, plus laconique que le paradoxe
d'*Emile*, est lui aussi une 'route contraire'. On dirait que Rousseau
part de l'intolérable: 'L'homme est né libre, et partout il est dans les
fers', et qu'en procédant par un revirement brusque vers l'un des
termes, il l'annexe au service de l'autre terme, pour que ce soit la contrainte elle-même qui produise la liberté dans une causalité étroite. 'On
le forcera d'être libre': la route est, on l'admettra facilement, parfaitement opposée au but. Comment analyser ce paradoxe? Il n'est pas,

comme celui d'*Emile*, clairement étayé par un contexte qui déploie la signification de sa forme. Tâchons donc de la déployer nous-mêmes, en la transformant sans nous départir des propriétés sémantiques de ses termes. 'On le forcera d'être libre' est un énoncé comprenant un verbe actif, et un prédicat signifiant l'effet de l'action, mais dont le sens renverse le sens du verbe. Telle description nous invite à en déduire deux énoncés non paradoxaux, mais au contraire tautologiques, où le prédicat ne ferait que répliquer le sens du verbe : ils seront formés d'un verbe actif et d'un prédicat, soit si l'on veut l'infinitif passif du même verbe (ou bien des termes dont le sens serait l'équivalent d'un tel infinitif). On fera ainsi d'une part : 'on le forcera d'être (forcé) esclave'; et d'autre part : 'on le laissera libre d'être libre.' A considérer un peu ces propositions tautologiques inférées de la structure sémantique du paradoxe, nous voyons que la première exprime ce que Rousseau prend pour l'état actuel de la société, ce que le pacte social existe pour annuler : c'est toute la teneur des chapitres 'Du droit du plus fort' et 'De l'esclavage'. Et la seconde tautologie correspond, dans le monde des idées, à l'absence de liens, à la négation de la société, à l'état de nature.

A partir de là nous pourrions reconstruire hypothétiquement le paradoxe en disant qu'un seul concept caractérisant la société, à savoir l'action contraignante, est doublé tautologiquement pour abolir l'état de nature en instaurant le droit du plus fort, et qu'ensuite le paradoxe consiste à défaire la tautologie en renversant le sens de l'un des termes dédoublés. Il faut que ce soit le second terme (effet, état) et non pas le premier qui se renverse : l'action contraignante du milieu reste comme concept premier, car l'on parle de la société en tant que seconde nature. Ainsi, le concept *libre* est comme faufilé au sein même du concept *forcer*, afin que par la suite il en jaillisse comme de sa source. La contrainte du milieu précède et initie la liberté, mais le paradoxe, en s'achevant sur le mot *libre*, s'ouvre sur toutes les possibilités sociales de la liberté.

Nous constatons ainsi que la forme paradoxale en elle-même est déterminée par la mise en question (examinée dans notre troisième section) de la façon habituelle de poser l'antithèse de la nature et de la société : le paradoxe surgit parce que le 'droit' du plus fort n'est pas contraire à l'état de nature, il résulte d'une causalité nulle, où l'effet n'est que le double de la cause; il faut donc pouvoir postuler une liberté fondée en droit, oeuvre de la réflexion et de l'art. Dans le paradoxe, nous voyons que la contrainte comme déploiement de l'art et comme cause initiatrice reste en vue grâce à la forme verbale qui domine la phrase. C'est ici qu'il faut commenter aussi l'importance du sujet impersonnel *on*. Ce pronom a très souvent chez Rousseau un sens persécutoire, et il est fort possible que des lecteurs le perçoivent ainsi dans ce paradoxe; ici cependant, le sens de *on* est neutre; il se limite précisément à signifier l'impersonnalité indispensable de cette action contraignante qui rendra l'individu libre. A la différence du pronom impersonnel du paradoxe d'*Emile*, ce *on* ne désigne même pas une personne initiant un rapport: il évoque en revanche la loi qui, créée par la liberté des citoyens, initiera et maintiendra leur liberté supérieure; il désigne ce milieu contraignant qui imitera le milieu naturel des choses dont dépendait l'enfant Emile ou l'homme naturel.[21] C'est donc déjà à l'intérieur du paradoxe que nous découvrons l'indice sémantique de ce qui l'oppose – comme une 'route contraire' – à l'énoncé où l'homme né libre est dit être 'dans les fers': cette dernière image ne peut renvoyer qu'à un pouvoir personnel. La formulation paradoxale, donc, fait voir que nous n'en sommes plus aux causalités naturelles et attendues; il étonne, parce qu'il s'agit d'une causalité artificielle, neuve et inconnue.

Ces observations sur la méthode de Rousseau permettent des rapprochements entre les deux paradoxes. Nous avons vu l'aspect double du premier paradoxe, qui nous rappelle la possibilité d'une illusion de la liberté, tout en définissant la loi d'une mutation de la personnalité (grâce à la réflexion secourante d'une autre personne) vers une liberté supérieure. Or le paradoxe du *Contrat social* non seulement possède ce même caractère double, mais définit aussi un moyen de prévenir les formes illusoires de la liberté, les situations où les engagements civils seraient oppressifs, dominés par l'intérêt particulier, et où le pacte ne serait qu'un 'vain formulaire'. La réalité politique devra étayer la réalité morale: le paradoxe politique, quoique plus succinct, contient le problème moral et le dépasse, en jetant les bases du bon fonctionnement des rapports personnels entre individus libres. Notre 'genèse' hypothétique de ce second paradoxe nous a fait voir aussi, dans la méthode même de Rousseau, un aspect de sa pensée qui veut substituer, aux rapports de force constituant la société humaine et qui sont ordinairement des rapports de suppression, en revanche des rapports dynamiques de création mutuelle entre la force commune dont dispose le souverain, et la liberté de l'individu. Cette sauvegarde de la liberté par la loi, et de la loi par la liberté, prend racine dans le coeur de l'individu, c'est lui qui refuse la loi du plus fort. Mais le coeur ne *suffit* pas. L'intérêt peut vouloir *imposer* la loi du plus fort. La justice politique seule garantit le bon mouvement du coeur, et préserve la liberté de l'individu.

Le système politique légitime est donc celui qui déploie toutes les puissances de la réflexion pour atteindre une nouvelle causalité remplaçant celle d'avant le pacte d'association, remplaçant la guerre des intérêts: dans cette nouvelle causalité, la liberté intérieure s'extériorise dans le milieu pour le structurer de telle sorte que le milieu, en aliénant la liberté naturelle (qui n'est que cette indépendance, avant-coureur de la guerre de tous contre tous), fournira les conditions de la liberté civile et morale. De cette manière l'on peut voir que le second paradoxe, en tant qu'énoncé d'une loi philosophique, dérive de la loi psychologique du premier paradoxe, mais qu'elle prend ensuite son essor et se formule non plus d'après l'expérience et l'observation, mais d'après une 'chimère', une chose jamais vue sauf par la pensée: un pacte d'association créateur d'une volonté générale. Et si les deux formules disent que l'individu libre doit connaître la contrainte d'une autorité, cette contrainte doit pour sa part être impersonnelle, désintéressée: en cela la conduite très réfléchie du précepteur d'Emile s'élève déjà à l'universel, à la volonté générale. Et finalement, ce rapport créateur mutuel qui relie les termes antinomiques au niveau du langage, nous voudrions proposer qu'il est l'indice linguistique du dynamisme du droit politique que Rousseau substitue au pacte de soumission, et qui est structuré dans sa pensée par la notion d'une volonté générale.

V. La Signification de la forme paradoxale
Notre section précédente a mis en lumière des aspects de la méthode paradoxale de Rousseau, qui font tous écho, d'une façon ou d'une autre, à ces aspects de son argumentation théorique que nous avons tenté d'isoler dans notre troisième section. Le paradoxe, se donnant comme une loi, et balançant ainsi entre le statut rhétorique du *paradoxon* et de l'*endoxon*, fait jouer toutes les équivoques que nous avons rencontrées en considérant le lieu commun traditionnel et affectif que Rousseau, ici, a si génialement renouvelé. Les rapports de sens trouvés dans le paradoxe même, et qui nous ont permis – à la suite d'une longue tradition critique – d'étudier le paradoxe par une réduction de son sens, ont des correspondances étroites avec les rapports sémantiques *force-liberté* qu'on a puisés dans les écrits de Rousseau en général, et avec le procédé méthodologique du *Contrat social* en par-

ticulier, celui de la restriction du sens des termes. Bien que le paradoxe en général ne constitue pas un écart littéraire, nous voudrions avancer enfin que la méthode de la 'route contraire' entretient un rapport d'analogie significative avec l'écart stylistique par où le *sujet* est défini, face au *souverain*, selon un vocabulaire qui diverge du vocabulaire politique: ces deux vocabulaires disparates vont jusqu'à déterminer, peut-être, les termes ambigus du paradoxe lui-même, ou tout au moins la réponse du lecteur devant ces termes.

Nous avons vu bien des indices que l'argumentation générale de Rousseau comporte une résolution partielle de l'ambiguïté du paradoxe. Mais le recours à la forme paradoxale demeure celui d'une dissociation, il implique la volonté de l'écrivain de retenir les lecteurs à l'état d'éveil mental vis-à-vis des contradictions de notre univers du discours politique.

Ces formules sont en effet d'autant plus paradoxales, que Rousseau dénonce habituellement comme paradoxaux les vices de la société de son temps, qui mettent l'homme en contradiction avec lui-même: voilà qu'il recourt également au paradoxe pour définir selon le droit naturel les moeurs et l'autorité politique. Cependant, les paradoxes de Rousseau ne postulent nullement un 'homme paradoxal' comparable à celui de Pascal. C'est l'écrivain qui se fait paradoxal afin de communiquer la vision d'une humanité sans conflits. Nous avons dit que ce n'est point pour choquer la raison des lecteurs qu'il se fait paradoxal. Si ces 'lois' des bonnes relations publiques et personnelles sont des paradoxes, c'est là un effet du rapport de l'écrivain à ses destinataires. La pensée de Rousseau, en ces points de convergence de la morale et de la justice, n'accède à la parole persuasive que par des recours au paradoxe, car toute expression qui se veut communication doit transiger avec la situation mentale de l'interlocuteur: en l'occurrence, elle doit composer avec ce qu'elle renie, avec 'les antinomies d'un certain type historique et social de la personnalité humaine'.[22] Faisons donc soigneusement la distinction de l'objet du discours et du destinataire qu'il vise. L'objet, c'est les moeurs et le droit naturel; et l'écrivain s'identifie lui-même avec cet objet idéal. Les destinataires, ce sont des lecteurs convaincus que la loi naturelle autorise le droit du plus fort, ce sont même surtout les détenteurs du pouvoir politique, qui vivent dans un monde où ce droit est 'réellement établi en principe' (*OC*, III, 354). Le langage d'un écrivain pourrait sans doute tourner au paradoxe du fait que sa propre pensée entrerait en contradiction avec elle-même; mais cela ne paraît pas du tout être le cas ici, puisqu'il n'y a aucune contradiction à maintenir que l'homme perd sa liberté dans une société fondée sur l'inégalité, et qu'il la regagne à un niveau supérieur dans un régime égalitaire. Si donc il y a paradoxe, c'est que le langage est médiation, et que la vérité que Rousseau énonce est, pour le public en question, presque incommunicable. Dans l'*Emile*, le problème de la communication est explicite, Rousseau transige avec son lecteur, et le paradoxe y est entouré par sa propre explication. Mais dans le *Contrat social*, un ton serein compense magiquement la grande distance entre le texte et le public réel. Rousseau s'y donne un lecteur chimérique qui sait parfaitement le suivre dans sa méditation: situation rhétorique bienheureuse, dont Robert Ellrich a élucidé la rareté, aussi bien que la fragilité, dans l'oeuvre de Rousseau.[23] Si le paradoxe y prend alors sa forme la plus extrême, c'est que le lecteur fantasmatique *permet* d'exprimer l'incommunicable.

Dans la tradition littéraire, ces paradoxes de la liberté ont, à notre avis, moins de continuité avec les *insolubilia* qu'avec les *impossibilia*. On nous dit des *Eglogues* de Virgile qu'il y a une étrange ressemblance musicale entre les passages où le berger envisage un monde devenu fou, et ceux qui évoquent l'âge d'or: 'this tension between paradox and miracle'[24] a beaucoup à faire avec l'expression paradoxale de Rousseau, qui tantôt accuse la folie sociale, tantôt annonce le meilleur état des choses qui puisse se construire dans l'esprit. Comparons, sous le jour des *impossibilia*, l'état final du paradoxe politique avec son état antérieur, trouvé tant dans l'article *Economie politique* (*OC*, III, 248) que dans la première version du *Contrat social* (*OC*, III, 310). Car dans son état premier, il ne s'agit pas de ce que nous avons décrit comme l'énoncé d'une sorte de loi idéale: il s'agit au contraire d'une *question* portant sur une chose *miraculeuse*: 'Par quel art inconcevable a-t-on trouvé le moyen d'assujettir les hommes pour les rendre libres? [...] Ces prodiges sont l'ouvrage de la loi [...], qui rétablit dans le droit l'égalité naturelle des hommes.' Dans la version finale, l'émerveillement de l'*auteur* interrogeant un miracle fait place à l'affirmation paradoxale qui entend étonner et éclairer le *lecteur*. C'est la fonction didactique du langage, c'est l'autorité de l'écrivain qui s'affirment dans cette mutation rhétorique.

Rapprocher le paradoxe de Rousseau à la tradition des *impossibilia* équivaut à le définir comme une trope, plutôt que comme un élément structural de l'argumentation (soit *paradoxon*, soit *endoxon*). Au début de cette dernière section nous avons indiqué comment le paradoxe *contient*, mais à quel point transformés, beaucoup d'aspects de l'argumentation.[25] Momentanément, il se substitute à eux, avec un brusque effet de dépaysement. Nous voudrions conclure en insistant sur l'importance – *pour* l'argumentation, et pour la manière dont le lecteur la reçoit – de ce dépaysement. Il ne signifie pas, bien entendu, que le paradoxe réussit, au bénéfice de l'argumentation même, le miracle d'une résolution dialectique, d'une synthèse idéale des contraires que Rousseau, nous l'avons dit, renonçait à formuler. Sa dimension dialectique reste intérieure à sa forme propre: là, *libre* fond en un seul sens la liberté intérieure et la liberté civile et morale, c'est-à-dire extérieure; et *forcer* s'applique à la fois à l'extérieur, désignant l'action de tout le corps politique, et à l'intérieur, puisque le membre fait partie du corps, puisque la volonté générale est en lui. Cette dialectique interne du paradoxe rappelle ses racines, plongées, selon notre lecture, dans· la pensée archaïque d'avant la claire différenciation du sujet et de l'objet et dans l'image affective d'une fusion idéale de la force et de la liberté.

La trope jouit ainsi d'une liberté mentale que l'argumentation ne peut se permettre. C'est par le fait de ne pas être un élément linéaire de l'argumentation, soumis au conservatisme sémantique du langage, que la trope produit son effet sur les lecteurs. Le paradoxe est une manière bien *orthodoxe* de briser les règles sémantiques; mais, que ce paradoxe-ci nous renvoie chercher partout son sens, chercher une résolution de la tension produite par sa soudaine dissociation de concepts si récemment conjoints dans une nouvelle harmonie, ce n'est là qu'un aspect de sa signification. Cette signification consiste surtout en son pouvoir créateur interne de renouveler le jeu des rapports de sens, et d'éveiller chez le lecteur, presque infailliblement paraît-il, une conscience attentive pour la complexité du langage. 'Nous donnons trop de pouvoir aux mots' (*OC*, IV, 447): c'est pourquoi ce texte que Rousseau destinait à des lecteurs princiers prend d'abord pour objet le langage du pouvoir. C'est dans le foyer du paradoxe que cette réflexivité de l'écriture atteint une sorte d'incandescence.[26]

Notes

1. Sur la fonction du ridicule, voir la *Lettre sur les spectales*, éd. Droz, 1948, pp. 45–60. Les références qui renvoient à l'*Emile* et au *Contrat social* se trouvent, entre parenthèses, sans indication du titre de l'ouvrage. D'autres ouvrages cités ici sont identifiés comme suit: *DI* pour le *Discours de l'inégalité; NH* pour *la Nouvelle Héloïse; LM* pour les *Lettres de la Montagne; R* pour les *Rêveries*.
2. Platon, *La République*, livre VIII. Thomas Elyot, *Dictionary* (1538), p. Aii verso: 'Your presence is an amplification of the natural powers of the subjects.' Nous devons cette dernière indication à Marion Trousdale.
3. Hobbes, *Leviathan*, lettre préliminaire à Mr Francis Godolphin: et ch.

XXI. Locke, *Second Treatise of Government*, §57. Montesquieu, *De l'Esprit des lois*, livre XI, ch. iii.

4. R. A. Leigh, 'Liberté et autorité dans le *Contrat social*', *J.-J. Rousseau et son oeuvre: problèmes et recherches, Actes du Colloque de Paris du 16 au 20 octobre 1962* (Paris 1964), pp. 249–62.

5. Voir Jean Wahl, 'La bipolarité de Rousseau', *Annales de la Société Jean-Jacques Rousseau*, t. XXXIII (1953–5), pp. 49–55.

6. D. W. Winnicott, *Playing and Reality* (Londres 1971), p. 151.

7. Nous avons consulté Heinrich Lausberg, *Elemente der literarischen Rhetorik* (Munich 1963); et Ch. Perelman et L. Olbrechts-Tyteca, *La Nouvelle Rhétorique: traité de l'argumentation* (Paris 1958).

8. Nous avons pu tenter cette amorce d'une analyse des rapports de sens (et notamment de l'hyponymie) grâce à la lecture, proposée par Giulio Lepschy, de John Lyons, *Structural Semantics: an analysis of part of the vocabulary of Plato* (Oxford 1963).

9. Selon C. E. Vaughan, *Du Contrat social* (Manchester 1926), p. 126 (cité en note par R. Derathé, *OC*, III, 1433), il s'agirait ici de la liberté *naturelle*. Signalons au passage que la critique tend à faire peu de cas d'une distinction, dans le *Contrat social*, entre la liberté générique, faculté métaphysique intérieure, et la liberté naturelle ou indépendance. Nous croyons que cette distinction est capitale.

10. Louis Althusser, 'Sur le *Contrat social*'. *L'Impensé de Jean-Jacques Rousseau, Cahiers pour l'Analyse*, N° 8 (mai 1969), pp. 5–42. Notre lecture diverge largement de la sienne: par exemple, pour M. Althusser *liberté* dans ce contexte est synonyme de *intérêt*. Mais la justice ne se réalise selon Rousseau que si l'intérêt se purifie de l'esprit de concurrence revendicatrice (amour-propre) pour reprendre contact avec le niveau instinctuel de l'amour de soi. La psychologie de la promesse librement faite est un dépassement de l'intérêt.

11. Cf. Noam Chomsky parlant de Hume, *Reflections on language* (New York 1976), pp. 224–6. Les deux sciences de Rousseau, celle de la nature et celle de l'art politique, sembleraient également rationalistes. La science de la nature fournirait alors certaines *conditions* déterminant celle des systèmes politiques, et notamment la condition de la liberté comme dépendante de la structure sociale.

12. Nous nous permettons d'appliquer la notion d'écart stylistique à une situation où la parole de l'écrivain s'écarte, non pas de la norme de sa langue, mais d'une norme établie par le texte même qui contient l'écart. S'il s'agissait d'un texte de XXe siècle, l'on parlerait d'un 'changement de registre'; mais cette expression implique une séparation beaucoup trop radicale pour les différents langages et matières de la pensée scientifique du XVIIIe siècle; nous préférons donc parler, un peu librement, d'écart stylistique. Le même type d'écart se trouve chez Diderot, comme réponse à des difficultés semblables: on en trouvera un exemple piquant dans l'article INDÉCENT de l'*Encyclopédie*, où le langage de la galanterie s'arrête brièvement pour une référence – à peine prosaïque, dans le contexte – à la théorie de l'état de nature.

Le procédé réducteur, examiné plus bas, est aussi tout-à-fait caractéristique de Diderot, chez qui le *ne ... que ...* traduit, dans des situations diversement complexes, une volonté d'être lu comme écrivain scientifique.

13. Sur l'ordre de la lecture, voir Stanley Fish, 'Literature in the reader: affective stylistics', *New Literary History*, vol. II (1970), pp. 123–62.

14. Pour une analyse d'un texte du XVIIIe siècle, qui s'accomode à l'investigation récente des paradoxes logiques et sémantiques, voir Marian Hobson, 'Le *Paradoxe sur le comédien* est un paradoxe', *Poétique*, N° 15 (1973), pp. 320–39.

15. Voir Michel Launay, 'L'Art de l'écrivain dans le *Contrat social*', in *Etudes sur le Contrat social, Actes des Journées d'étude de Dijon du 3 au 6 mai 1962* (Dijon 1964), pp. 351–78; et *Jean-Jacques Rousseau écrivain politique* (Grenoble 1971): sur l'*Emile*, pp. 374–9; sur le *Contrat social*, pp. 419–25.

16. Cela dépasserait nos moyens de citer les grandes transformations de la formule de Rousseau par Kant, Hegel, et les écrivains marxistes. (Voir là-dessus B. Baczko, *Rousseau, solitude et communauté* (Paris, La Haye 1974), pp. 371–2.) Nous nous bornons à citer un échantillon d'approches critiques du demi-siècle passé. Ce paradoxe a fait l'objet d'un essai de John Plamenatz, '*Ce qui ne signifie autre chose, sinon qu'on le forcera d'être libre:* a commentary', *Annales de philosophie politique*, vol. V (1965), pp. 137–52. Cette riche explication a pourtant l'inconvénient de postuler chez Rousseau un refus du droit naturel. Citons comme premier en date Ernst Cassirer, *Das Problem Jean-Jacques Rousseau, Archiv für Geschichte der Philosophie*, Band XLI, Heft 1/2 (Berlin 1932) pp. 177–213 et 479–513. Deux phrases de la page 192 constituent un commentaire perspicace du paradoxe, en ouvrant la voie de la lecture 'libérale' moderne: 'Freiheit bedeutet für ihn nicht Willkür, sondern die Überwindung und den Ausschluss aller Willkür. Sie besagt die Bindung an ein strenges und unverbrüchliches Gesetz, das das Individuum über sich selbst aufrichtet.' La lecture libérale est représentée aussi par Charles Hendel, *Jean-Jacques Rousseau: moralist* (Oxford 1934), vol. II, pp. 187–8; et par Robert Derathé, *Jean-Jacques Rousseau et la science politique de son temps* (Paris 1950), pp. 222–47: cette section, sur toute la théorie du contrat, traite à plusieurs reprises la conjonction de la contrainte et de la liberté. Bronislaw Baczko, *op. cit.*, pp. 370–1, dit 1° que le paradoxe traduit un conflit en Rousseau qui ne peut ni éliminer certaines antinomies de son image de la société, ni les accepter, et 2° que ce paradoxe 'sert essentiellement à fonder le code pénal'; et Roger Masters, *The Political Philosophy of Rousseau* (Princeton 1968), pp. 329–32, souligne la fragilité de la liberté conventionnelle et réfère aussi le paradoxe au contexte d'un code pénal. Il faut classer à part l'étude sur Rousseau de J. L. Talmon dans *The Origins of Totalitarian Democracy* (Londres 1952): cette étude assume implicitement une certaine lecture du paradoxe jusqu'à l'élever au rang d'une interprétation globale de la pensée de Rousseau: la liberté, ici, *c'est* la contrainte totalitaire. Stephen Ellenburg, *Rousseau's Political Philosophy: an interpretation from within* (Ithaca et Londres 1976), p. 247, renouvelle la lecture libérale mais en

présentant un cas intéressant de la 'surtraduction': pour les besoins de
l'analyse, il traduit 'on le forcera' comme s'il s'agissait de 'on lui donnera
la force d'âme'. L'on trouve chez John Hall, *Rousseau: an introduction to
his political philosophy* (Londres 1973), p. 95, un exemple récent de la
tendance la plus fréquente, qui consiste à éliminer le paradoxe: 'The
expression is unfortunate. Rousseau has been carried away by his love of
paradox into making his point in a needlessly misleading way [. . .]. If,
however, we translate Rousseau's expression from the language of
rhetorical emphasis into plain explanatory prose the paradox disappears.'

17. Nous nous sommes référés à Francesco Bottin, *Le antinomie semantiche
    nella logica medievale* (Padoue 1976): il cite un passage sur les
    paralogismes dans les *Réfutations sophistiques*, 180a32–180b7. Voir
    Organon, trad. J. Tricot, Paris 1939, t. VI, pp. 112–17. M. Bottin trouve
    que la méthode d'Aristote sert de point de départ de toute l'analyse des
    insolubilia chez les logiciens médiévaux. Cet auteur traite, avec une lim-
    pidité exemplaire, un sujet pourtant bien différent du nôtre; lorsqu'il
    désigne les méthodes élaborées à partir d'Aristote par le terme de 'decur-
    tazione del significato', c'est dans un sens qui n'a qu'un lien d'analogie
    avec ce que nous appelons ici la réduction du sens dans la critique des
    paradoxes de Rousseau. M. Bottin parle d'antinomies telles que 'Je dis
    faux': cela est vrai et faux tout à la fois; la diminution du signifié consiste
    à distinguer un signifié primaire et un signifié secondaire afin de pouvoir
    n'en admettre que l'un ou l'autre. Le but des logiciens médiévaux était,
    bien entendu, d'éviter les antinomies sémantiques, qui menacent la
    logique même. On peut dire que bien des critiques de Rousseau veulent
    éviter ses paradoxes, et cela souvent par le souci semblable d'atteindre un
    langage rigoureux en philosophie politique. Il faut ajouter que ce n'est
    parfois que pour pousser le sens de Rousseau dans telle ou telle direction
    de la théorie politique.

18. On consultera par exemple Pufendorf, *Droit de la nature et des gens*, trad.
    Barbeyrac, t. Ier, liv. Ier, ch. i, 'De l'origine des êtres moraux', p. 19–20.
    On trouvera une analyse très claire de certains de ces concepts chez Karl
    Olivecrona, *Law as Fact*, 2e éd. (Londres 1971), pp. 275–96: 'The con-
    cept of a right according to Grotius and Pufendorf'.

19. Exemples: *Emile*, *OC*, IV, 247 (les mêmes fins); 250 (deux fins con-
    traires); et 362, 525, 653. *La Nouvelle Héloïse*, VIe Partie, lettre 7, *OC*,
    II, 682. *Dialogues de Rousseau juge de Jean-Jacques*, *OC*, I, 670.

20. Le lien que nous mentionnons ici entre les moeurs et le droit naturel, est
    en continuité avec notre article 'Remarques sur la notion de dépôt', *An-
    nales de la Société J.-J. Rousseau*, t. XXXVII (1966–8), pp. 57–93. Sur
    le droit naturel chez Rousseau, voir surtout Victor Goldschmidt,
    Anthropologie et politique: les principes du système de Rousseau (Paris
    1974).

21. Voir *Emile*, livre II, *OC*, IV, 311, pour les 'deux sortes de dépendance' et
    l'appel à une dépendance des lois qui imiterait celle de la nature.

22. Bronisław Baczko, *Rousseau, solitude et communauté* (Paris, La Haye
    1974), pp. 165–6.

23. *Rousseau and his Reader: the rhetorical situation of the major works*

(Chapel Hill 1969). Il faut lire ce livre en entier, et non seulement la section consacrée au *Contrat*, pour saisir le sens de ses catégories à la fois psychanalytiques et rhétoriques, fondements d'une lecture assez neuve pour être restée jusqu'à présent difficile d'accès: tout en interprétant d'un point de vue moral, et avec une compassion lucide, certains processus créateurs décelables dans l'écriture de Rousseau, cette lecture concourt également au recensement général de la rhétorique littéraire.

24. A. T. Nuttall, 'Fishes in the trees', *Essays in Criticism*, t. XXIV, 1974, pp. 20–38: l'observation sur les *Eglogues* est empruntée à l'édition de 1865 qu'a commentée John Conington.

25. Cf. notre étude de 'La Scène du lac dans *la Nouvelle Héloïse*', *Le Préromantisme: hypothèque ou hypothèse? Colloque de Clermont-Ferrand, 29–30 juin 1972* (Paris 1975), pp. 129–52: là, nous avons voulu démontrer que grâce à la complexité de la forme épistolaire, certaines figures littéraires produisent un effet causal sur le dynamisme de l'intrigue, et en deviennent ainsi des éléments constitutifs. C'est de façon analogue que nous voyons ici la fonction d'une trope comme affectant le processus d'une argumentation théorique très compliquée.

26. Cf. Cleanth Brooks, *The Well Wrought Urn: studies in the structure of poetry* (New York 1947), pp. 3–20: 'The language of paradox'; et Phillip Wheelwright, *The Burning Fountain: a study in the language of symbolism* (1954), nouv. éd. (Indiana et Londres 1968), ch. 5: 'Traits of expressive language'.

JOHN SPINK

Rousseau and the problems of composition

Some of the passages Rousseau devotes to the manner in which his works came into being refer particularly to the question of the composition or ordering of literary productions. The first of these, chronologically, is an essay entitled *Idée de la méthode dans la composition d'un livre* (*OC*, II, 1242). It was written about 1745, and shows Rousseau as already aware of the problems of rhetoric, especially as regards the presentation of arguments, on the level, shall we say, of the *Préface de Narcisse*. Many years later, at the end of his great period of literary activity, he writes, in a letter to Dom Deschamps, of the extreme difficulty presented in his own case by the transitions, as compared with the ease with which order is achieved by those who use the geometrical method of exposition (*CC*, IX, 120).[1] A letter to Mme de Créqui, written in 1759, shows the importance Rousseau attached to having a springboard to give an initial impulse to his thought.[2] Concerning his work on the manuscripts of the abbé de Saint-Pierre, in 1756, he says, in the *Confessions*, that he preferred to 'éclairer et pousser les idées d'un autre que d'en créer' (*OC*, I, 408). Elsewhere in the *Confessions*, he describes how a confused vision and strong emotion could provide the theme which he later drew out into an orderly amplification, and, in the same place, he describes the chaotic state of his rough drafts (*OC*, I, 113–14). These remarks concern the imposition of order upon confusion, and the development of themes.[3] One can add that Rousseau's discursive works often begin with remarks concerning contradictions to be resolved, or with striking statements containing conflicting elements. Thirdly, it is noticeable that these works habitually fall into two parts, the second of which is a reply to the first, introduced by a throwback to the beginning. This is true of *La Nouvelle Héloïse* also.

163

Such evidence suffices to raise the question: are we faced with a problem of composition which is identical with the author's approach to his subject and method of enquiry? Does the old debate, for instance, on Rousseau's 'contradictions' arise from his efforts to discipline intractable subjects? In recent critical works, sympathetic terms such as 'bipolarity' and 'duality of ideals'[4] have been used more frequently than the hostile 'ambiguity' and 'duplicity', but the explanation has still been sought in Rousseau's temperament, mental make-up, and manner of expression, rather than the subjects he was faced with as a writer and the tasks he undertook.

Basil Munteano's *Contradictions de J.-J. Rousseau* (1975) breaks with recent practice in that it defines Rousseau's use of contradictions as an intellectual instrument consciously applied, but Munteano then returns to the psychological approach, stressing the contrasting elements and changing moods which Rousseau's own analysis revealed within himself.

Munteano claimed that Rousseau consciously and lucidly rejected the law of contradiction, by which a thing is or is not this or that, and thus created for himself a heuristic method which may be referred to as 'experimental dialectic'.[5] He then suggested that Rousseau saw contradiction as inherent in human experience: heart and reason, individuality and universality, solitude and society. His attitude to Rousseau is sympathetic, but this explanation would result in denying that he made an objectively assessable contribution to the various branches of precise enquiry, anthropology, politics, education, in which his influence has been so great. It is true that the old logic of the schools, based on definition and the law of contradiction, as exhibited in the syllogism, was being replaced by what Condillac called analysis. It is true that the notion of 'definition' was changing under the influence of Lockean epistemology, and that words used in the realm of experience were becoming signs of simple and complex impressions, not the names of essences. But Munteano does not, and could not, show Rousseau as adhering deliberately to this movement.[6] So his remark on p. 131, 'Il consent, en tout cas, à glisser sans résistance de position en position, d'une manière bien décevante en pure logique', can only apply to slipshod reasoning. To go from theme to theme thanks to artificial 'transitions' is one thing; to 'slip' from 'position' to 'position' in reasoning is another altogether.

At the beginning of this century, various attempts were made to find in Rousseau's work a 'system', such as those described by historians of philosophy, and, one might say, pigeon-holed by them. In 1932, Ernst Cassirer attempted to find a different kind of 'system' in Rousseau's thought, evolving according to its own dialectic and open-ended to the future, namely towards the philosophy of Kant.[7] *Émile* is claimed as realizing the synthesis of the naturalistic and civic themes, not, it is true, for the present, but for the future. And indeed (who knows?), perhaps Rousseau would have listened with understanding had he been able to hear Kant and Ernst Cassirer doing his thinking for him. But, as far as Rousseau's own texts go, it seems fairly obvious that Émile is being prepared to live in the present of the eighteenth century, in a non-republican society where his capacity for preserving his integrity in the face of all the corrupting influences that would be brought to bear upon him would be all-important.

The approach proposed by Gustave Lanson in 1912 had been that of a literary historian. Its characteristic was that it gave more importance to the particular historical reality that Rousseau was faced with than the philosophers were prepared to give. Lanson suggested that in default of a doctrinal coherence in Rousseau's productions, a sentimental unity could be found there. The various works were a series of discourses launched *tous azimuts* (as the saying now goes) from a fixed central position,[8] itself established by firm opposition to French society as it was realised in Paris in the mid eighteenth century. This was followed by a series of proposals for improvement,[9] all united by the same opposition to the life of contemporary Paris. However Lanson went off at a tangent in face of Espinas's onslaught on Rousseau's coherence, and took refuge in Rousseau's temperamental instability.

Rousseau's temperamental instability is one thing; the objective validity of his analysis of the problems presented by contemporary reality is another. His capacity for grouping and ordering the elements discerned is an aspect of that validity. He was not creating *ex nihilo*. The matter pre-existed. It could be handled conventionally without any conflict of principles. Was not Parisian politeness at least the equal of virtue? Was not inequality divinely ordained? Was not the French monarchy the best form of government? Was not the best education the public education to be acquired in a Paris college, rounded off by experience of the 'world'? Or the issues could be faced. Parisian politeness, delicacy and taste were admirable, and also void of substance and dependent on mere fashion. The unequal society was the end-product of all human development to date, and the source of evil. The French monarchy was suited to the country and its manners, and also a tyranny. College and *salon* education were suitable for scoring advantages in the 'world', and also a mere deformation. Rousseau had acquired by 1750 a vast store of knowledge in the moral and social sciences (as they may legitimately be called) of his times, and had observed many contrasts of social structure, in Geneva and the Pays de Vaud, Chambéry, Venice and Paris. The span of his reading was wide enough to reveal many contradictions such as those which separated Hobbes from Pufendorf, and Malebranche from Locke. The mental habits he had acquired as an autodidact prompted him to dominate such conflicting elements. He had run the risk of premature synthesising at Les Charmettes, and had saved himself therefrom by a resolute determination to keep the ideas he had acquired separate and distinct in his mind, but the effort to dominate them, and put them in their right perspective, could well, on occasion, provide the experience of a break-through and a new insight.

The effort that is made to dominate intractable material is the effort of composition, not of invention. Rousseau experienced it as painful. It was fully conscious, and the normal methods of literary history and rhetoric are suitable for the study of it. For instance, in the first draft of the beginning of *Émile*, it is possible to watch the author bringing himself to face the fundamental contradiction in contemporary education 'in the world', which both Montaigne and Locke had recommended, namely that 'good' society, which ought to be a formative influence, as an environment, was, on the contrary, deforming and destructive of integrity. Rousseau speaks at this point (see *OC*, IV, lxxxiii) of conducting an experiment with a view to resolving the contradiction. But he was not in a position to conduct any other than an imaginary experiment, so one would not be justified in calling his method experimental. This method consisted in fact in an intense intellectual effort to comprehend the problem in its entirety, and order the elements he distinguished in a proper *perspective*. Such a method is heuristic in that it seeks a better understanding, thanks to a total review and a correct analysis of the problem, an understanding that may be referred to as a vision of the real nature of things, unclouded by prejudice and conventional thinking.

It may be studied in its simplest form, that is to say before the introduction of a temporal dimension or any system of phasing or other comparative framework of reference, in the *Discours sur les sciences et les arts*. Here the word 'contrariétés' appears in the first sentence, and more insistently in the last sentence, of Part I, where it is stated that the 'contrariétés' are to be reconciled in Part II. Part II is thus intended as a reply to Part I, and Part II does indeed end with a proposed solution. 'Les Verulam, les Descartes, les Newton, ces précepteurs du genre humain n'ont point eu de maîtres, et quels guides les eussent conduits jusqu'où leur génie les a portés?' So let the real scientists serve their fellow-men, and let the hangers-on who teach science to the idle class in Paris turn to worthwhile professions and trades. Rousseau's choice of great men is the same as that made by the *Encyclopédistes*. The *Discours sur les sciences et les arts* was an onslaught launched from the *Encyclopédiste* camp.

Its force lay objectively in the reality of Paris life. As up to forty per cent of the gross product of agriculture was drawn off to the towns as rent and dues, and as it was not being capitalised, it financed personal spending,[10] in large measure luxury spending, especially in Paris, thus favouring the arts (according to the Mandevillian principle), but also a myriad literary hacks, poetasters and wits, together with a huge army of lackeys and other servants. Rousseau's attack was not iconoclastic. The establishment of academies is claimed as a way of drawing the remedy from the evil itself (a favourite phrase of Rousseau's), by fostering true learning and science. As for ordinary men, let them concern themselves with living good and useful lives!

So much for the basic structure of the discourse. But it must be admitted that this basic structure almost disappears under the florid decoration. It is the rhetorical skill of the writer that supplies the matter of the argument, as distinct from the form, in the sense of plan. This matter consists largely of antithetical word-sketches of the type; 'the great Cyrus vanquished by the impoverished Scyths!' Moreover, glaring paralogisms mar the second half, where material strength is confused with moral strength and relative good with absolute good. Had Munteano confined himself to the detail of argumentation, he might well have found Rousseau frequently at fault, but the detail of argumentation is not the same as positions defended. Rousseau's underlying thesis is not weakened by paralogisms of detail because it is complete in the composition or structure of the discourse, thus: 'Quoi! [. . .] La science et la vertu seraient incompatibles? [. . .] pour concilier ces contradictions [end of Part I] . . . O vertu, science sublime des âmes simples! [end of Part II]'. This solution removes the conflict by placing the conflicting values on different levels. It was to be Rousseau's constant practice.

The *Discours sur l'inégalité* represents a tremendous step forward in the art of conducting an argument. In the writing of it Rousseau discovered the secret of composition which was his greatest contribution to methodology, namely the phased process. The phased process implies a temporal dimension and this in turn introduces a comparative framework of reference: any statement that is made must be referred to the phase of development that is being described, and may have no more application in a different phase than Pascal's truth beyond the Pyrenees in war-time, or Montesquieu's 'virtue' in a monarchy where 'honour' is the sole criterion. To quote Rousseau out of phase is to misinterpret his remarks.

In 1749 and 1751 two striking texts had appeared in which the temporal dimension was important, namely Buffon's first account of the history of the Earth, and the account of the origin of society contained in the *Discours préliminaire* of the *Encyclopédie*. The placing of his own antithetical pattern of composition in a temporal dimension produced Rousseau's characteristic form, the phased antithetical development, in which the temporal displacement avoids the confrontation of conflicting truths. It is a form which Diderot, with all his experiments in dialogue and confrontation, never achieved.

The phases established in the *Discours sur l'inégalité* are well known. They are: 1, the first 'state of nature', or man as an individual, without stable relationships of any sort with his fellows: its theme is that of isolation, as is also that of contemporary psychology; 2, the second 'state of nature', or the simplest forms of human relations: its theme is togetherness, as in contemporary sentimental ethics; 3, the third 'state of nature', or the hostility of all to all, as in the naturalistic ethics ascribed to Hobbes; 4, the 'false' compact, which creates moral relationships between men, but unjust ones.[11] The major articulation is between phase 2 and phase 3, as is revealed by the fact that it is announced in the first sentence of Part II ('Le premier qui ayant enclos un terrain [etc.]'), that is to say *before* phase 2 has been described, although it follows phase 2 in the temporal sequence. It produces a reversal of human relations from togetherness to antipathy. By comparison, the link between phase 3 and phase 4 is secondary, because the false social compact, which provides the link, is a creator of unjust relationships. The link between phase 1 and phase 2 is not presented as a crisis, although the influence of climate and terrain provides a catalytic agent. These two phases are however different enough for their directions to be opposed. The first studies the isolated individual, making use of the psychology of Locke and Condillac in order to do so.

It is centred on the beginnings of human understanding, that is to say not upon the affects. Phase 2 is centred on the affects, beginning from the 'feeling of existing' (*OC*, III, 184), which is anterior even to self-love itself. Self-love produces a 'première révolution', which unites men, perhaps temporarily at first, in the search for well-being, as in the *Discours préliminaire* of the *Encyclopédie*. The model, or rather the springboard is in the *Discours préliminaire*, but merely in a sketchy form.

Phase 1 being centred on the understanding and phase 2 on the affects, there is a cleavage between them. However, there is in phase 1 an element which develops in phase 2. Even in phase 1, a certain rudimentary sentiment exists, and provides an element of togetherness; it is a feeling of pity. In pity lies the germ of all the future social affections which make the togetherness of society possible.[12] In phase 2, the affective side of human nature is described as it develops, for good and ill.

The major articulation – between phase 2 and phase 3 – is placed at the crisis, produced by the difficulties of food supply, which brings about the enclosure of land. It is this crisis which gives meaning to the claim that man is good-natured, but that men have become vicious, seeing that the basic human relationship now becomes one of hostility, expressed in the acquisition of land, the tools wherewith to till it, the crops it bears and their defence. The false social compact, which puts an end to the war of all against all, creates moral relations between men, such as had not previously existed, but also sets the seal of legality upon existing inequalities founded upon force and ruse.

The Academy had asked whether inequality was justified by 'natural law', and 'natural law', being a metaphysical concept, has no part to play in a process taking place in time and space, even imaginary time and space, and Rousseau does not bring it into the argument. But social inequality having been described as a product of force and ruse, its protection by positive laws cannot be described as issuing from original nature, anterior to the conditions which gave rise to the use of force and ruse. This constitutes a reply to the Academy's question.[13]

The *Discours sur l'inégalité* is a perfectly composed whole. *Du Contrat social* is merely a fragment of a larger work planned by 1756 but abandoned, and therefore lacks those relationships with a context which it would have had in a complete and perfect whole. In this respect, an earlier text than the one published in 1762 (*OC*, III, 279 ff.), containing a long introductory chapter which was later dropped, is precious. In it, Rousseau faces the initial problem; how can an agreement between men, such as that proposed by his friend Diderot in the article on DROIT NATUREL, in the *Encyclopédie*, to recognise a general good of all mankind, and seek it under the unifying impulse of a general feeling of humanity and benevolence, be even conceivable, seeing that, at the point of making such an agreement, men must be envisaged as passionate creatures, selfish to a degree that would exclude the possibility of any such agreement? Rousseau faced it in his characteristic way: 'Efforçons-nous de tirer du mal même le remède qui doit le guérir' (*OC*, III, 288). The solution must reconcile justice with happiness, and the general good with self-love. Diderot's sincere anti-social man must be introduced to new ways both of understanding and feeling. The problem containing the contradiction comes from Diderot; the solution is supplied by Rousseau. As far as the understanding is concerned, it is the notion of Law, and this notion is explored in the text published in 1762.

This text is structured by the notion of Law. The Law is the expression of that will of which the object is the common good, or justice. The whole discussion of the sovereign, the general will, particular wills, the forms of executive power rests on the basic concept of Law. Freedom is guaranteed by it, and its counterpart, constraint, is created by it. Property is guaranteed by it, and its limitation by a relative equality is made necessary by it, seeing that the control of great quantities of property by particular wills is inimical to the rule of law (*OC*, III, 332, 391).[14]

There is no temporal dimension in the discussion, because the point of time is fixed as a point on a line leading from isolation to integration. The point chosen, that of a compact made in the common interest, telescopes phases 2 to 4 of the *Discours sur l'inégalité*, the union for the common interest and the creation of justice by the pact to end the war of all against all being run together. But this telescoping is of no consequence in an abstract discussion because the ideas of the common good and justice were, and are, closely associated in the abstract, if not identical. The absence of temporal phasing does not, however, exclude the use of a relative framework of reference entirely. The legislator must take account of factors in time and space, and Montesquieu's authority is appealed to (*OC*, III, 405). There is also reason for believing that, had the composition of the work originally planned been pursued in 1756, a relativist section would have been added. Rousseau had in mind the theoretical necessity of a study of 'moeurs et coutumes', while limiting himself 'dans cet écrit' (*OC*, III, 331) to political laws. The last chapter of the completed part (except for the added chapter on civil religion) begins thus: 'De même que la déclaration de la volonté générale se fait par la loi, la déclaration du jugement public se fait par la censure' (*OC*, III, 458). So public opinion is not within the scope of the theme so far developed, namely that of the law and of the general will of which it is the expression. Yet Rousseau looked upon public opinion, and, more generally, *mores* as governing the lives of the feminine half of society entirely. In *Émile*, Sophie's education is guided by the requirements of public opinion. Julie d'Étange admits that politics is not for women, while reproaching Saint-Preux with not having made a serious study of manners and conditions (*OC*, II, 305). One could have expected from Rousseau a general discussion of *mœurs* and the modes of sentiment associated with them, in a treatise of republican politics. Is not the love of virtue itself a mode of sentiment? A study of manners would have been a counterpart of the study of laws, and a 'reply' to it in Rousseau's habitual way, seeing that the 'direction' of manners is opposed to the 'direction' of laws, except in the extreme case, the perfect republic as exemplified by Sparta, where laws *made* manners (*OC*, III, 488). Manners tend towards particularity and are founded on sentiment, whereas laws tend towards universality and seek to reconcile interest and justice rationally. However, the task would have implied the redoing of Montesquieu's work, and, undertaken by Rousseau, could not have avoided a condemnation of French society and this he dearly wished to avoid (*OC*, I, 405). He was to return to the subject in his *Lettre à d'Alembert*, and even to touch, discreetly, on the French 'courts of honour', but the basic question of the relationship between laws and manners is left wide open, and it is understandable that Rousseau should have quailed before it, and should have fallen back, when preparing *Du Contrat social* for the press, on the device of adding a rapid sketch under the title *De la religion civile*. He added, at the very end, a note looking forward to the questions of international relations which had claimed his attention on account of the abbé de Saint-Pierre's manuscripts, but the question of *mores* had priority, as the hasty treatment actually given to it is the chapter called *De la religion civile* demonstrates. In this chapter he provided a skeleton outline to be applied to any community and proposed a minimal set of outward forms in moral and religious matters. He was to use a similar device in the preface of *Emile*, suggesting there that the principles should be applied to particular situations. As for the severity shown towards the *philosophes* in *De la religion civile* (*OC*, III, 468), its context is to be found in Rousseau's move towards what he took to be acceptable, liberal Protestant positions, seeing that his strictures do not derive from the preceding chapters of *Du Contrat social*, and are purely arbitrary. His correspondence at this time shows that, in adopting an attitude of hostility towards the *philosophes*, he assumed that he was making common cause with such conservative Genevans as Théodore Tronchin and Jacob Vernet. They were to undeceive him rudely in 1762, and he then found himself with the Genevan political liberals only as his allies, and as his allies only, seeing that he found it difficult to fuse with them sentimentally. He had hoped for more understanding in Geneva. He had sought to come to terms with contemporary society.

This reformist stance is already marked in *La Nouvelle Héloïse*. Of its author, M. Launay writes, in his *Jean-Jacques Rousseau, écrivain politique* (p. 301): 'Il accepte donc de se situer dans une société d'inégalité, pour y faire des propositions tendant à diminuer cette inégalité ou à en atténuer les effets.' It explains, not only the relationship between *Du Contrat social* (1756) and *La Nouvelle Héloïse* (1757–8), as being the difference between 'refuse de se situer' and 'accepte de se situer', but also that between the first 'half' of *La Nouvelle Héloïse* and the second 'half'. *La Nouvelle Héloïse* is another example of an antithetical composition in two 'halves', with a long throw-back introducing the second 'half'. There is, however, in this work, a prior structural theme, namely the poetic theme, the theme of the 'longue romance' Rousseau considered his novel to be. It is the theme of the separation of two lovers, and this theme progresses in linear fashion from beginning to end. It came straight from Rousseau's memories and personal life, and in treating it in his only serious work of fiction, he gave expression to that softer side of his make-up which was the counterpart of his tense opposition to his times, and of the painful concentration required by the intellectual problems he attempted to dominate and solve. He himself distinguished carefully between these two sides of his character. The writing of *La Nouvelle Héloïse* gave him the opportunity of uniting an inspiration stemming from his early life with his recent political and moral speculation, but only by means of an ideological realignment, from revolutionary rejection to reformist acceptance. The framework of reference could not be republican.

Geneva could not serve as the background for the story. The social setting of his memories of the thirties was the provincial gentry. The reader who could best appreciate it belonged to that class. Rousseau had merely to associate his former preoccupations as Mme de Warens's factotum with people and places he was familiar with in Savoy, and in the Pays de Vaud, to establish a unity between the story and the discourse on estate management with which he links it.

As for the *moral* theme of *La Nouvelle Héloïse*, it is developed antithetically. The original opposition is between two conceptions of the relationship of society to nature which are recognisably Aristotelian and Platonic. On the one side society is simply natural.[15] Julie usually adheres to this view in that she accepts the family as having a prior claim on her affections. At one point only (Part II, letter xi) is she undecided. Saint-Preux is never undecided. For him, nature is divine and a criterion of right, on the one hand; the city and the citizen realise man's ideal, on the other; in between is the limbo of prejudice. He recognises Plato and Plutarch as his masters (*OC*, II, 565, 237). His bond with Julie is sacred and inviolable (*OC*, II, 101, 675). This pattern is maintained until the middle of the book (Julie's wedding), after which Julie's conduct is guided by virtue in the sense of an attachment to values defined by social criteria; this virtue is not simply natural goodness; it resembles that of the citizen, but for the fact that the virtuous citizen is passionately attached to virtue (cf. *OC*, III, 507). Meanwhile, Saint-Preux remains throughout on the level of the natural as opposed to the social. He is not virtuous, although he is in love with virtue (*OC*, II, 674), there being in him, implicitly, the citizen and patriot he might have been.

Julie's society is not Saint-Preux's any more than her nature is his nature. The set of 'natural' criteria Julie measures her conduct by, before her marriage, makes of the family relationship between parents and children the fundamental human relationship. To depart from togetherness in this situation and follow extraneous, divisive aims, is to be 'dénaturé' (unnatural). Julie's father is the first to take this step, by preferring prejudice to natural affection, and the payment of a debt of honour to his daughter's well-being. This act, branded as a mere 'sale' by his daughter, leads her, in despair, and through pity for the despairing Saint-Preux, to give herself to her lover. But she declares, having done so, that all her feelings, even her beneficence, are now corrupt, because of her hostility to her father.[16] Julie's wedding 'corrects' this disorder of her affections, 'et les rétablit selon la loi du devoir et de la nature' (*OC*, II, 354). She accepts a social order which continues that of 'nature' (the family), but imposes new obligations. It is the social order of the society to which she belongs, and accepts to belong. When she uses the word 'révolution', it is to define her negation of the relationship established with Saint-Preux! One may feel an impulse to revolt as one reads Julie's long recapitulation which marks the beginning of the second 'half' of the story, and a feeling of sadness as resignation takes its place. Such a reaction on the part of the reader was not such as would displease an eighteenth-century novelist. The fact that the great estate at Clarens was not the sort of smallholding that would characterise a democratic rural republic[17] need not be looked upon as an inconsistency on Rousseau's part. The Pays de Vaud was not such a republic, and Rousseau had accepted it as it was, as a framework of reference, not indeed the same as the French, but including none the less a marked class structure.

The composition of *Emile* conforms with the model we have established (speculatively in the case of the *Contrat social*, textually elsewhere), in that it has a major articulation in the middle, between books III and IV, and it develops in phases, each orientated by a remark such as, 'Ici c'est tout le contraire' (*OC*, IV, 435), or 'C'est ici la seconde naissance dont j'ai parlé' (*OC*, IV, 490). The major articulation is at the point (puberty) where Emile ceases to be a merely 'physical' being, educated by means of sense impressions, and becomes a 'moral' being, in whom 'sentiments' replace sense impressions as the main concern of the educator. The pupil's relations with other persons will no longer be mere bargains. Moral relationships replace or supplement economic ones. As in the *Discours sur l'inégalité*, the second 'half' is introduced by a throw-back to the beginning. The simplest form of Emile's affective nature is found in the instinct for self-preservation, or self-love (*OC*, IV, 491), whereas the first forms of the understanding come via sense impressions (*OC*, IV, 248). But the passions (sentiments, affections) develop strongly at puberty, and, properly directed, will collaborate with the understanding in forming the adult personality. One can say, therefore, that the first 'half' of the work centres on the understanding, the second on the passions and on the combination of the two. The underlying structure is the one we have found elsewhere.

A further crisis is approached towards the end of the book, but does not actually declare itself. The question of a political initiation is broached, but it is not suggested that Emile could be integrated into a republican society: a citizen is educated as a citizen from the first. The preface to *Emile* hands back the problem to the reader, who is invited to adapt the principles to a given situation. This abstention from overt application to France is reminiscent of the device used at the end of *Du Contrat social* for dealing with the moral issues inherent in politics. It does not, however, obscure the fact that Emile was to be a young man who could live in a society like the French, and preserve his integrity. The social structure is accepted for what it is, not with a view to reforming it, but of enabling a young man to remain uncorrupted by it.[18] So a condemnation of a social structure like the French is implied, even while its existence is not brought into question.

Emile presents a problem of composition of a different kind, namely the inclusion in this work of the *Profession de foi du Vicaire savoyard* in its final form. This is not a question of the location of the *Profession de foi* in book IV: it replaces the philosophy course followed in the schools at roughly the same age. Nor is it a question of its metaphysical character,[19] which conflicts with the methodology of the rest of the work; this may be ascribed, nominally, to the *Vicaire*, who plays a part similar to that of a visiting teacher, although it is here given a narrative form. The problem arises from the great length of the *Profession de foi*, which makes of it a foreign body. In his respect, the original draft, as published by P.-M. Masson, is easier to reconcile with the work as a whole. The *Vicaire*'s remarks which conflict most radically with the tutor's methods[20] were added at a late stage and have no influence upon these methods. They are more readily understandable as an episode in Rousseau's personal intellectual life than as structural elements in *Emile*. His attack upon Helvétius may be compared with Condillac's attack upon Buffon. Both represent a shrinking back from the exposed position of consistent sensationalism to which their enquiries were leading them. In the 1750s, metaphysical dogma was taking over the rôle previously held by fideism, but, in Rousseau's case, it was not a question of repeating hackneyed arguments; he made a strenuous effort to fuse the rationalism of the beginning of the century with the new philosophy of sentiment.

The introduction of a character such as the *Vicaire* presents no problem of composition. It was a device much favoured in discursive works. Rousseau creates the *Vicaire* as he does most of his other characters, that is to say by placing a certain distance between himself and them. He relates them to identifiable ideological positions with which he has sympathy but which he does not adopt exclusively. In the case of the *Vicaire*, he came to identify himself completely with him after having created him. Occasionally Rousseau introduces an opponent and argues *against* him. He does not make methodological use of the formal dialogue, as did Diderot, for the exploration of controversial topics, although he does occasionally use the dialogue form for rhetorical purposes. He also recognised the need for a stimulus to set his thoughts in motion. He describes, in the *Confessions* (*OC*, I, 113) how an initial impulse could produce within him a confused mental picture, accompanied by a strong emotion. The mental picture cleared and made writing possible. Between this point and the first sentences, which present the subject as a contradiction to be solved, must have come an intellectual surge in one direction, followed by a return movement. Then comes the effort to see the arguments in their true perspective, and this is indeed a *perspective*. While rejecting completely certain views as false, he retains those which, though contradicting each other, do not destroy each other. He follows a dialectical progression, but, his logical equipment not being suited for dealing with the transitions, he is obliged to use rhetorical devices such as the bold *volte-face* to make a succession of what would otherwise be a mere juxtaposition of themes. This explains why his underlying structures remain sound in spite of superficial weaknesses.

The first books of the *Confessions* display a composite structure comparable with that of the discursive works, in spite of the fact that their substance is a narrative, that is to say a series of episodes and scenes. The narrative is organised by speculative thinking, namely a psychological analysis, an analysis of Rousseau's 'affective being' (*être sensible*), with its two main conflicting elements, pride and affection, each exhibited alternately in separate movements characterised by distinctive moods and styles. The alternation of the mock-heroic and the picaresque, used in a jocular manner, is plainly intentional in book I, and leads to a crisis, the complete disorientation of the character of the young 'hero'. The first 'half' of the *Confessions* (books I to VI) contains other 'movements' of this kind. The longest occupies a large part of book VI, and is devoted to the theme of 'a day at Les Charmettes'. Horace's *Hoc erat in votis* and Virgil's *Felix qui potuit rerum cognoscere causas* are the two main motifs. The tone is serene.

In the second 'half' of the *Confessions* (books VII to XII), written hastily and with an ever-present apologetic intention, the same art of composition is not displayed. Considerations other than chronology play little part in the planning, although a desire to establish phases is evident in the first sentences of each book, and also a certain unity of tone, particularly dark in book VII, is maintained in the various books. In general, the second 'half' of the *Confessions* is as dark as the first 'half' is light.

For *Rousseau juge de Jean-Jaques* the dialogue form is deliberately adopted, but the dialectical character of the situation that is examined in these *Dialogues* is independent of the formal structure. It is the situation of a man excluded from society completely. At this extreme point of isolation he is returned to the state of nature, like Robinson Crusoe and yet unlike him (*OC*, I, 812). 'Jean-Jacques' becomes natural man, but society is still there, ranged against him. 'Il est absolument seul [...] Une position si singulière est unique depuis l'existence du genre humain. Pour juger sainement de celui qui s'y trouve, [...] les formes ordinaires sur lesquelles s'établissent les jugements humains ne peuvent plus suffire' (*OC*, I, 765). But this analysis is not made by means of the dialogue form. The dialogue form is used didactically, not heuristically; dramatically, not dialectically. The dramatic character lies in the tensions inherent in what has been called 'dialogical composition'.[21] There is tension between author and reader (who is to be convinced), between author and 'others' (who accuse). These tensions disappear in *Les Rêveries du promeneur solitaire*, in which isolation is accepted with resignation, so that Rousseau's last work is marked by a great simplicity, uniformly serene, a quality which cannot suffice to justify a preference for this work over the powerfully constructed productions of Rousseau's maturity, but which helps us to understand the great charm the *Rêveries* have never ceased to exercise over partisans and adversaries alike. In the major works, the constituent elements are not assembled in accordance with a principle of uniformity, suitability or fittingness, like the theorems of geometry, always referable back to the axioms. On the contrary, each has an intentionality of its own, and combines with the others in a perspective and a project. With Rousseau, a recognition of the motion and vicissitude of things replaces the classical desire for a structure held in place by its own weight. The analysis of his methods of composition shows his work to be open-ended towards the future, not in the restricted way of Kantianism that E. Cassirer traced out for it, but because it was of itself a persistent criticism, sometimes revolutionary, sometimes reformist, of the present he was confronted with.

Notes

1. Rousseau expresses himself similarly in a fragmentary note which may well be contemporary: 'les transitions sont toujours ce qui me coûte le plus' (*OC*, I, 1129).
2. 'Je ne m'approprierais que ce que vous me feriez penser, et non pas ce que vous auriez pensé vous-même' (*CC*, VI, 12).
3. The article on COMPOSITION in the *Dictionnaire de musique* is mainly concerned with the setting of words to music, but there is one passage in which the author insists on the power to grasp the whole: 'mais il faut trouver en soi-même la source des beaux chants, de la grande harmonie, les tableaux, l'expression, être enfin capable de saisir ou de former l'ordonnance de tout un ouvrage, d'en suivre les convenances de toute espèce [. . .] tous nos artistes savent le remplissage, à peine avons-nous qui sachent la *composition*.'
4. 'Rousseau est ce que nous pourrions appeler un penseur bi-polaire, c'est-à-dire un de ceux dont la pensée s'organise, non pas autour d'un centre, comme ceux dont Bergson a parlé dans son étude sur l'intuition philosophique, mais autour de deux centres' (J. Wahl, 'La Bipolarité de Rousseau' in *Annales J.-J. Rousseau*, vol. XXXIII (1953–5), p. 9). B. Groethuysen calls one of his chapters 'Dualité d'idéals chez Rousseau' (*J.-J. Rousseau*, 1949).
5. As distinct from the dialectics of development according to Hegel and Marx, of which F. Engels discovered many elements in Rousseau's method of enquiry: 'Wir haben hier also schon bei Rousseau nicht nur einen Gedankengang, der dem in Marx Kapital verfolgten auf ein Haar gleicht, sondern auch im Einzelnen eine ganze Reihe derselben dialektischen Wendungen, deren Marx sich bedient: Prozesse die ihrer Natur nach antagonistisch sind, einen Widerspruch in sich enhalten, Umschlagen eines Extrems in sein Gegentheil, endlich, als Kern des Ganzen die Negation der Negation' (*Herrn Dührings Umwässung der Wissenschaft (1877–8)* (Zurich 1886), p. 131). Engels notes in his second preface that Marx himself collaborated closely in the writing of this work.
6. On the contrary, concerning the idea of the triangle (*OC*, III, 150), he expresses ideas closer to those of Malebranche or Spinoza than to those of Locke. Again, when discussing the use of the word *raison*, in *Émile* (*OC*, IV, 345 n.), he prefers to distinguish between different acceptations of the word rather than to look upon childish reasoning as developing into adult reasoning. This attitude does not, of course, guarantee him against play on words, which L. Althusser calls 'décalages' in his analysis of *Du Contrat social* (*Cahiers pour l'analyse*, No. 8, 1968), e.g. his social contract is not a contract in the ordinary sense, but he sometimes argues as though it were. What is noticeable, however, is that Rousseau's paralogisms do not destroy the basic structures of his works.
7. See 'Das Problem J. J. Rousseau', in *Archiv für Geschichte der Philosophie*, vol. XLI (Berlin 1932), in particular pp. 509 ff. This development appears in French in Cassirer's 'L'Unité dans l'œuvre de Jean-Jacques Rousseau' (*Bulletin de la société française de philosophie*, 32nd

year, N° 2, (April–June 1932), pp. 61 ff.). In P. Gay's English translation (New York 1954), it is on pp. 122 ff.

8. 'Il ne combine pas raisonnablement ses idées, il ne les ajuste pas avec réflexion l'une à l'autre. Elles explosent successivement. Il fonce tour à tour en tous sens' ('L'Unité de la pensée de Jean-Jacques Rousseau' in *Annales J.-J. Rousseau*, vol. VIII (1912), p. 8).

9. 'A partir de ce moment [1760], le problème qui se posera pour Rousseau sera le suivant: comment, sans retourner à l'état de nature, sans renoncer aux avantages de la société, l'homme civil pourra-t-il recouvrer les biens de l'homme naturel, innocence et bonheur?' (*ibid.*, p. 16).

10. See R. Mandrou, *La France aux XVIIe et XVIIIe siècles*, (Paris 1967), pp. 65–7; P. Goubert, *L'Ancien Régime*, vol. I (1969), p. 126.

11. P. Burgelin adds a fifth, 'l'état lettré, la civilisation et notre décadence' (*La Philosophie de l'existence de J.-J. Rousseau* (Paris 1952), p. 272). However, this 'état lettré' is a continuation of the fourth; its 'direction' is the same, so it is not really a new phase.

12. In Rousseau's *Essai sur l'origine des langues* (ch. IX), simple pity is described as 'natural to the human heart', but imagination and reflection are needed for the quality of being 'pitiful'.

13. This seems to be the implication of the motto Rousseau takes from Aristotle: *Non in depravatis, sed in his quae bene secundum naturam se habent, considerandum est quid sit naturale* (*OC*, III, 109).

14. The progression of the main argument is not disrupted by the *décalages* analysed by L. Althusser (see above, n. 6). Freed from the contemporary notion of 'contract', it runs as follows: 1: A 'body politic' (people) exists where security, liberty, justice (the end of war of all against all), and, as a consequence, a relative equality, depend entirely upon the common desire for them (general will to maintain them); 2: The 'law' is the expression of that common desire; 3: a 'constitution' is necessary for its realization and operation. This is the progression of republican thinking: body politic, rule of law, constitution.

15. This distinction is not quite the same as that which divided Locke from Hobbes. For this latter distinction see R. Derathé, *Jean-Jacques Rousseau et la science politique de son temps* (1950), pp. 125 ff. For the Platonic attitude see M. Launay, 'Jean-Jacques Rousseau dans la sphère d'influence platonicienne', in *Approches des lumières, Mélanges offerts à Jean Fabre* (1974), pp. 283 ff. Plato takes for granted that the social order men aspire to is part of the natural order of things, but he describes the *founding* of a republic, so the best social order is man-made. See also the fragment in which Rousseau relates the power of the father to *mœurs* and its limitation to *lois* (*OC*, III, 488). Only in the ideal republic are *mœurs* and *lois* identical.

16. Julie writes: 'tous mes bons sentiments se dépravent [. . .] et je vois avec une amère confusion jusqu'où l'oubli du premier de mes devoirs m'a fait porter celui de tous les autres' (*OC*, II, 114–17).

17. For an indication that Rousseau favoured smallholdings, see *CC*, XXV, 231 (N° 4373, Schulthess to Bodmer, 3 May 1765).

18. *Émile* may be looked upon as a reply to the cynical arguments of Versac,

in Crébillon *fils's Les Egarements du cœur et de l'esprit*. Versac argues cogently that in order to succeed in polite society one must become absolutely corrupt.

19. The *Vicaire* follows the rationalist theologian Samuel Clarke, but, whereas Clarke founded his beliefs on rational arguments, the *Vicaire* appeals to 'le sentiment intérieur' (*OC*, IV, 579). However, he does not use the expression 'sentiment intérieur' with reference to feelings in the sense of affects, nor in Malebranche's sense of an interior awareness having an object, e.g. the self, but rather with the meaning 'assentiment', seeing that it refers to the acceptance of certain propositions. So the *Vicaire*'s method does not differ fundamentally from that of the metaphysicians, in spite of his doubts concerning metaphysics (*OC*, IV, 577).

20. The *Vicaire* opposes not only Condillac, but Malebranche himself in declaring that the comparison of two simple sensations is not itself a sensation (*OC*, IV, 572). Malebranche allowed for 'composed sensations', while remaining in two minds as to whether they should be called 'jugements': 'Mais comme les sens ne font que sentir, et ne jugent jamais, à proprement parler, il est certain que ce jugement naturel n'est qu'une sensation composée' (*La Recherche de la vérité*, I, vii, 4; *Œuvres*, 1962, vol. I, p. 97). However, the *Vicaire*'s anti-sensationalist theorising does not interfere with the methodology of Emile's tutor, which consists of using sense experience, and then, as it develops, the pupil's affective awareness, for the cultivation of his intelligence and his judgement.

21. By E. Czaplejewicz, in his 'Dialogue theory of a literary work' (*Zagadnienia rodzajów literackich*, vol. XX, z. 1 (38), (Lodz 1977), pp. 49 ff.).

CHRISTOPHER FRAYLING

The composition of *La Nouvelle Héloïse*[1]

'[...] mais le lecteur se souviendra que ce n'est pas ici un livre de philosophie'[2]

'Un rêve de volupté redressé en instruction morale.' Gustave Lanson's famous formula, which was intended to describe the process of drafting *La Nouvelle Héloïse,* has recently been criticised by commentators on the novel for the way in which it distracts attention from the fundamental unity – or structure – of the finished product.[3] Daniel Mornet's more systematic account of the various 'stages' through which the novel went, between 1756 and 1759 – which was derived from Lanson's formula – has been criticised from a similar perspective.[4] Yet the formula was based on Rousseau's own account of the composition of *La Nouvelle Héloïse* (contained in the *Confessions*) and on some unambiguous remarks in the *Préface dialoguée* which the Citizen of Geneva appended to his novel just before publication. In other words, Lanson's (and Mornet's) stress on the fact that the novel seems to be going in two separate directions, has some primary historical documentation to support it. Rousseau certainly seems at times to have thought about the drafting of his novel in these terms – probably for very specific reasons.[5] In the *Confessions,* for example, he tells how the first two parts of the *Héloïse,* written before he had made the decision to embark on 'une espéce de Roman' (in summer and autumn 1756) when he was still frantically composing 'quelques lettres éparses sans suite et sans liaison', were the product of very different circumstances to the rest of the novel, written after he had worked out 'l'espéce de plan dont on a vû l'exécution' (from winter 1756, with various interruptions, to spring 1759), when he was busily trying to exorcise 'la honte de me démentir ainsi moi-même si nette-

181

ment et si hautement'. This latter phase, he adds apologetically, involved adding a lot of 'remplissage verbeux' to the original jottings.[6] So Lanson's fixed categories 'un rêve de volupté' / 'instruction morale' do at least neatly summarise one aspect of the *Confessions* account of the drafting, as well as preparing the reader in a simple way for the curious experience of encountering digressions on political economy, and on what we would today call sociological method, side by side with passionate love letters of extraordinary length. In criticising these fixed categories, commentators have drawn attention to the more *dynamic* aspects of the processs of drafting, and their critique has sometimes led to an analysis of the dialectical relationship within the novel (and within Rousseau's intentions at the time of writing it) between the author as 'berger extravagant' and the author as 'Citoyen de Genève'. These challenges to Lanson's formula have also, of course, been based on primary historical documentation – for example, different aspects of the *Confessions* account.[7] More recently, the debate about the place of Rousseau's novel in his development as a thinker – between those who interpret *La Nouvelle Héloïse* as evidence of ideas he expressed a little less ambiguously elsewhere, and those who prefer to read the novel as open-ended novel representing a reaction *against* more systematic, or formal, modes of presentation – has again raised questions about the status of Rousseau's 'instruction morale', and, beyond that, about the author's relationship with his own discourse.[8]

One problem, to which attention has often been drawn by Lanson's critics, is the variable quality of much of the evidence *external* to the actual process of drafting. In terms of quantity, there is no shortage of such external documentation for this period in Rousseau's writing life (the mid to late 1750s), and for the background to the composition of *La Nouvelle Héloïse* in particular: passages from an autobiography (probably written not long after the events described), letters written to close friends, or ex-friends, and people in touch with the book trade (such as Deleyre, Duclos, Malesherbes, Rey, Saint-Lambert and Vernes), *Mémoires* by professional acquaintances (such as Marmontel and Madame d'Epinay), evidence, in the form of manuscript notes, about the books Rousseau was reading at the time (by Béat de Muralt and Helvétius, for example) and, after publication, reviews in a wide range of literary *and* philosophical journals. But this documentation needs to be interpreted with great care: sometimes it appears to be ambiguous – the example of the *Confessions* has been mentioned already, and Deleyre's letter of 23 November 1756, which is often cited as key evidence about the early stages of drafting the novel, can be read in several different ways;[9] sometimes it is contradictory – for example, if one compares the retrospective *Préface dialoguée* with correspondence dating from the period in question, or if one looks at a selection of reviews in the Parisian press; occasionally, it is systematically misleading – Madame d'Epinay's so-called *Mémoires* are the most obvious example, but there are others. So if, like Mornet, a commentator seeks to approach the problem of the drafting of *La Nouvelle Héloïse* by giving emphasis to the books Rousseau was reading, the people he met, and the other works he was preparing at the time (especially the *Profession de foi* and the *Lettre à d'Alembert*) that commentator may well succeed in encouraging the view that the novel is nothing more than 'a pile of pieces of information about an extraordinary personality',[10] as well as stimulating a whole series of controversies about the status of the evidence, without ever telling us anything of substance about the act of writing, or about Rousseau's ever-changing relationship with his own text. Quite apart from the special difficulties associated with interpretation of the external evidence, the assumption that the relationship between text and biographical context can be treated as a simple matter of empirical fact raises methodological issues which cannot simply be ignored: yet even some critics of Lanson and Mornet have based their analysis on the same assumption.[11] As Robert Osmont has pointed out, the process of drafting *La Nouvelle Héloïse* can only be recovered through an analysis of the various 'stages' through which the book went, from the perspective of the artist's relationship to his artefact: 'Le mouvement d'ensemble qui porte *La Nouvelle Héloïse* n'est pas directement tributaire d'une aventure qu'il précède et prolonge, mais il correspond aux étapes de la vie *intérieure* de Rousseau [. . .]'.[12]

Clearly, such an analysis must begin with the five manuscript drafts. But where these drafts are concerned, Rousseau himself points to one basic problem for the researcher – that of decipherment. The *Confessions* (book iii) include Rousseau's candid admissions about 'l'extrême difficulté que je trouve à écrire': 'mes manuscrits raturés, barbouillés, mêlés, indéchiffrables attestent la peine qu'ils m'ont coutée. Il n'y en a pas un qu'il ne m'ait fallu transcrire quatre ou cinq fois avant de la donner à la presse' (*OC*, I, 114). For once, he was understating the case. In *La Nouvelle Héloïse* (II, xxi), Rousseau shows how much he despises 'des copistes ignorans et serviles qui

copient jusqu' aux fautes d'orthographe' (*OC*, II, 266): but it may be
that a thorough study of the manuscripts, *including* 'des fautes
d'orthographe', is required, if we hope to get near (or as near as
possible) the actual process of writing *La Nouvelle Héloïse*.
Rousseau's remarks in the *Confessions* apply particularly to the
earliest drafts – the *brouillons* and the first fair copies: and it is
precisely these which can, in principle and in practice, provide the
tools for a study of the relationship between the stages and occasions
in the construction of Rousseau's argument, and his completed discourse – in other words, of the dynamic process which Lanson's formula attempts to 'freeze' into fixed categories. For example, the
brouillons reveal Rousseau's hesitations about and changes of attitude
towards, the 'method of M. de Wolmar' – which was, until fairly
recently, treated by commentators as a straightforward, 'systematic'
transcription of ideas from the abandoned *Morale sensitive* (a text of
'instruction morale' if ever there was one).[13] They also reveal that
Rousseau was *continually* unsure about how best to present the
various 'digressions' on topics – such as duelling, suicide, the role of
the nobility, the domestic economy, education, and Genevan
society – which were of particular concern to him, at a time when he
lacked confidence in his ability to write 'systematic' treatises on
political obligation, the psycho-genetic educational principle, and *La
Morale sensitive*.[14] These *brouillons* are not always easy to interpret
(there are the usual problems of decipherment, dating, collating – and
several are missing); also, a study of them does not, of course, help to
resolve the broader question of how far an author's intentions can be
recovered with reference to written sources alone: but at least they
provide 'hard' evidence of the various stages through which the novel
went, and enable us to consider the text as a unity at the same time as
analysing its composition.

Selections from these *brouillons* have been published in Mornet's
edition of *La Nouvelle Héloïse* and in volume II of the Pléiade *Oeuvres
Complètes:* in both cases, however, the choice of variants is
'nécessairement arbitraire' ('nous n'avons évidemment pas entrepris
ici une édition critique exhaustive') (*OC*, II, lxxvii), and Mornet's
selection in particular was based on the presupposition that the
manuscripts were of purely 'stylistic' interest. So the researcher can
never be certain that 'les variantes les plus dignes d'intérêt' (*OC*, II,
lxxvii) are available in published form. Another major problem, up to
now, has been the absence of the *brouillon* of Part III, letter xviii – the

central letter of *La Nouvelle Héloïse*, which seems to provide a 'bridge' between the shepherd's 'rêve de volupté' and the Citizen's 'instruction morale'. With the discovery of this *brouillon*, Lanson's formula can at last be confronted using evidence of the most crucial stage in the actual process of writing.

Part III, letter xviii is, according to Bernard Guyon 'la plus importante [lettre] du livre' (*OC*, II, 1538). Recent studies of *La Nouvelle Héloïse* (including most of those mentioned earlier) have also stressed the exceptional significance of this letter, 'sa place dominante, au centre de l'oeuvre, "géographiquement" si l'on ose dire et spirituellement' (*OC*, II, 1538). Bellenot, writing of III, xviii, concludes that 'le mariage de Julie en fin de compte assure le triomphe de la morale civile et civique [. . .]'.[15] For J. H. Broome, the letter 'represents an *aspect* of the Social Contract, and is in any case one of the most important of all Rousseau texts, because it applies his basic principle to domestic life, in addition to holding open the door to a religious consummation'.[16] In terms of those themes in the *Héloïse* which have been interpreted by commentators as relating to Rousseau's political and social theory — the problem of sacrifice, the possibility of 'rebirth', the influence of dependence relationships on the individual, the question of obligation (Julie's attitude towards 'la maison paternelle'), the specific application of *La Morale sensitive* in a fictional context, the debate about 'honnêteté conjugale, qui tient radicalement à tout l'ordre social', the relationship between religious observance and social conformity, the critique of *philosophes* and *mondains*, and the contrast between two familial societies — Julie's long 'histoire' is a crucial text: the comparison between Julie's state of mind when she is living in the Etange household and her (in this case potential) response to Wolmar's method — at the centre of all the main concerns of the book — is nowhere more lucidly presented than in the neatly structured pre- and post-marital sections of III, xviii.

Guyon surmises that this letter was re-drafted in spring 1758, in order to add 'des développements spécifiquement religieux', when the *Héloïse* comprised only five parts (*OC*, II, lxi). Since he did not have access to the *brouillon* of III, xviii, he bases his thesis on the fact that, in the first four parts 'mise à part la lettre 18 de la troisième, la place accordée aux préoccupations religieuses est pratiquement nulle' (*OC*, II, xl). Having studied the *brouillons* of III, xvii and III, xix–xx, Guyon concludes that 'il est donc certain qu'une lettre 18 a existé dans la version primitive. Mais il est très probable qu'elle n'était pas celle que nous lisons [. . .] l'accent héroïque devait s'y faire plus entendre que l'accent mystique' (*OC*, II, xl). In the first four parts (with the exception of III, xviii), Julie may feel that she has done wrong, but she has no sense of having 'sinned'; she never prays, or speaks of God: where Wolmar is concerned, there is nothing to suggest he is an atheist; in letters which are supposed to postdate her marriage, Julie makes no mention of the fact. Yet III, xviii is a letter 'où Julie, à l'aube d'une vie nouvelle, raconte l'illumination qu'elle a "éprouvée le jour de son mariage"; où elle décrit son retour à Dieu, à la prière, et, dans cette lumière surnaturelle, récapitule sa vie passée, et fixe sa vie à venir' (*OC*, II, xl). Guyon's thesis – which seems in a sense to vindicate Lanson's celebrated formula – is indirectly supported by Rousseau's apparently muddled chronology in the *Confessions*: during his account of the drafting of Parts I-III, Rousseau mentions that 'l'orage excité par l'Encyclopédie, loin de se calmer étoit alors dans sa plus grande force' (*OC*, I, 435), and that when he was revising the first two parts (winter 1756–7), he decided, in the interests of public peace, to effect a reconciliation between Christians and philosophes in his novel, through the characters of Wolmar and Julie (*OC*, I, 435–6). Rousseau places this decision at roughly the same time as Deleyre wrote to him 'du trouble et de l'agitation qui régnoient dans Paris': although Deleyre's letters often tend to describe the difficulties experienced by the 'parti des Encyclopédistes' – for the benefit of Rousseau, the rustic sage – only in January 1758 did he complain that 'Nos philosophes sont attaqués de cent façons'.[17]

But a closer study of the *Confessions* reveals another direct reference to the contents of III, xviii, which specifically locates the letter among the events of spring–summer 1757. (Again, the *external* evidence can be interpreted in two distinct ways.) Rousseau recalls: 'J'ai dit quelque part qu'il ne faut rien accorder aux sens quand on veut leur refuser quelque chose. Pour connoitre combien cette maxime se trouva fausse avec Madᵉ d'Houdetot, et combien elle eut raison de compter sur elle-même, il faudroit entrer dans les détails de nos longs et fréquens tête-à-têtes [. . .]' (*OC*, I, 443). In the first section of III, xviii (when she is reminiscing about the development of her relationship with her tutor), Julie writes: 'J'appris dans le bosquet de Clarens que j'avois trop compté sur moi, et qu'il ne faut rien accorder aux sens quand on veut leur refuser quelque chose' (*OC*, II, 342). The phrase appears (complete) in the *brouillon* of III, xviii (as part of the main text – Rousseau seems to have found the words he wanted first time round).[18] Although the *Confessions* account suggests that Julie's letter had been written *before* the affair with Sophie, it may be, as Robert Osmont has pointed out, that it was written *during* the affair, since 'c'est pour apaiser sa conscience, c'est pour aimer dans une égoïste sécurité que Rousseau voulut croire à l'insensibilité de Sophie. En réalité, on peut le deviner par la correspondance, Mme d'Houdetot connut, elle aussi, un moment de trouble [...]'.[19] According to Osmont's extremely subtle reading, Rousseau would have wished to stress Sophie's coldness, her insensibility, in short the *difference* between her and Julie, *for his own peace of mind*.[20] The *Confessions* thus imply that III, xviii was written in spring 1757: if Osmont is right, III, xviii was inextricably bound up with Rousseau's state of mind in *summer* 1757: 'la psychologie du personnage romanesque [Julie] ne saurait être tenue ici pour entièrement autonome; elle ne se sépare pas des souvenirs de l'été de 1757.'[21]Either way, Rousseau recalled in *this* part of the *Confessions* that he had drafted the letter at least six months before Guyon's reading of the evidence would suggest. As will become apparent from my analysis of the *brouillon*, it is very unlikely that III, xviii was conceived as late as spring 1758, and the letter was *not* substantially revised. The most sensible hypothesis seems to be that it was written either between March and June 1757, or, at the latest, in October 1757.[22]

In the margin of folio 9 (verso) of the *brouillon*, Rousseau wrote a series of pilot-phrases for 'Saint-Preux's' 'songe prémonitaire':

Tu seras mère à ton tour
Tu saurois ce que c'est que l'amour maternel, il te coûtera la vie ainsi qu'à moi et tu seras ma fille encore en cela[23]

The final version of Madame d'Etange's 'last words' (Part V, letter ix, originally V, vii) is rather different: '... il faut remplir son sort ... Dieu est juste ... tu seras mere à ton tour ...' (*OC*, II, 616). According to Coulet and Guyon, the 'songe prémonitaire' was part of Rousseau's 'projet ancien' (*OC*, II, 1715).[24] Although V (vii) ix was in the 'primitive' version of Part V, it is not clear exactly when it was first drafted: the *brouillon* was extensively revised. When pilot-phrases appear in the margin of Rousseau's first drafts of letters for *La Nouvelle Héloïse*, this usually means that the letter being drafted antedates the passage to which the jottings refer. Madame d'Etange's last words are mentioned, indirectly, in Julie's letter (III, v) which describes her mother's death: 'Mon nom fut le dernier mot qu'elle

prononça; son dernier regard fut tourné sur moi' (*OC*, II, 315).
Perhaps at one time, Rousseau considered having Julie reveal her last
words to the ex-lover at the appropriate stage in his 'histoire naive'. If
so, III, xviii cannot have been a late addition.

III, xviii was evidently drafted *after* Rousseau had decided to make
the Baron a mercenary (thus after the first draft of V, ii) but *before* he
had decided what emphasis to give Chaillot's rôle. The digression on
'Un incrédule [qui] fait le bien par goût et non par choix' (an introduction to the discussions of Wolmar's atheism in Parts V and VI) *was*
added to III, xviii as an afterthought, like the brief digressions on
education and conscience[25] – so the Coulet/Guyon thesis is correct in
this respect. And the final version of Julie's attack on materialist
philosophy ('En effet, si le corps seul produit la pensée [. . .]') was
drafted when Rousseau revised III, xviii: above the original version of
this passage (which consisted of a lengthy digression on the 'natural'
love of children for their parents, and on the domestic implications – where Julie herself was concerned – of 'la douce voix de la
nature'), he wrote 'N.B. à refaire', and at some later date crossed out
over half the text of folio 11 (recto) substituting the more precise summary in the left-hand margin.[26] In short, Rousseau was dissatisfied
with the argument even *before* he added the paragraph on materialism:
the main body of the text predates Rousseau's reading of Helvétius,
perhaps by some considerable time.

On two occasions Rousseau either added phrases to the first draft of
III, xviii or else adapted phrases (after the first draft) in order to lead
the reader towards later periods in Julie's life: 'Je vous crus oublié, je
me crus guérie. / ôtez l'estime et l'amour n'est plus rien'.[27]

Various references to the duties which bind together 'la famille et
toute la société', and to the question of 'ordre' in society, were also
added after the first draft – possibly when Rousseau was putting the
finishing touches to *La Nouvelle Héloïse*, after he had completed the
Lettre à d'Alembert. Julie's first impressions of M. de Wolmar (as
remembered in III, xviii) seem originally to have been written during
the same period as the central section of IV, xii: but this section (on
Wolmar's feelings for Julie) was probably not part of the original conception of IV, xii.[28]

Je parlai de ma peine an baron d'Orsinge. Il ne faut point, me dit-il, veillir
garçon . . .
        . . . il ne vouloit pas mourir garçon, . . . Mon Père lui avoit parlé de sa
fille.[29]

(Rousseau subsequently deleted 'il ne vouloit ... garçon' from the final version of III, xviii.)

At the end of her 'histoire naive', Julie quotes from one of her ex-tutor's letters (I, xxiv), to explain and justify the 'sacrifices héroiques' she expects from him. She has already cited the same letter in I, lvii (on duelling – a later addition to Part I) when reminding her lover of the distinction between real and apparent honour (*OC*, II, 153–4). Since the *brouillon* of I, xxiv has not been located, the letter is unfortunately difficult to date: in the *Copie Luxembourg*, the relevant passage is identical to the final text. The *brouillon* of III, xviii shows that the paragraph (on heroic sacrifice) which introduces Julie's quotation was added (on a separate scrap of paper) as an afterthought.[30] And the quotation differs significantly from the *C.L.* version of I, xxiv: for example, the sentence 'Otez l'idée ... rien' is missing, and instead of '... qu'il nous éleve ... aimé', the *brouillon* has a longer sentence concerning the superficiality of relationships based entirely on the pleasures of the senses.[31] There are thus three possibilities: Rousseau may have been paraphrasing from memory; he may have been copying an earlier version of I, xxiv; or III, xviii may antedate I, xxiv – which in turn may possibly be a late letter. On the *brouillon*, the quotation certainly looks like a copied passage.[32]

The ms. of III, xviii shows that Rousseau did *not* substantially redraft an earlier version. The digression on atheism (which is crucial to the Coulet/Guyon thesis) *was* added after the original conception. But the sections of the letter dealing with Julie's marriage, her conversion, and the 'sudden revolution' which changes her life are clearly part of the earliest draft[33] – and 'l'accent mystique' predominates, as it does in the final version. Apart from the introductory paragraph, the marginal additions and folio 12 (recto) (which includes the quotation from I, xxiv mentioned above) the *brouillon* is evidently not a copy: descriptions of the earliest stages of Julie's love affair are written as untidily, and indecisively, as the more 'systematic' digressions on adultery, materialism and prayer.[34] In the case of Julie's lengthy homily about 'un Dieu méchant' ('c'est en vain qu'on voudroit nous peindre Dieu ... vindicatif') Rousseau wrote 'N.B. ailleurs' in the margin of the *brouillon*, and added a different version of the same ideas to VI, viii:[35] most of this homily formed part of the original draft; it was transposed to the final section of the novel in 1758, or perhaps even later.

As might be expected, the Flers ms. reveals some of Rousseau's hesitations about, and changes of attitude towards the main themes of his novel. For example:

1. The opposition to Julie's love-affair was originally described in terms of 'l'ordre civil'; Rousseau was unsure about how often to employ the adjective 'criminelle' when presenting Julie's (retrospective) feelings about the relationship.

2. The words 'insensiblement' and 'secrète' were originally given much more emphasis: where 'insensiblement' is used, Julie is usually describing unforeseen developments in her life or trying to justify herself; where 'secrète' is used, she reveals her true feelings about 'conscience', God or, on occasion, Wolmar.

3. Rousseau hesitated before deciding whether Julie should explicitly realise that she had been the initiator (by 'dessein'), from the earliest stages of her affair, or whether this should simply be implied by her 'histoire naive'. How firm should Julie be with her lover; should she address him as 'tu' or 'vous'?

4. Rousseau worked hard on various images of sickness, which he used to illustrate Julie's state of mind: the second of these is particularly important, since it immediately precedes a description of M. de Wolmar's return (perhaps the doctor/patient analogy best defines Wolmar's relationship with both Julie and 'Saint-Preux').

5. Originally, the Baron d'Etange explained that Wolmar had returned to 'Petersbourg', to settle his affairs. This geographical reference was deleted, but at a later date the words 'en Sibérie' were added to the description of Wolmar's exile: when drafting the *Héloïse*, Rousseau was often unsure about how much *specificity* to give both the backgrounds of his main characters, and the 'message' of the Clarens sections of the novel.

6. The *brouillon* of III, xviii – like so many of the early drafts of letters in Parts I–III – reveals Rousseau's ambivalent attitude towards the behaviour of his two lovers: are the games, the oaths, the 'rôles' and the secrecy evidence of rare sensibility – or are the lovers honest with each other, yet dishonest with themselves? Julie's thoughts about conscience, 'transparency' and loyalty to Wolmar tell us also about her fears of being 'discovered' ...

7. Rousseau seems to have faced his usual difficulties about how best to introduce and present Julie's 'sermons': should the emphasis be on formality, or on the personal approach? should the examples she cites be general ones, or examples the Tutor might be expected to recognise? should her arguments be structured around the Tutor's

previous letters? (At one point, Julie's attack on a materialistic *philosophe* turns suddenly into a personal attack on 'Saint Preux', without warning.)

Of course, some of the variants are of purely stylistic interest. However, since this letter is so central for the understanding of Rousseau's main preoccupations when drafting the later parts of the *Héloïse*, I have transcribed (in extenso) all the most important sections of the ms. and here present them for the first time.

In the following transcription, the letters 'f.v.' denote 'final version' (i.e. the Pléiade version of the published text): only where there are significant differences have I cross-referred with the later manuscript drafts (for example, '*C.L.*' or *Copie Luxembourg*). The letter 'm' preceding a word, phrase or paragraph denotes a marginal addition; the letters 'm.t.' denote 'main text' (i.e. the main body of the narrative, as drafted on the right-hand side of the manuscript). Parentheses denote crossings-out. Where the original is presented in a particularly complicated manner (for example, folio eleven (recto)) I have transcribed it exactly as Rousseau wrote it. If a sentence is identical with the final version, I have simply given the first ... last words. Since Rousseau's use of capital letters is often significant (as his way of stressing the *idea* behind a certain word), these capitals have been retained. Rousseau's (erratic) spelling, punctuation and use of accents have not been regularised. Asterisked passages and the use of boxes and brace brackets also follow the manuscript.

Julie begins III, xviii by explaining why she wishes to describe her version of 'un tems si cher' in such detail:

> ... peut-être (en tirerons-nous) y trouverai-je des (observations utiles) leçons pour user plus sagement de celui qui (nous) me reste. [fo. 1r]

Up until very recently ('huit jours' on the first draft, 'deux mois' in the text), Julie continues, she believed that

> nous étions faits l'un pour l'autre; (et) je serois à (vous) lui si l'ordre (civil) humain (ne fouloit aux pieds) n'eut renversé tous les raports de la nature et s'il (permettoit) étoit permis à quelcun d'être heureux, nous le serions l'un par l'autre.

At the beginning of the affair, they enjoyed their mutual love in silence:

> Je vis, je sentis que j'étois aimée et que je devois l'être. (Je n'avois besoin ni
> de vos discours ni de) (Le coeur s'étoit fait entendre longtems avant que la
> bouche) La bouche étoit muette . . . [fo. 1v]

Julie was aware of her tutor's restraint:

> Je vis la gene de vôtre reserve, (j'admirai) j'aprouvai vôtre respect, j'ad-
> mirai votre vertu, je vous en aimai davantage.

She tried to compensate him for this 'silence . . . si nécessaire' (f.v.
adds 'sans qu'il en coutat à mon innocence') by playing a rôle, based
on Claire's example (f.v. adds 'pour prevenir des explications trop
graves' and also the conclusion: 'Tout cela me réussit mal; on ne sort
point de son naturel impunément') (*OC*, II, 341).

> J'eus beau (vous) par une (serieux) froideur affectée vous tenir eloigné dans
> le tête à tête*; vous écrivites
>
> * [m.] cette contrainte même me trahit.

Instead of immediately showing the tutor's first letter to her mother,
or burning it, she decided to read it: 'ce fut là mon (seul) seul crime et
tout le reste fut forcé.' Her next mistake followed on from the first:

> je (vis) connus que ma passion ne m'aveugloit point sur vos vertus [f.v.:
> 'les vertus qu'elle me faisoit trouver en vous' . . . (*OC*, II, 342)]

> . . . Touchée de votre retenue je crus pouvoir impunément modérer
> (tempérer) la mienne;*
>
> * [m] (fille trop simple qu j'étois) dans l'innocence de mes désirs je
> (croyois) pensois encourager en vous la vertu même, pour les tendres
> caresses de l'amitié (je me perdis)

Julie continues by describing how the Baron introduced M. de
Wolmar — a friend and colleague for *thirty* years — into his household:

> [m.t.] (De son côté) M. de Wolmar (quoique) etoit deja d'un âge avancé,
> (ne) il ne vouloit pas mourir garçon, et (quoiqu'il fut) quoique riche et de
> grande naissance, il ne trouvoit point de femme qui lui convint. Mon Père
> lui avoit parlé de sa fille en (Père tendre) homme qui souhaitoit de se faire
> un gendre de son ami; il (a voulu) fut question de la lui montrer et c'est
> dans ce dessein qu'ils firent le voyage ensemble. (Mon malheur) Le Ciel
> voulut que je plusse à M. de Wolmar . . . [fo. 2r]

After Wolmar's departure for 'une cour du nord', 'mon Père nous déclara à ma Mere et à moi (quel étoit l'époux qu 'il m'avoit destiné) qu'il me l'avoit destiné pour époux'. Madame d'Etange ('qui n'avoit que trop remarqué la convenance de nos coeurs') tried to persuade her husband to think well of the tutor:

> mais (une seule) la qualité qui vous manquoit le rendoit insensible (à toutes les autres) aux autres (Non qu'à ses yeux la noblesse supplée à tout mais rien n'y supplée à la noblesse) et si la (noblesse) naissance n'y pouvoit suppléer à ses yeux, elle seule pouvoit (seule) les faire valoir.

This direct confrontation with her father only adds to Julie's problems:

> [m.] Ainsi périt (avec l'illusion qu m'avoit abusée) (tout à la fois dans mon coeur le courage et l'illusion) [m.t.] (Ainsi périt avec une illusion trompeuse le courage) (et devoir) (qui me restoit. L'espoir de voir un terme à nos maux m'avoit donnée la force de les supporter mais le moyen de*
>
> * [m.] se condonner volontairement à
>
> [m.t.] (souffrir sans cesse) (toujours) (sans cesse et sans fin) (pour n'être jamais heureux) (Le moyen de passer la vie à disputer une victoire sans recompense et à combattre avec tant de peine pour n'être jamais content) (heureux?) (C'est ainsi que l'espérance éteinte acheva d'éteindre mon courage) [fo. 2r-v]

(Rousseau re-drafted this paragraph on a separate scrap of paper.) Eventually, forced to make a choice between living with her family and eloping with the tutor, Julie can no longer cope:

> {. . . (mon esprit) partagée entre l'idée de quiter la maison paternelle et celle de renoncer à vous pour jamais; (je fus) je fus accablée d'une si cruelle alternative. (les forces de la nature ont un terme), ce combat affreux épuisa (les miens) mes forces. Je tombai malade . . .} [fo. 2v]

Julie concludes that 'je succombai par foiblesse et non par erreur' (f.v. adds 'je n'eus pas même l'excuse de l'aveuglement'):

> Il ne me restoit aucun espoir; je ne pouvois plus qu'être (malheureuse) infortunée. L'innocence et l'amour m'étoient également nécessaires, ne pouvant les conserver (à la fois) ensemble [m.] et voyant votre egarement [m.t.] je . . . me perdis pour vous sauver. [fo. 3r]

(In the left-hand margin, Rousseau added the development 'qui font les délices ... l'avoir perdue', including Julie's conclusion 'Criminelle et non dépravée, je ne pus échaper aux remords qui m'attendoient'.)[36]

(Je ne me trouvai point aussi vile que j'avois (voulu) cru l'être (je) et ne fus point insensible aux douleurs comme un blessé qu'a gagné la gangrène)

But Julie still hoped to draw 'de ma faute (même) un moyen de la réparer'. She planned to bring the whole affair out into the open, once she was certain of her pregnancy:

(J'avois mon dessein) (mon dessein étoit) j'avois résolu d'en faire une déclaration publique en présence (du pasteur) [Rousseau added 'à M. Perret' as an afterthought] de tout ma famille. [m.] Je suis timide il est vrai, mais ... (le but que j'envisageois m'inspiroit) la pudeur même animoit mon courage ... [fo. 3r-v][37]

But she had good reason to keep her plan a secret:

Mille (importantes) raisons me forçoient à cette reserve ... (mon dessein étoit) il étoit à propos de vous éloigner ...

Julie was aware that the tutor, although courageous, was liable to become impatient:

[m.] ... c'est par cette raison [m.t.] que je vous (avois) cachai toujours avec soin (l'engagement) les engagemens de mon Père (fait un secret de) (la volonté de mon Père))ma distination) ... je vous laissai flater d'un espoir que je n'avois (plus) pas. [fo. 4r. Cf. *OC*, II, 346]

(Rousseau added in the margin the development from 'Je fis plus' to 'vous tranquilliser', which concerns Julie's reasons for 'vous engageant avec ma parole ma liberté autant qu'il m'étoit possible'; and the development from 'c'étoit un devoir puérile ... notre choix', which includes Julie's comments on the tutor's concept of 'vertu': '... quand on a une fois abandonné la véritable (vertu), on s'en fait ensuite une à sa mode') (cf. *OC*, II, 346).

When 'S.G.' (as he calls himself) was visiting Paris, Julie feared that he would become 'un homme à bonnes fortunes', and that she would be forgotten: 'j'aimois mieux une fois vous savoir infortuné [f.v. has 'malheureux'] que méprisable'.

But his behaviour after the brothel incident reassured her. (The first draft omits the half sentence 'et dont ... touchée', and develops Julie's ideas on 'l'aveu' in the margin.)

(ce n'est proprement que de ce jour que je vous estimai ce que vous valez et que je connus parfaitement de quoi votre coeur étoit capable) Je jugeai qu'un coeur si sincere étoit incapable d'infidélité [f.v. adds 'cachée'], je trouvai moins de crime (f.v. : 'tort') dans votre faute que de mérite à l'avouer (f.v. : 'confesser') ...

Julie was still '(en proye à une passion criminelle et malheureuse)'; by now, her mother had noticed 'ma honte, et se contenta d'en gemir (en secret)'. Julie witnesses the effect of S.G.'s letter on her mother's 'coeur ... bienfaisant' (f.v. : 'compatissant').

She continues by explaining how '(Votre) L'image (m'étoit pareille) de ma Mere mourante effaçoit la votre'. Her feelings are rather like those of '(une malade qui perd le sentiment de la douleur en tombant en foiblesse)' (f.v. added in the margin).

At this point, her father announced that Wolmar would be returning soon:

Je lui déclarai nettement que jamais M. de Wolmar (ni d') ne me seroit rien, (et) que j'étois (résolu de) determinée à mourir fille, qu'il étoit le maitre de ma vie mais non pas de mon coeur, et que rien ne me feroit changer de (sentiment) volonté ... [m.] (ses reproches furent d'autant plus sanglants que sans s'expliquer entièrement il paroissoit) (qu'en effet) (en savoir plus que je n'avois cru sur nos liaisons, mais bien loin de tirer de là l'avantage qu'il avoit espéré, il ne fit que fournir de plus fortes raisons de lui resister)

(Rousseau added an abridged, less outspoken version of 'ses reproches ... resister' to the ensuing description of Etange's behaviour.)

The Baron realises ('aisément') that 'il ne gagneroit rien sur moi par autorité'. He immediately adopts a different tactic:

... levant les yeux sur les miens [f.v.: 'fixant ses yeux mouillés'], il me dit d'une voix (plaintive et) touchante que (je crois) j'entens encore au dedans de moi: Ma fille! respecte les cheveux blancs de ton malheureux Pere ... [fo. 4v–5r. Cf. *OC*, II, 347–8]

(Etange's speech was evidently written before Julie's introduction to it, and Rousseau wrote two separate versions of the Baron's first words, in the intervening space on the manuscript.)

(Ecoutez ma fille ce que j'ai à vous dire. Vous parlerez ensuite si vous voulez) ... Ecoutez une fois ce que l'honneur d'un Pere et le vôtre exigent de vous ... vous savez les engagemens que j'ai pris avec lui (M. de

Wolmar). (Je vous demande s'il m'est permis de les rompre et si je pourvois même alleguer vôtre refus sans me deshonorer) (mais une chose que vous ne savez pas) Ce qu'il faut vous apprendre encore, c'est qu'étant (depuis) allé (à Petersbourg) dans son pais pour mettre ordre à ses affaires, . . . il n'a lui-même échapé à l'exil [m. : 'en Sibérie' – evidently written on a separate occasion] que par un bonheur singulier, . . . et qu'il revient avec (un foible) le débris de sa fortune sur la parole d'un h d'honneur [f.v.: 'de son ami') qui n'en manqua jamais à personne.

Etange continues by explaining his attitude towards oaths. He then predicts:

Vos amours allegués (s'ils ne passent pas) seront pris pour un prétexte, ou ne seront pour moi qu'un (déshonneur) affront de plus (et je finirai) (des jours) (une vie soutenue honorablement durant soixante ans couvert de mépris et d'opprobre et je passerai) [m.] et nous passerons, vous pour une fille perdue et moi [m.t.] pour un malhonnête homme qui sacrifie (sacrifiant) son (honneur) devoir et sa foi à un vil intérêt et (qui) joint (sans scrupule) l'ingratitude à l'infidélité . . . soixante ans d'honneur ne (se perdent) s'abandonnent pas en un quart d'heure . . . voyez si des préférences que la pudeur desavoue . . . peuvent jamais être mis en balance avec l'honneur compromis d'un pere [f.v. adds 'avec le devoir d'une fille et . . .'] . . . mon enfant, l'honneur a parlé, et dans le sang dont vous sortez [f.v.: 'tu sors'] c'est toujours lui qui décide. [fo. 5v–6r][38]

Julie sees that any reply she can make to this 'discours' will be a waste of breath, because:

(quelque vertueux que soit mon Père) les préjugés de (la naissance lui donnent des principes si différens des miens, tout vertueux qu'il est) . . .

When she confesses that she has sworn not to marry without the tutor's consent, 'je m'apperçus avec plaisir que mon scrupule ne lui déplaisoit pas; il n'y objecta rien; [f.v. adds 'il me fit de vifs reproches sur ma promesse, mais . . .'] Tant ce (fier) gentilhomme plein d'honneur [the words 'plein d'honneur' were added on a separate occasion] a naturellement une haute idée de la foi des engagemens . . .'.

Julie is persuaded to write to her lover: his reply arrives when she is ill (this chronological detail was omitted from the original draft), and the Baron refuses to accept any more excuses:

. . . avec l'ascendant que le mot effrayant qu'il m'avoit dit en embrassant mes genoux lui donnoit sur moi, [f.v. : 'sur mes volontés'] il me fit jurer que je ne dirois rien à M. de Wolmar qui put le détourner de m'épouser . . . [fo. 6r–v][39]

(Rousseau subsequently added in the margin a brief digression on the state of Julie's health, eventually to be used as an introduction to the next paragraph.)

Julie continues by describing 'l'inoculation de l'amour' and her discovery that S.G. has 'pris à dessein (la petite vérole)'. It was this discovery which convinced her that 'je n'accorderois jamais les droits de l'amour et de la nature qu'aux dépends de l'honnêteté' . . . 'je devins une autre au dedans de moi'.

Because of 'la contrainte' (f.v.: 'les obstacles'), Julie's passion ('sans règle') became uncontrollable:

> (les discours de vos philosophes me séduisèrent) (moi) (avec un coeur si corrompu le moyen de résister aux discours) (raisons) (de vos philosophes) . . . des horreurs dont l'idée n'avoit jamais souillé mon ame s'y presentèrent insensiblement . . .

At this point, Julie feels unable to continue her story: '(je ne sais quel effroi glace mon sang et fait trembler ma main)' (fo. 6v).[40]

She does, however, recall 'ces tems de bonheur et d'innocence où ce feu celeste et si doux qui nous animoit (sembloit épurer) épuroit tous nos sentimens . . . (sembloit nous rendre) nous rendoit . . . l'honnêteté plus aimable, où les desirs mêmes ne sembloient naitre que pour nous (faire goûter) donner (le charme) loisir [f.v.: 'honneur'] de les vaincre' (fo. 7r).[41] In the margin, Rousseau wrote, 'ils s'écrivoient des lettres (touchantes) où brilloient avec le plus tendre amour des sentimens de vertu et d'honnêteté qui le rendoient plus touchant encore': he then adapted this simple summary for inclusion in Julie's recollections.

> [m.t.] (. . . leurs coeurs avilis par ce même amour qui les epura si longtems) (. . .) (sont livrés au crime et à l'infamie) . . .

Next to this passage (m.) Rousseau wrote a series of pilot-phrases for the next two paragraphs: 'Qu'étions-nous, et que sommes-nous devenus? Que font maintenant ces amours vertueux. (Il se préparent) à souiller le lit conjugal. Ils méditent des adulteres!'

Julie insists, however, that during the early stages of their love affair (m.) 's'ils cesserent d'être chastes [m.t.] au moins . . . la vertu leur étoit (encore) toujours chere' (cf. *OC*, II, 352–3).

Later she could say 'N'ont-ils pas d'autres âmes au dedans d'eux'. Julie continues by discussing the effect of the passage of time on their love:

Quelle longueur de tems peut effacer [f.v. : 'détruire'] un si charmant
souvenir, et faire (supporter le poids des) (du crime a des coeurs qui con-
nurent une fois oublier) perdre le vrai sentiment du bonheur à (ceux) qui l'a
pu (goûter) (l'ont une fois goûtés) (un seul instant de sa vie) savourer . . .
Prestige des passions! tu . . . changes la nature (de l'homme) sans qu'(il) on
s'en apperçoive . . . [m.] on se détourne (insensiblement) d'un seul pas de la
droite route. (A l'instant) aussitôt [m.t.] une pente (insensible fait tout le
reste) (insensible) insensible et inévitable nous entraine et nous perd [f.v.
omits 'insensible'] . . . (sans pouvoir dire exactement) (quand on cessa
d'être honnête homme) (d'être homme de bien) (honnête) (homme de bien)
(m.) de se (voir à la suite) (de se voir) (méchans avec) trouver couvert de
crimes avec le coeur d'un h. de bien [f.v. has 'né pour la vertu'] . . .
[m.t. – added later] 'je reprends mon récit . . .'

This introduces Julie's analysis of the 'heureuse révolution' she
experienced during the wedding ceremony:

Arrivée au Temple, je sentis . . . une (trouble) sorte d'émotion que je
n'avois jamais éprouvée. (Il me sembla qu'un révolution secrete se faisoit
au dedans de moi). Je ne sais quelle terreur vint saisir mon ame dans ce lieu
. . . Loin de me remettre (insensiblement) mon trouble ne fut qu'augmenter
durant la cérémonie. (Mais) (Sans cesse) (tout ce que j'apercevois) (me
causoit) (faisoit une impression) (frapoit d'une manière extraordinaire . . .)

Rousseau then re-wrote this addition in a form similar to the f.v.

. . . donnoit à ce qui s'alloit passer un certain appareil auguste [f.v.: 'un air
de solemnité'] qui m'excitoit à l'attention et au respect (f.v. adds 'et qui
m'eut fait frémir à la seule idée d'un parjure') . . . La (sainteté) pureté, la
dignité, la sainteté du mariage, si vivement exposées dans les paroles de
l'écriture (qu'il – i.e. 'le Ministre' – prononçoit), ses chastes et sublimes
devoirs si importants au bonheur, à la paix, à la durée du genre humain,
[f.v.: adds 'à l'ordre' to the list] si (charmant) doux à remplir pour toute
ame tendre et honnête. Tout cela me fit (dans la mienne) une (profonde)
telle impression que je crus sentir intérieurement une révolution secrete
[f.v.: 'subite'] [fo. 7v–8r. Cf. OC, II, 353–4]

Une puissance inconnue sembla tout à coup corriger le désordre de mes
(affections) passions [f.v.: 'affections'] et les rétablir selon la loi du devoir et
de la nature. . . . j'envisageai le st. noeud que je contractois [f.v.: 'allois
former'] comme un nouvel état qui devoit purifier mon ame et la rendre à la
vertu [f.v.: 'à tous ses devoirs'] . . .

After the ceremony Julie asks to be left alone for an hour:

. . . O Dieu, quel (sentiment) transport de pure joye vint inonder mon ame
(d'un) quel sentiment délicieux [f.v.: 'sentiment de paix'] (qu'elle avoit per-

du) (oublié depuis si longtems) . . . vint ranimer (mon) ce coeur flétri par la douleur et l'ignominie et répandre dans tout mon être une (douce) (charmante) (fraicheur salutaire) (vivifiante) [m.] fraicheur (semblable) pareille à celle de la rosée du soir . . . je crus recommencer une nouvelle vie [f.v.: 'autre'] . . . [fo. 8v. Cf. *OC*, II, 355]

'Dans le ravissement d'un changement si prompt', Julie reminisces about her feelings before the ceremony:

. . . Quelle heureuse révolution . . . (ranimoit dans mon coeur) reveilloit en moi la pudeur éteinte? [f.v.: 'le goût de la sagesse']. . . . Aurois-je plus respecté les droits d'un amour éteint que je n'avois respecté ceux (du devoir et de pudeur) (sagesse) de la modestie et du devoir [f.v.: 'vertu'] (quand ils étoient) jouissant encore de tout leur empire? . . . Qui m'a garantie d'un effet si funeste et si naturel [f.v. omits 'funeste'] de ma premiere faute, . . . qui m'a conservé l'honneur public [f.v.: 'ma réputation'] et l'estime de ceux qui me sont chers . . . Qui (m'éleve maintenant au rang) [m.] me permet enfin (de m'honorer maintenant) d'aspirer encore au [m.t.] titre d'honnête femme (et m'inspire encore) et me rend la volonté [f.v.: 'le courage'] d'en être digne . . .

Julie then describes the ways in which she intends to take advantage of her second chance in life:

Je veux (aimer uniquement) (être) aimer fidèlement l'Epoux que tu m'as donné, [f.v.: adds '. . . parce que c'est le premier devoir qui lie la famille et toute la société'] je veux être . . . honnête et chaste [m.] parce que c'est le bien de tous que chacun le soit (et) le bien de chacun de l'être et que (tu veux le bonheur des hommes) nous sommes tes enfans [f.v. '. . . parce que c'est la premiere vertu qui nourrit toutes les autres'] [m.t.] je veux tout ce qui (est conforme) se raporte à l'ordre de la nature que tu as établi . . . [fo. 9r. Cf. *OC*, II, 355–7][42]

This 'vive et courte prière' develops into a digression on Julie's premarital attitude towards religion:

Je n'avois jamais été tout à fait sans Religion: mais, [m.] (il eut mieux valu peut-être) (il vaudroit peut-être mieux) peut-être vaudroit-il mieux encore n'en point avoir du tout que d'en avoir seulement une extérieure et par routine [f.v.: 'manierée'] qui sans toucher le coeur tranquillise [f.v.: 'rassure'] la conscience; de l'assujeter [f.v.: 'se borner'] à des formules; et de (ne) croire (pour ainsi dire) exactement en Dieu (qu') à certaines heures pour se dispenser d'y croire (en) le reste du tems [f.v.: 'pour n'y plus penser . . .']. [m.t., in clearer handwriting, evidently drafted before the marginal addition] Scrupuleusement . . . .; j'aimois à réfléchir et me fiois à ma raison (plus qu'à la sagesse éternelle); ne pouvant [m.] accorder l'esprit de

l'évangile avec les maximes du monde [f.v.: 'celui du monde'] j'avois pris
un milieu qui contentoit ma vaine sagesse (Rousseau then added 'ni la foi
avec les oeuvres', between 'monde' and 'j'avois'); [f.v. adds : 'j'avois des
maximes pour croire et d'autres pour agir; j'oubliois dans un lieu ce que
j'avois pensé dans l'autre,'] [m.t.] ... Un heureux instinct me porte au bien
(je le sais, mais) une violente passion s'éleve ... De la considération ...
lequel au fond m'importe le plus de mon bonheur au dépends (du genre
humain) du reste des hommes ou du bonheur des autres hommes aux
dépends du mien. Si la crainte ... m'empêche de mal faire (en secret) pour
mon profit, je n'ai qu'à mal faire en secret: ... (je) si je suis surprise en
faute, (je) on (me) punira comme (les enfans de) à Sparte, non (pour mon)
(pour le vol) le délit mais (pour) la maladresse ... [fo. 9v. *OC*, II, 357–8]

Rousseau evidently found it difficult to integrate Julie's advice to her
ex-lover into the 'tone' of the letter:

(Prosterne toi, mon digne ami, devant l'être (éternel) éternel et souffle sur
(toutes ces chimères) (toutes) les chimères vaines. Tous les fantômes de
poussière disparoîtront à l'instant et (ils laisseront paroître) l'immu-
able vérité (pour) restera pour guider ta courte vie, et prolonger ton
espérance) ...

  [m.] Adorez l'Etre Eternel ... plus heureux et plus sage.

(Forte de ces nouvelles armes, je reviens maintenant au principal sujet de
ma lettre, et aux discours de vos prétendus philosophes. Ils m'avoient
séduite je l'avoüe; ou plustôt ils servoient de prétexte à ma séduction ...)
[fo. 10r. *OC*, II, 358–9]

> je me suis appercue par ma propre expérience combien l'esprit
> philsophique nous donne une fausse confiance en nous mêmes et
> nous éloigne de celui dans lequel seul nous la devons (mettre, placer).

Opposite the long marginal addition 'Ces distinctions me semblent
faciles ... et quand l'Etre immense', Rousseau wrote a separate comparative digression in which Julie attacks currently held beliefs in a
cruel vindictive God:

(C'est en vain qu'on voudroit nous peindre Dieu partial, vindicatif, colère,
punissant le coupable sur l'innocent et se plaisant à fermer le Ciel à ceux
qui n'ont pu voir la vérité qu'il leur cache. C'est en vain qu'un fourbe adroit
viendroit avec des prestiges nous annoncer un Dieu méchant comme lui. Il
n'y a point d'homme sensé qui rentrant en lui-même ne put lui dire aisément laisse tes gobelets et tai-toi: Je sais que Dieu n'est pas fait ainsi)

Rousseau wrote 'N.B. ailleurs' beside this passage, and included a version of these ideas – to which the censors took particular exception, since 'dans cet article . . . l'auteur . . . met le dogme de la tolérance, non de la tolérance civile, mais de la tolérance théologique . . .' – in VI, viii (originally V (xvii) xviii) (*OC*, II, 358–9, 696, 1789).[43]

III, xviii continues with Julie's attack on 'les discours de vos philosophes'.

> . . . ils disculpent un adultere secret. C'est, dit-il [f.v.: 'disent-ils'] qu'il n'en résulte aucun mal, pour l'Epoux qui l'ignore: [f.v. adds 'comme s'ils pouvoient être sûrs qu'il l'ignorera toujours?'] comme s'il suffisoit . . . commettent? [m., in clearer handwriting] Quoi donc! ce n'est pas un mal de manquer de foi? [f.v. adds: 'd'anéantir autant qu'il est en soi la force du serment et des contracts les plus inviolables?'] (quoi) ce n'est pas un mal (qu'un état qui (vous rend) force à (celui) ceux qui s'y livrent d'être (faux, parjures) (fourbes et menteurs) (d'être) de se voir forcé d'être faux et menteur . . . de contracter [f.v.: 'former'] des liens . . . qu'un état dont (le parjure (et) l'homicide et) mille autres crimes sont (le plus) l'ordinaire cortège [f.v.: 'toujours le fruit']. . . . même [m.t., still in neat handwriting] L'un des deux penseroit-il être moins coupable [f.v.: 'innocent'] parce qu'il est libre peut-être de son côté . . . chaque fois que deux époux s'unissent par un noeud solemnel [*C.L.*: 'noeud public'] il intervient un engagement tacite de tout le genre humain . . . de ne point souiller en eux la chasteté conjugale [f.v.: 'd'honorer en eux l'union conjugale'] et c'est ce me semble une raison très forte contre les mariages clandestins. Le public est en quelque manière garant (du contract) (de l'acte qui se passe) d'une convention où sa présence est nécessaire [f.v.: 'passée en sa présence'] . . . Ainsi celui [f.v.: 'quiconque'] qui la corrompe pêche . . . [m.] (et qu'on partage) (tou) (les cri) et qu'on partage toujours les crimes qu'on fait commettre; [m.t.] il pêche encore directement lui-même parce qu'il enfreint la foi sacrée et publique du mariage sans lequel rien ne peut subsister dans l'ordre (naturel) légitime des choses humaines. [fo. 10v. *OC*, II, 359–60][44]

Rousseau was not happy with the way he had developed Julie's arguments into an attack on materialist philosophy: he wrote opposite the following passage 'N.B. à refaire', and later crossed out most of the m.t. (right-hand column) summarising his ideas in the margin:

> Le crime est secret . . . il n'en résulte aucun mal pour personne, il est donc nul. (Examinons d'un autre sens cette affreuse maxime) Si ces philosophes croyent . . . l'immortalité de l'ame (ou ne la croyent pas. Dans le premier cas) peuvent-ils appeller un crime (secret) caché celui qui a pour témoin . . . le (principal) souverain [f.v.: 'seul vrai'] juge [m.] et n'est-ce pas un etrange secret . . . cacher. [m.t.] (De plus) (Dans le second cas . . . ne faut-il pas) (ils sont bien hardis d'oser) Quand même . . . soutenir (qu'il ne) qu'ils ne font du mal à per-

sonne ... forcé de leur partager ses biens [f.v. adds: 'aux gages de son
deshonneur'] ... de Père. (Je comprends qu'ils insisteront) (Sils sont) (Si)
(Quand ces philosophes sont) qu'ils soient matérialistes tant qu'il leur plaise
[f.v.: 'supposons ces raisonneurs matérialistes'] (comme on doit (le) (les)
présumer) (cette raison n'en doit avoir pour eux que plus de force) (ils n'en
sont) on n'en est que mieux fondé à leur opposer
　　(cet amour réciproque et naturel des
Pères et des enfans qu'un orgueilleuse philosophie (peut) rejétte(r) (mais
qui fait entendre sa douce voix) (sans aucune raison seulement (par) pour
démentir le sentiment dont la douce voix se fait entendre au fond du coeur
du philosophe même qui la rejette) (sentiment dont une orgueilleuse
philosophie tâche en vain d'étouffer la douce voix (dans le) au fond des
coeurs et que l'expérience confirme plus fortement que la raison ne la peut
combattre)
　　(qui parle au fond de tous les coeurs)
　　(qu'une orgueilleuse philosophie peut rejetter avec la hauteur de
l'ignorance)
(Mais qu'on n'attaqua) (ne combatit) (n'a jamais combattu) (n'attaqua
jamais par (de bonnes raisons) (des bonnes preuves) aucune raison. En effet
si la vie ou l'ame de l'enfant (est la substance) (est celle) du Père; n'est-ce pas
une raison de plus pour qu'ils s'aiment naturellement? Leurs sentimens ne
doivent-ils pas se rapporter (comme) entre eux, se ressembler comme leurs
visages, se convenir s'ajuster se joindre comme les parties d'un même tout?
Ne doivent-ils pas s'unir d'un amour naturel d'autant plus fort que leur
identité est (d'autant) plus grande, et d'autant plus (re) approchant de celui
qu'on a pour soi-même que selon eux l'ame du fils (n'est selon eux) n'est en
quelque sorte qu'une portion de celle du Père.)

Rousseau re-drafted Julie's argument, mainly in the margin (opposite
the above passage); perhaps he needed to read *De l'Esprit* before summarising and organising his thoughts, for the second main draft:

[m.] ('en effet ... s'aimer') [m.t.] ... à leur opposer la douce voix (secrète) de la
nature [m.] qui réclame au dond de tous les coeurs contre une (vaine)
orgueilleuse philosophie (qui le) et qu'on n'attaqua jamais par de bonnes
raisons [m. – below this, the opposite 'En effet')] (car) En effet si le corps seul
... s'aimer?

Julie continues by discussing the question of 'précautions':

... [m.] je veux qu'on évite le danger d'être découverts, je veux (qu'on) que
la fortune seconde (toutes ces précautions) une prudence qu'elle ... la
témérité (d'exposer) de confier (et) sa prétendue innocence ... à des
(hazards) précautions ... confondre. [Below this, Rousseau had written:

(combien d'inévitables dangers d'être decouverts)] [m.t.] Que de faussetés ... Mari ... Domestiques ... enfans? [m. evidently at a later date] que devient leur éducation (au milieu de) parmi tant de soins pour satisfaire impunément (une passion honteuse) de coupables feux. [m.t.] Que devient la paix de la maison ... chefs? (Et) (Quoi, l'on ose dire qu'un époux n'a rien perdu) (Un époux ne perd rien (osez-vous) osent-ils dire.) (Ah qui lui rendra donc (la tendresse) l'amour qu'on n'a plus pour lui) Quoi, dans ... soupçons, et ce qui seul fait frémir d'horreur et pitié, qui fera ... Père au doux sentiment de la nature ... enfant. [fo. 11r–v. *OC*, II, 360–1]

A l'égard ... c'est [m.] moins une raison sérieuse qu' [m.t.] une plaisanterie brutale et féroce [f.v.: 'absurde'] ... l'indignation. Les combats, les trahisons, les querelles, le sang, les meurtres, les (crimes de toute espèce) empoisonnemens dont ... pour (l'union) le repos et l'union des hommes ... crime. S'il résulte quelque sorte de société de (cet indigne) vil et méprisable commerce, elle est semblable à celles des brigands qu'il faut détruire et anéantir pour (une) (la sureté de la grande) assurer (une véritable société parmi les hommes) les sociétés légitimes ...

III, xviii continues with a statement of Julie's beliefs: '(la (plus grande) véritable preuve de la Religion est dans le sentiment intérieur qui nous la fait aimer ...)'. A series of marginal additions (e.g. 'Je me souviens avec plaisir que vous avez souvent ... d'autres sentimens (secrets)'; '... La présence de l'être par qui nous existons [f.v.: 'L'Etre Suprême'] ... tranquilles') – eight in number – fill out the m.t., which develops as follows:

Défions-nous (mon cher Ami) d'une Philosophie en paroles et d'une apparente (raison) (vertu) vertu [f.v.: 'fausse vertu'] (dont les sophismes)* s'applique à (tout) justifier (pour avoir le droit de tout faire) tous les vices pour (avoir droit) s'autoriser à les avoir tous; le meilleur moyen de trouver ce qui est bien est de le chercher sincèrement et (quand cette sincérité est parfaite l'on ne sauroit) (dès qu'on) l'on ne sauroit longtems le chercher (sincèrement sans remonter bientôt) ainsi sans remonter à l'auteur de tout bien.

[m.] qui sape toutes les vertus et*

C'est (mon cher) ce qu'il ... route. vous êtes mon Maitre (de) en philosophie, je le sais bien, mais mon cher ami, je suis Chrétienne et vous voila (desormais) devenu mon disciple. Heureusement, vous n'avez pas (je l'avoue) (heureusement) besoin (qu'on) (de remonter) qu'on vous ramene aux premiers principes; l'existence et les attributs de Dieu; l'immortalité de l'ame, (les merveilles) l'ordre de la providence, la sainteté de la morale Evangelique, il ne faut point vous démontrer tout cela, et ce ne seroit pas à moi de l'entreprendre, ni peut-être (à personne) à bien d'autres. Les subtilités de la métaphisique menèrent-elles jamais personne à l'évidence de la

vérité. Tant que Dieu ne parle point (au coeur) à l'ame tous les discours de
la (logique) raison sont bien foibles . . . [fo. 11v–12r. *OC*, II, 361–2]

(The following, from 'Un incrédule . . . vertu' was added later, written
on a separate scrap of paper: Rousseau had drafted the sentence 'Mais
avant . . . politiques qui y régnent' on the verso.)[45]

Un incrédule . . . Mais celui qui reconnoit et sert l'être suprême [f.v.: 'le
pere commun des hommes'] se voit une plus sublime destination; l'ardeur
. . . et sacrifier son coeur même (à la sagesse et) au devoir et à la sagesse;
[f.v.: '. . . les desirs de son coeur à la loi du devoir']. Telle est, mon ami, (la
vocation sublime à laquelle) le sacrifice héroïque auquel . . . ne (pouvoit)
devoit point périr de lui-même; . . . vertu.

Julie's conclusion to this long letter, in which she quotes the tutor's
own words back to him, and encourages her ex-lover to live up to the
high standards he once taught her, seems to have been drafted fairly
easily:

Je vous dirai plus; tout est changé entre nous . . . Madame de Wolmar
[f.v.: 'Julie de Wolmar'] n'est plus votre ancienne julie: la révolution . . .
J'ai dans la mémoire un passage d'un Auteur que vous ne recuserez pas.
'L'amour' dit-il, . . . l'abandonne; pour que le sentiment en soit douce [f.v.:
'Pour en sentir tout le prix'], il faut que le coeur s'y complaise; ce qui n'est
fondé que sur les sens est trop passager pour valoir la peine qu'on en parle
[f.v.: 'et qu'il nous éleve en élevant l'objet aimé. Otez l'idée de la perfection
vous ôtez l'enthousiasme; ôtez l'estime et l'amour n'est plus rien'.] Comment une f. pourroit-elle aimer tendrement [f.v.: 'honorera-t-elle'] un h.
qu'elle doit mépriser? Comment pourra-t-il adorer [f.v.: 'honorer'] lui-
même celle . . . L'amour [f.v. adds : 'ce sentiment céleste'] ne sera plus pour
eux . . . félicité'. (Vous souvenez-vous des tems heureux où vous
m'écrivites cette Lettre. Jamais nos coeurs ne furent plus honnêtes et
jamais ils ne s'aimérent plus tendrement). Voila nôtre leçon du moment
présent) mon ami et c'est vous qui l'avez dictée . . . [fo. 12r–v. *OC*, II,
362–3]
. . . Voila . . . l'histoire naive de mon coeur. [f.v.: 'de tout ce qui s'est passé
dans mon coeur'] . . [m.] Je sais bien que l'exacte bienséance et la vertu de
parade [f.v. adds: 'exigeroient davantage encore et'] ne seroient pas con-
tentes . . . je m'y tiens: (J'écoute ma cons) J'écoute (la voix de) en secret ma
conscience; (elle se tait) elle ne me reproche . . . qui la consulte
sincerement; (cela suffisoit) Si cela ne suffit pas . . . tranquillité. [m.t.]
Comment . . . changement; je ne puis vous le dire . . . je l'ai sincèrement
[f.v.: 'vivement'] desiré. Dieu seul a fait le reste . . . Nous étions trop unis
vous et moi pour que mon état puisse changer sans le vôtre; [f.v.: 'pour
qu'en changeant d'espéce notre union se détruise'.] . . . Tirez-en le même
parti que moi, je vous en conjure, pour devenir meilleur et plus (vertueux)

sage, et pour joindre (une conduite plus) des moeurs plus pures aux maximes de la philosophie. [f.v.: 'pour épurer par des moeurs Chrétiennes les leçons . . .']. Je ne serai jamais parfaitement heureuse que vous . . . il (ne peut) n'y a point de bonheur sans la vertu . . .

Je ne crois pas (à present) avoir . . . lettre. Si vous . . . Un pesant secret [f.v.: 'cruel fardeau'] me pese sur le coeur. Mes fautes passées [f.v.: 'Ma conduite passée'] sont (cachées) ignorées de M. de Wolmar, mais (je lui dois) une sincérité sans reserve . . . J'aurois déja versé dans son sein mes larmes et mon repentir avec l'aveu de mes foiblesses; [f.v.: 'j'aurois déja cent fois tout avoué';] vous seul m'avez retenue: Quoique . . . compromettre (en quelque chose) (un peu) que de vous nommer, . . . déplaire que (d'oser) de vous le demander, et aurois-je trop présumé de mon pouvoir ou de vôtre générosité [f.v.: 'de vous ou de moi'] (que de) en me flatant de l'obtenir. Songez . . . qu'elle me pese chaque instant davantage, [f.v.: 'qu'elle m'est chaque jour plus cruelle'] et que (je n'aurai) jusqu'à la reception de vôtre réponse je n'aurai pas un instant de tranquillité. [fo. 12v. *OC*, II, 364–5][46]

Between the words 'mais une sincérité sans reserve', and 'fait partie de la fidélité', Rousseau had written (evidently before drafting the complete version of Julie's conclusion):

> je ne suis pas assés eclairée pour bien voir si les sentimens qui me restent (pour) sont tout à fait innocens, et dans cette incertitude (si je) (n'ayant) si je n'ai pas la force de les éteindre au moins je ne veux rien faire pour les nourrir.

Not only Lanson's conclusion – that *La Nouvelle Héloïse* increasingly came to resemble a book of 'instruction morale' – but the conclusion of more recent commentators – that the introduction of religious themes constituted an 'afterthought' on Rousseau's part – need to be reconsidered in the light of this previously unpublished *brouillon*. For even those Rousseau scholars who reject the notion that *La Nouvelle Héloïse* is really 'deux livres différens' have emphasised how the novel dramatically changed shape, by the addition of themes which were on Rousseau's mind as he prepared the *Profession de Foi* or the *Lettre à d'Alembert*, and as he began to think about his text in terms of publication. The 'deep structure' of the novel may have remained constant, they suggest, but the tone of the book altered radically. The *brouillon* of III, xviii casts doubt on this conclusion, for it shows how Rousseau was thinking hard about religious themes well before the *external* evidence suggests he should have been. And this is where my

comments in the earlier part of this article become relevant. The external sources – whether they be about Rousseau's life, or his ideas – are
extremely difficult to interpret without supporting evidence from
within the text, or, most crucially, from within the manuscript drafts.
Yet all sorts of judgements on *La Nouvelle Héloïse* have had to be
based on these external sources, in the absence of supporting evidence
from the actual process of writing the novel. Thus, for example, if
Rousseau was working on the *Profession de Foi* or the *Lettre à
d'Alembert*, then some themes in those works must have found their
way into *La Nouvelle Héloïse afterwards*. Or, if Rousseau was
attempting to have an affair with Sophie d'Houdetot, then the love-
letters of Julie and her tutor must have been directly influenced by this
(unsuccessful) attempt. In fact, all these conclusions – if pushed too
far – can now seriously be challenged. As indeed can most schematic
judgements about the composition of *La Nouvelle Héloïse* – whether
they take the simple form of Lanson's famous formula, or the more
complex form of a thesis about how the novel became increasingly
polemical, increasingly religious and increasingly self-conscious as the
drafting progressed. For, it may be that the presentation of 'moral'
themes in the novel *preceded* the appearance of equivalent themes in
Rousseau's more 'systematic' works, and that Rousseau derived parts
of these works from ideas he had first conceived while drafting the
novel. It seems indisputable that *La Nouvelle Héloïse* started life as
'un rêve de volupté': but if III, xviii *was* written before 1758 (and the
evidence points that way), then the rock-hard distinction which Lanson (following Rousseau) makes between this early stage and the later
period of 'instruction morale' – the product of Rousseau's embarrass-
ment about his 'rêve de volupté' – needs to be revised. In other words,
the whole process of drafting seems to have been much more dynamic
than Lanson (and disciples) allow: if we must accept their fixed
categories, the conclusion is that Rousseau's erotic fantasies *and* his
views on morality co-existed during the middle stages of the drafting,
and that to attempt a clear separation of them is to impose a
retrospective 'shape' on the most primary evidence we have. Maybe in
1757, Rousseau did not consider that 'le berger extravagant' and 'le
Citoyen de Genève' were mutually exclusive roles. It remains an
historical possibility.

Notes

1. I am grateful to the Marquis de Flers, for permission to transcribe and quote from his manuscript of Part III, letter xviii of *La Nouvelle Héloïse*, and to Professor Ralph Leigh, for making this manuscript available to me. It seems appropriate that the publication of this important Rousseau manuscript should form part of a collection of articles dedicated to Ralph Leigh, for one of the features of his edition of the *Correspondance* has been the inclusion of an extraordinary amount of 'lost' Rousseau material: my only hope is. that the standards of scholarship I have attempted to sustain while preparing this transcription will bear some comparison with those adopted in the *Correspondance* – they certainly owe a great deal to the example of the *Notes Critiques* contained in that definitive edition.

2. From a note appended by Rousseau to the first draft of Part V, letter iii of *La Nouvelle Héloïse* (on education): this marginal note appears on folio 9 (verso) of the manuscript *brouillon* (in the Heinemann Foundation, New York); see also *OC*, II, 1684. The full note reads: 'On pourroit aisément chicaner sur cette proposition et toute vraye qu'elle est, il est certain qu'elle a besoin d'être expliquée; mais le lecteur se souviendra que ce n'est pas ici un livre de philosophie.' Perhaps it was originally intended to become an 'editor's' footnote in the published text. Those commentators who interpret *La Nouvelle Héloïse* as unproblematic evidence of Rousseau's ideas on politics and society might do well to bear it in mind.

3. See among others, Robert Osmont, *Remarques sur la genèse et la composition de La Nouvelle Héloïse* (*Annales J.-J. Rousseau*, vol. XXXIII, pp. 93–148); Ronald Grimsley, *Jean-Jacques Rousseau, a study in self-awareness* (Cardiff 1961), pp. 116–51; Bernard Guyon, *Introduction* to the Pléiade *Nouvelle Héloïse*, pp. xxvii–xxxiv, xli–xliii. Lanson's formula originally appeared in the *Annales J.-J. Rousseau*, vol. VIII, p. 17.

4. Mornet's account of the composition of *La Nouvelle Héloïse* is included in his edition of novel (Paris 1925), vol. I, pp. 77–90, 101–3, and notes to Part IV, letter iii, Part V, letter iii. For a critique, see Osmont, *op. cit.*, pp. 95–7, 136–48.

5. Throughout the drafting of the novel, Rousseau remained extremely defensive about how he should present both the love-letters *and* the 'digressions' contained in the first two parts of *La Nouvelle Héloïse* to the Parisian book-buying public. He later admitted that these had been compiled 'sans une forme déterminée', and recalled Diderot's criticism (of August 1757): 'il trouva tout cela *feuillu*, ce fut son terme; c'est à dire chargé de paroles et redondant' (*OC*, I, 460–1). Instead of taking issue with this view, Rousseau lamely conceded: 'Je l'avois déja bien senti moi-même' (*OC*, I, 461). In correspondence, Duclos expressed surprise that Rousseau (as 'editor') was not more 'sur d'avance': 'je vous repons que je ne trouve pas l'ouvrage feuillu'. But, as Rousseau added, 'celui qui l'a jugé tel n'avoit lu que la premiere partie, et j'ai peur qu'il n'eut raison aussi. (1760, *CC*, VII, pp. 317, 319). Some years later, Rousseau concluded that Parts I and II 'sont pleines d'un remplissage verbeux qu'on ne trouve pas

dans les autres' (*OC*, I, 431). Duclos disagreed about Diderot's criticism of the first two parts (and about Rousseau's lame reply to them): but he had stronger views about Parts IV and V. Referring to 'Saint-Preux's' long digressions on domestic economy and educational theory, Duclos wrote to Rousseau in November 1760 that they would make 'un excellent traité separé', but that they would not be fully appreciated by Parisian readers of the novel, because *in the context* they tended to suspend 'un intérêt tres vif' (1760, *CC*, VII, 324). Rousseau disagreed with Duclos where Part IV was concerned ('je la mets sans crainte [. . .] à côté de *La Princesse de Cléves*') and replied to this criticism by stressing the *basic differences* between Parts IV and V, and those earlier parts of the novel which he *did* feel tended to suspend 'un intérêt tres vif': referring to Parts IV and V, he replied to Duclos 'mais peut-être compensent-elles l'agrément par l'utilité, et c'est dans cette opinion que je les ai laissés' (*OC*, I, 546; *CC*, VII, 319). But Duclos still felt that Rousseau should 'dans la préface, prevenir le lecteur sur la longueur ou plutôt l'etendue de deux lettres du quatrième tome et deux du cinquième' (*CC*, VII, p. 324). Instead, Rousseau (in the *Préface*) reverted to his original reply to Duclos, by again stressing that *La Nouvelle Héloïse* was, at base 'deux livres différens': 'ce même commencement [de *La Nouvelle Héloïse*] doit être agréable à ceux pour qui la fin peut être utile' (*OC*, II, 17). Later on, in the *Confessions*, Rousseau was again to stress the *differences* between the two halves of the book, only this time he argued in terms of the two types of language, or rhetoric, he had adopted: the first two parts were too long-winded, too wordy, but 'c'étoit le bavardage de la fiévre; je ne l'ai jamais pu corriger. Les derniéres Parties ne sont pas comme cela. La quatrieme, surtout, et la sixieme sont des chefs d'oeuvres de diction' (*OC*, I, 461). Thus Rousseau first began drawing attention to the fact that *La Nouvelle Héloïse* was really 'deux livres différens' as a result of defensiveness about his intended audience in Paris, and as a means of *protecting* controversial passages in the book from criticism. This was, of course, the origin of Lanson's celebrated formula. The debate with Duclos had been mainly about the most appropriate *form* the book should take: but commentators have tended mistakenly to apply the terms of the debate directly to the changing *content*.

6. For the *Confessions* account of the drafting, see *OC*, I, 430–8.
7. According to Osmont's account (*op. cit.*, pp. 95–7), Rousseau may have emphasised the profound influence exerted by Sophie d'Houdetot on the development of the novel (although, in the end, this influence may well have taken a stylistic, rather than a thematic form), but he was also keen to disabuse those contemporary readers (especially Parisian women) who had claimed to spot autobiographical elements within it. Osmont bases this observation on a passage in the *Confessions* (*OC*, I, 548): 'Tout le monde étoit persuadé qu'on ne pouvait exprimer si vivement des sentimens qu'on n'auroit point éprouvés, ni peindre ainsi les transports de l'amour que d'après son propre coeur. En cela l'on avoit raison et il est certain que j'écrivis ce roman dans les plus brulantes extases; mais on se trompoit en pensant qu'il avait fallu des objets réels pour les produire; on

étoit loin de concevoir à quel point je puis m'enflammer pour des êtres imaginaires.'

8. For those who interpret *La Nouvelle Héloïse* as a 'systematic' text of political or social theory, see, among many, many others: Lester G. Crocker, *Rousseau's Social Contract* (Cleveland 1968), especially pp. 17–23, Judith Shklar, *Men and Citizens* (Cambridge 1969), esp. pp. 127–64, Marshall Berman, *The Politics of Authenticity* (New York 1970), esp. pp. 231–64; Michel Launay, *Jean-Jacques Rousseau, écrivain politique* (Grenoble 1971), esp. pp. 255–327, and Tony Tanner, 'Julie and la maison paternelle', *Daedalus*, winter 1976, pp. 23–45. For those who don't, see among others: Jean-Louis Lecercle, *Rousseau et l'art du roman* (Paris 1969), esp. pp. 159–64, 244–7, and Roger D. Masters, *The Political Philosophy of Rousseau* (Princeton 1968), pp. xv, 52, 91. Lecercle adds the timely warning: 'il est dangereux d'oublier qu'il s'agit d'un roman et d'y voir, comme bien des critiques d'aujourd'hui l'expression la plus complète de rousseauisme'. It is amazing that as recently as 1961, Bertrand de Jouvenel could still write 'in general, I feel that the *Héloïse* has been inadequately exploited for the understanding of Rousseau as a social philospher' ('Rousseau the Pessimistic Evolutionist', *Yale French Studies*, fall-winter 1961–2, p. 96): the idea that Clarens was really a rustic version of the Nuremburg Rally is a comparatively recent one.

9. Rousseau admits, in his *Confessions* account of the events of 1757, that his memory of this period is very unreliable (*OC*, I, 458). Deleyre's letter to Rousseau (23 November 1756, *CC*, IV, 123–5), has recently been cited as evidence of how far in the novel Rousseau had progressed by winter 1756, how he originally intended to end the story, and how the final version of Parts V and VI developed (see, for example, *OC*, II, xliii–v). In this letter, Deleyre asks Rousseau 'Etes-vous encore à la fin du Roman? Vos gens sont-ils noyés? [. . .] la terre n'est pas digne de les posséder, tels que vous les avés dépeints: [. . .] qui aura le courage de [. . .] suivre (la vertu) à travers les périls dont vous l'environnés?' But various factors must be taken into account, before the Deleyre letter can be used to date Rousseau's progress on the *Héloïse*:

1. The letter opens with a series of flippant remarks about winter in the country ('Vous devés avoir déja brulé beaucoup de bois [. . .]'): 'Vos gens sont-ils noyés?' may be one of Deleyre's (characteristic) jokes about 'exile' in the provinces.

2. Rousseau had recently abandoned work on a short novel *Claude Noyer* – in which Deleyre had shown an amused interest.

3. On various occasions during the first three parts of the *Héloïse* (excluding III, xxi and xxii, which were almost certainly added later), the tutor contemplates suicide (e.g. at Meillerie rocks): when Rousseau was tidying up his earliest jottings (probably at this time), he attempted to give 'plus de force et de cohésion' to this important theme. It may well have been discussed by Deleyre and Rousseau, with reference to the earliest draft.

4. Deleyre may have been referring to the *traditional* dénouement to such a love story: this would again give the remark a satirical edge

(where Rousseau's conservative taste for operas and tragedies of love was concerned).

5. Even in the final version of the *Promenade sur le lac*, 'Saint-Preux' *contemplates* a double suicide (and imagines himself watching Julie drown): on the first draft of Parts V and VI, this idea was expressed in more detail, but none of the *brouillons* (either of IV, xvii, or of the letters referring to the incident) suggest that this was ever more than a *temptation*. Deleyre's question ('Vos gens sont-ils noyés?') may simply be asking Rousseau whether he has decided to make this more than a passing thought in 'Saint-Preux's' mind. (The *Promenade* dates, according to Rousseau's retrospective account, from spring 1757. But the *brouillon* looks like a second draft. The first draft has not survived – but Deleyre's letter may be confirmatory evidence that it once existed, and that it was written by autumn 1756.)

6. By following the question with 'la terre n'est pas digne [...]', Deleyre may have been suggesting that such 'ames sensibles' as these are too good for this world, that they *ought* to have the courage to die together, or in other words that the only *possible* resolution to Rousseau's complex plot is to end it in this way.

Some of these suggestions may seem a little far-fetched. But they do at least illustrate the problems raised by interpretations of documents *external* to the text, if (as in this case) there is little or no corroborating evidence from other sources (such as within the various manuscript drafts). To assert – as several commentators, including Jean-Louis Bellenot, have done – that Rousseau originally intended to end his novel on a double suicide (and to make judgements about the early parts of the *Héloïse* in the light of this assertion) is to give too much credence to what *may* have been intended simply as a 'Parisian' joke. The Deleyre letter is the only 'hard' piece of evidence there is about this 'stage' in the drafting of the *Héloïse*. But, the question remains: is it 'hard' evidence at all?

10. The phrase is Lionel Gossman's (*Studies on Voltaire and the Eighteenth Century*, vol. XLI (1966), pp. 235–6).

11. See, for example, F. C. Green, *Jean-Jacques Rousseau* (Cambridge 1955), pp. 190–6. Green challenges Mornet's chronology, by pointing out that many of the 'lettres morales' in the novel must have antedated Rousseau's 'affair' with Sophie by a considerable time, but he still analyses the composition of the novel in purely biographical terms: 'Rousseau lacked the kind of creative imagination which enables the born novelist or playwright to dissociate his personal experience from the fictitious life of his characters.' This lack of a 'creative imagination' seems particularly fortunate for those positivist critics of *La Nouvelle Héloïse* who wish to write about Rousseau's love-life.

12. Osmont, *op. cit.*, p. 148.

13. See, among many other examples, *OC*, II, 1576, 1585, 1602, 1614–15, 1710, 1712. The suggestion that Wolmar's 'stage-management' of 'Saint-Preux' owes a great deal to Rousseau's abandoned project about the impact of the physical environment on the inner man, was first made by Etienne Gilson (in *Les Idées et les lettres* (Paris 1932), pp. 275–98).

Gilson bases his analysis of Wolmar's method on Daniel Mornet's (out-dated) chronology of the writing of *La Nouvelle Héloïse*. For those commentators who have used M. Gilson's article merely as a *starting-point*, see the first part of note 8 above.

14. Rousseau's attempts to integrate these 'digressions' into his 'espèce de roman' show up particularly clearly in the various drafts of his letters on nobility, domestic economy, education and Genevan society. For the first draft of the argument between Milord and the Baron on 'les vrais titres de noblesse', see the manuscript *brouillons* of *La Nouvelle Héloïse* kept in the Bibliothèque du Palais-Bourbon, Paris, Ms. (v. 4980) 1494, Part I, letter lxii; also *OC*, II, pp. 1435–8. For subsequent drafts, see *OC*, II, 1435–8, and *CC*, VII, 53, 120–2 (correspondence between Rousseau and Rey about this letter). For the first draft of V, iii (on education), see the (incomplete) *brouillon* owned by the Heinemann Foundation in New York. The folios are not numbered: for reference purpose, I have treated the first page of the Heinemann ms. (which begins with the words 'se sont communiqués . . .', *OC*, II, 560, line 9), as folio 1 (recto). Especially interesting (in terms of Rousseau's attempts to integrate the debate into the dramatic structure of the novel) are folios 2–4, 7–10 (recto and verso). See also *OC*, II, pp. 1671–85 (where the transcription is not always accurate – for example, the word 'leçon' on folio 8 (recto) is misread as 'bien', *OC*, II, 1681, note to p. 578 of the text). For the first draft of IV, x the domestic economy), see Bibliothèque Publique et Universitaire, Genève, Ms. fr. 201 (folio 10 recto to folio 22 recto). For the second major draft, see Bibliothèque du Palais-Bourbon, Ms. (v. 4981) 1495 (*Copie personnelle* version of IV, x). See also *OC*, II, 1596–1607 for a comparison of drafts. For part of the first draft of VI, v (on Geneva), see Bibliothèque Publique et Universitaire, Genève, Ms. fr. 201 (folio 42 recto to folio 43 verso): this manuscript extract from the *brouillon* of VI, v (the first few pages of the letter) ends on the words '. . . d'une autre manière' (in the final text, *OC*, II, 660, line 26). See also *OC*, II, 1751–61. The *brouillon* of the last part of VI, v is kept in the Bibliothèque Victor-Cousin, at the Sorbonne. These (and many other) examples are discussed more thoroughly in my unpublished Ph.D. thesis (Cambridge 1973), Part II, sections 2–4.

15. Bellenot, *Les Formes de l'amour*, p. 189.

16. J. H. Broome, *Rousseau, a study of his thought* (London 1963), pp. 137–40.

17. *OC*, I, 437, and, for example, *CC*, V, pp. 23–4.

18. Flers manuscript (see later, note 23), folio 3 recto.

19. Osmont, *op. cit.*, p. 121. Osmont also concludes (p. 141): 'si les résonances religieuses semblent s'amplifier à la fin du roman, elles viennent comme appelées, nullement surajoutées: la discontinuité que le mariage de Julie semble créer dans la IIIe partie n'est qu'apparente; elle s'efface dans l'amplitude de la courbe qui change les âmes sans les couper de leur passé. L'espérance de la jeunesse s'apaise dans l'acceptation du destin [. . .]'. It is important for this analysis of III, xviii that Rousseau *attenuated* the rôle of 'supernatural' forces in Julie's conversion (or

'revolution') by suggesting other reasons for Julie's state of mind in church that day – for example, the physical environment (in particular, the presence of the Orbe family), and the emphasis on Julie returning to her 'true self' ('je me sentis tout autre au-dedans de moi [. . .]'): for Osmont (p. 128), this *attenuation* of the miraculous effect of Divine Grace locates III, xviii at an earlier stage in the drafting than Parts V and VI of the novel (where 'supernatural' elements predominate).

20. Osmont, *op. cit.*, pp. 120–2.
21. Osmont, *op. cit.*, p. 121.
22. Osmont (pp. 109–11) concludes that most of the letters in Parts III and IV were written between the beginning of March and the end of October 1757. Rousseau appears to have abandoned work on the novel in June: throughout that summer, he later recalled, 'voulant penser à Julie je fus frappé de ne pouvoir plus penser qu'à Mad^e d'Houdetot' (*OC*, I, p. 440); at the beginning of July, Sophie tried to encourage him 'a vous distraire en vous occupant des ouvrages que vous avez commencés et que vous m'avez montrés [. . .]'. Not until October do Rousseau's letters suggest that he felt able to continue work on the *Héloïse*. In November Rousseau again found it extremely difficult to concentrate on his novel. Many of the letters in Parts III and IV were thus written in spring 1757; some were added in October. III, xviii could date from either period.
23. The 'Manuscrit autographe de J.-J. Rousseau' in the private collection of the Marquis de Flers ('Fragment de La Nouvelle Héloïse, Lettre 18e. Julie à son Ami') is not numbered. I have treated the first folio of III, xviii as folio 1 (recto). The manuscript is bound in with the earliest draft of Part II, letter xxi. III, xviii comprises 12 folios (recto and verso).
24. Osmont, however, concludes that V, iii and V, ix (with their 'symbols of absence') date from the first eight months of 1758 (*op. cit.*, pp. 124–6). Jottings for these letters could still have been written in 1757.
25. See later, pp. 202–3 (education), and pp. 204–5 (conscience, atheism).
26. See later, pp 200–1.
27. Compare *OC*, II, 348, 740; 393, 509.
28. See later, p. 198 ('ordre'), p. 199 ('société'), p. 201 (marriage and society). *OC*, II, pp. 492, 1619–20. Originally, Rousseau intended to stress Wolmar's *innocence* in sexual matters, but soon abandoned this development (*OC*, II, 1619).
29. See later, p. 192.
30. See later, p. 204.
31. *Ibid*.
32. Ms. Flers, folio 12 (verso).
33. See later, pp. 198–201. As well as the digression on 'un incrédule d'ailleurs heureusement né', a reference to 'moeurs Chrétiennes' was also added *after* the first draft (see p. 205). But the general themes of the letter were not substantially altered.
34. Ms. Flers, folios 1–6, 9–12.
35. See later, pp. 200–1 and *OC*, II, 696.
36. Compare *OC*, II, 344 (for example, 'Coupable', not 'Criminelle'). The

curious Phonetic) spelling of 'cancrène' was added on a later draft; the image is employed very differently in f.v.

37. Compare *OC*, II, 344–5. F.v. has 'honneur', not 'pudeur'.

38. Note the meaningless (and comic?) repetition of the word 'honneur', and the emphasis on the Baron's selfish reasons.

39. F.v. omits 'en ... genoux'.

40. Compare *OC*, II, 351. F.v. has 'du sang' (not 'de la nature'), 'esprit' (not 'âme'), and omits 'insensiblement'.

41. Writing begins on the left-hand side, and reverts to the (more usual) right, half way down the page.

42. The rhetorical questions (*OC*, II, 356) which introduce Julie's short 'prayer' (Qui ... faute?', 'Qui ... pas?', 'Qui ... chers?') are similar to those she asks herself (and 'Saint-Preux') at the beginning of VI, vi (*OC*, II, 664–5) ('A qui devons-nous un bonheur si rare?', '[...] et comment nous seroient-ils à charge, à vous et à moi?'). In III, xviii, the answer to all her 'questions' is 'Le pasteur commun' (f.v.: 'L'auteur de toute vérité'). In VI, vi, the answer is 'notre bienfaiteur' – M. de Wolmar.

43. This passage is linked to Julie's attack on 'vos philosophes' (in the first draft) with the words 'Appliquons ces reflexions à ma situation présente. Que deviendrons les discours de vos prétendus philosophes qu'une oreille chaste doit même craindre d'entendre.' This 'personal' link (which is not crossed out, although the f.v. – 'Cherchez-vous ... corrompus' – appears in the margin) was evidently written at the same time as 'Forte de ces nouvelles armes ... séduction'.

44. Between the words 'clandestins' and 'Le public' f.v. adds, 'qui, n'offrant nul signe de cette union, exposent des coeurs innocens à bruler d'une flamme adultère'.

45. Addition to folio 12 (recto). On the other side of this separate scrap of paper, attached to the main ms., is the following 'fragment politique': 'Mais avant d'aller plus loin, commençons par considérer l'état actuel des choses (et) la situation géneral de l'Europe (des choses) et (ce qui) l'effet qui doit naturellement ressortir des (systêmes) maximes politiques qui y régnent.'

   Since this is evidently part of a general introduction to some section of one of Rousseau's political projects, it is very difficult to place, but the passage seems to be either part of a summary of St Pierre's *Paix perpetuelle*, or a fragmentary jotting for the *Institutions Politiques*. In other words, evidence of the 'formal' political works Rousseau had recently abandoned. In Part IV, letter iii, of the *Héloïse* (describing Anson's voyage around the world), Rousseau included a maxim from Montesquieu's *De l'Esprit des lois* on the right of war, without either acknowledging the source, or introducing the passage as part of a separate digression: 'Tel est le droit de la guerre [...] On ne se borne pas à faire à son ennemi tout le mal dont on peut tirer du profit; mais on compte pour un profit tout le mal qu'on peut lui faire à pure perte' (*OC*, II, 413).

   The original maxim was expressed slightly differently: 'Les diverses nations doivent se faire dans le paix le plus de bien et dans la guerre le

moins de mal qu'il est possible sans nuire à leurs véritables intérêts.'
(Comparison first noted by A. François, 'Rousseau, les Dupin,
Montesquieu', *Annales J.-J. Rousseau*, vol. XXX, p. 60). Again, perhaps,
evidence of Rousseau's research, in preparation for the *Institutions*, and
still on his mind when drafting Parts III and IV of *La Nouvelle Héloïse*.

46. Between the words 'vertu' and 'donnez-moi la douce consolation',
Rousseau *added* (on the first draft) 'Si vous m'aimez encore' – as an
afterthought. See *OC*, II, 365, line 13 (where f.v. has 'véritablement',
rather than 'encore').

JEAN-LOUIS LECERCLE

Rousseau critique littéraire: 'le coeur' et 'la plume'

Voilà un titre que n'eût pas aimé Jean-Jacques. Le citoyen de Genève faisait profession de mépriser la littérature, activité frivole dans la mesure où elle a pour objet de satisfaire l'amour-propre des beaux esprits. On n'en finirait pas de dresser la liste des sarcasmes qu'il adresse aux gens de lettres, dont l'objectif est avant tout de se faire une réputation, monnayable ou non. Mais que dire de cette catégorie d'écrivains dont la fonction est d'écrire sur des écrits? Il fait d'eux si peu de cas qu'il s'est 'fait une inviolable loi de ne jamais lire une seule ligne' des critiques (à Dom Deschamps, le 12 août 61, *CC*, IX, 96). Lorsque Malesherbes lui fait proposer (*OC*, I, 513) de donner des 'extraits' au *Journal des savants*, il refuse: 'Que m'auraient importé les sujets de la plupart des livres que j'aurais à extraire, et les livres même [...] on s'imaginait que je pouvais écrire par métier comme tous les autres gens de lettres.' Cette indifférence qu'il affecte pour la littérature l'amène à écrire cette phrase incroyable, à propos de sa gaucherie dans les conversations de salons: 'n'osant parler de littérature dont il ne m'appartenait pas de juger' (*OC*, I, 411).

Cette attitude résultait logiquement de la thèse qu'il avait soutenue avec fracas en entrant dans l'arène littéraire; il avait alors assumé son plus grand paradoxe, celui qui englobe tous les autres: être un écrivain ennemi de la littérature, parce que, de toutes les activités humaines, elle montre le mieux la corruption des moeurs. 'On ne demande plus, déplore-t-il dans le *Premier Discours*, d'un homme s'il a de la probité, mais s'il a des talents, ni d'un livre s'il est utile, mais s'il est bien écrit' (*OC*, III, 25). Le critique littéraire, au moins pour une part de sa tâche, est donc disqualifié, il peut être un symbole de la dégénérescence de l'époque, qui s'adonne aux petits riens, aux mignardises littéraires, qui abandonne aux femmes (et pour Jean-Jacques c'est tout dire) l'ar-

bitrage du goût (*LA*, 138).[1] Face à cette déliquescence le citoyen de
Genève se fait le défenseur de la vertu, des valeurs oubliées.

La critique est une activité frivole, parce qu'elle pose le problème de
la manière en oubliant le but qui compte d'abord, si l'on veut apprécier
correctement les vrais talents. Cherchons avant tout si tel écrivain
dit vrai, et si son livre est moralement utile. Quand on demande à
Jean-Jacques quels sont ses secrets pour écrire si bien, sa réponse in-
variable est qu'il n'a jamais écrit que ce que lui dictait sa conscience.
Partout dans son oeuvre il répète que son talent se trouve dans son
coeur plus que dans sa tête. 'Je sentais qu'écrire pour avoir du pain eût
bientôt étouffé mon génie et tué mon talent, qui était *moins dans ma
plume que dans mon coeur*,[2] et né uniquement d'une façon de penser
élevée et fière, qui seule pouvait le nourrir' (*OC*, I, 402). C'est l'ivresse
de la vertu qui l'a rendu éloquent: 'cette ivresse avait commencé dans
ma tête, mais elle avait passé dans mon coeur [. . .] Voilà d'où naquit
ma subite éloquence, voilà d'où se répandit dans mes premiers livres ce
feu vraiment céleste qui m'embrasait' (*OC*, I, 416). Tout un réseau
sémantique est mis au service de cette thèse qui revient sans cesse: 'Je
ne sus jamais écrire que par *passion*' (*OC*, I, 513).[2] 'Le noble
enthousiasme[2] qui avait dicté mes écrits' (*OC*, I, 639). Si ses livres lui
inspirent quelque fierté, c'est par la '*pureté d'intention*'[2] qui les dicte,
par leur '*désintéressement*'.[2] Il n'a jamais écrit que par 'désir d'être
utile aux autres' (*LA*, 176 note). Sans doute ses dispositions morales
peuvent varier, mais ce sont toujours ses sentiments qui seuls
expliquent son génie. Tant qu'il a vécu au milieu de la corruption
parisienne, 'la bile' lui a donné l'inspiration (à Mme de Warens, 27
janv. 49, *CC*, II, 113), 'l'indignation de la vertu' lui a tenu lieu
d'Apollon (*OC*, I, 495), mais lorsqu'il écrit la *Lettre à d'Alembert*,
dans son donjon de Montmorency, 'la tendresse et la douceur d'âme
m'en tinrent lieu cette fois' (*OC*, I, 495). Tout se passe comme si les
sentiments se traduisaient directement sur le papier en phrases qui
recueillent toute leur chaleur. Il suffit d'avoir un coeur pour bien écrire,
si l'on prenait à la lettre certaines formules: 'Oh! qui est-ce qui a un
coeur et qui ne saura pas faire en lui-même le tableau délicieux' des
amours d'Emile et de Sophie? (*OC*, IV, 790). Sur cette base il est
naturel qu'il privilégie l'émotion et qu'il subisse pour ainsi dire les
coups de foudre de l'inspiration: 'A l'instant de cette lecture, je vis un
autre univers et je devins un autre homme' (*OC*, I, 351). Mais cette
théorie n'est pas réservée à son seul usage. Si Loyseau de Mauléon a
conquis la gloire d'un grand avocat, c'est parce qu'il a suivi les conseils

de Jean-Jacques, en se rendant sévère sur le choix des causes; il a été 'le défenseur de la justice et de la vertu et son génie a été élevé par ce sentiment sublime' (*OC*, I, 503–4).

Tout cela réduit la critique littéraire à des critères moralisants. Et c'est à eux que Rousseau s'en tient presque exclusivement dans la *Lettre à d'Alembert*, celui de ses ouvrages où il a fait le plus oeuvre de critique. Il y condamne le réalisme parce que représenter les vices au naturel, c'est les propager: 'je douterais que [...] l'image trop naïve de la Société fût bonne au théâtre' (*LA*, 47, note). C'est pourtant au nom du réalisme qu'il critique le personnage d'Alceste. Devant Oronte 'ce n'est point là le Misanthrope: c'est un honnête homme du monde qui se fait peine de tromper celui qui le consulte' (*LA*, 57). Et Rousseau de refaire un autre Alceste, plus vrai parce que plus conforme à la logique des caractères. Mais en fait si le personnage de Molière est critiqué, c'est parce qu'il ridiculise la vertu.

Suffit-il donc d'être sincère et vertueux pour être un bon écrivain? Jean-Jacques, bien entendu, n'a jamais prétendu soutenir pareille énormité. Mais ce serait contre-sens de voir dans son moralisme intransigeant un camouflage. Comme toujours chez lui ses formules paradoxales ont une valeur polémique. Il a ressenti profondément l'immoralité de la société aristocratique de son temps, la perversion de la littérature qui se mettait à son service. C'est pourquoi il exalte unilatéralement les valeurs du coeur, et passe sous silence le rôle de 'la plume'. Là où le camouflage commence, c'est lorsqu'il se refuse à expliquer son talent par autre chose que l'amour du vrai. Jean-Jacques est un écrivain qui n'aime pas dévoiler ses secrets de fabrication.

Mais il n'a pas cherché à cacher l'immense travail par lequel il a conquis sa maîtrise littéraire, sans laquelle les vérités utiles qu'il prétendait enseigner n'auraient pas été entendues du public. A quoi bon la vertu quand elle parle dans le vide? Les auteurs comiques de son temps font des pièces 'plus épurées'. Mais elles 'n'ont plus de vrai comique, et ne produisent aucun effet. Elles instruisent beaucoup, si l'on veut; mais elles ennuient encore davantage. Autant vaudrait aller au sermon' (*LA*, 62). Pour être utile, il faut plaire; thèse que Jean-Jacques reprend aux classiques et qu'il enseigne à Emile, l'homme nouveau qui consacrera sa vie à servir l'humanité: 'il importe même de leur plaire pour les servir, et l'art d'écrire n'est rien moins qu'une étude oiseuse quand on l'emploie à faire écouter la vérité' (*OC*, IV, 673). Les ouvrages du bon abbé de Saint-Pierre sont pleins de bonnes intentions.

Lui aussi a passé sa vie à enseigner des vérités utiles, mais il est illisible, par suite du 'peu de soin' qu'il prenait 'à s'en faire écouter' (*OC*, I, 407).

Tout indique que Jean-Jacques a éprouvé très tôt le besoin d'acquérir la maîtrise de 'sa plume'. A Chambéry, lorsqu'en compagnie de Conzié il se passionne pour toutes les nouveautés littéraires, et notamment pour les écrits de Voltaire, ce n'est pas seulement pour des raisons de fond, c'est aussi le bien dire qu'il admire et dont il rêve de percer les secrets: 'Le goût que je pris à ces lectures m'inspira le désir d'apprendre à écrire avec élégance, et de tâcher d'imiter le coloris de cet auteur dont j'étais enchanté' (*OC*, I, 214). Il accumule dans ses cahiers poésies, pièces de théâtre, essais divers, qui ne sont guère plus que des exercices (*OC*, I, 157). Chez Madame Dupin, il ne se confine pas dans les besognes de tâcheron que lui impose sa patronne, mais il songe à se forger une rhétorique personnelle, pour les ouvrages 'de raisonnement'. C'est *l'idée de la méthode dans la composition d'un livre.* Si le jeune Genevois est venu à Paris, c'est parce que Paris est le seul endroit où un musicien débutant peut tenter la fortune; mais il ne tardera pas à découvrir que là seulement peuvent se développer les talents littéraires. Il a presque toujours écrit pour lui seul, écrit-il à l'auteur du Mercure: 'or on est toujours indulgent à soi-même, et les écrits destinés ainsi à l'obscurité, l'auteur même eût-il du talent, manqueront toujours de ce feu que donne l'émulation, et de cette correction dont le seul désir de plaire peut surmonter le dégoût' (25 juillet 50, *CC*, II, 133).

Le 'désir de plaire', besoin pervers chez ces gens de lettres qui flattent le public pour faire fortune! Noble dessein pour qui veut servir les hommes! 'L'émulation' ne manque pas à l'habitué du Panier Fleuri. Il révélera à la fin de sa carrière (à Saint-Germain, 26 fév. 70, *CG*, XIX, 252) qu'il a étudié particulièrement 'la diction' de Diderot quand il a commencé à écrire. Appentissage long, douloureux, marqué de demi-succès, voire d'échecs. C'était vrai pour le musicien: dans la composition des *Muses galantes* 'mon travail, inégal et sans règle, était tantôt sublime et tantôt très plat, comme doit être celui de quiconque ne s'élève que par quelques élans de génie, et que la science ne soutient pas' (*OC*, I, 334). Ce n'était pas tout à fait faux de l'écrivain. Le *Premier Discours* lui avait donné la gloire, parce qu'il avait eu l'inspiration et le 'génie', parce qu'il avait exprimé une vision originale du monde, qui avait surpris, ravi ou scandalisé ses contemprains. Mais aux yeux du juge sévère qu'était devenu l'auteur des *Confessions* cet ouvrage était, de tous les siens, 'le plus faible' parce que la science y manquait: 'avec quelque talent qu'on puisse être né, l'art d'écrire ne s'apprend pas tout d'un coup' (*OC*, I, 352).

Tout démontre que cet apprentissage n'est pas seulement le fait du débutant, mais qu'il a duré toute sa vie. Tous les rousseauistes savent combien ses manuscrits sont raturés, avec quel acharnement inlassable il recommence à rédiger, et continue à se corriger jusque sur les épreuves que lui envoie son éditeur. Son témoignage dans les *Confessions* (*OC*, I, 114) est pleinement vérifié par les faits: 'Il n'y en a pas un qu'il ne m'ait fallu transcrire quatre ou cinq fois avant de le donner à la presse.' Il occupe ses nuits d'insomnie à mûrir ses phrases: 'Il y a telle de mes périodes que j'ai tournée et retournée cinq ou six nuits dans ma tête avant qu'elle fût en état d'être mise sur le papier' (*OC*, I, 114). Voilà qui doit ramener à leur juste mesure les illusions qu'il entretient sur la qualité littéraire de ses rêves de jeunesse: 'Oh si l'on eût vu ceux [les ouvrages] de ma première jeunesse, ceux que j'ai faits durant mes voyages, ceux que j'ai composés et que je n'ai jamais écrits' (*OC*, I, 162). Toute son expérience pratique démentait l'opposition qu'il établit ici entre écrire et composer. Ecrire, c'est affronter un public, sans lequel la composition littéraire ne se distingue pas du rêve, même si ce public se réduit, comme c'est le cas pour *Les Rêveries*, à Jean-Jacques lui-même quand l'âge aura paralysé en lui l'invention. Ses rapports tourmentés avec son public apparaissent pleinement dans ses travaux préparatoires, dans ses préfaces, toujours dominées par le principe: 'Pour être utile il faut être agréable' (*LA*, 8). S'il feint dans la *Lettre à D'Alembert* d'avoir sacrifié l'agrément du lecteur au sien propre (*LA*, 8) ce n'est qu'une ruse de coquetterie. Tout nouvel ouvrage exige que Jean-Jacques renouvelle ses moyens d'expression, qu'il adapte sa plume à une finalité différente. Le manuscrit de Neuchâtel des *Confessions* est particulièrement éclairant: 'Il faudrait pour ce que j'ai à dire inventer un langage aussi nouveau que mon projet' (*OC*, I, 1153). Et là encore il fait mine de nier qu'il lui faille recourir à l'art: 'Si je veux faire un ouvrage écrit avec soin comme les autres, je ne me peindrai pas, je me farderai. C'est ici de mon portrait qu'il s'agit et non pas d'un livre' (*OC*, I, 1154). Mais en même temps il ébauche la théorie d'un style bigarré, apte à traduire la mobilité du personnage et à hisser au niveau de la littérature les mille détails de la vie quotidienne. 'Il n'y faut point d'autre art que de suivre exactement les traits que je vois marqués. Je prends donc mon parti sur le style comme sur les choses' (*OC*, I, 1154). Ce mépris apparent de l'art n'est rien d'autre que le refus des formules toutes faites, la recherche d'un

art nouveau, permettant de rendre littéraire une réalité traditionnelle-
ment non littéraire. Et l'on sait combien dans toute la première partie
des *Confessions* il est attentif à calculer les réactions éventuelles de son
lecteur, auquel il faut d'abord éviter l'ennui. Jean-Jacques est parfaitement conscient de la nécessité de l'art; s'il feint de la mépriser dans
certaines de ses préfaces, c'est pour se ménager une excuse en cas
d'échec. Mais lorsque le succès est assuré, il ne craint pas d'affirmer sa
supériorité chaque fois qu'elle lui paraît certaine. A propos de *La
Nouvelle Héloïse*: 'La quatrième [partie] surtout, et la sixième sont des
chefs-d'oeuvre de diction' (*OC*, I, 461). La 'diction'! on dirait
aujourd'hui l'écriture. Quoi qu'il en dise, ce n'est pas seulement, ce
n'est pas toujours pour être utile à l'humanité qu'il prend la plume.
C'est aussi pour son plaisir. *Le Lévite d'Ephraïm* n'est pas le meilleur
de ses ouvrages, mais 'il en sera toujours le plus chéri' (*OC*, I, 586).
Parce qu'à l'un des moments les plus dramatiques de sa vie, c'est en
l'écrivant qu'il a oublié ses peines. Il s'est livré à un exercice de vir-
tuosité littéraire en traitant un sujet biblique bien noir dans le style de
Gessner, et s'est donné ainsi 'le mérite de la difficulté vaincue' (*OC*, I,
586). Formule qui ne surprendrait pas chez Valéry.

L'ennemi de la littérature a été toute sa vie passionné de littérature. Le
précepteur d'Emile parle en doctrinaire lorsqu'il dit de son élève, avec
une désinvolture affectée: 'qu'il réussisse ou non [. . .] dans les belles
lettres, dans la poésie, peu m'importe. Il n'en vaudra pas moins s'il ne
sait rien de tout cela, et ce n'est pas de tous ces badinages qu'il s'agit
dans son éducation' (*OC*, IV, 677). Mais ce n'est qu'une pirouette qui
fait suite à plusieurs pages sur le goût, et sur les bons modèles. Emile a
droit à une culture littéraire. Et même s'il n'en était ainsi, on sait assez
que l'éducation d'Emile est très éloignée de celle que Jean-Jacques a
subie, puis s'est faite lui-même. Dès l'âge de cinq ou six ans il était
grand lecteur de romans. A quinze ans environ il épuise la bibliothèque
de la Tribu. Ces goûts juvéniles dureront; on en trouve maintes fois la
preuve dans sa correspondance. Ce n'est qu'en 1761 qu'on commence
à trouver une réaction contre le genre romanesque: 'les romans même
finissent par m'ennuyer' (à Mme de Luxembourg, 20 juillet 61, *CC*,
IX, 68). Ce 'même' est fort significatif. Et dans les années qui suivent il
lui arrive fréquemment de demander des romans. A partir des années
1766–8 il se déclare dégoûté de toute lecture, à l'exception de ce qui
traite de son 'foin', mais il écrit encore à Guy en 1768: 'Quelque goût
que j'aie eu jusqu'ici pour la lecture des romans [. . .]' (17 févr., *CG*,

XVIII, 129). Il le prie de ne plus lui en envoyer, car ils sont devenus pour lui illisibles. Mais on le voit écrire à Sartine en 1772 (15 janv., *CG*, XX, 126) qu'il a prié Guy de lui prêter quelques romans pour amuser sa femme. Si son goût pour les romans a faibli, la lecture du Tasse en ses dernières années est devenue une passion. Quant au théâtre, il n'a jamais caché quelle place il a tenue dans sa vie: 'j'aime la comédie à la passion' (*LA*, 176).

Il n'est pas possible qu'on soit consommateur de littérature sans être quelque peu critique. Et de fait, très nombreux sont les jugements littéraires qu'on trouve dans l'oeuvre de Rousseau, qui se prétend incompétent pour juger. Mais devant ce corpus on éprouve une grosse difficulté, due au flou du vocabulaire critique, difficulté qui ne lui est pas particulière, mais s'étend à toute son époque. Les mots qu'il emploie, bien souvent ne permettent pas de se faire une idée précise du sens de sa critique. Ainsi lorsqu'il juge une ode de Romilly (6 févr. 59): 'votre poésie paraît gênée, elle sent la lampe et n'a pas acquis la correction. Vos rimes, quelquefois riches, sont rarement élégantes' (*CC*, VI, 21). De quelle 'correction' s'agit-il, puisque c'est un travail appliqué? Et qu'est-ce qu'une rime riche qui n'est pas élégante? Cette 'élégance' revient fréquemment dans ses jugements. Elle paraît traduire une impression subjective mal définie, devant un texte qui ne laisse pas transparaître l'effort. La 'naïveté' est une autre notion qui revient. Rousseau l'applique au *Devin du village* (*OC*, I, 378) et au *Lévite d'Ephraïm* (*OC*, I, 586). Elle exprime une certaine qualité de sincérité, celle qui traduit directement la 'nature', et en particulier elle représente la fidélité dans la peinture des moeurs rustiques. Mais le mot qui revient sans doute le plus souvent est 'coloris'. Dans sa jeunesse Jean-Jacques s'est enthousiasmé pour le 'beau coloris' de Voltaire (*OC*, I, 214). Le mot est ici mystérieux. Lorsque Rousseau parle du 'sombre coloris' de l'abbé Prévost (*OC*, I, 374) il paraît déjà plus précis. Il est possible d'opposer ce 'sombre coloris' à la 'fraicheur de coloris' (*OC*, I, 162) avec laquelle il fixait ses rêves au cours de ses voyages à pied, et au 'coloris assez frais' du cinquième livre d'*Emile* (*OC*, I, 521). C'est un terme de peintre, il traduit le plus souvent une coloration affective. Ainsi Rousseau parle-t-il du 'doux coloris de l'innocence' à propos de la *Julie* (*OC*, I, 435) ou de la fraîcheur du coloris à propos du *Lévite d'Ephraïm* (*OC*, I, 586). Mais ce coloris n'est pas une qualité qui vient d'elle-même; il est le produit d'un art savant, même s'il s'allie avec la simplicité et la naïveté, comme dans le *Lévite*. Nous en avons la preuve dans ce que Julie dit à son ami de leurs premières lettres: 'le sentiment qui les dictait coulait avec une élégante simplicité; il n'avait besoin ni d'art ni de coloris, et sa pureté faisait toute sa parure' (*OC*, II, 102). Nous comprenons mieux maintenant comment ce mot coloris pouvait s'appliquer à Voltaire. Mais le jugement suivant sur Julie Bondeli est encore plus éclairant: 'elle réunit [. . .] la solidité et le coloris, la justesse et l'agrément, la raison d'un homme et l'esprit d'une femme, la plume de Voltaire et la tête de Leibniz' (à Caspar Hess, 12 oct. 62, *CC*, XIII, 200). Le coloris, c'est donc l'agrément du style. Et nous ne pouvons rien en dire de plus précis.

Elégance, naïveté, coloris, voilà donc quelques uns des mots qui servent à décrire et à juger l'oeuvre littéraire. Ce sont les instruments de ce temps, employés aussi bien par Voltaire ou Diderot que par Rousseau. Rien d'étonnant si de préférence à des concepts aussi vagues, ce dernier recourt volontiers à la métaphore: 'Il y a toujours dans votre style, écrit-il à Saint-Brisson (15 janv. 64, *CC*, XIX, 32), plus d'apprêt que de simplicité; votre arbre abonde en sève; mais elle pousse trop en feuilles, cela étouffe le fruit.' Jugement qui ne laisse percevoir rien de plus que la sévérité. Il faudrait pouvoir parler 'plus juste'.

Les principes de sa critique sont pourtant nets, mais ils sont difficilement conciliables. La morale y entre pour une grande part: impossible d'atteindre au chef-d'oeuvre quand on n'est pas guidé par la vertu, 'Le meilleur goût tient à la vertu même; il disparaît avec elle' (*OC*, II, 661). Ce principe moralisant l'a aveuglé à l'égard de Voltaire. Il écrit à F. H. d' Ivernois qui lui a signalé que Voltaire refusait la paternité de la *Lettre au docteur Pansophe*: 'Il faut que vous ayez une mince opinion de mon discernement en fait de style pour vous imaginer que je me trompe sur celui de M. de Voltaire' (30 août 66, *CC*, XXX, 304). Pour cette fois son intuition le guide bien. Mais on sait qu'il ne s'est jamais douté de la véritable origine du *Sentiment des citoyens*. Il savait pourtant que 'un homme qui possède supérieurement l'art d'écrire imite aisément le style d'un autre' (à Saint-Germain, 26 févr. 70, *CG*, xix, 250). Mais il était égaré par un principe faux: 'On ne peint point comme il [Voltaire] a fait les charmes de la vertu et les douceurs de l'amitié sans avoir un coeur propre à sentir l'une et l'autre' (à Vernes, 2 janv. 55, *CC*, III, 83). Donc l'auteur de *Zaïre* et de *Mérope* ne pouvait avoir écrit un libelle aussi noir. Rousseau n'est jamais revenu sur cette opinion et ne le pouvait. Car contre les hommes du complot qui voulaient le faire passer pour un scélérat, il avait un argument décisif à ses yeux: il avait écrit *Emile* et *La Nouvelle Héloïse*; pas de génie littéraire sans une certaine qualité d'âme qui exclut les noirceurs. Le même principe réapparaît quand il juge Molière: 'Il était personnellement honnête homme, et jamais le pinceau d'un honnête homme ne sut couvrir de couleurs odieuses les traits de la droiture et de la probité' (*LA*, 51). En généralisant il établit un lien entre la pureté du goût littéraire et la qualité des moeurs (*OC*, I, 28). La littérature de son temps est méprisable parce que les moeurs sont corrompues.

Le concept de nature, qui n'a pas seulement un contenu moral mais esthétique, permet de fonder les jugements moralisants: 'Tous les vrais modèles sont dans la nature' (*OC*, IV, 672). Jean-Jacques se grise lui-même devant le tableau des amours d'Emile et de Sophie; dans un élan oratoire il supplie Albane et Raphaël, le 'divin Milton' de lui prêter le pinceau de la volupté, de lui apprendre à décrire 'les plaisirs de l'amour et de l'innocence'. Mais non, leurs arts sont 'mensongers devant la sainte vérité de la nature'. Ce tableau, il suffit pour le peindre d'avoir un coeur sensible, une âme honnête (*OC*, IV, 790). La littérature du temps est incapable de peindre la nature dans sa vérité: 'un sot et précieux jargon' ôte 'toute vie aux sentiments' (à Huber, 24 déc. 61, *CC*, IX, 350). Parce que les moeurs sont corrompues les Français ne peuvent plus exprimer les choses les plus simples et les plus naturelles; les vices passent du coeur dans les mots (*OC*, IV, 649). Les langues d'aujourd'hui, et surtout la langue française, sont incapables de dire autre chose que ce qui est de l'ordre de la raison. Et la raison par elle seule n'est point active, elle n'a jamais rien fait de grand. Seule la passion fait agir; par delà les signes artificiels du langage elle seule peut trouver le vrai langage de la nature. Voyez l'exemple des anciens qui ne disaient jamais plus que lorsqu'ils parlaient moins (*OC*, IV, 647). Mais puisque l'écrivain de nos jours n'a pas d'autre moyen d'expression que ses mots, il ne faut pas qu'il les aligne en beaux discours bien arrangés, mais qu'il réussisse à leur faire traduire des 'sentiments qui débordent' (*OC*, IV, 648). Ce sera le vrai langage de la nature, qu'il faut retrouver. Les modèles ne sont pas à chercher dans la poésie française, raisonnante et glacée, mais dans celle d'autres peuples: 'le grec, le latin, l'italien' (*OC*, IV, 677). Les modernes ne savent plus qu'aligner des 'sentences'; ils sont incapables d'exprimer naïvement ce qu'il sentent. Jean-Jacques, reprenant la querelle des anciens et des modernes, tranche sans hésiter en faveur des anciens, du moins pour ce qui concerne la littérature. Il n'a jamais varié sur ce point; le correspondant du Mercure leur accordait déjà la 'prééminence qu'ils ont très justement conservée sur les modernes en fait de poésie et d'éloquence' (20 sept. 38, *CC*, I, 75). Et l'auteur d'*Emile* prédit encore que son élève prendra plus de goût pour les livres des anciens que pour les nôtres: 'leur génie est plus à eux.' Ils savaient dire beaucoup en peu de mots, alors que nous dissertons (*OC*, IV, 675–6).

Mais comment se fait-il que le contempteur d'une littérature dont le goût corrompu est digne d'une société dont les moeurs ont dégénéré, ait choisi, lui républicain genevois, de venir vivre en France, bien mieux, à Paris, et d'y revenir contre vents et marées, après la persécution? C'est que la vertu ne suffit pas pour former le goût. La lettre qu'il adresse à Vernes le 2 avril 55 est à cet égard assez amusante. Devant un pasteur genevois il ne peut exprimer brutale-ment sa préférence pour Paris. Aussi distribue-t-il les avantages: à Genève la vertu, la sagesse, les grands sujets tels que la liberté, les ouvrages graves et profonds, tout ce qui étend et fortifie l'esprit. A la France les colifichets, la poésie et les beaux-arts, qui donnent plus de délicatesse et de subtilité. Le goût ne peut pas se perfectionner dans une petite ville. Que les Genevois 'accoutumés à mesurer le ciel', et qui ne sauraient 'disséquer des mouches' laissent 'les raffinements à ces myopes de la littérature', 'sachons être plus fiers du goût qui nous manque qu'eux de celui qu'ils ont' (*CC*, III, 116).[3]

Oui, mais le Genevois qui a le mieux mesuré le ciel, c'est Jean-Jacques, le Parisien d'adoption. S'adressant à un autre Genevois, Le Sage père (le 1er juillet 54, *CC*, III, 1) il est encore plus net. Il s'agit cette fois de musique, mais la remarque vaut pour tout 'art d'imitation': 'c'est à la ville, c'est à la cour, c'est partout où s'exercent aux arts agréables, beaucoup d'hommes rassemblés, qu'on apprend à la cultiver.' Il ne s'agit donc pas seulement de Paris, mais de la haute société parisienne. Ce n'est pas au milieu du peuple qu'on acquiert le goût. Et Rousseau ajoute que si Molière consultait sa servante, c'était sans doute sur les grosses plaisanteries des farces, non pas 'sur *Le Misanthrope*, ni sur le *Tartuffe*, ni sur la belle scène d'Alcmène et d'Amphitryon'. Le paysan est insensible aux chefs-d'oeuvre et 'ne trouve rien de si beau que la *Bibliotheque bleue*, les enseignes à bière et le branle de son village' (*CC*, III, 1). Nous voilà bien loin de la nature! Rousseau a eu certainement conscience de cette contradiction; on le sent dans cette page d'*Emile* (*OC*, IV, 674) où il trace ses plans pour former le goût de son disciple. Emile commencera ses voyages de formation par les pays où la culture a déjà dégénéré; entendons Paris.

Il les terminera là où la culture est encore à naître. Pourquoi? La corruption du goût est liée à 'une délicatesse excessive qui rend sensible à des choses que le gros des hommes n'aperçoit pas'; on prend par là 'l'esprit de discussion'; on acquiert la 'subtilité'. Ainsi apprend-on à penser. 'Il n'y a pas peut-être à présent un lieu policé sur la terre où le goût général soit plus mauvais qu'à Paris.' Et pourtant c'est là que 'le bon goût se cultive'. Il y a 'peu de livres estimés dans l'Europe dont l'auteur n'ait été se former à Paris'. Mais il ne suffit pas de les lire pour se former l'esprit; il faut se mêler à cette société. Ainsi le goût le plus corrompu à certains égards est aussi le meilleur à certains autres. On perd, à Paris, le sens des grandes valeurs morales, mais on apprend, en matière littéraire, à discerner le bon du mauvais. Ce n'est pas par hasard si la *Julie*, destinée tout d'abord aux provinciaux, dans l'esprit de Jean-Jacques, a finalement mieux réussi auprès des Parisiens (*OC*, I, 546). Il faut donc aller se former à Paris, mais éviter de s'y perdre, et se réfugier ensuite plus près de la nature. Jean-Jacques théorise ici son expérience personnelle: il a pris en Savoie, pour la littérature française (*OC*, I, 183) un goût passionné qui a duré: 'le théâtre français [. . .] est à peu près aussi parfait qu'il peut l'être' (*LA*, 36). Mais ce qu'il écrivait alors n'était que barbouillage. Il est venu à Paris pour former son génie, puis il s'est retiré à l'Hermitage pour écrire ses plus grands chefs-d'oeuvre. S'il n'avait pas fréquenté la société parisienne, il n'écrirait peut-être pas beaucoup mieux que ces Neuchâtelois qui 'écrivent platement et mal, surtout quand ils veulent écrire légèrement, et ils le veulent toujours. Comme ils ne savent pas même en quoi consiste la grâce et le sel du style léger, lorsqu'ils ont enfilé des phrases lourdement sémillantes ils se croient autant de Voltaires et de Crébillons' (au Mal de Luxembourg, 20 janv. 63, *CC*, XV, 55).

Quelle que soit l'imprécision du vocabulaire critique de son temps, si difficiles à démêler que soient les principes de sa critique, on peut sans doute comprendre pourquoi ses goûts le portent vers certains écrivains, pourquoi il lit assidument la Bible, et surtout l'Evangile, pour des raisons qui ne sont pas seulement religieuses, mais littéraires, pourquoi tout en méprisant la poésie de son temps, il admire tant les tragédies de Voltaire, pourquoi dans sa vieillesse il se passionne pour le Tasse. Mais ce qu'on aimerait savoir, c'est ce qui intriguait déjà ses contemporains: le cheminement qui a permis à Rousseau de créer l'une des plus belles proses dont s'honore la littérature française, (et je dirai personnellement la plus belle). Quelle fut, dans son long apprentissage qui n'a jamais cessé, au cours du travail acharné qu'il s'est imposé, la part de la réflexion théorique? Car il est difficile de croire que l'intuition, le tâtonnement empirique ont suffi pour le conduire de la gaucherie des écrits de jeunesse jusqu'aux chefs-d'oeuvre incomparables de la maturité. Quels ont été ses critères de choix? Ses objectifs? Les règles en vertu desquelles il éliminait avant de parvenir à la forme définitive? A cet égard nous avons trois moyens d'information: les innombrables corrections de ses manuscrits, ses discussions orageuses avec les éditeurs, et les conseils qu'il consent à donner aux jeunes qui essaient leur talent, ou à ses amis qui livrent les mêmes combats que lui.

Nous ne pouvons parler, dans le cadre de cet article, de ses corrections. La matière est immense. Et l'interprétation aléatoire. Pourquoi Jean-Jacques a-t-il préféré telle forme à telle autre? Nous n'avons que le résultat brut, sans commentaires; le motif n'est pas toujours évident.[4] Au contraire, lorsqu'il proteste contre les fantaisies des correcteurs d'imprimerie ou lorsqu'il demande une correction de dernière heure, il donne ses raisons, et parfois remonte aux principes. C'est ainsi que la lettre à Rey du 8 juillet 58, à propos d'un détail minuscule: le mot femme mis au pluriel contre son gré, nous révèle ses critères privilégiés, dans l'ordre de ses préférences: 'l'harmonie me paraît d'une si grande importance en fait de style que je la mets immédiatement après la clarté, même avant la correction' (CC, V, 111). Que la clarté soit pour lui le premier critère, bien des textes le confirment. Il écrit à Du Peyrou (12 avril 65): 'Parlez donc clairement pour quiconque entend le français; voilà la règle, et soyez sûr que fissiez-vous au surplus cinq cents barbarismes, vous n'en aurez pas moins bien écrit' (CC, XXV, 84). Il avait dit à Néaulme (29 janv. 62): 'Votre correcteur peut savoir mieux que moi les règles de la langue, mais il y en a une grande que je sais sûrement mieux que lui, c'est de les violer toutes quand il convient' (CC, X, 70). Et en vertu du même principe il fait mine d'admirer les prétendues incorrections de la langue de Julie: 'elle avait l'oreille trop délicate pour s'asservir toujours aux règles même qu'elle savait. On peut employer un style plus pur, mais non pas plus doux ni plus harmonieux que le sien' (OC, II, 693). La correction, lorsqu'il y a conflit, est donc sacrifiée à l'harmonie et surtout à la clarté. L'amphibologie, écrit-il à Rey, est une 'chose que je hais souverainement' (8 janv. 63, CC, XV, 15). Il lui en était échappé une dans la Lettre à Christophe de Beaumont: 'ne cédant pas plus à leurs opinions qu'à leurs volontés, et gardant la mienne aussi libre que ma raison.' A quoi se rapportait 'la mienne'? Il faut donc substituer 'préjugés' à 'opinions', mais après avoir vérifié si le mot préjugés n'a pas été employé quelques lignes plus haut.

La clarté est donc le premier souci. Et pourtant on sait assez que Rousseau appartient à la série des écrivains obscurs, d'expression claire. La langue dont il dispose en est responsable, et il a eu une claire conscience de ces insuffisances: 'J'ai fait cent fois réflexion, en écrivant, dit-il, qu'il est impossible de donner toujours les mêmes sens aux mêmes mots' (OC, IV, 345). Pourtant il croit possible d'être clair, et il indique ses moyens. Les montagnes de commentaires que la critique moderne a accumulées pour élucider sa pensée montrent suffisamment qu'il a été loin sur ce point d'atteindre son but.

Au sujet de la correction, il varie, selon son humeur. Il la traite parfois avec une désinvolture apparente: 'J'emploie ce mot [natia] dans une acception italienne, faute de lui trouver un synonyme en français. Si j'ai tort, peu importe, pourvu qu'on m'entende' (OC, IV, 420). En d'autres occasions il devient puriste, s'il s'agit par exemple de quereller ses éditeurs. Néaulme a réédité l'*Emile*, sous le titre *traité d'éducation*. 'Je trouve plaisant [. . .] que vous m'ayez fait commencer mon livre par un solécisme. Ceux qui savent que j'ai un peu étudié ma langue verront bien que ce traité d'éducation n'est pas de moi' (13 nov. 62, CC, XIV, 36). Il fallait: *Traité de l'éducation*. Il est difficile de pousser le purisme plus loin. Mais c'est surtout à l'égard de ses amis genevois qu'il est exigeant en ce domaine. Il a peur des provincialismes qui feront rire à Paris. Il avertit Moultou qu'il n'accorde pas correctement les participes passés, tout en confessant qu'il y a de la 'puérilité' dans cette remarque (1er sept. 62, CC, XIII, 2). Ce qu'il craint le plus dans les écrits de son jeune ami, ce sont 'les fautes de langue' (25 nov. 62, CC, XIV, 101).

Les correcteurs sont faits pour dépister les incorrections. Mais pour l'harmonie, ils sont tout à fait incompétents. Qu'ils fassent donc attention au manuscrit, seul moyen d'éliminer les fautes qui 'mutilent la période sans ôter le sens' (à Rey, 22 nov. 54, CC, III, 52). La structure rythmique de sa prose est pour lui si importante qu'il vaut mieux prendre quelques libertés avec l'histoire que de la mettre en cause. Il avait écrit dans *La Nouvelle Héloïse*, parlant des libérateurs de la Suisse: 'Les Furst, les Tell, les Stouffacher étaient-ils gentilshommes?' Rey lui a fait observer qu'il a oublié Melchtal, et qu'il vaudrait mieux mettre Tell en quatrième position pour respecter les faits. 'Il sera mieux, répond-il, de ne rien changer à la phrase, parce qu'un entretien entre

gens de condition ne demande pas toute l'exactitude historique, qu'il
faut que ces noms barbares passent comme un trait, et que la phrase
est tellement cadencée que l'addition d'une seule syllabe en gâterait
toute l'harmonie' (15 juin 60, *CC*, VII, 131–2). Si un éditeur ose
toucher à cette sacro-sainte harmonie, il s'expose à d'impitoyables
diatribes. Rey a modifié une phrase de la *Lettre à d'Alembert*: 'prenez
donc la peine de me justifier le changement suivant, [. . .] 'qui pèse tout
à la balance du jugement; jusqu'à la plaisanterie.' Pour éviter cette
queue trainante j'avais mis 'qui pèse tout jusqu'à la plaisanterie à la
balance du jugement'. Je trouve ma phrase élégante et harmonieuse, la
vôtre dure et plate' (20 juillet 58, *CC*, V, 119). Nous avouons ne pas
trop sentir une telle différence. Rousseau est-il seulement énervé de se
voir corrigé et traité comme un écolier par un correcteur d'imprimerie?
C'est possible. Il est pourtant probable que son oreille délicate de
musicien est vraiment choquée. Mais les adjectifs qu'il emploie ne
traduisent qu'une impression subjective, et voilà la difficulté à laquelle
on se heurte quand on aborde cette très difficile question de la prose
rythmée. Nous ne disposons que des écrits, nous lisons. Mais
Rousseau se récitait sa prose avant de l'écrire, et nous n'avons pas son
oreille. Nous ne savons pas comment il prononçait, quelle importance
il donnait à chaque virgule. Il n'a indiqué nulle part les règles qui
présidaient au rythme de ses phrases. En avait-il? L'impression reçue par
l'oreille était-elle le seul critère, sans aucune explicitation théorique?
Pourtant le résultat est là, il est objectif. Sa prose est harmonieuse.[5]
Mais il n'a rien fait pour nous permettre de percer ses secrets.

Peut-être pensait-il que ces choses là ne s'enseignent pas. Ses conseils à ses amis, en tout cas, ne portent jamais sur l'harmonie. Pourtant
il leur donne des leçons de style, au moment où il faut se battre, et où
leur plume se met au service d'une bonne cause. Alors Rousseau pense
à l'efficacité. Et ses préceptes peuvent se résumer en deux mots: densité et simplicité.

L'art de l'écrivain qui s'est frotté à la société parisienne consiste à
savoir dire peu pour laisser entendre beaucoup. Il faut faire confiance à
l'intelligence du lecteur. Rousseau lui-même peut être volontairement
diffus, quand il s'agit par exemple de faire parler les amants. Mais
lorsqu'il s'exprime pour son compte il cherche la densité: 'combien de
fois [. . .] ai-je déclaré que je n'écrivais point pour les gens à qui il
fallait tout dire' (*OC*, IV, 437). Il est arrivé aux plus grands écrivains
de ne pas observer assez cette règle: pourquoi La Fontaine a-t-il jugé
nécessaire d'ajouter à ses fables des moralités parfaitement inutiles?

(*OC*, IV, 541). A plus forte raison ses amis les Représentants genevois ignorent l'art de se limiter, les De Luc en particulier. Il fait des compliments à J. F. De Luc pour ses *Observations sur les savants incrédules*, 'mais on ne peut pas dire exactment que votre ouvrage est bien écrit, parce qu'il est diffus, et que celui qui dit la même chose en moins de paroles écrit le mieux' (10 oct. 62, *CC*, XIII, 192). 'Evitez la diffusion et gardez-vous de tout dire. N'exposez que les raisons de poids, ne faites qu'entrevoir les autres. Qui dit tout ne dit rien, car on ne le lit pas' (20 juillet, *CC*, XX, 298).[6] A Jean-André, il reproche plutôt 'une tournure un peu raide', un style empâté (7 juin 64, *CC*, XX, 159), une insuffisance de la liaison des idées. 'L'art d'écrire est d'intéresser et de faire que tout se tienne. Toute solution de continuité refroidit le lecteur' (20 déc. 64, *CC*, XXII, 257). Bref ses amis sont ennuyeux à lire. Ils manquent d'aisance, de légèreté, de rapidité.

Autre défaut lié au premier: ils croient bien faire en gonflant artificiellement leur style par le recours à la rhétorique. Ils ne savent pas faire parler directement le sentiment. C'est le sens des conseils qu'il donne à Moultou: 'Attachez-vous à ôter tout ce qui peut être exclamation ou déclamation. Simplifiez votre style, surtout dans les endroits où les choses ont de la chaleur' (25 nov. 62, *CC*, XIV, 101). Mais ce n'est pas un défaut spécifiquement genevois. Dom Deschamps, lui aussi, ce religieux qui n'a pas l'usage du monde, écrit par périodes lourdes et enchevêtrées (12 sept. 61, *CC*, IX, 120); quant aux écrivains parisiens, ils cherchent un brillant artificiel; maniérés, précieux, ils ne savent pas parler le vrai langage du coeur. Le style de Bastide est 'trop soigné; s'il était un peu plus simple, ne pensez-vous pas qu'il serait un peu plus clair?' (18 déc. 60, *CC*, VII, 365, n.). Les conseils à ces deux derniers personnages sont d'un ton débonnaire. Mais la pauvre Marianne subira une terrible leçon de style: 'dans votre dernière lettre, vous appelez cela [son refus de continuer à correspondre] enfoncer d'une main sûre un fer empoisonné dans le sein de l'amitié. Sans vous dire, Madame, ce que je pense de cette phrase, je vous dirai seulement que je suis déterminé à n'avoir de mes jours une liaison d'aucune sorte avec quiconque a pu l'employer en pareille occasion' (14 avril 71, *CG*, XX, 69). La grandiloquence, si courante dans la littérature sensible du temps, est bien ici le mal suprême; car elle révèle aux yeux de Rousseau l'hypocrisie. Une lettre écrite quelques mois après à Mme de Lessert, la bonne et fidèle amie, semble être le contrepoint de cette lettre à Marianne: 'Rien peut-être ne m'a fait mieux sentir la solidité de votre vertu que la manière simple dont vous m'avez narré ce malheur [son fils s'est cassé la cuisse], à moi qui sais si bien à quel point votre coeur maternel en a été transporté. Quelle différence de ce langage modéré d'une âme trop sensible qui sent sa faiblesse, qui la cache et voudrait la surmonter, à ces convulsions de comédiennes qu'affectent à tous propos ces femmes qui ne sentent rien!' (13 août 71, *CG*, XX, 81).

Il s'agit là d'un jugement d'ensemble sur un style capable de traduire avec discrétion et naturel un sentiment authentique. Dans de rares exemples Rousseau consent à ne pas se limiter à des préceptes généraux, mais corrige des détails, et nous avons là des lueurs précieuses sur le travail d'un grand maître.

Il y a d'abord Séguier de Saint-Brisson, qui lui a soumis des idylles et reçoit une longue critique d'une brutale franchise: ces idylles sont une imitation; pire, une copie; elles accommodent la Bible au goût français; 'la philosophie champêtre doit être toute en sentiments, en images, la vôtre est en réflexions, en maximes', le style est guindé; 'on sent qu'il vous en coûte de prendre un air aisé' et voici la correction: 'Vos chutes sont quelquefois heureuses, mais vous les manquez souvent: Cruel Milon, rends-moi mon coeur ou rends-moi ta présence! Présence, quel mot! Pourquoi pas: rends-moi mon coeur ou rends moi le tien? Cela était plus simple et tombait mieux' (13 nov. 63, *CC*, XVIII, 137). Du Peyrou écrit une *Lettre de Goa* où il prend la défense de Jean-Jacques contre Montmollin. Mais sa plume est inexperte et il consulte le maître sur des détail de style. Peut-il employer l'expression 'conclave inquisitorial' en parlant des pasteurs qui persécutent? Est-ce bien correct? Il ne s'agit pas ici de correction, répond Jean-Jacques; 'je soutiens qu'il faut quelquefois faire des fautes de grammaire pour être plus lumineux; c'est en cela, et non dans toutes les pédanteries du purisme que consiste le véritable art d'écrire. Ceci posé, j'axamine sur cette règle le conclave inquisitorial'. L'expression ne convient pas. car il ne s'agit pas d'une assemblée de cardinaux. 'Synode' irait beaucoup mieux. 'Le mot de synode pris pour une assemblée de ministres, contrastant avec celui d'inquisitorial, ferait mieux sentir l'inconséquence de ces Messieurs. L'union seule de ces deux mots ferait à mon sens un argument sans réplique, et voilà en quoi consiste la finesse de l'emploi des mots' (12 avril 65, *CC*, XXV, 84). Admirable leçon de style. Mais il a fallu la guerre que lui font les persécuteurs pour que Jean-Jacques livre à son ami un peu de ses secrets.

Dans tout ce qui précède, nous avons glané à travers ses oeuvres et sa correspondance toute une série de jugements qui permettent de comprendre quelles furent les idées de Rousseau en matière de goût littéraire. La plume, pour lui, doit se mette au service du coeur, sinon elle n'est qu'un instrument méprisable, et la littérature de son temps est dévoyée parce que les gens de lettres écrivent pour tout autre chose que pour exprimer des vérités utiles. Si les lettres ont corrompu la société, celle-ci le leur a bien rendu. Il faut réapprendre les secrets des anciens, exprimer clairement des pensées justes, traduire simplement des sentiments authentiques, trouver le vrai langage du coeur. Mais ce n'est pas la nature qui le donne. C'est dans la société la plus raffinée, la plus corrompue qu'on apprend à maîtriser la langue, et c'est au prix d'un immense travail qu'on parvient à faire parler la nature sans la trahir, la nature n'étant rien d'autre ici que l'authenticité des sentiments. Jean-Jacques n'a pas été un critique littéraire, en ce sens qu'il a refusé de porter des jugements sur la chose littéraire. Il s'est pourtant forgé une doctrine critique, exprimée dans un langage qui n'est pas assez précis à nos yeux, mais suffisant pour le guider dans son patient cheminement vers la perfection. Il lui arrive parfois de laisser paraître des bribes de cette doctrine, le plus souvent pour satisfaire à l'amitié ou pour rendre plus efficaces les luttes qu'il estime justes.

Notes

1. La *Lettre à d'Alembert* (*LA*) est citée d'après l'édition Fuchs (Droz 1948).
2. Souligné par nous.
3. Voir aussi la lettre à Vernes du 4 avril 57 (*CC*, IV, 209–11).
4. Les études du style de Rousseau sont seulement à leur début; il faut signaler surtout les travaux de Robert Osmont, de Michel Launay, et la belle étude de Maris-Hélène Cotoni sur la *Lettre à Christophe de Beaumont* (Cannes, Paris 1977).
5. Nous avons tenté nous-même, après d'autres, d'éclaircir cette quesion à propos de *La Nouvelle Héloïse* (*Rousseau et l'art du roman*, pp. 285–306) sans nous dissimuler que l'étude scientifique en ce domaine atteint rapidement une limite.
6. Voir aussi la lettre du 22 nov. 64 (*CC*, XXII, 105)

IV Intellectual relationships

ROBERT SHACKLETON

Montesquieu, Dupin and the early writings of Rousseau

There is no evidence of any meeting of Montesquieu and Rousseau. though there are many occasions on which a meeting was possible. Two such occasions came early in Rousseau's life. In 1728 when, as a boy of sixteen, Rousseau was tramping the streets of Turin, Montesquieu was engaged in the grand tour, and visited that city from 23 October to 5 November. But although they both knew the Solar family, a meeting cannot be held probable, since Montesquieu carried ambassadorial introductions and Rousseau was little better than a mendicant.[1] Another geographical coincidence occurred three years later when they were simultaneously in Paris, Rousseau having gone to admire the splendour of the capital while Montesquieu was paying a fleeting visit on his return from England. A meeting between them was even less likely than in Turin.

In July 1742 Rousseau began his first lengthy visit to the capital. Armed with valuable introductions, he moved on a higher level than before. 'Autant à mon premier voyage,' he writes, 'j'avais vu Paris par son côté défavorable, autant à celui-ci je le vis par son côté brillant' (*OC*, I, 282). He now moved into circles in which Montesquieu was prominent. When he presented his musical notation to the Académie des Sciences, his sponsor was Réaumur, well known to Montesquieu; he had social contact with Dortous de Mairan, Gros de Boze, Caylus, and above all with Fontenelle, all of them friends or associates of Montesquieu of many years' standing. His interest in music brought him into contact with the Président de Gascq, a colleague of Montesquieu at the Académie de Bordeaux, and with Père Castel. This Jesuit, garrulous and prolix, was an unofficial keeper of Montesquieu's conscience; he had been charged with the task of revising the manuscript of the *Considérations sur les Romains* prior to publication. Rousseau's visit to Paris lasted until July 1743 when, thanks to the influence of Montesquieu's old associate at the Club de l'Entresol, the Abbé Alary, he received his diplomatic appointment at Venice. Montesquieu was in Paris during the whole of this early stay of Rousseau, but though their circles of acquaintance overlapped, any prolonged or intimate encounter is unlikely.

Rousseau returned to Paris after his Venetian stay in October 1744 and remained there, with occasional visits to the country houses of his Parisian friends, until his departure for Geneva on 1 June 1754. In October of that year he was in Paris again and was there when Montesquieu died on 10 February 1755. Montesquieu paid six visits to Paris in the period 1744–55; they amounted in all to 54 months. Rousseau's range of acquaintance expanded on his return from Venice. Whereas the men of letters he had known before were predominantly, though with the important exceptions of Diderot and Condillac, older people with some power of patronage, he now formed numerous friendships in his own generation, with men who were often at the start of their career. This did not, however, make him less likely to see Montesquieu who, especially in his years of fame, was kindly and hospitable to the young. Rousseau's new friends included d'Alembert and Duclos, both of them intimates of Montesquieu, as well as Deleyre, whose Gascon origin, humble birth and great promise had endeared him to Montesquieu. The possibility of their meeting was now high.

The likeliest person to bring Rousseau and Montesquieu together, however, was Madame Dupin. Wealthy through her parentage – she was the illegitimate daughter of the banker Samuel Bernard – she brought a great fortune to her husband Claude Dupin, and enabled him to become a *fermier-général*. She was one of the leading social figures of France and both Montesquieu and Rousseau were known to her.[2]

The first letter from Montesquieu to Madame Dupin, written on 4 January 1744,[3] shows that they were already acquainted. Montesquieu was then in Bordeaux. Their first meeting was, doubtless, in Paris and therefore not later than the end of August 1743, when Montesquieu had last been in the capital. Rousseau's first letter to Madame Dupin is dated 9 April 1743 (*CC*, I, 182). It was the Jesuit Castel who first recommended Rousseau to Madame Dupin, after the publication of his *Dissertation sur la musique moderne*. This places the moment of introduction as being in February or March 1743.

Montesquieu and Rousseau were not on the same footing in her house. 'On ne voyait chez elle [writes Rousseau] que Ducs, Ambassadeurs, cordons bleus.' The greatest ladies of society frequented her salons. 'Monsieur de Fontenelle, l'Abbé de St. Pierre, l'Abbé Sallier, Monsieur de Fourmont, Monsieur de Bernis, Monsieur de Buffon, Monsieur de Voltaire étaient de son cercle et de ses dînés.' After this enumeration, to which Montesquieu could truthfully have been added, Rousseau exclaims, 'Le pauvre Jean-Jacques n'avait pas de quoi se flatter de briller beaucoup au milieu de tout cela.' (*OC*, I, 292). Grimm, writing on the occasion of the death of Dupin, reports that 'Madame Dupin donnait une fois par semaine à dîner à Fontenelle, Marivaux, Mairan, et autres gens d'esprit, et [. . .] ce jour-là Rousseau avait son congé, tant on était éloigné de se douter de ce qu'il était'.[4] He was soon to leave for Venice, but on his return to Paris he resumed his connection with the family, accompanying them on a number of occasions to their Château de Chenonceaux. At an uncertain date but not later than the autumn of 1746 he became their secretary. He appears to have abandoned this post in March or April 1751, in a state of euphoria caused by the success of the *Discours sur les sciences et les arts*. In later years he still worked occasionally for Madame Dupin, and was cashier in the office of her stepson Dupin de Francueil, but the regular and intensive work appears to have been from 1746 to 1751.[5] A considerable bulk of manuscript material was created. Of the total collection of Dupin manuscripts much did not survive the Revolution,[6] but a large part of what was written by Rousseau is extant though dispersed today.

When Montesquieu's *De l'esprit des lois* appeared towards the end of October 1748, it gave offence to the Dupin household. The *fermier-général* was offended by the author's hostile observations on tax-farming,[7] while his wife took exception to some passages which were construed as anti-feminist in character.[8] Two published works resulted from the hostility of the Dupins. Since these works, both of which are exceedingly rare, have been the subject of much inaccurate comment, it is appropriate to assess what is reliably discoverable about them, before trying to define Rousseau's role in relation to them.

The first is:

RÉFLEXIONS | SUR | QUELQUES PARTIES | D'UN LIVRE INTITULÉ | *DE L'ESPRIT DES LOIX*. | TOME PREMIER

[SECOND] | A PARIS, | chez BENJAMIN SERPENTIN. | MDCCXLIX.

Collation:

vol. I 8^0 a^8 A $-$ 2E^8 2F^4
vol. II 8^0 a^2 A $-$ 2F^8 2G^6

A copy of this work, long thought to be unique, is in the Bibliothèque de l'Arsenal, where it has the shelfmark Rés. 8^0 J35. Bound in full brown morocco, it bears on the spine the arms of the Marquis de Paulmy, enclosed by the collar of the order of Saint-Louis. Paulmy was the son of the Marquis d'Argenson, from whom he probably inherited the copy.

A second copy is in the library of the Assemblée Nationale where it bears the shelfmark B^A 36. The pages have not been cropped. It has a quarter leather binding with ornate tooling, dating probably from the second half of the nineteenth century. There is no indication of provenance. On the titlepage of each volume is written 'Par Dupin, fermier-général'.

The second critique by Dupin is:

OBSERVATIONS | *SUR* | UN LIVRE INTITULÉ | *DE* | L'ESPRIT DES LOIS; | *DIVISEES EN TROIS PARTIES* | PREMIERE [SECONDE, TROISIEME] PARTIE.

Collation:

vol.   I 8^0 π a^8 b^7 A $-$ 2E^8 (A4 and D7 are cancels)
vol. II 8^0 π A $-$ 2K^8 2L^2
vol. III 8^0 π A $-$ 2I^8 2K^5 (A1, E8 and 2C7 are cancels)

There is no indication of place or date. This work is rare also. I have seen copies at the Bibliothèque Nationale (the copy described), the Bibliothèque de l'Arsenal, the library of the Assemblée Nationale, and the municipal libraries of Bordeaux and Lyon. Two copies were sold in 1928 from Montesquieu's library at La Brède.

External evidence about these two *critiques*, though abundant, is not always decisive. But there is little doubt about the date of publication of the *Réflexions*. Voltaire, about to leave Paris for a short absence, writes on 15 June 1749 to Madame Dupin, 'je me flatte de voir à mon retour le véritable *Esprit des lois*'.[9] Montesquieu for his part writes from Paris on 22 July 1749 to his Italian friend Venuti, 'Il va paraître à Paris une ample critique, faite par M. Dupin',[10] and on the next day informs Solar that Dupin's criticism will appear in seven or eight days.[11] D'Argenson, however, writes in his journal on 16 November 1749 that a critique of *L'Esprit des lois* is about to appear, composed jointly by Dupin and Madame Dupin, and that Madame Dupin will thus become for politics what Madame du Bocage is for poetry and Madame du Châtelet for philosophy.[12] On 21 November the Duchesse d'Aiguillon wrote to Maupertuis, in Prussia, to the effect that Montesquieu was quietly waiting for the *critique* with which he was threatened by Monsieur and Madame Dupin.[13] It appears therefore that the issuing of the *Réflexions* was delayed, or occurred so inconspicuously that d'Argenson and Madame d'Aiguillon were unaware of it, which is unlikely.

In any case Dupin writes to Père Castel on 7 March 1750 saying that it is true that he has written a critique of *L'Esprit des Lois*, but that only eight copies were printed; he has recalled all of these and is correcting the work with a view to reprinting it.[14] The *Réflexions* may reasonably be said to have been printed towards the end of 1749.

As to the date of publication of the *Observations*, there is disagreement. The following authorities assign the work to 1757–8:

Delatour, *Premier Catalogue*, no. 57 (1808)
Brunet, *Manuel du libraire*, 1st ed. (1810) and all other editions to
    5th (1861)
Peignot, *Répertoire de bibliographies spéciales* (1810)
Biographie universelle, s.v. Dupin (1814)
Barbier, *Dictionnaire des ouvrages anonymes*, 2nd ed. (1823)
Quérard, *La France littéraire* (1828)
Beuchot, ed. Voltaire, *Oeuvres*, L (1834)
Nouvelle Biographie générale, s.v. Dupin (1856)
Moland, ed. Voltaire, *Oeuvres*, XXX (1880)
Bibliothèque Nationale, *Catalogue général*, XLIV (1911)
Lanson, *Manuel bibliographique de la littérature française moderne*
    (1921)

Besterman, *Voltaire's Correspondence*, XVII, no. 3401 (1956) and definitive ed., XI, no. D3947 (1970)
Dictionnaire de biographie française, s.v. Dupin (1968)
Cioranescu, *Bibliographie de la littérature française du XVIII siècle*, II, s.v. Dupin (1969)

Walkenaer, in his authoritative article on Montesquieu in volume XXIX of the *Biographie universelle* (1821) accepts 1757–8 with the reservation that an earlier date is likely, while the following are firm in support of an earlier date:

Barbier, 1st ed. (1806)	1752–3
Parrelle, ed. Montesquieu, *Oeuvres*, I, p. vii (1826)	1753
Du Plessis, *Bulletin du bibliophile*, 1859	1750–1
Barbier, 3rd ed. (1875)	1750–1
Laboulaye, ed. Montesquieu, *Oeuvres*, III, p. xxxix (1876)	1753
A. François, 'Rousseau, les Dupin, Montesquieu' (*Annales de la Société J.-J. Rousseau*, 1943–5)	
Leigh, *Correspondance complète de Jean-Jacques Rousseau*, II, p. 119 (1965)	1751–2

Is it not possible to settle the question? The advocates for 1757–8, undeterred by accounts, often relayed by themselves, of hostile reactions to the *Observations* on the part of Montesquieu, who died in 1755, rely originally on the first authority cited, Delatour. The printer Louis-François Delatour, who was admitted as *imprimeur* in 1750, but ceased to pursue his trade in 1778, died in 1807. The first sale catalogue of his books, published in 1808, includes the *Observations* with the date 1757–8, and giving the printer as Guérin and Delatour (who were allied by marriage). His testimony deserves some respect though he is writing fifty years after the event.

On the other hand, numerous pieces of evidence can be advanced in support of an earlier date. Du Plessis, in his valuable article in the *Bulletin de Bibliophile*, asks why Dupin should have waited eight or nine years after the *Réflexions* before producing his revised edition, waited, that is, until the storm had abated and *L'Esprit des lois* had become unassailable. He points out that the failure of Grimm, who knew the Dupin circle, to record the publication of the *Observations* and its subsequent withdrawal, can be understood only if these events occurred before he began to write the *Correspondance littéraire* in May 1753. These arguments, however plausible, are not conclusive. Four pieces of literary evidence are of higher value.

The first is a letter from Montesquieu to Guasco.[15] It was first published by Guasco in the *Lettres familières* of 1767. Montesquieu alludes in this letter to the *critique* of Dupin and says that it does deserve a reply ('Depuis le futile de La Porte jusqu'au pesant Dupin, je vois rien qui ait assez de poids pour mériter que je réponde aux critiques'). To this reference to Dupin Guasco affixes one of his habitually informative notes in which he says:

> Ce fermier général fit *ensuite*[16] imprimer à ses frais une critique presque aussi étendue que l'*Esprit des lois*, qu'il distribua à ses connaissances, à condition de ne le [sic] point prêter. On ne manqua pas cependant de faire tomber un exemplaire de cette critique entre les mains de Mr. de Montesquieu et dès qu'il eut parcouru quelques parties de cette rhapsodie, il dit qu'il ne valait pas la peine de lire le reste, se reposant sur le public.

It follows from the letter and the note that two *critiques* by Dupin were known, the first, which must be the *Réflexions*, being referred to by Montesquieu in the letter, the second being printed *ensuite*. This was clearly the *Observations*, substantially larger than the *Réflexions*. Since this fell into Montesquieu's hands, it was published during his lifetime and not therefore in 1757–8.

The second piece of evidence is provided by Joseph de La Porte, who was incidentally the author of another *critique* of *L'Esprit des lois* entitled *Considérations sur l'Esprit des lois ou l'art de lire ce livre*. In 1756 La Porte published a new edition of his bibliography, *La France littéraire ou les beaux-arts*. The approbation of this book is dated 24 December 1755. Dupin is mentioned on page 79 as being the author of a work shown as '*Refutation de l'Esprit des lois en ce qui concerne le commerce et les finances*. 1749. 3 vol. in-12'. La Porte is clearly confusing the two works (as did all bibliographers until Barbier saw the Arsenal copy of the *Réflexions* in 1823). The title and format belong to neither, the date belongs to the *Réflexions*, and the number of volumes belongs to the *Observations*. Thus, with all his confusion, La Porte, before December 1755, knew of the existence of a three-volume *critique* of Montesquieu by Dupin. This can only be the *Observations*.

The other pieces of evidence are simpler. The first is a letter from La Condamine to Montesquieu, dated 3 March [1751] but which may more satisfactorily be dated 3 March [1750].[17] The witty La Condamine writes, 'On m'a dit que l'auteur des six exemplaires alloit faire une nouvelle édition de quatre autres.' He was writing more truthfully than he knew. The second document is a well-known letter from Hénault to Montesquieu, dated 13 February [1752]: 'M. Dupin fait aussi courir quelques volumes de son ancienne critique; on dit qu'il s'est fait seconder par un M. Rousseau de Genève et par d'autres.[18] The editorial dating of this letter cannot be questioned, nor can its significance. The work which is circulating is not the old *critique*, but a revised work, in other words the *Observations*, which thus appeared shortly before the date of this letter, that is either late in 1751 or in the first few weeks of 1752.

It follows then, from what we have seen of the chronology of Rousseau's association with the Dupins, that Rousseau was working for them during the whole of the period of preparation of the *Réflexions* and during all but the last few months of the preparation of the *Observations*.

Let us look at the question of the authorship of the two works. Montesquieu and his circle consistently attribute both works to Dupin. D'Argenson, in the passage quoted above, regards Madame Dupin as co-author. In 1760 Voltaire asks Madame Dupin if she can send him Monsieur Dupin's reflections on *L'Esprit des lois*; but this is perhaps a courteous bow towards her anonymity, and when the book arrives he compliments her upon it in terms he would use in addressing the author.[19] Rousseau alludes in the *Confessions* to being acquainted with the Jesuit Berthier, whom he saw two or three times 'chez Monsieur Dupin, avec lequel il travaillait de toute sa force à la réfutation de Montesquieu' (*OC*, I, 326). Rousseau says nothing of any possible collaboration of his own in this work. The catalogue of the printer Delatour, and most subsequent authorities, speak of Père Plesse as involved in the refutation; he cites no authority, but as printer of the *Observations* he was well placed to know. When La Beaumelle, writing in 1751 in defence of Montesquieu, alluded to a lengthy *critique* which was being written by the Abbé Pluche, he was probably making an easy mistake for Plesse.[20] Pluche, the successful author of *Le Spectacle de la nature*, was not a polemical writer, and had retired to a contemplative provincial life. Another suggested collaborator of Dupin was the Swedish diplomat Scheffer.[21] This presumably was Carl Fredrik Scheffer, Swedish minister in Paris from 1743 to 1752 when he was succeeded by his brother Ulrik, who became a close friend of Montesquieu.[22] The source is far from dependable.

That Dupin's work was collaborative is not in doubt. The preface of the *Réflexions* speaks of four friends working together at the *critique*. That of the *Observations* reduces the number, speaking of 'deux de mes amis et moi'. Voltaire, writing against Montesquieu many years later, remembers – and widely uses – the *Observations* and writes: 'Une petite société de savants, nourris dans la connaissance des affaires et des hommes, s'assembla longtemps pour examiner avec impartialité ce livre si célèbre. Elle fit imprimer, pour elle et pour quelques amis, vingt-quatre exemplaires de son travail, sous le titre d'*Observations sur l'Esprit des Lois*'.[23] What, in these possible groupings, was the role of Rousseau?

A large assembly of Dupin manuscripts relating to Montesquieu was offered for sale by a Paris bookseller late in 1959. In circumstances which have been described by Professor R. A. Leigh (*CC*, II, 119), and thanks to the prompt action of Monsieur André Masson, then Inspecteur-général des Bibliothèques de France, these were acquired by the Bibliothèque municipale of Bordeaux, where they bear the shelfmark MS 2111.[24]

The manuscripts at Bordeaux are predominantly in the hand of Rousseau, with corrections by Madame Dupin. They consist of seven main dossiers at present arranged in this order:

Préface pour la Critique de l'Esprit des lois
Premier tome de Monsieur le Président
Principes du gouvernement du Président
Président tome 2
Sur les femmes et le luxe
Des femmes du midi du Président
Suite du Président

In addition there is a small dossier marked *Vérification*.

A full assessment of these papers must await their publication by Charles Porset. It can already be said, however, that they are not the manuscript of either the *Réflexions* or the *Observations*. Doubtless, in accordance with the usual practice of the eighteenth century, the manuscript which was used as printer's copy was never seen again. We are confronted here with preparatory notes, analysing the text of Montesquieu and adding comments which are of a simple, anodyne character in which the personality of Rousseau does not emerge. They are a disappointment for anyone who was hoping to see the contact of two outstanding minds. The manuscript does nothing to disprove Rousseau's own statement, '[Madame Dupin] ne m'a jamais employé qu'à écrire sous sa dictée, ou à des recherches de pure érudition' (*OC*, I, 341–2).

At least it is possible to form some idea of the extent of the period during which Rousseau was working for his employers on *L'Esprit des lois*. His draft preface for the *critique* is not the preface of either of Dupin's works as published. It contains however the words: 'un ouvrage qui est le travail de vingt ans ne saurait être critiqué en six mois', which would be more appropriate for the timing of the earlier work. Conclusive evidence that he was working later is afforded by the small dossier *Vérification*, where he corrects some misquotations from Montesquieu contained in the *Réflexions*, to which he gives page references. It follows also that the manuscripts at Bordeaux can be provisionally seen as a part of the preparatory work for both the *critiques*, and in some degree also as the unused residue.

Their impersonal character does not mean that Rousseau's role in the elaboration of Dupin's *critiques* must be pronounced void of intellectual activity: it means that we must look at the *critiques* themselves.[25] In general character neither the *Réflexions* nor the *Observations* can be judged a work of Rousseau. Sometimes the arguments resemble those of the Jesuits, sometimes they are those of the feminist Madame Dupin, sometimes those of her tax-farmer husband. The heavy use of quotations from Joshua Gee's *The Trade and Navigation of Great Britain considered* in the translation of Jean-Baptiste de Secondat must be seen as a maladroit attempt by Dupin to create opposition between Montesquieu and his son. But here and there the personality of Rousseau emerges. The *Réflexions* quote at length (I, pp. 72 ff) the *Traité des systèmes* of Condillac, a remarkably early attention, since the work was only just published, being noticed in the *Journal des savants* and the *Mercure de France* only in June. Rousseau's friendship with Condillac might well be responsible for its mention. So, too, in the *Observations* Rousseau may have introduced the frequent references to the *Principes du droit politique* by his fellow Genevan Burlamaqui, published in 1751. An anecdote in the *Réflexions* (II, pp. 103–4) about Barrillot, the Genevan publisher of *L'Esprit des lois*, could come from no one as readily as from Rousseau, who was his close friend.

More decisive evidence is supplied by comparison with the *Discours*

sur les sciences et les arts. A celebrated passage in the latter work
refers to demographical writings: 'L'un vous dira qu'un homme vaut
en telle contrée la somme qu'on le vendrait à Alger; un autre en suivant ce calcul trouvera des pays où un homme ne vaut rien, et d'autres
où il vaut moins que rien' (*OC*, III, pp. 19–20). The thinker who
valued a man according to the price at which a slave changed hands in
the market of Algiers was fairly readily identified as William Petty,[26]
and George Havens, in his excellent critical edition of the first
Discours, suggests that it may have been through Diderot that
Rousseau took cognisance of Petty.[27] Michel Launay however has
made a *rapprochement* which others have not seen.[28] It is to a passage
in *L'Esprit des lois*: 'Le chevalier Petty a supposé dans ses calculs
qu'un homme en Angleterre vaut ce qu'on le vendrait à Alger. Cela ne
peut être bon que pour l'Angleterre: il y a des pays où un homme ne
vaut rien, il y en a où il vaut moins que rien.'[29] Though Rousseau
nowhere mentions Montesquieu in the first *Discours*, he clearly had
this passage in mind, while not appreciating the dark irony with which
Montesquieu was writing. But the investigation is to be taken further.
The *Réflexions* of Dupin seize on the same passage from Montesquieu,
quote it *in extenso*,[30] and add the comment: 'S'il avait entendu le
chevalier *Petty*, il faut croire qu'il aurait parlé plus juste; en effet peut-
on raisonnablement dire qu'il n'y a que les hommes d'Angleterre qui
puissent valoir soixante livres sterling, et que les autres ne valent rien,
et même moins que rien?'[31] The *Réflexions* continue with a literalist
naïveté, asserting that all men of equal age and physique must fetch
the same price at Algiers. Can one think, they ask, that a slave
merchant would have to prove that a slave came from England in
order to sell him for £60?

In the *Observations* again, in 1751–2, the same passage is quoted,
but the comment is of a different nature. Instead of a bleak reference
to the slave market of Algiers, there is a longer and more realistic discussion of the value of man, based on his annual consumption of
goods, and this shows a closer knowledge of Petty than appears in the
Réflexions.

How are these references to Petty, assuredly not fortuitous in their
occurrence, to be pieced together?[32] There are two possibilities. The
first is that Rousseau, reading *L'Esprit des lois* under Dupin's orders,
is struck by Montesquieu's reference to Petty and uses it himself, first
in the *Réflexions* and then in the *Discours*. The second is that,
Montesquieu's paragraph having been singled out by Dupin for

criticism in the *Réflexions*, Rousseau reads it in that work, is impressed by it, and incorporates it in his *Discours*. The second is perhaps slightly more plausible. Dupin was better read in economics than Rousseau and already knew Jean-François Melon's *Essai politique sur le commerce* in which Petty is discussed at length,[33] and the dull and drab handling of the passage in the *Réflexions* is more readily attributable to *le pesant* Dupin than to Rousseau. The mention of Petty in the *Réflexions* is thus seen to be either an external source or an early elaboration of the *Discours*, to which in either case it has a significant historical relation.

The *Réflexions* contain another passage which calls for consideration. Montesquieu is criticised for his classification of governments, which brings democracy and aristocracy together under the rubric of republican government and for his definition of the principles of the different governments. Dupin, who believes in the absolute monarchy of the eighteenth century, says that monarchy and aristocracy require the same principle, which is submission. The analysis is taken further in highly significant words:

> En entrant dans la société civile, l'homme perd sa liberté naturelle, il renonce au droit d'occuper par force ce qui lui convient; il transfère à celui à qui il s'est soumis, tous les droits et tout le pouvoir qu'il avait dans l'état naturel, il se dépouille de tout ce qu'il avait de force et de puissance, que le Prince réunit en lui.
>
> C'est cette union de volontés, qui constitue le Corps politique, qui est la plus puissante de toutes les sociétés.[34]

This passage (which is reproduced with minimum change in the *Observations*) is inserted into a framework of argument which is alien to Rousseau; but its language and substance are so reminiscent of Rousseau that it requires close examination. This falls into three parts.

1. The initial assertion, that in the state of nature man enjoys liberty and a right to all things, and relinquishes these on his passage into society, is characteristic of the mature thought of Rousseau as expressed in *Du Contrat social*: 'Ce que l'homme perd par le contrat social, c'est sa liberté naturelle et un droit illimité à tout ce qui le tente et qu'il peut atteindre' (*OC*, III, 364). The same sentiments, with only a slight change of wording, are expressed in 1758–60 in the Geneva manuscript of *Du Contrat social* (*OC*, III, 292–3).[35] If the passage from the *Réflexions* is indeed from the pen of Rousseau, the continuity of his thought from 1749 onwards is broken only by the *Discours sur*

l'inégalité, where his approach to the state of nature is of a more historical character.

2. The contract as envisaged in the passage under scrutiny is a contract of free association. Man dispossesses himself of the rights and power he enjoyed in the state of nature, and surrenders them to an individual ('celui à qui il s'est soumis'). This opinion survives, on a provisional basis, in the *Discours sur l'inégalité* where Rousseau writes: 'Sans entrer aujourd'hui dans les recherches qui sont encore à faire sur la nature du pacte fondamental de tout gouvernement, je me borne en suivant l'opinion commune à considérer ici l'établissement du Corps politique comme un vrai contrat entre le peuple et les chefs qu'il se choisit' (*OC*, III, 184).[36] Later, when the researches in question have been carried out,[37] Rousseau will express his final point of view, which is that of the contract of free association in which 'chacun se donnant à tous ne se donne à personne' (*OC*, III, 361) and in which the entire body of signatories of the contract becomes the sovereign, who is called into existence only by the contract.

3. 'Cette union de volontés' is not the same as the *volonté générale* as it is finally defined. The *Discours sur l'inégalité* expresses a position close to that of the *Réflexions* in its words, 'Le peuple ayant [. . .] réuni toutes ses volontés en une seule' (*OC*, III, 184–5). In the *Economie politique* Rousseau writes: 'Voulez-vous que la volonté générale soit accomplie? faites que toutes les volontés particulières s'y rapportent' (*OC*, III, 252), showing that the sum of the individual wills is something different from the *volonté générale*. Of this belief the classic exposition is given in *Du Contrat social* where Rousseau expressly states that the *volonté générale* is not 'une somme de volontés particulières' (*OC*, III, 371).

The passage quoted from the *Réflexions* of 1749 stands out in style and sentiments not only from its context but from the work as a whole. Rousseau's collaboration in the *Réflexions* is established beyond doubt. The relationship of this passage to his evolving thought leaves little doubt that he was its author. In that event, it is his earliest writing on the social contract.

In the years 1749 to 1752 Rousseau was engaged in three main literary tasks: composing (and then publishing) the *Discours sur les sciences et les arts*, writing articles for the *Encyclopédie,* and working for Monsieur and Madame Dupin. It was an odd assortment of near incompatibility. To deplore, as corruptive, the progress of sciences and arts accorded ill with commitment to the *Dictionnaire raisonné des sciences, des arts, et des métiers* and its aim of spreading knowledge – an inconsistency to which d'Alembert alluded in the *Discours préliminaire*. But at least there was some common ground in the first two activities.

Rousseau was seeking to make a literary career for himself and in so doing was in close association with some of the main literary figures of the day, above all with Diderot. And even if he was apparently hostile to the aspirations of some of them in the *Discours sur les sciences et les arts*, this did nothing, in these early years, to impugn their friendship. For all his criticism of some of their ideas, Rousseau was among the *philosophes*. He particularly shared the progressive social views of the more advanced of their number, disliking riches and luxury. Having grown up in the artisan society of Geneva, whose social outlook has been memorably depicted by Michel Launay,[38] he carried many of its ideas with him into France. They inspire such early poems as *Le Verger de Madame de Warens* (1739) and the *Epître à Monsieur Bordes* (1741). His quarrel with Montaigu in Venice did nothing to reconcile him to the socially prominent. One of Diderot's leading aims in the *Encyclopédie* was to associate the artisan with the compilation, and to describe workshops in practical detail; and with this aim Rousseau can only have felt enthusiastic sympathy. Simultaneously he vigorously denounces luxury in the first *Discours*, and his radicalism receives its fullest expression in the *Discours sur l'inégalité*.

Before this background his association with the *fermier-général* Dupin and his immensely rich wife jars. He had written of the rich in 1739, 'Je n'irai pas ramper ni chercher à leur plaire'.[39] Now he was in their pay and was helping them to attack the most illustrious and compassionate of the *philosophes*. Montesquieu was then seen as the leading humane thinker of the day, not as an aristocrat, defending his class against the crown and the people, an interpretation which is a creation of later times.

For Rousseau in the years following he was 'l'illustre Montesquieu'. Now he was attacking him at the behest of a tax-farmer. It is not surprising that in the *Confessions* Rousseau tones down his association with the Dupins and says not a word of his involvement with the *critique* of Montesquieu.

None the less that association was fruitful. As Lester Crocker has suggested, it may well be in working for the Dupins that Rousseau discovered his basic principles.[40] It was certainly then that he acquired his detailed knowledge of Montesquieu; it was probably then that he began tentatively to formulate his doctrine of social contract.

Notes

The following short forms of reference are used: Nagel I, etc.: *Oeuvres complètes de Montesquieu*, ed. A. Masson, Paris (Nagel), 1950–5. Best. D.: *Voltaire's Correspondence, definitive edition*, ed. Th. Besterman, Geneva (Institut et Musée Voltaire), then Banbury, later Oxford (Voltaire Foundation) 1968–77.

1. L. Firpo, 'Rousseau in Italia' (*Filosofia*, XIV, 1963), pp. 268–9.
2. The fullest accounts of the Dupin family are given by G. de Villeneuve-Guibert, *Le Portefeuille de Madame Dupin* (Paris 1884), which suppresses the fact of her illegitimacy, and the introduction of Claude Dupin, *Oeconomiques*, ed. M. Aucuy (Paris 1913), which has many inaccuracies. The most recent study of their relations to Montesquieu and Rousseau is A. François, 'Rousseau, les Dupin, Montesquieu' (*Annales de la Société J. -J. Rousseau*, XXX, 1943–5).
3. Nagel, III, no. 324.
4. Grimm, *Correspondance littéraire*, ed. M. Tourneux (Paris 1877–82), vol. VIII, p. 311.
5. The sequence proposed by L.-J. Courtois (*Chronologie critique*, Geneva, 1924, pp. 60–1) for Rousseau's employment with Madame Dupin and her stepson, is modified in the light of the arguments of R. A. Leigh (*CC*, II, 136, 144–6).
6. Villeneuve-Guibert, *Portefeuille*, p. 35.
7. *Lois*, XIII, 91 and XX, 12.
8. For a full account of this question, see Jeannette Geffriaud Rosso, *Montesquieu et la féminité* (Pisa 1977).
9. Best. D 3947.
10. Nagel III, no. 501.
11. Nagel III, no. 502.
12. Marquis d'Argenson, *Journal et mémoires*, ed. E. J. B. Rathery, vol. VI (Paris 1864), p. 74.
13. Bibliothèque Nationale MS n.a.f. 10398, f.14v.
14. Cited by A. G. du Plessis, 'Notice biographique, historique et littéraire sur Claude Dupin' (*Bulletin du bibliophile*, 1859), pp. 315–6.
15. Nagel III, no. 526.
16. My italics.
17. Nagel III, no. 592. La Condamine speaks of the *Défense de l'Esprit des lois* as a newly published work. It appeared in fact in February 1750.
18. Nagel III, no. 639.
19. Best. D 8929 and D 9559.
20. La Beaumelle, *Suite de la Défense de l'Esprit des lois* (1751), in *Pièces pour et contre l'Esprit des lois* (Geneva 1752), p. 150.
21. *Mémoires historiques, littéraires et anecdotiques tirés de la correspon-*

dance philosophique et critique ... *par Grimm et par Diderot* (London 1814), vol. I, pp. 235–6.

22. G. von Proschwitz, *Lettres inédites* ... *au baron Carl Fredrik Scheffer, 1751–6 (Studies on Voltaire and the Eighteenth Century*, vol. X, 1959), p. 277 n.

23. Voltaire, *Commentaire sur l'Esprit des lois de Montesquieu* (1788), pp. 5–6 (Moland, vol. XXX, pp. 406–7).

24. The Dupin manuscripts as a whole were described in a thorough article by A. Sénéchal, 'J.-J. Rousseau secrétaire de Madame Dupin', in *Annales de la Société J.-J. Rousseau*, vol. XXXVI (1963–5), to which a note by B. Gagnebin adds an indication of their location at the moment of going to press. Jean-Pierre Le Bouler and Catherine Lafarge have prepared an up-to-date *Catalogue topographique partiel des papiers Dupin—Rousseau* which is expected shortly to appear in the same journal, and which I have seen through the courtesy of Monsieur Le Bouler. Its description of the papers at Bordeaux has been written by Charles Porset, who proposes subsequently to publish the manuscripts relating to *l'Esprit des lois* in their entirety.

25. The *Réflexions* have been studied by Corrado Rosso with characteristic *finesse* and originality, *Montesquieu moraliste* (Bordeaux 1971), pp. 283–316.

26. William Petty, *Two Essays in Political Arithmetic* (London 1687), p. 19, first published in the *Philosophical Transactions* of the Royal Society and in French translation in 1686.

27. George R. Havens, ed., *Discours sur les sciences et les arts* (New York and London 1946), pp. 220–1.

28. M. Launay, *J.-J. Rousseau et son temps* (Paris 1969), pp. 99–101.

29. *Lois*, vol. XXIII, 17. Montesquieu appends to the word 'Alger' an explanatory footnote, 'Soixante livres sterling'.

30. The text is misquoted slightly, in that 'qu'il vaudrait' has been substituted for 'qu'on le vendrait'.

31. *Réflexions*, vol. II, pp. 337–8.

32. The Bordeaux manuscript contains no reference to the passage under discussion. Book XXIII of the *Lois* is examined, but the scrutiny does not reach chapter 17.

33. Dupin's *Oeconomiques* of 1745 makes much use of Melon. The discussion of Petty by Melon appears for the first time in the 1736 edition of his work.

34. *Réflexions*, vol. I, pp. 113–14.

35. The dating is that of R. Derathé (*ibid.*, p. lxxxiv).

36. See on this passage R. Derathé, *J.-J. Rousseau et la science politique de son temps* (Paris 1950), p. 223.

37. J. Starobinski (*OC*, III, 1355–6) suggests that the researches to which Rousseau refers are those needed for his projected *Institutions politiques*.

38. M. Launay, *J.-J. Rousseau écrivain politique* (Cannes and Grenoble 1971), pp. 22–43.

39. *Le Verger* (*OC*, II, 1125).

40. L. G. Crocker, *J.-J. Rousseau, The Quest* (New York and London 1968), p. 196.

ROBERT WOKLER

The Discours sur les sciences et les arts *and its offspring: Rousseau in reply to his critics*

In his *Confessions* Rousseau remarked that he had been thunderstruck by the inspiration for his *Discours sur les sciences et les arts*. The notice of a prize essay on the subject in the *Mercure de France* of October 1749 had so fired his enthusiasm that 'à l'instant de cette lecture je vis un autre univers et je devins un autre homme', he recalled (*OC*, I, 351). He had stopped by a tree to catch his breath, moved practically to delirium by a fiery vision – about the natural goodness of humanity and the evil contradictions of our social order – which had kindled in his mind most of the leading ideas of his principal works, even though he was never to recapture more than its faint shadow or penumbra:

> Si jamais quelque chose a ressemblé à une inspiration Subite, c'est Le mouvem[en]t qui Si fit en moi à cette Lecture: Tout a coup je me Sens l'esprit ébloüi de mille Lumieres [. . .] je Sens ma tête prise par un etourdissement Semblable à L'ivresse [. . .]. Si j'avois jamais pû écrire Le quart de ce que j'ai vû et Senti Sous cet arbre, avec quelle clarté j'aurois fait voir toutes Les contradictions du systeme Social, avec quelle force j'aurois exposé tous les abus de Nos institutions, avec quelle Simplicité j'aurois démontré que L'homme est bon naturellem[en]t et que c'est par ces institutions Seules que les hommes deviennent méchans. (*CC*, X, 26)

Yet whereas the first *Discours* undoubtedly constitutes the most immediate expression of that vision, it is a notable fact about this work that Rousseau came to regard it as perhaps the worst of all his major writings. The text which launched his literary career when it was published in 1751[1] might have been 'mal fait', he admitted the following year to one of its critics ('Lettre à Lecat', *OC*, III, 98). It had neither order, nor logic, nor structure, he lamented later, and though it was full of warmth and vigour he maintained that 'de tous [les ouvrages] qui sont sortis de ma plume c'est le plus foible de raisonnement et le plus pauvre de nombre et d'harmonie (*Confessions, OC*, I, 352). In 1763 he added a foreword which made much the same point (*OC*, III, 1237),[2] and there is even some evidence to suggest that in his original preface he may already have intended to warn his readers that the work was conspicuously lacking in literary talent, commenting that 'on reconnoitra facilement dans [cet ecrit] une plume fort peu éxercée dans le genre oratoire'.[3]

For my part, I find it difficult to disagree with Rousseau's own assessment of the text. Its rhetorical flourishes may well have merited the prize for which it was composed, but it seems to me much the least elegant, least consistent, least profound, and – despite the fuss that it stirred – least original of all his celebrated writings.

The central theme of the first *Discours* is, of course, familiar enough. Civilisation has been the bane of humanity, Rousseau asserted, while the corruption of our morals has followed a course identical with that of the perfection of our arts and sciences (*OC*, III, 9). Before we acquired the skills and attributes of cultured men, and before our behaviour came to be moulded by art and artifice, 'nos moeurs étoient rustiques, mais naturelles' (*OC*, III, 8). With the birth and dissemination of enlightenment, however, our original purity has been progressively debased by the exigencies of sophistical taste and custom, by 'ce voile uniforme et perfide de politesse', by 'la bienséance', by 'nôtre fausse délicatesse', and by 'tous ces vils ornemens' of fashion, until our pristine virtue has been displaced from our lives with the same unremitting force that governs the ebb and flow of tides (*OC*, III, 8, 10, and 21).

We can only regret our loss of the simplicity and happy innocence of those earliest times, Rousseau continued, when the forebears of our race lived together in huts and wished for little more than that their deeds and actions should be witnessed by their gods. In the beginning the sole adornments of the world would – like the contours of a shoreline – have been sculpted exclusively by Nature herself, but when men later became vicious they banished their gods to magnificent temples in order that the deities should be less able to spy on them (*OC*, III, 22). So, too, it is the civilisations least tainted by artistic and scientific progress, and least burdened by the trappings of culture and learning, which have proved to be the most vigorous and robust. For the arts and sciences do not inspire individuals with courage or the spirit of patriotism; on the contrary they sap us of both our devotion to the state and our strength to preserve it from invasion. The marvellous inventions of the Chinese, for instance, failed to ward off their subjection to the coarse and ignorant Tartars. Of what use to the Chinese people, then, was the knowledge possessed by their erudite and expert sages? The Persians, on the other hand – instructed in virtue just as we are taught science – were easily able to conquer Asia, while the greatness of the German and Scythian nations was founded solidly upon 'la simplicité, l'innocence et les vertus' (OC, III, 11) of their inhabitants.

Above all, the history of Sparta, when contrasted with that of Athens, demonstrates how much more durable and more resistant to the vices of tyranny are those communities of men and women whose minds have not been contaminated by the vain monuments of culture (OC, III, 12–13). Socrates, the wisest person in Athens, cautioned his fellow-citizens against the dangerous consequences of their arrogance and presumption and even proclaimed the merits of ignorance to them (OC, III, 13). At Rome Cato followed his example and inveighed against the venomously seductive delights of art and ostentation undermining the vitality and mettle of his compatriots. Yet his warnings went unheeded as well, and an entirely specious form of learning came to prevail once again – to the detriment of military discipline, agricultural production, and political vigilance (OC, III, 14).[4] The Roman Republic, formerly the temple of virtue, soon became the decadent theatre of crime, and the capital of the world slowly but ineluctably succumbed under the yoke it had earlier harnessed to the barbarians (OC, III, 10). Much the same pattern of decline also marked the collapse of the ancient empires of Egypt, Greece, and Constantinople, and, indeed, it is a general rule that all great civilisations decay under the weight of their own scientific and artistic progress (OC, III, 10–11).

In the first Discours, however, Rousseau did not really explain how these developments might actually have occurred, nor did he offer any clear account of why the arts and sciences should have been generally responsible for the moral decadence of man. All that his readers could legitimately infer from the text was the fact that he supposed the advancement of culture to be universally conjoined with the deterioration of virtue. The sciences, he suggested, have always been engendered 'dans l'oisiveté' (OC, III, 18), and each of the particular sciences stems from the vices to which sloth and indolence give rise – astronomy from superstition, for example, geometry from avarice, and physics from idle curiosity. The arts, moreover, are everywhere nourished by luxury, which is itself 'né [. . .] de l'oisiveté et de la vanité des hommes' (*OC*, III, 17 and 19); and luxury, in fact, appears to be one of the most crucial terms in the argument, since Rousseau maintained that it can hardly ever be found without the arts and sciences, while they never exist at all apart from it (*ibid.*).[5] The dissolution of morals, then, is a necessary consequence of luxury (*OC*, III, 21), which, in turn, is essentially a product of idleness. And the corruption and enslavement that have been such characteristic features of the history of all civilisations are thus proof of the punishment we have received for our haughty endeavours to advance beyond that state of happy ignorance in which it was our proper destiny – and would have been our blessing – to remain for ever (*OC*, III, 15).

Now there are clearly some important elements of the first *Discours* which foreshadow ideas Rousseau developed subsequently, and there are even a few anticipations in it of specific passages that figure in his later works.[6] The *Discours sur les sciences et les arts*, moreover, contains the first statement anywhere in his writings of the proposition – elaborated in the *Discours sur l'inégalité* – that in society men have become slaves and have forsaken 'cette liberté originelle pour laquelle ils sembloient être nés' (*OC*, III, 7), and it also includes a sketch of the central postulate of the second *Discours* – the idea, that is, that all the abuses of civilisation may be attributed ultimately to social inequality ordained not by Nature but by man. For 'd'où naissent tous ces abus', Rousseau exclaimed in his prize essay, 'si ce n'est de l'inégalité funeste introduite entre les hommes par la distinction des talens et par l'avilissement des vertus ?' (*OC*, III, 25).[7]

Above all, it is in the *Discours sur les sciences et les arts* that he first put forward the general historical thesis – to the effect that our apparent cultural and social progress has led only to our real moral degradation – which he was to elaborate in sharper focus and with much greater skill elsewhere, not least in the *Discours sur l'inégalité*, the *Essai sur l'origine des langues*, and *Emile*. There are, to be sure, intimations of Rousseau's interest in the global history of mankind as early as his 'Chronologie universelle' of 1737, and in his 'Epître à M. Bordes' of 1741 he had also offered a glimpse of a primeval world better than our own because its inhabitants lived more simply and naturally.[8] But these snippets of ideas Rousseau came to expound in his more mature works hardly constitute a coherent outline of his later speculations about history and morals, and, for the most part, his writings before 1750 merit our attention only because their author subsequently produced literary and philosophical masterpieces. The *Discours sur les sciences et les arts*, however, is undoubtedly a significant work in its own right, partly because it attracted widespread attention and made Rousseau a celebrity, but even more because – despite its many faults and obscurities – it constitutes his earliest treatment of the thesis about the link between our historical progress and moral decay which was to form the principal theme of his major compositions for the next decade and a central element of his philosophy for the rest of his life.

This is not to say, of course, that all his leading ideas figure in an incipient form in the *Discours sur les sciences et les arts*, still less that all the main points he raised in that text were elaborated more fully in his writings which followed. On the contrary, many of the most crucial features of the social theory he propounded later have no place at all in the first *Discours*, while a number of his judgements there were soon to be modified sharply or even abandoned. I shall come back to these points presently, but for the moment I should like instead to offer a few of my own reasons for concurring with Rousseau's rather severe appraisal of the quality of his work.

For one thing, its central thesis is vague and obscure. The argument in fact seems to consist of at least three distinct claims about the nature and course of our moral degradation: first, that mankind has declined progressively from the innocence of its earliest primitive state; second, that nations which are artistically and scientifically undeveloped are morally superior to their sophisticated counterparts; and, third, that great civilisations have become decadent under the weight of their own cultural progress. But these contentions do not easily accord with one another. There is, in particular, a clear discrepancy between Rousseau's tribute to the mode of life of primitive men in the second part of his work and his praise of untainted civilisations in the first part – a problem made all the more intractable by the fact that, like a great many Enlightenment thinkers, he also maintained that the general course of our history has been interrupted by a reversion – under several centuries of medieval barbarism and superstition – to a state even worse than that of our original ignorance and from which 'il falloit une revolution pour ramener les hommes au sens commun' (*OC*, III, 6). It is difficult to see how this description of 'la Barbarie des premiers âges' – this account of an 'état pire que l'ignorance' – can be reconciled with the portrait of 'la simplicité des premiers tems' (*OC*, III, 22) which Rousseau also drew in the *Discours*. Nowhere in the text, moreover, did he explain how these discontinuities in our moral history might have occurred, nor how it was that individuals who were apparently already in a state of decay might none the less have formed great civilisations.

At the end of his argument Rousseau even launched upon an entirely new thesis to the effect that it is not really the arts and sciences as such but rather their abuse by ordinary men which has been the true source of our misfortunes, and he concluded his work with the observation that it was the task of great scientists and artists to build glorious monuments of the human spirit, exclaiming that the rest of us lesser mortals should aspire to no more than the obscurity and mediocrity to which we have been destined (*OC*, III, 29–30).[9] For my part, I find it hard to grasp why Rousseau should have thought such propositions appropriate to a critique of the arts and sciences and a defence of the virtues of ignorance, innocence, and common humanity.

He is not at all clear, either, about precisely what contribution he believed the growth of culture had actually made to our decline. His thesis appears to be that the progress of the arts and sciences has been responsible for the debasement of morals, but, as I have already shown, he also supposed the arts and sciences were engendered by 'l'oisiveté', 'la vanité', and 'le luxe'. Has the advancement of culture been the cause of our corruption, then, or only its effect? Rousseau, whose main concern in the work was to portray the evils which invariably 'suivent les Lettres et les Arts' (*OC*, III, 19), but who equally proclaimed that 'les Sciences et les Arts doivent [...] leur naissance à nos vices' (*OC*, III, 17), seemed quite unable to make up his mind.

Perhaps the principal reason for the indecisiveness of his argument is the fact that most of its components were borrowed from earlier thinkers. By this I do not mean only that it was largely inspired by ideas which other figures had conceived before, though that is unquestionably true. The first *Discours* incorporates the views of a host of modern and ancient authors – such as Montesquieu, for instance, and Fénelon, Montaigne, Seneca, Plato, and, above all, Plutarch[10] – whose writings Rousseau read at length, and whose commentaries on the superiority of nature over artifice, or on the merits of simplicity, or the oppressiveness of inequality, or the decadence of civilisation, were endorsed or recapitulated in his text.[11] Diderot later remarked that 'on avoit fait cent fois avant [Rousseau] l'apologie de l'ignorance contre les progrès des sciences et des arts',[12] and on this point he was certainly correct. But the first *Discours* is conspicuously lacking in originality not just because it is marked by the influence of many other works in a similar vein to which Jean-Jacques turned for guidance, nor even because his scholarship in the essay is so clearly second-hand – his account of the Scythians, for example, drawn essentially from Horace, his description of the Germans taken from Tacitus, his sketch of the Persians from Montaigne, and his contrast between Sparta and Athens from several writers, among whom Bossuet and Rollin are probably the most important.[13] By pointing to the derivative character of Rousseau's text I mean actually to draw attention to the fact that his very words, as well as the principal ideas they express, were borrowed from his authorities.

Apart from the quotations and references of which the sources would have been patently clear, there is at least one passage in the first *Discours* drawn, without acknowledgement, from Montesquieu's *Esprit des lois*[14] and one unattributed transcription from Bossuet's *Discours sur l'histoire universelle*;[15] there are several snatches from Plutarch's *Lives*[16] and upwards of fifteen extracts from the *Essais* of Montaigne,[17] very few of which are accompanied by any mention of their parentage; the final line of Rousseau's text, moreover, is adapted from both Plutarch and Montaigne together.[18] Dom Joseph Cajot's imputations of plagiarism in his 'Observations touchant le [premier] Discours de Rousseau' may have been unduly severe overall and incorrect in specific instances,[19] but it is a disconcerting fact that the *Discours sur les sciences et les arts* is the only one of Rousseau's major writings to warrant such suspicions. Despite the polemical tone and character of the argument it is directed against no work in particular, and Jean-Jacques appears to have turned to his sources not so much to add weight to his own ideas as to find ways of repeating the claims he found in them. The difference between his first and second *Discours* with regard to this point could hardly be more striking. For while it is a measure of the brilliance of the *Discours sur l'inégalité* that Rousseau set out there to refute the ideas of nearly all the major figures mentioned, it is equally a mark of the mediocrity of the *Discours sur les sciences et les arts* that it does little more than reflect the sometimes disparate views already advanced by its many precursors.

It might seem a little strange that a work of such poor quality should have stirred so great a fuss, particularly since both Rousseau's friends among the men of the Enlightenment it attacked, on the one hand, and his critics among the enemies of the Enlightenment who might have been expected to endorse his views, on the other, regarded the essay as 'un discours de parade' which did not express his authentic and sincere beliefs.[20] Yet with the publication of the *Premier Discours* – the first text he signed 'citoyen de Genève'[21] – Rousseau almost immediately became one of the major celebrities of his day. More than a decade later he reflected that his second *Discours* and *Emile* were also inspired by the same flash of illumination which had ignited the main theme of that work in his mind (*CC*, X, 26), and there is little doubt that by design, no less than by repute, his principal writings comprise in large measure an elaboration of the central thesis he had propounded in 1750 – the thesis, that is, that the advancement of both culture and society has produced the moral degradation of mankind.

Rousseau's own recollection of the genesis of his philosophy, nevertheless, is somewhat misleading, in so far as it was not in the *Premier Discours* itself but rather in the controversy surrounding it that he first set forth his views in a rigorous and coherent fashion. 'Je n'ai pas toujours eu le bonheur de penser comme je fais', he proclaimed in the best of the vindications of his work ('Préface de *Narcisse*', *OC*, II, 962), and, indeed, many of the points he raised against its detractors were more perceptive and more clearly argued than the assortment of borrowed propositions they were meant to defend. No fully armed Athena sprang from his head when he was struck by the thunderbolt on reading the notice of the Académie de Dijon, and his true genius was actually sparked by the accumulation of smaller jolts fired by the critics of his prize essay. In the rest of this discussion I should like to consider how he developed and refined his ideas, and how he put them forward with greater precision and more sharpness of detail, until they came to form the foundation of his systematic theory of the origins of culture and society.

Rousseau did not attempt to reply to all the rejoinders to his work, and there were some critiques – even among those published very shortly after it had appeared – which probably escaped his notice altogether.[22] Others he acknowledged more or less without comment, and he greeted d'Alembert's *Discours préliminaire* to the *Encyclopédie* – the best-known among the writings in which his claims were challenged, and a kind of manifesto of the whole Enlightenment movement that his text had seemingly condemned – with the words, 'Je ne puis m'empêcher de penser avec plaisir que la postérité verra dans un tel monument que vous avez bien pensé de moi' (*CC*, II, 160).[23] Six of the attacks against the *Discours sur les sciences et les arts* stand apart from all the rest, however, at least in the sense that they were met by direct rebuttals from him.

In the first of these attacks – an anonymous work (possibly by Raynal)[24] entitled the 'Observations sur le Discours qui a été couronné à Dijon' and printed in the *Mercure de France* in June 1751 – there appeared three main points of criticism Jean-Jacques was to take into account. First, the author complained, Rousseau had not been sufficiently explicit about the precise point that marked our moral decline, for he appeared to prefer 'la situation où était l'Europe avant le renouvellement des sciences' (Launay, II, 69) – a state truly worse than that of ignorance because it had been dominated by the jargon and false learning of scholasticism. Second, he noted that with regard to the question of luxury, Rousseau, '[qui] n'ignore pas tout ce qu'il y aurait à dire là-dessus' (*ibid.*), had been too vague and cursory in his judgements. Third, and most important, he regretted that Rousseau had failed to offer any practical conclusions which followed from his thesis and had neglected to propose a remedy for the condition he described:

> Quelle conclusion pratique peut-on tirer de la thèse que l'auteur soutient? Quand on lui accorderait tout ce qu'il avance sur le préjudice du trop grand nombre de savants [...] comme au contraire sur le trop petit nombre de laboureurs; c'est, dis-je, ce qu'on lui accordera sans peine: mais quel usage en retirera-t-on? Comment remédier à ce désordre, tant du côté des princes que de celui des particuliers? (*ibid.*)

The second attack was the 'Réponse' drafted by King Stanislas of Poland, no doubt with the assistance of his confessor Father Joseph de Menoux, published in the *Mercure de France* in September 1751. This work contains three further charges of some substance to which Rousseau offered a reply. The first was that ignorance of vice is not the same as virtue (see *ibid.*, p. 73) and that those men who inhabited the world before the advent of our arts and sciences were not at all innocent but rather ferocious, cruel, and 'transportés par des passions violentes' (*ibid.*, p. 75). The second, which followed directly from the first, was that Rousseau had drawn an entirely imaginary portrait of 'des hommes sans défauts, sans désirs, sans passions' which was nothing more than an 'idée pour se faire illusion' (*ibid.*, p. 73). The third was that the arts and sciences have not been responsible for such

moral corruption as has in fact occurred in human history, for that
development has been brought about by an excess of wealth rather
than learning: 'Non ce n'est pas des sciences, c'est du sein des
richesses que sont nés de tout temps la mollesse et le luxe; et dans
aucun temps les richesses n'ont été l'apanage ordinaire des savants'
(*ibid.*, p. 74).

Some of these ideas were to feature again in the later critiques, for
instance in the third, by the mathematician Joseph Gautier, whose
own 'Réfutation' appeared in the *Mercure de France* in October 1751,
and in the fourth, the first *Discours sur les avantages des sciences et
des arts* of Charles Borde – whom Rousseau had befriended in Lyon in
the early 1740s and to whom he had addressed his 'Epître à M.
Bordes' – printed in the same journal in December 1751.[25] Gautier,
moreover, who was an historian as well, introduced a number of
critical observations which challenged Rousseau's scholarship – contending, among other things, that he really ought not to have
praised the Scythians who were in fact a fierce and savage people
characterised by traits that 'font horreur à la nature' (Launay, II,
95), and adding that some of the ancient figures, particularly Seneca,
to whom he paid tribute had maintained that 'les belles-lettres
préparent à la vertu' (*ibid.*, p. 99)[26] – a thesis quite opposite to the
one he had ascribed to them. Gautier also made one remark which
greatly rankled Rousseau, for he charged that the author of the first
Discours was the apologist of ignorance who appeared to favour the
destruction of culture, the burning of libraries, and a general return to
a rustic form of barbarism built upon the ruins of civilisation:

L'auteur que je combats est l'apologiste de l'ignorance: il paraît souhaiter
qu'on brûle les bibliothèques; il avoue qu'il heurte de front tout ce qui fait
aujourd'hui l'admiration des hommes, et qu'il ne peut s'attendre qu'à un
blâme universel; mais il compte sur les suffrages des siècles à venir. Il
pourra les remporter, n'en doutons point, quand l'Europe retombera dans
la barbarie; quand sur les ruines des beaux arts éplorés, triompheront in-
solemment l'ignorance et la rusticité. (Launay, II, 94)

Borde, for his part, reiterated the point first made by Stanislas that
Rousseau's portrait of an uncorrupted state was simply an illusion,
remarking that 'on est désabusé depuis longtemps de la chimère de
l'âge d'or; partout la barbarie a précédé l'établissement des sociétés;
c'est une vérité prouvée pas les annales de tous les peuples' (*ibid.*, p.
134). He also repeated the charge that luxury 'naît immédiatement des

richesses, et non des sciences et des arts' (*ibid.*, p. 137), and he contended, too, that the advancement of culture and the growth of empires follow an identical path and that the arts and sciences, so far from contributing to the decline of our political institutions, 'périssent infailliblement, [frappés] des mêmes coups; en sorte que l'on peut observer que les progrès des lettres et leur déclin sont ordinairement dans une juste proportion avec la fortune et l'abaissement des empires' (*ibid.*, p. 136).

In addition to these claims, moreover, Borde also put forward a number of further objections which seemed to follow from them. First, he observed that since the fall of nations was not attributable to the progress of culture it must be explained as the effect of some other agency, and in his view that ultimate cause could only be political in character: 'Ces sanglantes révolutions ont-elles donc quelque chose de commun avec les progrès des lettres? partout je vois des causes purement politiques' (*ibid.*). Second, he maintained Rousseau had been unwise to praise the military prowess of uncivilised peoples, since the conquests the barbarian nations had made were due not to their innocence but to their moral injustice (see *ibid.*, p. 140). The 'qualités guerriéres' Rousseau had cherished (*OC*, III, 24) were, for Borde, nothing more than 'les moeurs grossières', 'des vertus *animales* peu conformes à la dignité de notre être' (Launay, II, 134). It was only 'une barbarie passée du mode', he concluded, 'de supposer que les hommes ne sont nés que pour se détruire' (*ibid.*, p. 140). In his *Second Discours sur les avantages des sciences et des arts*, finally – a text published in 1753[27] that was to comprise the sixth of the attacks to which Rousseau replied – Borde made this last point about the savagery of primitive men more general by suggesting that the vices which now mark the behaviour of individuals in civilised society were remnants of our earlier barbarism rather than attributes that had arisen from a surfeit of culture. Imperfect knowledge, he declared, can only yield defective virtue (see Borde, pp. 116–17).

The fifth attack was the 'Réfutation' of Claude-Nicolas Le Cat – a professor of anatomy and surgery and permanent secretary of the Académie de Rouen – which appeared in the spring of 1752 (see *CC*, II, 194, and Havens, p. 48). In this work, one of the longest of the refutations of the first *Discours* and certainly the most deceitful – since Le Cat pretended to be a member of the Académie de Dijon who had voted against Rousseau's prize essay[28] – nearly every point raised by the earlier critics was recapitulated. Indeed, Le Cat's focus upon what he termed 'un joli conte fée [. . .] ce siècle d'or'; and on the failure of Rousseau to distinguish properly between 'courage' and 'férocité'; and on the idea that 'le luxe est un abus des richesses que corrigent les sciences et la raison' (Launay, II, 162, 163, 167, 168), all indicate that he owed a rather special debt to Borde's first *Discours sur les avantages des sciences et des arts*. Though Rousseau answered Le Cat's work, there were no new points of substance in it which either troubled or inspired him. Nevertheless, in another *Réfutation* prepared by Le Cat at roughly the same time – in this case a rebuttal of Rousseau's reply to the 'Réponse' of Stanislas – he provided Jean-Jacques with a whole new front for the development of his ideas. For just as the unknown author of the first 'Observations' had challenged Rousseau to specify the temporal point of our moral decline, Le Cat, in his endorsement of the essay by King Stanislas, challenged him to designate exactly which areas of culture were subject to his imputations. Surely Rousseau did not propose to include music among the arts and sciences that had brought about the debasement of morals, he exclaimed, and the main contributor of the articles on music for the *Encyclopédie* must know better than anyone else how useful and advantageous his subject has been for humanity and how, at the very least, it must constitute an exception to his general thesis:

> Nous lui demanderons le dénombrement précis de ces sciences, de ces arts, objet de ces imputations. Nous espérons qu'il ne mettra point dans la liste la musique, que les censeurs des arts regardent comme une science des plus futiles [. . .]. M. Rousseau connaît mieux qu'un autre ses utilités, ses avantages, puisqu'il en fait son étude, puisqu'il s'est chargé de remplir cette brillante partie des travaux encyclopédiques. (*ibid.*, p. 93)

Rousseau produced his replies to these attacks in various ways between 1751 and 1753. His 'Lettre à Raynal' was printed in the *Mercure de France* in June 1751 (see n. 24 below); his 'Réponse au roi de Pologne' appeared as a brochure in October 1751 (see *CC*, II, 173);[29] his 'Lettre à Grimm' ('Réponse à M. Gautier') was published in the same format in the same month (see *CC*, II, 175);[30] his 'Dernière réponse' came out together with the first *Discours* of Borde in April 1752;[31] his 'Lettre à Lecat' was printed separately in or about May 1752; and his 'Préface d'une seconde lettre à Bordes' was probably drafted in the late autumn of 1753, though it remained unpublished until the nineteenth century.[32] Around the end of 1752, moreover, Rousseau composed a general defence of his ideas in the first

Discours – which he prefixed to his theatrical comedy, *Narcisse*[33] – so that there are in fact seven principal rejoinders to his critics in this period, a collection altogether comprising nearly three times the length of the text whose arguments they were designed to reinforce. In these vindications of his work, moreover, Rousseau adopted a number of different styles and tones of discourse and expression, in order, for instance, to display both his respect for Stanislas and his contempt for Gautier to their best advantage. But just as his critics borrowed some of their ideas from one another he replied by treating the authors of these ideas as roughly interchangeable, and he even managed to address a few of his rebuttals to works in which the relevant charges had not been made.

With regard to the historical points raised by Gautier, Rousseau seemed rather uncomfortable and perhaps even out of his depth. He took no notice at all of Gautier's objections to his views about Seneca and the Scythians, and though he did confront him briefly on a few issues dealing with the interpretation of ancient history[34] he asserted that he would not pursue such matters of scholarship on the grounds that the problems they were meant to solve, and the questions they were meant to clarify, would thus become only more complex and obscure (see the 'Réponse à M. Gautier', *OC*, III, 61). For Gautier this appeared to be a defence by default, and in his own reply to the 'Réponse' he concluded that the whole of Jean-Jacques's case was nothing more than 'une déclamation vague, appuyée sur une métaphysique fausse, et sur des applications de faits historiques, qui se détruisent par mille faits contraires' ('Observations du même M. Gautier sur la lettre de M. Rousseau à M. Grimm', Launay, II, 110).

Rousseau, however, took no notice of this further charge, and Gautier's second attack remained unanswered. The main reason for his neglect of detailed historical narrative had in any case already been announced in his 'Lettre à Raynal'. For when the author of the 'Observations' had challenged him to specify precisely which historical circumstances marked the beginning of our moral decline he retorted that his real aim had been to put forward a general thesis about the connection between the progress of the arts and sciences and the decadence of morals. He had not been essentially concerned to trace the course of any particular set of events:

Il auroit du, disent-ils[35] [. . .], *marquer le point d'où il part, pour désigner l'époque de la décadence.* J'ai fait plus; j'ai rendu ma proposition générale:

j'ai assigné ce premier degré de la décadence des moeurs au premier moment de la culture des Lettres dans tous les pays du monde, et j'ai trouvé le
progrès de ces deux choses toujours en proportion. (*OC*, III, 31–2)[36]

Rousseau was to pursue this theme of generality much further in
his *Discours sur l'inégalité* where he focused his attention not on the
untainted civilisations of ancient times but rather on the nature of
primeval man – that is, on a condition of humanity so remote that *no*
historical research could possibly uncover its true features. After the
publication of the first *Discours* he became progressively more concerned with the ultimate sources of our decadence and less with its
particular manifestations in different cultures, and it was a paradoxical
quality of the approach he adopted that while he gradually set his
sights on our most distant past his evidence came to be drawn from an
increasingly contemporary world, populated by savages who had thus
far escaped the miseries of human history rather than by the heroes
and sages of antiquity. In these years, that is, his fidelity to the
venerable *Lives* of Plutarch came to be counterbalanced, we might say,
by his enthusiasm for the *Histoire générale des voyages* of Prévost,
and in the course of the development of his early social theory the
shortcomings of his classical scholarship were soon to be supplanted
by the comprehensive sweep and profundity of his speculative insights
into human nature.

This point about the generality of Rousseau's thesis seems to me
important for an understanding of his ideas about the original state of
man formed in the period between the compositions of his first and second *Discours*. Borde and Le Cat, for instance, had joined Stanislas in
charging that his conception of a golden age was a chimera, but they
had thereby confused a philosophical abstraction for an historical illusion. Indeed, the view of our primitive condition he had advanced was,
Rousseau protested in his 'Dernière réponse' (*OC*, III, 80), no more
chimerical in substance than the concept of virtue itself: 'On m'assûre
qu'on est depuis long-tems désabusé de la chimére de l'Age d'or. Que
n'ajoûtoit-on encore qu'il y a long-tems qu'on est désabusé de la
chimére de la vertu?'

In his 'Lettre à Lecat' he replied to a question first put to him by the
author of the 'Observations' by reiterating that he did not regard the
centuries of medieval barbarism as superior to the renaissance of the
arts and sciences afterwards; on the contrary, he maintained yet again
(*OC*, III, 101), such a state was 'pire que l'ignorance'.[37] But his critics
had misconceived his aim in imagining he had juxtaposed past and

present epochs in order to identify a better world that might be copied or resuscitated. His arguments had been designed to establish the causes of our corruption but not to plead for the rescue of our lost innocence. Both in his 'Réponse au roi de Pologne' (*OC*, III, 56) and in the 'Préface de *Narcisse*' (*OC*, II, 971–2) he observed that a people once degraded could never return to a virtuous state, and this was a thesis to which he continued to adhere throughout his life.[38]

Above all, he took great offence at Gautier's accusation that he was an apologist of ignorance who appeared to believe that our culture should be crushed and our libraries burnt. 'Quand un peuple est une fois corrompu à un certain point,' he asked in the 'Préface de *Narcisse*' (*OC*, II, 971), 'soit que les sciences y aient contribué ou non, faut-il les bannir ou l'en préserver pour le rendre meilleur ou pour l'empêcher de devenir pire? C'est une [. . .] question dans laquelle je me suis positivement déclaré pour la négative.' We must not plunge Europe back into a state of barbarism, he contended in his 'Réponse au roi de Pologne', and in each of these two works, as well as in his 'Dernière réponse' (*OC*, III, 95), he insisted he was not advocating the obliteration of our libraries, academies, or universities – still less the destruction of society itself: 'Je ne proposois point de bouleverser la société actuelle, de brûler les Bibliothéques et tous les livres, de détruire les Colléges et les Académies: et je dois ajoûter ici que je ne propose point non plus de réduire les hommes à se contenter du simple nécessaire.'[39]

Rousseau was impressed by the force of some of the objections his critics had raised, and in at least two cases he was sufficiently persuaded of their cogency to modify and even abandon certain features of his theory. Stanislas had challenged his account of the link between virtue and ignorance and had maintained that the uncultured men of antiquity he had praised were really more brutal and fierce in their behaviour than innocent and benign. Jean-Jacques agreed there was a good deal of truth in this contention, and he proposed to accommodate it by distinguishing two kinds of ignorance, of which only one was odious and terrible – for the reasons Stanislas had outlined – whereas the other was reasonable, modest, and pure (see the 'Reponse au roi de Pologne', *OC*, III, 53–4). Yet since he did not attempt to explain how the difference between these two forms of ignorance might have arisen his reply was not at all convincing, and in his later writings he hesitated to ascribe the moral innocence of primitive men to their mere lack of learning.[40]

He regarded Borde's complaint about his emphasis on the military prowess of barbarians as even more significant,[41] and though he attempted to meet the point by drawing another rather lame distinction – this time between a commitment to war for the sake of conquest and a willingness to fight for the defence of liberty – he allowed that, in terms of their contribution to humanity, soldiers, like artists and men of letters, were less worthy of our admiration than hunters, labourers, or shepherds (see the 'Dernière réponse', *OC*, III, 82). Following Borde's criticism, moreover, he never again portrayed the ideal of military valour in the shining colours he had employed in the first *Discours* – where he had remarked upon the glorious 'réputation guerriére' and 'vertu militaire' (*OC*, III, 23) of the ancient Romans – and in the second *Discours* and afterwards he was to describe all wars as criminal, murderous, execrable and, for the combatants themselves, pointless.[42]

While Rousseau thus made a few concessions in the face of these attacks he turned other charges to more productive use in the development of his theory. This is particularly true of his replies to the claims of Stanislas and Borde that the moral degradation of man was attributable to an excess of wealth rather than learning, and it also applies to his response to Borde's statement that the decline of nations was due ultimately to political causes. In his 'Réponse au roi de Pologne' (*OC*, III, 42–3) Rousseau acknowledged the significance of an 'objection considérable' he ascribed to d'Alembert, to the effect that several factors apart from the sciences – factors such as the customs of different peoples, their climate, laws, economies, and governments – must all have figured in the formation of their particular moral traits, and he remarked that the problem d'Alembert had raised in this manner required much consideration:

> Je ne dois point passer ici sous silence une objection considérable qui m'a déja été faite par un Philosophe: *N'est-ce point*, me dit-on [. . .], *au climat, au tempérament* [. . .] *à l'oeconomie du gouvernement, aux Coûtumes, aux Loix, à toute autre cause qu'aux Sciences qu'on doit attribuer cette différence qu'on remarque quelquefois dans les moeurs en différens pays et en différens tems?* Cette question renferme de grandes vuës et demanderoit des éclaircissemens trop étendus pour convenir à cet écrit.[43]

It is true he also observed in the same text that a full discussion of such matters could lead him 'trop loin' ('Réponse au roi de Pologne', *OC*, III, 43), but there can be no doubt that in his replies to his critics he began to address himself to the 'éclaircissemens [. . .] étendus' which these points, and those of Stanislas and Borde as well, brought to his notice, so that far more than ever before he began to set his sights on the economic, political, and social agents of corruption.

In his 'Dernière réponse' (*OC*, III, 79), for instance, he noted that luxury – which he had earlier condemned as the principal cause of our decadence – was itself due largely to the decline of agriculture in the modern world.[44] Again in the 'Dernière réponse' and soon afterwards in the 'Préface de *Narcisse*', he drew attention to the significance of private property as a principal source of the miseries marking the history of mankind. In the first of these two works (*OC*, III, 80) he dealt mainly with the concept of ownership and the brutal division of the earth between masters and slaves which that concept entailed, largely in order to challenge Borde's thesis that individuals in their most primitive state must already have been fierce and aggressive:

> Avant que ces mots affreux de *tien* et de *mien* fussent inventés; avant qu'il y eût de cette espéce d'hommes cruels et brutaux qu'on appelle maîtres, et de cette autre espéce d'hommes fripons et menteurs qu'on appelle esclaves; avant qu'il y eût des hommes assez abominables pour oser avoir du superflu pendant que d'autres hommes meurent de faim; avant qu'une dépendance mutuelle les eût tous forcés à devenir fourbes, jaloux et traîtres; je voudrois bien qu'on m'expliquât en quoi pouvoient consister ces vices, ces crimes qu'on leur reproche avec tant d'emphase.

In the 'Préface de *Narcisse*' (*OC*, II, 969–70 n.), on the other hand, he concentrated rather on the fact that the moral attributes of the savage were markedly superior to those of the European because savages were unscathed by the habitual vices of greed, envy, and deception which in the civilised world caused men of property to scorn and make enemies of one another:

> Un Sauvage est un homme, et un Européen est un homme. Le demi philosophe conclut aussitôt que l'un ne vaut pas mieux que l'autre; mais [. . .] Parmi les Sauvages [. . .] l'amour de la société et le soin de leur commune défense sont les seuls liens qui les unissent : ce mot de *propriété*, qui coûte tant de crimes à nos honnêtes gens, n'a presque aucun sens parmi eux : ils n'ont entre eux nulle discussion d'intérêt qui les divise; rien ne les porte à se tromper l'un l'autre [. . .]. Je le dis à regret; l'homme de bien est celui qui n'a besoin de tromper personne, et le Sauvage est cet homme-là.

In these passages directed against the critics of his *Discours sur les sciences et les arts*, then, we find the first statements anywhere in Rousseau's writings of the thesis about the social effects of property which he was later to expound in the *Discours sur l'inégalité*.

Rousseau now began to look more closely at the role played by political factors as well. The evils of contemporary society had been described before by many figures, he reflected in the 'Préface de *Narcisse*' (*OC*, II, 969), but while others had perceived the problem he alone had uncovered its causes, and the essential truth he had learnt by 1753 was that all our vices stem ultimately not from our nature but from the ways in which we have been badly governed:

> Je sais que les déclamateurs ont dit cent fois tout cela; mais ils le disoient en déclamant, et moi je le dis sur des raisons; ils ont aperçu le mal, et moi j'en découvre les causes, et je fais voir sur-tout une chose très-consolante et très-utile en montrant que tous ces vices n'appartiennent pas tant à l'homme, qu'à l'homme mal gouverné.

He was to make the same point again about two years later in his *Encyclopédie* article 'Economie politique' (*OC*, III, 251) and to stress it once more in the following decade in the *Lettre à Christophe de Beaumont* (*OC*, IV, 966). Around 1770 he was even to reflect in his *Confessions* (*OC*, I, 404–5) that the truth of this principle had already been apparent to him at the time he had been stationed in Venice nearly thirty years earlier, when he had witnessed the dire consequences for its people which followed from the defects of that city's government and when he had actually conceived the plan to treat the subject of human nature and politics at some length in a work he initially intended to call the *Institutions politiques* and later, in its distilled form, entitled the *Contrat social*. In the 'Préface de *Narcisse*', then, we find the first statement of an idea whose elaboration in several contexts and in different forms was to occupy a major part of Rousseau's life and works.

With regard to the contribution made by wealth and riches in the history of our moral decline Jean-Jacques soon showed himself to be at least partly in accord with the ideas of Stanislas and Borde. At some unknown date in the mid-1750s he addressed himself directly to the problem in a short 'Discours sur les richesses', denouncing those 'prétendus sages, vils adulateurs de l'opulence, plus vils détracteurs de la pauvreté [. . .] qui savent prudemment accommoder la philosophie au goût de ceux qui la paient' (Launay, II, 331).[45] In a fragment on 'Le luxe, le commerce et les arts' drafted around 1753, moreover, he asserted that our cupidity was largely a manifestation of our desire to set ourselves above our neighbours, so that the introduction of gold in human affairs had been unavoidably accompanied by the inequality of its distribution. From this, he concluded, there issued the vice of poverty and the predatory humiliation of the poor by the rich (*OC*. III, 522).[46]

Yet if we recognise the part played by the accumulation of wealth in mankind's corruption we must not suppose this has been the principal cause of our moral decline. On the contrary, Rousseau declared in his 'Réponse au roi de Pologne', wealth and poverty are relative terms which depend upon the nature and extent of inequality in society, so that the crucial factor in all cases is actually the prevalent degree of such inequality rather than the amount of riches available. It was in this fashion that he set about the task of rearranging the genealogy of vices he had portrayed in the first *Discours*, and he now proposed that pride of place in the dismal order of our corruption should be granted to inequality, which was then followed by wealth, which in turn made possible the rise of luxury and indolence, which then gave rise to the arts, on the one hand, and the sciences, on the other. 'Je n'avois pas dit [. . .] que le luxe fut né des Sciences', he protested (*OC*, III, 49–50),

> mais qu'ils étoient nés ensemble et que l'un n'alloit guéres sans l'autre. Voici comment j'arrangerois cette généalogie. La premiére source du mal est l'inégalité; de l'inégalité sont venuës les richesses; car ces mots de pauvre et de riche sont relatifs, et par tout où les hommes seront égaux, il n'y aura ni riches ni pauvres. Des richesses sont nés le luxe et l'oisiveté; du luxe sont venus les beaux Arts, et de l'oisiveté les Sciences.

Here, then, was a new version of the argument of the *Premier Discours* which placed the arts and sciences last – and not first, as his critics supposed.

At least part of the reason for this modification of his views can be found in the 'Préface de *Narcisse*', where Rousseau suggested that it is fundamentally our *desire* for learning rather than the artistic and scientific achievements of learned men which undermine our morals in civilised society. For our pursuit of culture has been above all else an expression of our will to distinguish ourselves from our neighbours and compatriots. It is not so much our devotion to excellence as our wish to command the respect of others that has prompted us to manufacture the artifacts of advanced societies, so that in this sense civilisation is only a fulfilment of our attempts to establish an unequal distribution of public esteem. Moral virtue cannot truly exist, Jean-Jacques contended ('Préface de *Narcisse*', *OC*, II, 965), unless individual shares of talent are roughly equal:

Le goût des lettres annonce toujours chez un peuple un commencement de corruption qu'il accelére très-promptement. Car ce goût ne peut naître ainsi dans toute une nation que de deux mauvaises sources que l'étude entretient et grossit à son tour, savoir l'oisivité et le désir de se distinguer [. . .]. Dans un Etat bien constitué tous les citoyens sont si bien égaux, que nul ne peut être préféré aux autres comme le plus savant ni même comme le plus habile.

The only safeguard we had ever had against corruption, he remarked in the 'Réponse au roi de Pologne' (*OC*, III, 56), was 'cette premiére égalité' — now irredeemably lost — 'conservatrice de l'innocence et source de toute vertu',[47] and our craving for distinction in the arts and sciences was thus a manifestation of much the same factitious feeling as the desire to dominate in politics on which Rousseau was to focus his attention in the *Discours sur l'inégalité*.

In all these respects, therefore, Jean-Jacques's replies to the critics of his *Discours sur les sciences et les arts* led him toward the more political, social, and economic lines of argument he was to pursue in the second *Discours* and beyond. The author of the 'Observations' (Launay, II, 69) had criticised the first *Discours* partly because Rousseau had there neglected to draw a proper comparison between the morals of men in their most primitive state and the codes of morality that prevail today. To his objection he replied, in his 'Lettre à Raynal' (*OC*, III, 32), 'C'est ce que j'aurois fait encore plus au long dans un volume in-quarto'. In his 'Réponse au roi de Pologne' (*OC*, III, 43), moreover, in connection with his comments about the importance of the obscure but profound relations that link the nature of government to the customs and manners of citizens, he intimated he was already undertaking research on that subject and would consider it further on another occasion:

Il s'agiroit d'examiner les relations très-cachées, mais très-réelles qui se trouvent entre la nature du gouvernement, et le génie, les moeurs et les connoissances des citoyens; et ceci me jetteroit dans des discussions délicates [. . .]. De plus [. . .] ce sont des recherches bonnes à faire à Genêve, et dans d'autres circonstances.

The first major occasion was to arise just over two years after the publication of the 'Réponse au roi de Pologne', when the seeds of Rousseau's 'recherches bonnes à faire', sown largely during the controversy about the first *Discours*, were to become the harvest of the *Discours sur l'inégalité*.

Yet though he was to embark upon a treatment of man's moral degradation along a wider social path, in his replies to the critics of the first *Discours* he did not abandon his earlier views about the importance of the arts and sciences as causal agents. On the contrary, he continued to uphold his initial thesis throughout the dispute, and (see, for instance, the 'Dernière réponse', *ibid.*, p. 74) he consistently reaffirmed the claims he had made in his prize essay about the interconnections between vanity, sloth, luxury, and culture, even while extending his argument to accommodate other factors. In his subsequent writings he was actually to develop this aspect of his philosophy much further, above all in his *Lettre sur les spectacles*, where he condemned the role of the theatre, in particular, and of art conceived as spectacle, in general. And if Le Cat could imagine in his 'Réfutation' of 1752 that at least the field of music must be exempted from Rousseau's charges, he was to be sadly disillusioned after the publication of the scathing *Lettre sur la musique françoise* the following year. No doubt he would have been still more dismayed to read the chapters of the *Essai sur l'origine des langues* about the relation between our musical advancement and moral decline which Rousseau probably drafted initially as a section of the *Discours sur l'inégalité*.[48] For on his account the senseless harmonic music which enthralled men in the modern world had its own 'relations morales' just as the debased political institutions to which we are captive contain their similar 'calcul des intervalles'.[49]

By the beginning of 1753, with the completion of his 'Préface de *Narcisse*', Rousseau had produced a work in which the principles of his early social theory were drawn together better than ever before – certainly with greater clarity and coherence than in the first *Discours*. Jean-Jacques himself was to make this claim in his *Confessions* (*OC*, I, 388), and he appeared to have a much higher opinion of the 'Préface' than of the text it was meant to buttress and defend: 'Dans la Préface qui est un de mes bons écrits, je commençai de mettre à découvert mes principes un peu plus que je n'avois fait jusqu'alors.'[50] By the autumn of 1753, when he drafted the 'Préface d'une seconde lettre à Bordes' – itself probably very soon supplanted by the *Discours sur l'inégalité*[51] – he reflected (*OC*, III, 105) that all his writings around the central theme of the first *Discours* comprised a distinct system of ideas to which he would thereafter adhere so long as he remained convinced that it was founded upon truth and virtue:

> Ce triste et grand Système, fruit d'un éxamen sincére de la nature de
> l'homme, de ses facultés et de sa destination, m'est cher, quoiqu'il
> m'humilie; car je sens combien il nous importe que l'orgueil ne nous fasse
> pas prendre le change sur ce qui doit faire nôtre véritable grandeur, et com-
> bien il est à craindre qu'à force de vouloir nous élever au dessus de nôtre
> nature nous ne retombions au-dessous d'elle [. . .]. Mais quant au Système
> que j'ai soutenu, je la défendrai de toute ma force aussi longtempts que je
> demeurerai convaincu qu'il est celui de la vérité et de la vertu.[52]

In a 'Fragment biographique' dating from the mid-1750s, moreover,
he even suggested that the system he had uncovered was not in fact
his own but rather that of human nature itself (*OC*, I, 1115 and 1836).
It was 'mon grand système', he noted in a passage of his *Confessions*
(*OC*, I, 368) pertaining to the period of the dispute about his first
Discours – '[un] grand système' whose elements he was then engaged
in assembling bit by bit.

Near the end of his life Rousseau came to regard the whole of his
philosophy as based upon just one great principle – in effect, that
Nature made man happy and good while society made him miserable
and depraved. All of his works culminating in *Emile* were an illustration of 'cette doctrine', he observed in *Rousseau juge de Jean Jacques*
(*OC*, I, 935). In his early writings he had attempted to show that our
forebears must have lived in a far better state than that of our contemporary societies, where we now pay homage to the very institutions
that bind us to a life of permanent despair; in his later writings he had
tried to explain how the evils of our world might be made less op-
pressive if our understanding of them was improved; and throughout
his works he had been dedicated to the task of overcoming that deception and illusion which made us look upon our plight as if it were also
the only goal worthy of our respect and admiration (*OC*, I, 934–5).

This suggestion by Jean-Jacques that his major compositions
elaborated one central theme points equally, however, to a significant
difference between his early and later social thought. For the various
parts of his 'doctrine' were not all assembled at the same time, nor
were they in all respects implicit in the flash of illumination which
sparked the *Discours sur les sciences et les arts*. In particular, nowhere
in the dispute about that work, nor anywhere else in his writings of
the early 1750s taken together, did he contend with the question posed
by the anonymous author of the 'Observations'. What practical conclusion could one draw from the thesis about the corruption of morals
he had advanced? In his 'Dernière réponse' (*OC*, III, 95) he replied
only that he had seen the evil and had tried to locate its sources. The

task of searching for a remedy he left to others: 'J'ai vû le mal et tâché d'en trouver les causes: D'autres plus hardis ou plus insensés pourront chercher le reméde.'[53]

Of course that very task was to be undertaken by Rousseau himself in his later works. In the *Lettre sur les spectacles* he was to sing the praises of a form of art – conceived as festival rather than spectacle – in which the moral sentiments of the participants might be uplifted instead of debased; in the *Contrat social* he was to devise a set of principles of political right according to which men might be brought together for their mutual advantage rather than their common despair; and in *Emile* he was to show how a plan of moral education might still be made compatible with freedom. Only in his principal theoretical works from the mid-1750s onwards, then, was Jean-Jacques to turn to the question he elected to leave unanswered in the controversy about the first *Discours*, since the problems that question raised did not occupy a crucially important part of the 'grand système' of his early writings.

There could be no point in even considering remedies, however, until the moral predicament of humanity had first been correctly defined, and it was to this subject – the corruption of human nature under the influence of culture and society – that Rousseau addressed most of his attention in the early 1750s. His *Discours sur les sciences et les arts* forms his initial sketch of the problem and his *Discours sur l'inégalité* his most incisive portrait of its origins and consequences, and yet it was not the unfolding of the inner logic of the earlier work which supplied the refinements of the second. On the contrary, Rousseau filled in the details of his canvas by correcting the faults of his prospectus, and only after he had met the objections to the inadequacies of his social theory in its first formulation was he ready to reassemble and redesign it as a masterpiece.

Notes

1. In the light of some new evidence, together with a reinterpretation of familiar sources, Leigh concludes (see *CC*, II, 135–6 and 140) that Rousseau's first *Discours* must have been published in 1751, probably around 8 January. Most scholars have previously supposed that the text appeared at the end of November 1750.
2. The foreword comprises part of Genève (Société Jean-Jacques Rousseau) Ms. R 89.
3. *Rousseau entre Socrate et Caton. Textes inédits de Rousseau 1750–1753*), ed. Claude Pichois and René Pintard (Paris 1972), p. 30.

4. In the early 1750s Rousseau was to elaborate this distinction between Socrates and Cato on several occasions, and he may even have intended to devote a whole work to the subject (see Pichois and Pintard, pp. 78–112).

5. For a full discussion of the sources of 'la grande question du luxe' in the *Discours sur les sciences et les arts* see the excellent edition of the text by George Havens (New York 1946 and 1966), pp. 191–2 n. 110. References to this work are hereafter cited as Havens.

6. To take but two examples, the 'chaînes de fer' which shackle the civilised men portrayed in the *Discours sur les sciences et les arts* (*OC*, III, 7) are depicted in the *Discours sur l'inégalité* as the 'fers' into which 'tous coururent [. . .] croyant assûrer leur liberté' (*OC*, III, 177) or in the still more familiar reprise of the *Contrat social* (*OC*, III, 351) that man is now everywhere 'dans les fers'. Similarly, Rousseau's remark in the first *Discours* that our politicians 'ne parlent que de commerce et d'argent' (*OC*, III, 19), whereas those of the ancient world spoke of morals and virtue, seems to be recapitulated in his charge in ch. xx of the *Essai sur l'origine des langues* (ed. Charles Porset, second edition (Bordeaux 1970), pp. 197–9) that orators now only shout 'donnez de l'argent' to their weary listeners.

7. It is possible, however, that these last two passages did not figure in the manuscript Rousseau submitted to the Académie de Dijon. For in the preface to the published text he observed (*OC*, III, 3) that he had made 'deux additions faciles à reconnoître', and while we have no evidence to show exactly which elements of the work were added later, and while several distinct possibilities have been suggested by scholars, I am inclined to agree with François Bouchardy (*OC*, III, 1240) that these remarks – ostensibly a shade more radical in tone than the rest – were introduced by Rousseau after he had won the prize.

8. See the 'Chronologie universelle, ou Histoire générale des temps, depuis la création du monde jusques à présent', in 'Pages inédites de Rousseau', ed. Théophile Dufour, *Annales de la Société Jean-Jacques Rousseau*, vol. I (1905), pp. 213–20, and the 'Epître à M. Bordes', *OC*, II, 1131.

9. I am fully in agreement with Havens when he notes (p. 248 n. 298) that the conclusion of the argument is 'inattendue', though 'parfaitement agréable à ses amis, les Encyclopédistes'.

10. From his earliest childhood, Rousseau reflected in his *Confessions* (*OC*, I, 9), 'Plutarque [. . .] devint ma lecture favorite', and the references to Plutarch's *Lives* throughout his writings are legion. According to Havens (p. 63) almost the whole of the argument of the first *Discours* – with one exception – can in fact be found in Plutarch: 'Amour de la patrie, courage, vertu, austérité, simplicité, haine du luxe et de l'inégalité, goût des rudes travaux des champs, admiration pour les "qualités guerrières" des héros de Sparte et des premiers siècles du vieux Rome, l'exemple même de ce Fabricius qui éblouissait tant l'esprit de Jean-Jacques dès l'instant de son inspiration sur la route de Vincennes, voilà ce qui sortait de ce vieux livre, camarade chéri de son enfance. Presque tout le *Discours* de Dijon est là.' The exception, however – also indicated by Havens (see

pp. 63–4) – is significant, for Plutarch praised the arts and sciences and the world of learning generally. For an account of Plutarch's influence on the first *Discours*, see Abraham Keller, 'Plutarch and Rousseau's First *Discours*', *Publications of the Modern Language Association of America*, vol. LIV (1939), pp. 212–22. For an interpretation of his wider influence on Rousseau's thought, see especially Georges Pire, 'Du bon Plutarque au Citoyen de Genève', *Revue de littérature comparée*, vol. XXXII (1958), pp. 510–47, and Denise Leduc-Fayette, *Rousseau et le mythe de l'antiquité* (Paris 1974), *passim*.

11. The best general accounts of the sources of Rousseau's *Discours sur les sciences et les arts* are still those of Louis Delaruelle (see 'Les sources principales de Rousseau dans le premier discours à l'Académie de Dijon', *Revue d'Histoire littéraire de la France*, vol. XIX (1912), pp. 245–71) and especially Havens (see pp. 61–82).

12. *Essai sur les règnes de Claude et de Néron, Oeuvres complètes de Diderot*, ed. Jules Assézat and Maurice Tourneux (hereafter Assézat-Tourneux) (Paris 1875–7), vol. III, p. 95. This hostile challenge to Rousseau's originality provides one further reason, if any were still needed, for doubting that the main theme of the first *Discours* was actually devised by Diderot. There is no space here to consider the much discussed allegations of Diderot's supporters to the effect that he prevailed upon Rousseau to adopt a negative stand in his work, with Jean-Jacques having initially intended to argue that the arts and sciences had improved our morals. Suffice it to say that Diderot never claimed this himself; that his followers apparently concocted the tale, long after the notorious break between the two men, in order to discredit Rousseau; that Diderot had a low opinion of the text, maintaining that it was full of 'sophismes' and that if he had written it instead, 'J'aurais fait tout autre chose' (*Réfutation de 'L'Homme'*, Assézat-Tourneux, vol. II, p. 285); that he admitted, in terms remarkably similar to those employed by Rousseau himself, that it was 'l'étincelle qui partit de Dijon [. . .] qui l'enflamma' (*ibid.*, p. 286 – *cf. Rousseau juge de Jean Jacques, OC*, I, 829); that it is hard to imagine how Rousseau could have been enflamed by an idea which only a few minutes later he was persuaded to abandon for the sake of its opposite; and that the substance of Rousseau's argument is incompatible with Diderot's own views, not only at the time the essay was composed, but throughout the whole of his life.

13. With regard to the portrait of the Scythians by Horace, from whom Rousseau also drew his epigraph *Decipimur specie recti*, see Havens, p. 197, n. 128; with regard to Tacitus on the Germans, see Havens, p. 197, n. 129; with regard to Montaigne on the Persians, see Havens, p. 195, n. 126, and *OC*, III, 1244; with regard to Bossuet and Rollin on Sparta and Athens, see Havens, pp. 200–1, and *OC*, III, 1245–6.

14. *Cf.* the *Discours sur les sciences et les arts*, *OC*, III, 19–20, and the *Esprit des lois*, XXIII, xvii, *Oeuvres complètes de Montesquieu*, ed. André Masson (Paris 1950–5), vol. I, ii, p. 57.

15. This passage pertains to Rousseau's remarks about Egypt (see *OC*, III, 10 and 1243, and Havens, pp. 189–90).

16. See especially Havens, pp. 199 n. 135; 201 n. 140; 207 n. 160; and 209 n. 167; and *OC*, III, 12, 14, 15, 17, and 1246–7. The prosopopeia of Fabricius (see *OC*, III, 14–15), which Rousseau later claimed to have drafted first, was also largely inspired by Plutarch – in this case his 'Life of Pyrrhus'.

17. See especially Havens, pp. 65; 187 n. 88; 195 n. 126; 199 n. 133; 200 n. 136; 202 n. 145; 211 n. 175; 216 n. 189; 229 n. 232; 230 n. 235; 235 n. 250; and 236 n. 255; and *OC*, III, 9, 11, 12–14, 18–19, 22, 24, 1243–6, 1248, and 1251–3.

18. See Havens, pp. 66 and 251 n. 309; and *OC*, III, 30 and 1256.

19. Cajot's 'Observations' of 1765 first appeared in the same volume as his *Plagiats de Rousseau sur l'Education* (La Haye [Paris] 1766). There is no evidence to substantiate Cajot's assertion (p. 362) that Rousseau repeated a passage from La Bruyère 'mot à mot', nor that he had so much as read a line of Lilio Gregorio Giraldi, whom Cajot cites as an authority he copied. Most of Cajot's text deals with parallels between the first *Discours* and the *Essais* of Montaigne, some of which are apt and some not, but even the harshest critics of Rousseau might find it difficult to accept Cajot's general assessment (p. 356) that he was 'un homme enguenillé des Ecrits d'autrui: un vrai frippier dans la République des Lettres'.

20. This point is made admirably by Havens in his 'Diderot and the Composition of Rousseau's First Discourse', *Romanic Review*, vol. XXX (1939), pp. 379–80.

21. That was no doubt partly to preserve his anonymity during the competition and even afterwards – since the first published edition appeared with the same signature but not his name. On the other hand, and perhaps even paradoxically, Rousseau also employed the terms 'citoyen de Genève', in my view, to establish his republican identity. Already in his 'Epître à M. Bordes' (*OC*, II, 1130) he had exclaimed, 'Moi, fier républicain que blesse l'arrogance, Du riche impertinent je dédaigne l'appui', and in his letter to Voltaire of 30 January 1750 – also signed 'Citoyen de Genève' – he referred to himself again (*CC*, II, 124) as 'un Républicain [qui] adore la liberté'. Leigh makes the interesting point, however (*ibid.*, p. 126), that Rousseau, who was a convert to Catholicism in 1750, knew that he had thereby lost his Genevan citizenship.

22. Rousseau very likely overlooked a number of the great many reviews which appeared in 1751 and 1752, not only in France but throughout enlightened Europe in general. Lessing's review of April 1751 in *Das Neueste aus dem Reiche des Witzes*, for instance, seems not to have caught his attention at all – this despite the fact that he was aware of the hostile interest his work aroused in Germany (see the 'Préface de Narcisse', *OC*, II, 960 n., and 1865–6, and Havens, p. 34).

23. To be sure, d'Alembert had actually described Rousseau as 'un Ecrivain éloquent & philosophe' (*Encyclopédie*, vol. I (1751), p. xxxiii), but while his remarks were certainly polite and respectful in tone they were much more critical than commendatory in substance. Jean-Jacques was rather selective when contending with his critics, and he did not even deign to

reply to some of the attacks against the first *Discours* – for instance those of the abbé Le Roy and René de Bonneval – which he had undoubtedly read. He did, however, continue to defend most of the views he had expressed in his work even after the main controversy about it was over, and his letters to Voltaire of 7 September 1755 and to Franz Christoph Scheyb of 15 July 1756 (*CC*, III, 164–8 and IV, 26–9) comprise only the most important among his justifications subsequent to the period 1751–3. Several (incomplete) collections of the writings addressed to the *Premier Discours* in those years were published in the eighteenth century, of which the first and most comprehensive (the *Recueil de toutes les pièces publiées à l'occasion du Discours de Rousseau sur [les sciences et les arts]*, 2 vols.) appeared in Gotha in 1753. All of the texts considered here, moreover – except the *Second Discours* of Charles Borde – are incorporated in vol. II of Michel Launay's edition of Rousseau's *Oeuvres complètes* (Paris 1967–   ) (hereafter Launay), from which my references are drawn. For Borde, I have consulted the original edition of his *Second Discours sur les avantages des sciences et des arts* (Avignon 1753) (hereafter Borde). There is also a very useful discussion of the main contributions in Havens (pp. 34–61).

24. Raynal had sent Rousseau an advance copy of this opuscule in his capacity as editor of the *Mercure de France*. Rousseau's reply, addressed to Raynal, was printed in the same issue of the journal.

25. The essay had already been read at a meeting of the Académie de Lyon in June 1751.

26. In the first *Discours* (see *OC*, III, 14 and 1246) Rousseau had quoted a passage from Seneca which he in fact transcribed from Montaigne. See also Havens, p. 203 n. 151.

27. Borde's *Second Discours* actually dates from 1752, for in August of that year it was read at two meetings of the Académie de Lyon. It was printed in Avignon in the spring of the following year, by which time Borde had had an opportunity to read the 'Préface de *Narcisse*' and to incorporate a note about it in the published version of his text.

28. For the Academy's repudiation of this fraud, see *CC*, appendix 73, II, 298–300.

29. The 'Réponse' of King Stanislas had been published anonymously, though there is no doubt that Rousseau knew the identity of its author (see *OC*, III, 1257–8). In his reply Jean-Jacques even managed to incorporate the following oblique reference to his adversary (*ibid.*, p. 56): 'Il y a en Europe un grand Prince, et ce qui est bien plus, un vertueux Citoyen, qui dans la patrie qu'il a adoptée et qu'il rend heureuse, vient de former plusieurs institutions en faveur des Lettres. Il a fait en cela une chose très digne de sa sagesse et de sa vertu.'

30. Rousseau's work was addressed to Grimm on the pretence that Gautier did not really merit a reply. Thus, Jean-Jacques remarked in the 'Lettre' (*OC*, III, 68): 'Je ne répliquerai [. . .] pas à M. Gautier, c'est un point résolu.' A decade later, after he had become estranged from Grimm, Rousseau instructed Duchesne to remove Grimm's name from the title-page of the text which would appear in the collected edition of his

writings. An early draft of Rousseau's 'Réponse à M. Gautier' survives in the Bibliothèque de la Ville de Neuchâtel (hereafter Neuchâtel) Ms. R 50 (formerly 7872b).

31. A rough draft of part of the 'Dernière réponse' figures in Neuchâtel Ms. R 45 (formerly 7869 – see *CC*, appendix 84, II, 321–2).

32. The 'Préface d'une seconde lettre à Bordes' constitutes part of Genève (Bibliothèque publique et universitaire) Ms. fr. 228. It was printed for the first time in the *Oeuvres et correspondance inédites de Rousseau*, ed. Georges Streckeisen-Moultou (Paris 1861) (hereafter Streckeisen-Moultou).

33. For an account of the composition and substance of this play, to which the preface was only added at the last moment, see *OC*, II, 1858–65. Rousseau may have had some conception of writing it even before 1730 and undoubtedly drafted it several times during the 1730s and afterwards. It was first staged at the Comédie Française in December 1752.

34. See, for instance (in Launay, II, 96, and *OC*, III, 65), the dispute between Gautier and Rousseau with regard to the role played by Carneades in fomenting Cato's suspicions about the merits of Greek philosophy.

35. Since the anonymous author of the 'Observations' incorporated a few reflections of 'des personnes bien intentionnées' who were equally un-identified (probably Raynal himself again), Rousseau also included some remarks addressed to these persons in his 'Lettre à Raynal'.

36. Compare the passage in the fourth paragraph of the 'Observations' which appears in Launay, II, 69.

37. Compare the passage from the first *Discours* (*OC*, III, 6) cited on p. 254 above.

38. See, for instance, the *Discours sur l'inégalité*, n. ix (*OC*, III, 207), and *Rousseau juge de Jean Jacques*, *OC*, I, 935.

39. The comparable passages in the 'Réponse au roi de Pologne' and 'Préface de *Narcisse*' appear in *OC*, III, 55–6 and *OC*, II, 972, respectively.

40. That had not even been his intention in the first *Discours*, he protested in a note of the 'Réponse au roi de Pologne' (*OC*, III, 54).

41. In his 'Fragment biographique' (*OC*, I, 1114) Rousseau later reflected that Borde alone among all the critics of his first *Discours* 'savoit penser et écrivoit bien [. . .] il publia non contre moi comme les autres, mais contre mon sentiment deux discours pleins d'esprit et de vues et très agréables à lire'.

42. See especially the *Discours sur l'inégalité* (*OC*, III, 178–9), and Havens, pp. 44 and 205–6.

43. It is interesting to note that in this passage Rousseau credits d'Alembert with a rather more ample and detailed objection than he actually made. For in his *Discours préliminaire* to the *Encyclopédie* (vol. I, p. xxxiii) d'Alembert had only asked him to consider whether 'la plûpart des maux qu'il attribue aux Sciences & aux Arts ne sont point dûs à des causes toutes différentes, dont l'énumération seroit aussi longue que délicate'.

44. Rousseau had been rather less than forthright in his views about agriculture in the *Discours sur les sciences et les arts* (see *OC*, III, 26–7).

In the *Discours sur l'inégalité*, on the other hand (see especially *OC*, III, 171–2), he later maintained that the *rise* of agriculture had contributed to our corruption.

45. The 'Discours sur les richesses' comprises the bulk of Neuchâtel Ms. R 31 (formerly 7855). It was first published in an edition by Félix Bovet in the *Revue suisse* in 1853.

46. This fragment, which forms part of Neuchâtel Ms. R 30 (formerly 7854), was first published in Streckeisen-Moultou.

47. In the *Discours sur l'inégalité*, of course, Rousseau was later to argue that the physical *inequality* of our forebears in their natural state was counterbalanced not by their moral equality but by the absence of morals.

48. For a discussion of this subject see the appendices of my *Rousseau's 'Discours sur l'inégalité' and its Sources: Studies on Voltaire and the eighteenth century* (forthcoming 1980), and the introduction to my edition of Rousseau's *Principe de la mélodie* (Geneva, forthcoming 1980).

49. Compare the *Discours sur l'inégalité* (*OC*, III, 152) and the *Essai sur l'origine des langues*, ch. xviiii, p. 187.

50. Grimm, however, thought the 'Préface' 'outrée' and 'pas trop bonne [. . .] si vous en exceptez quelques pages dignes de [. . .] Montesquieu' (*Correspondance littéraire, philosophique et critique*, ed. Maurice Tourneux (Paris 1877–82), vol. I(2), pp. 321–2).

51. See Rousseau's letter to the marquise de Créqui of around November 1753 (*CC*, II, 231–3). Jean-Jacques observed there that 'le Discours de M. Bordes, tout bien pésé restera sans réponse [. . .]. J'aurai peut être occasion de mieux développer mes idées sans repondre directement'. In connection with some remarks of Borde in his *Second Discours sur les avantages des sciences et des arts* to the effect that natural inequality provides a foundation for political and civil inequality, Leigh contends, moreover (*ibid.*, p. 233), that 'Rousseau devait prendre le contre-pied dans son second *Discours*, qui sera la vraie réponse à celui de Borde'. See also Havens, 'The road to Rousseau's *Discours sur l'inégalité*', *Yale French Studies*, vol. XL (1968), pp. 29–30.

52. On the following page Rousseau refers twice again to his 'Système' and even his 'Systême vrai mais affligeant'. I disagree sharply, however, with Roger Masters (see his *Political Philosophy of Rousseau* (Princeton 1968), pp. 206–7 and 248) who interprets these passages as support for the claim, which I take to be misleading anyway, that 'there is no reason to assume that Rousseau's fundamental philosophic position changed radically between the publication of the *First Discourse* [. . .] and the appearance of the *Emile* and *Social Contract*'. In the light of Jean-Jacques's replies to his critics, I have tried to show here that after 1750 his position *did* change in a number of important ways and develop in some unheralded directions, so that, as Borde himself put it in his *Second Discours* (p. 3), Rousseau's original 'paradoxe ingénieux' came to be superseded by the unveiling of 'un systême décidé'.

53. See also the following lines from Rousseau's 'Réponse au roi de Pologne' (*OC*, III, 56): 'Il n'y a plus de reméde, à moins de quelque grande révolution presque aussi à craindre que le mal qu'elle pourroit guérir, et qu'il est blamable de désirer et impossible de prévoir.'

HENRI GOUHIER

Rousseau et Fénelon

On a bien souvent cité les propos que rapporte Bernardin de Saint-Pierre. Rousseau 'préférait Fénelon à tout', constatait le futur auteur de *Paul et Virginie*; il lui était reconnaissant d'avoir 'dirigé les vues de l'Europe vers l'agriculture'; 'si les guerres ne fussent venues', déclarait-il, 'on eût dit *le siècle de Fénelon* mieux que celui de Louis XIV', ce Louis XIV qui, d'ailleurs, était 'jaloux de lui'. Son jeune ami se permit donc un jour une supposition: 'Si Fénelon eût vécu, vous seriez catholique [. . .].' 'Emu aux larmes', Jean-Jacques répondit alors: 'S'il avait vécu, j'aurais cherché à être son laquais pour mériter d'être son valet de champ!'[1]

Rousseau a toujours éprouvé de l'amitié pour 'le bon Fénelon' (*OC*, I, 229). Rappelons l'oraison funèbre de Mme de Warens: 'Allez, âme douce et bienfaisante, auprès des Fénelon, des Bernex, des Catinat et de ceux qui dans un état plus humble ont ouvert comme eux leurs coeurs à la charité véritable' (*OC*, I, 620). On le retrouve à côté de Catinat dans le *Deuxième Dialogue* parmi 'les hommes vertueux' qui 'ont honoré les siècles modernes' (*OC*, I, 863–4). Et aussi dans une lettre du 19 février 1770; à un auteur de tragédies historiques qui doivent rappeler aux Français 'l'image des antiques vertus de leurs pères', le sage désabusé écrit: 'Vous venez soixante-dix ans trop tard'; 'contemporain du grand Catinat, du brillant Villars, du vertueux Fénelon', vous auriez pu n'être pas ce que vous êtes aujourd'hui: vox clamans in deserto! (*CG*, XIX, 279). Dans une note intime, nullement destinée à la publication, soutenant qu'un homme peut parfaitement 'sentir la supériorité d'un autre dans son propre genre', l'exemple qui vient spontanément sous la plume de Rousseau est: 'Fénelon l'emportait sur moi à tous égards; cela est certain' (*OC*, IV, 1125). On comprend alors la prière de Jean-Jacques dans la *Lettre à M. de Franquières*: 'Mon

Dieu! donne-moi des vertus, et me place un jour auprès des Fénelons, des
Catons, des Socrates. Que m'importe le reste du genre humain? Je ne
rougirai point d'avoir été homme' (*OC*, IV, 1141–2).

Mais tout ceci nous montre Rousseau aimant la figure morale du
bon pasteur qui touche les coeurs sensibles, image banale au
XVIIIème siècle.[2] Or, on trouve dans sa pensée beaucoup plus que
l'ombre d'un archevêque philanthrope: Jean-Jacques devine en lui un
esprit éclairé, en avance sur son temps. Nous lisons dans les
Confessions: 'les dévôts haineux et bilieux ne voient que l'enfer [. . .] les
âmes aimantes et douces n'y croient guères'; aussi, ajoute-t-il, 'l'un des
étonnements dont je ne reviens point est de voir le bon Fénelon en
parler dans son *Télémaque*, comme s'il y croyait tout de bon'; chose
tellement invraisemblable que Jean-Jacques 'espère qu'il mentait alors;
car enfin quelque véridique qu'on soit, il faut bien mentir quelquefois
quand on est évêque' (*OC*, I, 228–9). Faisons la part du badinage anti-
papiste, mais pas trop grande ... Ecoutons, en effet, ce que dit
Rousseau dans une situation où il n'est plus question de badinage.
L'abbé de Carondelet lui expose, en confidence, les doutes qui
troublent sa foi et il lui paraît tout naturel que de tels doutes éveillent
dans sa conscience quelques scrupules sur son état écclésiastique. Or,
précisément, ceci ne paraît pas tout naturel à Rousseau. Voilà un
'homme qui refuse d'embrasser le noble état d'officer de morale, un
état dans lequel il peut être le guide et le bienfaiteur des hommes, dans
lequel il peut les instruire, les soulager, les consoler, les protéger, leur
servir d'exemple [. . .]' et cela, pourquoi? 'pour quelques énigmes'
auxquelles personne n'entend rien, alors qu'il serait si facile de
'ramener sans bruit le Christianisme à son véritable objet'. Les bons
exemples ne sont pourtant pas loin: 'un homme [. . .] qui s'aviserait tout
de bon d'un scrupule que l'abbé de Saint-Pierre et Fénelon n'ont pas
eu, me deviendrait par cela seul très suspect' (*CC*, XIX, 13).

L'abbé de Saint-Pierre et l'archevêque de Cambrai voisinent dans
un autre texte de Rousseau (*A des gens de loi*, 15 octobre 1758), mais
il ne s'agit pas de religion dans cette liste de 'bons français et gens
éclairés' qui ont osé critiquer les 'législations' établies (*CC*, V, 178). Or
la religion de l'abbé de Saint-Pierre n'allait pas, semble-t-il, beaucoup
plus loin qu'un déisme de bonne compagnie. En laissant venir sous sa
plume le nom de Fénelon aussitôt après celui de l'abbé pour proposer
deux modèles à la foi inutilement inquiète d'un jeune 'gentilhomme'
voué par sa famille au sacerdoce, Rousseau oublie la masse d'écrits
consacrés par l'archevêque à la défense du véritable amour de Dieu

comme de la vraie théologie de la grâce, ceci au nom d'un augustinisme qui condamnait avec violence celui de Jansenius.

En fait, ce n'est pas le Fénelon de ces écrits qui a intéressé Rousseau, mais, d'abord, celui de *Télémaque* et de *L'éducation des filles*, ensuite et jusqu'à un certain point, celui du *Traité de l'existence du Dieu*.

Le Verger de Madame la Baronne de Warens nous promène dans ce que nous pourrions appeler l'univers culturel du jeune Rousseau vers la vingt-cinquième année. Après le souvenir des méditations en compagnie des philosophes et des savants, nous lisons:

> Quelquefois m'amusant jusqu'à la fiction, Télémaque et Sethos me donnent leur leçon. (*OC,* II, 1128)[3]

Il est possible que Télémaque ait été une des premières lectures proposées au jeune converti de Madame la baronne de Warens. Les traces de cette lecture paraissent si profondes dans la sensibilité et dans la pensée de Rousseau qu'il faut bien voir ici le sens du mot 'influence'. La lecture éveille des sentiments et des idées dans une âme disposée par la nature ou les circonstances à éprouver les premiers et à comprendre les secondes. Il ne s'agit donc pas, du moins pour commencer, de découper des concepts dans le texte du livre puis de les retrouver dans les propos du lecteur, comme des objets transportés d'un lieu dans un autre. Les histoires contées par Fénelon se jouent dans une vision du monde à l'intérieur de laquelle Jean-Jacques a immédiatement l'impression d'être chez lui. Ainsi la relation entre ce dernier et l'auteur de *Télémaque* se présente d'abord comme celle de deux esprits spontanément accordés l'un à l'autre dans leurs évidences et leurs préférences. C'est pourquoi, en écoutant Rousseau, il serait à la fois abusif de parler d'emprunt et difficile de faire comme s'il avait ignoré les *Aventures de Télémaque*.

Pour les énumérer, il faut bien avoir l'air de séparer des thèmes qui sont moins des parties que des aspects d'une même vision du monde, commune au *Télémaque* et à l'oeuvre entière de Rousseau. Le luxe comme cause majeure de la corruption des moeurs, la peur des agglomérations urbaines, l'idéalisation de la vie campagnarde, 'l'argent monnayé' comme moyen d'échange malheureusement indispensable mais sans valeur propre, les sciences et les arts mis, par une espèce de détournement, au service des vices, sans parler, bien sûr, des inutiles horreurs de la guerre, autant de vérités qui, pour Rousseau comme pour Fénelon, représentent le simple bon sens, le langage du coeur étant aussi celui de la raison. Disons, en gros: la Bétique du livre VII, la Crète décrite par Télémaque dans le livre V, Salente après les réformes de Mentor dans les livres X et XVII plantent le décor de la cité-modèle à l'intérieur de laquelle Rousseau est installé lorsqu'il accuse les sciences et les arts d'avoir en quelque sorte faussé la civilisation, lorsqu'il cherche l'origine de l'inégalité parmi les hommes, lorsqu'il invente la Clarens de *La Nouvelle Héloïse*.

Prenons, par exemple, un texte du *Télémaque* comme celui du livre VII qui concerne 'la Bétique [...] un pays dont on raconte tant de merveilles qu'à peine peut-on les croire'. 'Ce pays', écrit Fénelon, 'semble avoir conservé les délices de l'âge d'or. Les hivers y sont tièdes, et les rigoureux aquilons n'y soufflent jamais. L'ardeur de l'été y est toujours tempérée par des zéphirs rafraîchissants, qui viennent adoucir l'air vers le milieu du jour. Ainsi toute l'année n'est qu'un heureux hymen du printemps et de l'automne, qui semblent se donner la main [...]'. On a reconnu ce parfait équilibre dans le jeu des forces naturelles qui est la condition cosmique de 'l'état de nature' dans le *Discours sur l'origine de l'inégalité* et dans l'*Essai sur l'origine des langues*.[4]

Ce qui suit décrit un état de la société qui ressemble fort à celui que Rousseau appelle 'la jeunesse du Monde' et qui fut sans doute 'le meilleur à l'homme': 'La terre, dans les vallons et dans les campagnes unies, porte chaque année une double moisson [...] Les montagnes sont couvertes de troupeaux, qui fournissent des laines fines [...]'; les habitants 'sont presque tous bergers ou laboureurs'; les femmes filent la laine, 'font le pain, apprêtent à manger', travail facile, 'car on vit en ce pays de fruits ou de lait, rarement de viande'. Il y a 'peu d'artisans', car cette 'vie simple et frugale' n'a besoin que des 'arts qui servent aux véritables nécessités des hommes'. Il y a bien, dans la Bétique, 'des mines d'or et d'argent', que l'on n'a encore découvertes à proximité des cabanes dans le village idéal de Rousseau: mais personne ne les considère comme des 'richesses'; l'or et l'argent sont 'employés aux mêmes usages que le fer, par exemple, pour des socs de charrue'. Ajoutons que, 'ne faisant aucun commerce au dehors', ces braves gens n'ont 'besoin d'aucune monnaie'.[5]

'Sains', 'robustes', non 'amollis' par le luxe, vivant en famille, dans une société sans propriété des terres, où personne n'est en état de 'servitude', ces non-violents tiennent leur 'sagesse' de 'la simple nature', de 'la droite nature' ... On comprend alors que, devant la dénaturation de l'homme par la civilisation, la même réaction dicte les mêmes mots à Fénelon et à Rousseau. Voici l'esprit de conquête qui jette les Grecs contre 'un peuple sauvage qui errait dans les forêts, vivant de sa chasse et des fruits que les arbres portent d'eux-mêmes': avec quel plaisir Fénelon rapporte les propos 'des plus sages vieillards' des Manduriens: 'Nous ferons gloire d'être toujours ignorants et barbares [...]' Or, on connaît l'épigraphe mise par Jean-Jacques en tête de son premier *Discours*: *Barbarus his ego sum quia non intelligor illis*.[6]

On peut penser qu'en écrivant *Emile* Jean-Jacques Rousseau espère donner son *Télémaque* à son siècle. De fait, il s'identifie explicitement à Mentor (*OC*, IV, 775, 789).[7] Toutefois, chose curieuse, il ne fera lire *Télémaque* à son élève qu'assez tard; mais le livre apparaît avec le personnage de Sophie dans la partie romanesque de ce nouveau traité 'de l'Education': la jeune fille a peu lu; toute fois '*Télémaque* lui tomba par hasard dans les mains' (*OC*, IV, 769); ce fut le coup de foudre: 'Sophie aimait Télémaque, et l'aimait avec une passion dont rien ne put la guérir' (*OC*, IV, 762); ceci, du moins, jusqu'au jour où elle rencontre Emile; alors, 'Télémaque est trouvé' (*OC*, IV, 777). Ainsi, l'imagination de Jean-Jacques avait créé le personnage de Julie et Mme d'Houdetot n'avait eu qu'à paraître pour donner au rêve la consistance et, d'ailleurs, la résistance de la présence réelle. En choisissant pour sa jeune fille le prénom de Mme d'Houdetot, Rousseau semble bien nous inviter à voir une transposition de sa propre aventure dans la rencontre de Sophie avec Emile à travers Télémaque. Resterait à savoir pourquoi Télémaque . . .

Dans la vie de Jean-Jacques comme dans *Emile*, le portrait existe avant le modèle et, sans doute, contribue à créer le modèle. Or l'amour du parfait amour aurait pu, de lui-même, peindre le portrait imaginaire dans l'âme de la jeune fille comme dans celle du romancier en quête de sa 'nouvelle Héloïse': en fait, c'est le livre de Fénelon qui éveille l'amour du parfait amour dans le coeur de Sophie, laquelle, insistons sur ce point, 'n'était ni précieuse ni ridicule', dont 'le bon naturel' n'était nullement gâté par la littérature (*OC*, IV, 761 et 763).[8] Ceci veut dire qu'aux yeux de Rousseau, Télémaque est, *mutatis mutandis*, ce qu'il voudrait que soit son Emile. Ceci veut dire aussi qu'il voit dans l'ouvrage de Fénelon un traité encore actuel 'de l'Education'.

Dans *Emile*, Rousseau recommande aux éducateurs de ne pas mettre, 'comme dit Fénelon, tout l'ennui d'un côté et tout le plaisir de l'autre' (*OC*, IV, 709): allusion à la page de *L'éducation des filles*, dans le chapitre V, où Fénelon recommande 'de rendre agréables à l'enfant

les choses que vous exigez de lui'.[9] Ici encore, il y a une telle convergence entre les intuitions pédagogiques de Rousseau et les
idées de Fénelon sur l'éducation qu'il serait difficile de ne pas voir
dans les secondes des 'sources' quand les premières prennent une forme
systématique. Appelé très tôt par ses fonctions de précepteur à méditer
sur ces questions la plume à la main, il est possible qu'il ait lu *De
l'éducation des filles* au temps —1740 — où il écrivait *Mémoire présenté
à M. de Mably sur l'éducation de M. son fils* et *Projet pour l'éducation de Monsieur de Sainte Marie*.[10] Le livre du futur archevêque
porte sur l'éducation en général et pas seulement sur celle des filles. Il
est permis d'imaginer Rousseau reconnaissant ses propres certitudes
dans celles de Fénelon: 'Il faut se contenter de suivre et d'aider la
nature.'[11] Sans doute, le théologien ne pouvait oublier la chute
d'Adam; toutefois, la référence est indirecte et dans un texte qui correspond aux vues de Rousseau sur le mal comme sur la médecine
préventive que doit être l'éducation: si celle-ci ne veut pas voir la
bonté de la nature, elle crée chez les enfants des habitudes telles 'qu'il
se fait en eux une espèce de second péché originel, qui est la source de
mille désordres quand ils sont plus grands'.[12] En rayant le mot
'second', c'est là, M. Pierre Burgelin le remarque très justement, le
thème qui ouvre l'*Emile* (*OC*, IV, 1292).

Ce bon naturel des enfants exclut une éducation fondée sur la peur:
'la confiance et la sincérité leur sont plus utiles que l'autorité
rigoureuse'. Ceci implique, Fénelon le reconnaît, 'qu'ils soient libres
avec vous'; et il insiste: l'élève doit avoir 'l'esprit assez libre pour
avouer sa faute'; ceci condamne 'cette idée si sombre et si affreuse de
la piété' qui 'est souvent tout ce qui reste d'une éducation sévère'.[13]

Un jour, le précepteur d'Emile dit à Sophie: 'Donnez-lui votre
Télémaque afin qu'il apprenne à lui ressembler [. . .]'. 'Alors, déclare le
précepteur, je lui fais lire *Télémaque* et poursuivre sa route: nous
cherchons l'heureuse Salente et le bon Idoménée rendu sage à force de
malheurs [. . .]' (*OC*, IV, 825). Traduisons: nous *actualisons* le récit de
Fénelon, nous reconnaissons autour de nous beaucoup de perfides
comme Protésilas, nous ne trouvons aucun sage comme Philoclès, mais
Adraste, roi des Dauniens, nous rappelle un personnage illustre dont le
nom n'est pas donné parce que tous les lecteurs le devinent: le roi de
Prusse, Frédéric II (*OC*, IV, 849).[14] Toutefois, les leçons à tirer de ce
livre ont des limites: 'Emile n'étant pas Roi ni moi Dieu, nous ne nous
tourmentons point de ne pouvoir imiter Télémaque et Mentor dans le

bien qu'ils faisaient aux hommes. [...]' Mais quand Rousseau ajoute: 'personne ne sait mieux que nous se tenir à sa place et ne désire moins d'en sortir', surtout pour être roi. il semble bien se souvenir de Mentor refusant la couronne que lui offrent les Crétois: celui-ci constatait que 'les meilleurs rois [...] ne faisaient presque jamais les biens qu'ils voulaient faire et qu'ils faisaient souvent [...] les maux qu'ils ne voulaient pas'; écoutons le précepteur d'*Emile*: 'Si nous étions Rois et bienfaisants, nous ferions sans le savoir mille maux réels pour un bien apparent que nous croirions faire' (*OC*, IV, 849).[15]

Si différentes que soient les philosophies politiques de Fénelon et de Rousseau, rien n'empêche le second de reprendre les pensées du premier dans ses jugements sévères sur le gouvernement de Louis XIV. Ainsi dans les instructions données à 'l'élève du vertueux Fénelon' (*OC*, III, 620), Rousseau retrouve les principes de ce que l'abbé de Saint-Pierre appelle 'polysynodie', songeant probablement au livre XVII de *Télémaque* où Mentor recommande au prince de 'ne pas gouverner par le détail', de ne pas 'vouloir examiner tout par soi-même', mais de savoir choisir 'ceux qui gouvernent sous lui' et de discerner la valeur de leurs informations comme de leurs avis.[16] Est-ce par hasard que peu avant cette référence au 'vertueux Fénelon' nous lisons: 'le plus juste Prince avec les meilleures intentions [...] il est homme et se charge des fonctions d'un Dieu' (*OC*, III, 619), ce que Mentor avait déjà dit: 'Un roi, quelque bon et sage qu'il soit, est encore homme', or 'il faudrait les dieux pour redresser les hommes'.[17] Formule reprise dans *le Contrat social*, non pour le roi mais pour 'le législateur': 'Il faudrait des Dieux pour donner des lois aux hommes' (*OC*, III, 381).[18]

Les sources de la pensée politique de Rousseau ne sont certes pas dans Fénelon: mais ceci n'exclut pas la présence en elle de souvenirs ou de réminiscences des écrits du courageux prélat. Leur accord sur la perversion de l'esprit par le luxe, sur les misères de l'homme dénaturé par notre civilisation, sur la mauvaise éducation des enfants les prédisposent à réagir de la même façon devant l'inconscience que les rois ont de leur mission et les difficultés d'un gouvernement selon la justice dans nos sociétés.

Dans la *Troisième promenade*, évoquant les temps heureux des Charmettes, le rêveur solitaire écrit: 'la solitude champêtre [...] l'étude des bons livres [...] me rendirent dévôt presque à la manière de Fénelon.' Que veut dire: 'presque'? (*OC*, I, 1012).

Une étude précise de la piété selon Fénelon et de la piété selon Rousseau exigerait un exposé particulier. Disons seulement: en dépit de ressemblances dues au style plutôt qu'à la pensée, il y a deux différences essentielles. D'abord, Fénelon ne reconnaît pas et Rousseau admet un amour naturel de Dieu, le seul amour naturel, selon le premier, étant l'amour de soi. D'autre part, les 'extases' du promeneur solitaire sont des jouissances, des délectations, tandis que la vie proprement mystique est l'oeuvre d'une grâce non sentie, selon l'*Explication des Maximes des Saints sur la vie intérieure*.[19] Ceci posé, laissant la spiritualité de Jean-Jacques pour sa théodicée, constatons que le Vicaire Savoyard, cet autre Mentor, a lu l'ouvrage de Fénelon alors connu sous le titre: *Traité de l'existence de Dieu.*

Le Vicaire commence sa *Profession de foi* par le doute et l'existence du *moi*, à la manière de Descartes mais à sa façon. Fénelon aussi. Ici et là, d'ailleurs, le scénario est dramatisé. Comme dans l'itinéraire cartésien, il conduit devant la question de l'existence de Dieu; toutefois, là, ni Fénelon ni Rousseau ne se sentent obligés de suivre Descartes qui découvre l'existence de Dieu en considérant son idée dans le *moi*; ils cherchent une forme nouvelle pour les démonstrations de la métaphysique et de l'apologétique traditionnelles qui la découvrent au principe du mouvement et de l'ordre du monde. Rousseau a certainement admiré les pages philosophiques et poétiques de Fénelon sur l'harmonie et la beauté de l'univers qui annoncent une suprême intelligence: c'est en les lisant qu'il va trouver la réponse à toute explication par le hasard.

Déjà dans le livre II du *De Natura Deorum*, Cicéron avait rencontré chez les Epicuriens l'idée que les atomes, obéissant aux seules lois de la pesanteur, engendreraient par leur rencontre fortuite un monde comme le nôtre où règne un si bel ordre: pourquoi ne pas admettre alors, demandait-il, que les lettres de l'alphabet, reproduites à d'innombrables exemplaires, pourraient, jetées en l'air, retomber de façon à composer le texte des *Annales* d'Ennius? Hypothèse évidemment absurde.[20] Fénelon reprend l'argumentation en remplaçant l'exemple de Cicéron par l'*Iliade* d'Homère, ceci à deux reprises, dans le Chapitre I puis dans le Chapitre III de la Première Partie du *Traité*.[21] Mais, dans le second exposé, on ne peut plus se contenter de hausser les épaules en décrétant l'hypothèse absurde: Cicéron n'envisageait qu'un seul jet, Fénelon, là, en suppose une infinité; dans ces conditions, le hasard n'est certes pas éliminé mais il n'exclut pas une certaine rationalisation possible de l'argument: une infinité de jets contient toutes les combinaisons possibles de lettres, l'*Iliade* est une de ces combinaisons possibles, il est donc inévitable qu'elle vienne à son tour, un peu plus tôt ou un peu plus tard; la réfutation n'est alors concevable que si elle découvre ici une fausse rationalisation, ce que précisément fait l'archevêque en montrant l'absurdité dans l'idée de nombre infini.

Or Rousseau rencontre l'argument dans les *Pensées philosophiques* que Diderot publie en 1746, au §21: cette fois, il est mathématiquement rationalisé par le calcul des probabilités, de sorte que le hasard n'est plus absurde et pas davantage l'infinité du nombre dans un passage à la limite. La position du Vicaire savoyard est curieuse. A l'époque où Rousseau écrit la *Profession de foi*, l'adversaire redoutable est Diderot; il semble pourtant prendre l'argument tel qu'il est présenté par Fénelon dans son Chapitre III; puis il le rejette comme Fénelon dans son Chapitre I, c'est-à-dire en refusant de prendre au sérieux l'hypothèse d'un poème sans poète (*OC*, IV, 573).[22]

Rousseau ne s'arrête pas au calcul des probabilités. Entre lui et Diderot, il y a, en effet, une opposition fondamentale qui l'en dispense. L'argument rationalisé par le calcul des probabilités est valable dans un univers comme celui des *Pensées philosophiques* où la matière est vivante; il ne l'est plus dans la perspective radicalement dualiste du Vicaire cartésien: une combinaison est nécessairement de même nature que les éléments combinés; si ceux-ci sont des choses étendues dont les mouvements relèvent de la mécanique, une combinaison ne saurait produire un être qui sent ni, à plus forte raison, qui pense. Qu'il soit possible d'expliquer la production de l'*Iliade* par l'infinité de jets mathématiquement interprètée, il n'en résulte nullement que la même explication convienne quand il s'agit de la production d'un monde où il y a des organismes vivants et des esprits.

Reste donc l'infinité des jets non rationalisée par le calcul des probabilités mais rendant concevable par son infinité même la production de l'*Iliade*, c'est-à-dire le second exposé de Fénelon. Or, l'idée de nombre infini qui, aux yeux de Fénelon, était contradictoire ne paraît pas gêner philosophiquement le Vicaire: l'argument tel qu'il le lit dans le second exposé est donc rationnellement possible. Mais ceci ne suffit pas pour déclencher l'assentiment; le mouvement de rejet est alors celui de Fénelon dans son premier exposé: 'qu'on raisonne et qu'on subtilise tant qu'on voudra', disait ce dernier, un poème sans poète est simplement incroyable. La nuance, à peine perceptible, entre l'archevêque et le vicaire serait dans la façon de refuser.

Ici et là, la réaction signifie un écart entre raisonner et persuader: la différence tient aux conditions de la persuasion. Dans le premier chapitre de la première partie du traité fénelonien, la réaction est celle de 'l'homme sensé': or 'le bon sens' qui est ici invoqué est une espèce de raison spontanée; tout se joue au niveau de la raison qui, comme lumière naturelle, rectifie les subtilités abusives de la raison raisonnante. Le vicaire cède au même mouvement que l'archevêque: 'Qu'on me parle tant qu'on voudra de combinaisons et de chances; que vous sert de me réduire au silence si vous ne pouvez m'amener à la persuasion?' De là, devant la fable de l'*Enéide*, oeuvre du hasard, la même réaction que Fénelon: ce n'est pas sérieux: '[...] je ne daignerais pas faire un pas pour aller vérifier le mensonge.' Mais les 'sophismes' de la raison raisonnante se heurtent à une certitude d'un autre ordre: '[...] Comment m'ôterez-vous le sentiment involontaire qui vous dément toujours malgré moi?' (*OC*, IV, 579).

Le sens de 'sentiment involontaire' est clairement précisé dans la *Lettre à M. de Franquières*, lorsque, renvoyant, cette fois, explicitement aux *Pensées philosophiques* de Diderot, Rousseau choisit son argument justement comme exemple d'une certitude qui, en refusant la conséquence d'un raisonnement logiquement correct, montre bien qu'elle a une autre source. Quand on suppose l'*Enéide* résultant d'un jet de caractères d'imprimerie, Rousseau riposte: 'convenez qu'au lieu d'aller vérifier cette merveille vous répondez froidement: cela n'est pas impossible, mais vous mentez. En vertu de quoi, je vous prie, lui répondrez-vous ainsi?' 'Cela n'est pas impossible' est, en effet, la réponse de la raison; il est 'impossible' d'y croire est celle d'un 'sentiment interne', avec ce commentaire: 'Ce sentiment intérieur est celui de la nature; c'est un appel de sa part contre les sophismes de la raison' (*OC*, IV, 1138–9).

Ainsi, quelles que soient les variantes dans l'expression, on retrouve chez Fénelon et chez Rousseau une certaine confiance en la nature quand il s'agit de la connaissance, confiance qui devient spontanément méfiance devant les ruses de la raison.

Cette esquisse sur Rousseau et Fénelon a été limitée aux points où une possibilité d'influence était perceptible entre leurs philosophies. Ajoutons simplement que, dans un 'dialogue des morts' à la manière de Fénelon, on les verrait volontiers s'entretenant sur la façon de réagir aux sommations du pouvoir temporel et aux condamnations du pouvoir spirituel; surtout, on entendrait leurs voix se mêler pour dire leur sentiment de l'existence fluide, l'expérience poétique et spirituelle de la vie comme eau courante, le vertige de l'être, bref tout ce qui a pu favoriser le contre-sens d'une interprétation panthéiste de leur pensée.

Notes

1. Bernardin de Saint-Pierre, *La vie et les ouvrages de Jean-Jacques Rousseau*, éd. critique par Maurice Souriau (Paris 1907), pp. 108, 123, 127.

    Télémaque est cité d'après: *Les Aventures de Télémaque*, éd. critique par Albert Cahen (Paris 1927), 2 vol. Les autres écrits de Fénelon d'après: *Oeuvres* [. . .] ed. Aimé Martin (Paris 1870), 3 vol.
2. Voir Albert Chérel, *Fénelon au XVIIIème siècle en France, 1715–1820. Son prestige, son influence* (Paris 1917); et *Fénelon au XVIIIème siècle, Supplément. Travaux bibliographiques* (Fribourg 1917).
3. *Sethos* est un roman de l'abbé Terrasson (1731). *Le Verger* est un poème que Rousseau fit imprimer en 1739 mais qui fut sans doute rédigé en 1734 (*OC*, I, 1341).
4. *Télémaque*, t. I, pp. 320, 323; cf. *Essai sur l'origine des langues*, texte établi et annoté par Charles Porset (Bordeaux 1968), ch. X, pp. 107–8; *Discours sur l'origine de l'inégalité* (*OC*, III, 134–5).
5. *Ibid.*, t. I, pp. 324–5; cf. *Discours sur l'origine de l'inégalité* (*OC*, III, 171).
6. *Ibid.*, liv. IX, t. II, pp. 5, 8; cf. *Discours sur les sciences et les arts* (*OC*, III, 1); *Ovide Tristia*, liv. X, v, 37.
7. Cf. *Rousseau juge de Jean-Jaques*, 2ème Dialogue (*OC*, I, 778).
8. Cf. 'Sophie [. . .] Elève de la nature [. . .]' (*OC*, IV, 769).
9. *Oeuvres*, t. II (1870), p. 479.
10. Voir *OC*, I, 1346, notes de Marcel Raymond et Bernard Gagnebin; toutefois, l'éditeur de ces deux textes, John S. Spink ne met pas le livre de Fénelon dans les 'lectures pédagogiques' de leur auteur (*OC*, IV, xxvii et suiv.).
11. *Oeuvres*, t. II, p. 476; cf. *Emile*, liv. I (*OC*, IV, 259, et n.2); liv. II (*OC*, IV, 323–4, et n.1).
12. *ibid.*
13. *ibid.*, p. 479.
14. Cf. *Confessions*, liv. XII (*OC*, I, 593); *Télémaque*, liv. XIII.
15. Cf. *Télémaque*, liv. V, t. I, pp. 228–9.
16. *Télémaque*, liv. XVII, t. II, p. 133; voir aussi: *Examen de conscience sur les devoirs de la royauté*, ouvrage destiné au duc de Bourgogne et publié en 1734, sous le titre *Examen de conscience pour un Roi*, à la suite de *Télémaque*, article III, §XXIII.
17. *Télémaque*, liv. X, t. II, pp. 77–8,
18. Dans la 1ère version, il avait écrit 'un Dieu' (*OC*, III, 312).
19. Voir Henri Gouhier, *Fénelon philosophe* (Paris 1977), ch. II, vi; et II, pp. 94–8. Marcel Raymond, *OC*, I, 1347; *Vérité et Poésie* (Neuchâtel 1964), p. 98 et suiv. Henri Gouhier, *Les Méditations métaphysiques de J.-J. Rousseau* (Paris 1970), ch. III, v, 'La prière de J.-J. Rousseau'.
20. *De Natura Deorum*, liv. II, 37 et 38.
21. *Oeuvres*, t. I, pp. 38 et 70.
22. Voir Henri Gouhier, *Les Méditations métaphysiques de J.-J. Rousseau*, p. 119; *Fénelon philosophe*, pp. 164–6.

MARIAN HOBSON

Kant, Rousseau et la musique

J'ai longtemps cru que Kant avait dû connaître les ouvrages de Rousseau sur la musique.

Lui qui avait parcouru tant d'autres livres sur l'esthétique,[1] comment croire qu'il aurait laissé de côté, lorsqu'il préparait la *Critique*, le penseur qu'il admirait tant.[2] La destruction définitive de la théorie des sentiments agréables (*Critique de jugement* §3), le recours à l'illusion pour prouver que nos sensations nous affectent surtout en vertu de leur contenu moral (§22, §42):[3] autant de traits particuliers à ces deux philosophes, autant d'indices, me semblait-il, qui suggèrent une lecture des ouvrages de Rousseau sur la musique. Les éditeurs de l'Akademie-Ausgabe l'ont cru aussi, ils pensaient déceler l'influence dans l'allusion que fait Kant à Rameau: 'Le charme formel est soit immédiat, comme le croit Rameau [...]',[4] et dans une longue note, ils développent l'hypothèse que c'est par les ouvrages de Rousseau que Kant a connu les théories du grand musicien. Hypothèse qui reste sans preuve, car il y a trop d'intermédiaires possibles – journaux, revues, surtout les oeuvres de Sulzer, chez qui il a pu puiser des renseignements sur les théories opposées de Rousseau et de Rameau.[5]

Une recherche de sources donc qui s'est révélé incertaine. Et qui risquerait de rester inutile. Car on qualifie depuis longtemps la *Critique du jugement* d'assemblage d'éléments hétérogènes empruntés par un philosophe peu doué pour les arts et en mal de matériel pour étayer une thèse. Il est vrai que la *Critique* brasse des informations très diverses; on y a trouvé, à juste titre, des références au clavecin oculaire du père Castel,[6] par exemple, mais c'est là un détail que Kant a pu trouver chez bien d'autres auteurs, y compris Jean-Jacques:[7] de même la discussion sur la dimension apparente de la cathédrale de Saint-Pierre, à Rome, peut être attribuée à Kames, mais c'est aussi un lieu common qu'on trouve par exemple chez Coypel et Cochin.[8] Ce bariolage d'emprunts n'est qu'un aspect de ce qu'on a pu appeler le manque de modélé de l'ouvrage:[9] on peut se demander s'il n'aboutit pourtant pas, dans le cas de la musique, à une franche contradiction à l'intérieur même de la *Critique*.[10] Chez Kant, la musique prend deux valeurs: exemple du pur jugement du goût, elle est aussi quasi physiologique, une simple excitation. Est-ce là encore une fois la trace des controverses contemporaines? car on sait depuis le grand livre de M. H. Abrams, *The Mirror and the Lamp*, que vers la fin du 18ème siècle la musique, de l'art le moins considéré, devient l'art qui exprime le plus immédiatement l'esprit et l'émotion. La cas de Rousseau peut nous éclairer sur ce point. Chez Rousseau, comme chez Kant, la musique prend, on le verra, deux valeurs à la fois: elle est l'art à la fois le moins important et le plus élevé, celui qui doit se faire compléter par d'autres arts, et qui pourtant les prime tous. Pourquoi cette double évaluation chez des penseurs aussi cohérents? Est-ce simple amalgame de deux courants de l'époque? ou y-a-t-il autre chose? Cet article va essayer de discuter le problème, en se servant des théories musicales de Rousseau pour éclaircir celles de Kant.

Rousseau a cru faire fortune au début de sa carrière avec une nouvelle manière de noter la musique (*Dissertation sur la musique moderne*, Paris, 1743): il a continué ses travaux sur l'esthétique musicale, jusqu'aux *Observations sur l'Alceste de Gluck* (1776). S'il bâcle, à ce qu'il dit, les articles sur la musique écrits pour l'*Encyclopédie*, sur les instances pressantes de Diderot, il les révise longuement en vue du *Dictionnaire de musique*, publié en 1765. Entretemps il a écrit une série de brochures et de pamphlets de circonstance dont le plus retentissant a été la *Lettre sur la musique française* publié en 1753, et dont le plus riche, le mystérieux *Essai sur l'origine des langues*, reste non publié de son vivant, mais date sans doute de 1753. Certains de ces écrits frappent par le programmatisme rigide qu'ils imposent à la musique. Peut-on opérer parmi eux une coupure temporelle? La surenchère d'attitudes littéralisantes serait caractéristique du Rousseau plus jeune, tel le René modelé d'après lui par Mme. d'Epinay et qui poussait les paradoxes de l'imitation jusqu'à leur extrême le plus absurde.[11] Ceci se revèle impossible: le *Dictionnaire de musique*, relativement tardif, renchérit dans certains cas sur les articles pour l'*Encyclopédie*. Rousseau insiste, par exemple, plus lourdement sur l'invraisemblance du duo,[12] et il ajoute des articles, tels que ACTE, qui ne font que calquer l'opéra sur le théâtre en général. Il faut plutôt faire une coupure entre les ouvrages publiés qui considèrent la musique comme un système en lui-même, comme une langue unitaire, mais où, en fait, elle est évaluée par rapport aux autres arts; et l'*Essai sur l'origine des langues*, où la musique est explicitement comparée aux autres arts, pour se voir attribuer la double évaluation que j'ai signalée plus haut, mais aussi, et enfin, pour se faire accorder une valeur singulière.[13]

Dans la *Lettre* comme dans le *Dictionnaire*, Rousseau fait une large place aux idées de tout le monde, reprenant les critiques de la musique courantes à son époque et dont l'abrégé est le 'Sonate, que me veux-tu' attribué à Fontenelle.[14] On retrouve partout dans le journalisme des années 30 et 40 la notion que la musique qui n'imite rien n'est que du bruit, et qu'elle ne peut imiter que grâce à la parole.

Rochemont, par exemple, s'exclame en 1754: 'Le langage de la musique est très vague et très indéterminé'; de même l'Abbé Pluche en 1732: 'La musique instrumentale, par elle-même destituée de sens, ne devient jamais plus absurde que quand elle n'est pas imitation d'un chant qui ait lui-même une signification. La voix humaine court elle-même ce risque lorsqu'elle n'exprime aucun objet distinct.' Ou Algarotti: 'Si la Peinture est inférieure à la Poésie, la Musique considérée comme un Art imitatif est beaucoup inférieure à la Peinture. Car comme la Musique ne peut expliquer les motifs de ses différentes impressions, les imitations qu'elle fait des caractères et des passions doivent être extrêmement vagues et incertaines.'[15]

Dans la musique non-vocale, les contemporains de Rousseau voient comme la menace d'un art abstrait et c'est pour cette raison qu'ils ont jeté le ridicule sur le clavecin oculaire du père Castel. Le chant, *a fortiori* l'opéra, garantissent au contraire à la musique une signification. Ainsi, dans la *Lettre à Grimm au sujet des remarques ajoutées à sa lettre sur Omphale*, Rousseau met la musique tout en bas de la hiérarchie des arts; elle vaut moins que la littérature, moins même que le roman.[16]

La *Lettre* et le *Dictionnaire* sont, on pourrait s'y attendre, très proches des opinions de Grimm dans son pamphlet pro-Bouffoniste, *Le Petit Prophète de Boehmischbroda*, des idées de d'Alembert dans le *Discours préliminaire*, et du manifeste de Diderot pour la réforme du théâtre, les *Entretiens sur le 'Fils naturel'*. Comme Diderot, Rousseau refuse les conventions et veut faire coïncider ce qu'on voit au théâtre et ce qui est censé être représenté. Comme lui, il renchérit sur les vraisemblances, la musique ne doit pas être traitée arbitrairement mais comme 'faisant partie de l'existence des choses' où tout est dit en chantant.[17] Idée qui se développe dans celle d'une 'langue hypothétique' chez Grimm, dans son article POÈME LYRIQUE pour l'*Encyclopédie*.

Ce qui veut dire d'une part, qu'à l'entr'acte la musique ne doit pas être interrompue 'car à l'Opéra [...] le sens de l'ouïe doit avoir une telle liaison avec celui de la vue, que tant qu'on voit le lieu de la scène, on entende l'harmonie qui en est supposée inséparable' (article ENTR'ACTE), et d'autre part, qu'on doit rendre le duo vraisemblable – tâche difficile, puisqu'il est 'hors de la nature dans la musique imitative: car rien n'est moins naturel que de voir deux personnes se parler à la fois durant un certain temps soit pour dire la même chose soit pour se contredire sans jamais s'écouter ni se répondre' (article DUO qui cite Grimm, *Lettre sur l'opéra d'Omphale*, et qui reprend des remarques de la *Lettre sur la musique française*). Quant au récitatif, 'Le meilleur récitatif [...] est celui qui approche le plus de la parole; s'il y en avait un qui en approchât tellement, en conservant l'harmonie qui lui convient, *que l'oreille et l'esprit pût s'y tromper*, on devroit prononcer hardiment que celui-là aurait atteint toute la perfection dont aucun récitatif puisse être susceptible' (*Lettre sur la musique française* in *Lahure*, t, IV, p. 433).

Les contradicteurs de Rousseau répondent avec raison que c'est là méconnaître la convention de l'opéra: René de Bonneval, par exemple, lui objecte: 'Le grand argument du sieur Rousseau est de dire que plus un récitatif approche de la nature, plus il est parfait. Ce n'est pas ici le cas où la plus grande imitation de la nature fait beaucoup. Il en est de la Musique comme de la Danse, celui qui en dansant approcheroit le plus d'un homme qui marche n'amuseroit pas beaucoup les Spectateurs.'[18] On accuse ici Rousseau de vouloir effacer l'imitation pour ne laisser que la nature. Et il est vrai que le jusqu'auboutisme de Rousseau a pour conséquence l'abolition par la musique de son propre effet: 'Le chef d'oeuvre de la musique étant de se faire oublier elle-même; [...] en jetant le trouble dans l'âme des spectateurs, elle l'empêchoit de distinguer les chants tendres et pathétiques d'une héroïne gémissante des vrais accents de la nature' (article OPÈRA *du Dictionnaire*, article qui n'apparaît pas dans l'*Encyclopédie*). Il semble donc que la musique doit s'annuler: mais l'on verra que c'est au profit de l'*imitation* et non de la *nature*.

Le *Dictionnaire de musique* développe les articles pour l'*Encyclopédie*;[19] il en ramifie les possibilités et en fait un système de dichotomies—harmonie contre mélodie, musique instrumentale contre vocale, Rameau contre Pergolèse. Et Rousseau formalise et résume le réseau dans le couple: musique naturelle/musique imitative. La musique naturelle est peu de chose: elle est 'bornée au seul physique des sons et n'agissant que sur les sens, ne porte point ses impressions jusqu'au coeur, et ne peut donner que des sensations plus ou moins agréables, telle est la musique des chansons, des hymnes, des cantiques, de tous les chants qui ne sont que des combinaisons de sons mélodieux, et en général toute musique qui n'est qu'harmonieuse' (MUSIQUE).

La musique qui ne vise que le plaisir sensuel rejoint son contraire: elle n'est autre que celle qui se base sur la physique, sur le calcul des harmoniques, celle de Rameau. Calcul abstrait et laisser-aller des sensations ne s'opposent que pour s'identifier: une musique qui ne veut que plaire, une musique instrumentale signe de rien ne diffère pas en fin de compte de l'harmonie de Rameau, système de signes sans signifiés.[20] La fameuse basse fondamentale est un système supposé sous-entendu, mais pas nécessairement actualisé dans la musique. Pour Rameau 'l'harmonie représente le corps sonore' ce qui veut dire pour Rousseau, qu'elle nous renvoie, pour finir, par un circuit inutile, à ce qui est déjà là, à nos sensations: 'L'Harmonie accompagne le son: le son n'a donc pas besoin qu'on le représente, puisqu'il est là.'[21] Par contre, la musique mélodique ne se restreint ni à la nature comme sensation ni à la nature comme phénomène physique. Au contraire elle est imitative, et elle 'soumet la nature entière à ses savantes imitations'. Cette supériorité de l'imitation sur la nature est developpée dans l'*Essai sur l'origine des langues*.

Non publié du vivant de Jean-Jacques, l'histoire de l'*Essai* reste assez embrouillée malgré les travaux de Messieurs Starobinski, Porset et Wokler.[22] Rousseau oppose le son et la vue, l'ouïe et les pouvoirs de l'oeil, la musique et la peinture. Dans ses autres travaux la musique est considérée en elle-même mais en fait est jugée d'après les autres arts: la parole doit compenser son manque de précision expressive. Dans l'*Essai* au contraire, où la musique est explicitement comparée à la peinture, une spécificité lui est attribuée.

Au début de l'*Essai*, Rousseau admet que le son est inférieur au langage des gestes, qui est plus expressif, qui dit plus en moins de temps. Mais les exemples qu'il donne sont tous à une exception près, l'expression de menaces: le Lévite d'Ephraïm dépeçant le corps de sa femme, Thrasybule qui abat la tête des pavots, etc. Tout se passe comme si le visuel pour Rousseau tenait de l'aggressif. A la fin de l'*Essai*, pour décrire l'effondrement du langage et du gouvernement 'comme on n'a plus rien à dire au peuple, sinon donnez de l'argent, on le dit avec des placards au coin des rues, ou avec des soldats dans les maisons' (Porset, pp. 197–9). Le geste expulse, la vue annule par son extraversion, 'son coup d'oeil où l'on a tout vu', par sa scopie momentanée et complète. Mais le 'parler aux yeux' si efficace est opposé par Jean-Jacques à 'émouvoir le coeur et renflammer les passions' (Porset, pp. 33–5). La parole 'frappe à coups redoublés'; on ne peut pas fermer l'oreille aux accents de la plainte. Celui qui nous émeut nous force à acquiescer dans notre défaite: 'Ces accens auxquels on ne peut dérober son organe pénètrent par lui jusqu'au fond du coeur, y *portent malgré nous* les mouvemens qui les arrachent et nous font sentir ce que nous entendons' (Porset, p. 35).[23]

A cette réceptivité la mise en parallèle de la musique et de la peinture ajoute une autre qualité: la spontanéité. Mais c'est une spontanéité qui est plus que naturelle: la peinture, dit Rousseau, est plus près de la nature, car toute matière est colorée. Par sa permanence, produit de son immobilité et de sa simultanéité, elle est comme morte (Porset, p. 175). La peinture tire ses effets de l'espace, la musique naturelle, l'harmonie de Rameau joue précisément sur l'espacement et la simultanéité, car elle se fonde sur les intervalles (Porset, p. 171). La musique imitative au contraire est mouvement et vie, car la voix humaine s'identifie avec une spontanéité qui n'est pas imposition de soi sur l'autre mais appel à la réceptivité: 'Si tôt que des signes vocaux frappent votre oreille, ils vous annoncent un être semblable à vous; ils sont, pour ainsi dire, les organes de l'âme et s'ils vous peignent aussi la solitude, ils vous disent que vous n'y êtes pas seul' (Porset, p. 175). Un cercle unit récepteur et émetteur: spontanéité et réceptivité se lient pour créer un état qui se suffit à lui-même. Est-ce là une version morale de ce qui se passe au niveau des sensations dans la *Cinquième rêverie*? Dans les deux cas un circuit crée une unité et donc une authenticité: 'Le flux et reflux de cette eau, son bruit continu mais renflé par intervalles frappant sans relâche mes oreilles et mes yeux suppléait aux mouvements internes que la rêverie éteignait en moi et suffisait pour me faire sentir avec plaisir mon existence, sans prendre la peine de penser' (*OC*, I, 1045). Tandis que l'unité entre acteur et spectateur est immédiate mais trompeuse, visuelle donc inauthentique.[24]

Rousseau conçoit la mélodie comme forme. Dans une analogie difficile il la compare au dessin:

C'est le dessin, c'est l'imitation qui donne à ces couleurs de la vie et de l'âme; ce sont les passions qu'elles expriment qui viennent émouvoir les nôtres; ce sont les objets qu'elles représentent qui viennent nous affecter. L'intérêt et le sentiment ne tiennent pas aux couleurs; les traits d'un tableau touchant nous touchent encore dans une estampe: ôtez ces traits dans le tableau, les couleurs ne feront plus rien. La mélodie fait précisément dans la musique ce que fait le dessin dans la peinture, c'est elle qui marque les traits et les figures, dont les accords et les sons ne sont que les couleurs. (Porset, pp. 147–9)[25]

La forme, la mélodie, assurent une signification. (Il est frappant que Rousseau doive utiliser une métaphore spatiale pour décrire une forme dans le temps). Rousseau insiste sur l'aspect relationnel du son, contre l'absolu de la couleur: 'Un son n'a par lui-même aucun caractère absolu qui le fasse reconnaître; il est grave ou aigu, fort ou doux, par rapport à un autre; en lui-même il n'est rien de tout cela' (Porset, p. 173). Cette labilité veut dire que la forme du son est imposée par l'homme: car c'est l'ouïe qui le situe par rapport à l'ensemble.[26] La forme de la musique, parce qu'elle n'est pas déduisible de la physique, n'est pas naturelle. Le chant et la mélodie constituent l'élément humain qui forme la nature; ensemble ils tirent leurs effets de la culture dans laquelle ils naissent: 'Il faut à l'Italien des airs italiens; au Turc il faudrait des airs turcs. Chacun n'est effecté que des accents qui lui sont familiers; ses nerfs ne s'y prêtent qu'autant que son esprit les y dispose: il faut qu'il entende la langue qu'on lui parle, pour ce qu'on lui dit puisse le mettre en mouvement' (Porset, p. 165). La musique et le chant relèvent de la culture – ils ne sont ni naturels (comme l'est le bruit) ni conventionnels (comme l'est l'harmonie de Rameau).

Dans le même *Essai sur l'origine des langues*, Rousseau esquisse une histoire du développement de la musique qui la montre naissant avec le premier langage dans ces 'heureux climats' où ils sont les deux produits du désir. Il s'instaure alors un long divorce, une longue déchéance qui aboutit à l'harmonie, développée pour compenser tout ce qu'a de peu naturel l'union de la musique et du langage dans l'opéra moderne. Retourner à la mélodie équivaut à restaurer les pouvoirs expressifs perdus. L'évolution tracée par Rousseau est donc homologue à l'évolution humaine, culturelle et politique, telle que le *Contrat social* et l'*Emile* nous la font espérer. Mais comme dans ces derniers écrits la situation restaurée n'est pas identique à celle du départ. La mélodie ne revient pas à la nature, elle est au contraire l'espèce 'de discours [qui] supplée à la voix de la nature' (Porset, p. 161). Et davantage, elle va même au delà du langage. 'Elle imite les accens des langues et les tours affectés dans chaque idiôme à certains mouvemens de l'âme. Elle n'imite pas seulement, elle parle; et son langage inarticulé a cent fois plus d'energie que la parole même' (Porset, p. 159). La nature est dépassée et l'homme lui impose la dimension humaine, le temps.

On retrouve chez Kant une double évaluation de la musique. Il est vrai qu'elle ne résulte pas d'une distinction entre musique instrumentale et vocale, ni d'une quelconque théorie sur l'évolution historique de la musique. Elle est au contraire, il me semble, la conséquence d'une relation entre art et nature que ni le passé ni le futur ne peuvent harmoniser.

Elle relève du pur jugement du goût, c'est-à-dire d'un jugement désintéressé qui n'est motivé ni par le charme, c'est à dire les sensations, ni par un concept, une présupposition de ce que la chose doit être. Ainsi elle relève du type de beauté que Kant, suivant Winckelmann, appelle beauté vague, beauté qui inclut non seulement celle des fleurs, des oiseaux exotiques, des coquillages, mais, dans l'art, les décorations abstraites et la musique sans paroles. L'imagination a libre jeu, elle joue sans être limitée par une 'finalité interne', par un concept. Egalement la 'simple forme' qui motive le jugement, exclut une influence de la matière, c'est-à-dire sensuelle. Kant dans le §14 éclaire ce qu'il veut dire en prenant la musique comme exemple.[27] Il veut prouver que même un son simple ne plaît pas par son charme mais par sa forme. Il cite à l'appui les théories d'Euler: les sons, comme les couleurs, sont des vibrations isochrones de l'air ou de l'éther. L'esprit ne les perçoit pas seulement dans leur effet sur les sons mais aussi par réflexion, dans le jeu régulier des impressions. Ce qui veut dire que le son n'est pas pure sensation mais beauté, mais 'formale Bestimmung der Einheit eines Mannigfaltiges', détermination formelle de l'unité d'une multiplicité.

Ce passage pose des problèmes de texte.[28] Les première et deuxième éditions donnent 'sehr zweifle' que la troisième corrige en son contraire, 'nicht zweifle'. La version corrigée est sans doute la bonne puisque conforme au sens du paragraphe. On peut cependant se demander si le lapsus ne trahit pas une validation momentanée des opinions que Kant combat (c'est-à-dire que la musique n'a pas une forme pure); et par là, s'il n'est pas en accord avec sa deuxième position sur la musique. Sa mise au point a suffisamment intéressé ses contemporains pour que l'un d'eux, le Docteur Hellwag, lui adresse une longue lettre à ce sujet.[28] Il y réfute (sans s'en rendre compte) la séparation kantienne de la forme et du charme.

C'est donc au niveau du plus petit élément de la musique, le son, que
Kant retrouve la forme. Dans un rappel de la querelle de la couleur, qui
fait penser aussi à Jean-Jacques Rousseau (la couleur est le charme, la
délinéation est le beau), Kant fixe par une argumentation régressive la
forme dans la structure, c'est-à-dire au coeur même des éléments de la
musique ou de l'art.

> L'attrait des couleurs ou du son agréable de l'instrument peut s'y ajouter,
> mais l'objet propre du jugement de [sic] goût est dans le premier cas le
> *dessin* et dans l'autre la composition; que maintenant la pureté des
> couleurs aussi bien que des sons, ainsi que leur diversité et leur contraste
> semblent contribuer à la beauté. Cela ne signifie pas véritablement que ces
> choses, parce qu'elles sont agréables en elles-mêmes, procurent un complé-
> ment de même nature à la satisfaction résultant de la forme, mais qu'elles
> ne font que rendre la forme plus exacte, plus précise, plus complète dans
> l'intuition parce qu'animant la représentation par leur attrait elles susci-
> tent et soutiennent l'attention portée à l'objet.[29]

La musique est donc ici naturelle dans le sens de Rousseau: elle a une
forme qui est donnée par les lois physiques de l'univers. Mais à l'en-
contre de Rousseau pour qui la musique naturelle est peu de chose, elle
se situe, comme la beauté de la nature, au plus haut point: elle est un
des exemples les plus purs de la finalité sans fin que possède la beauté.
La position élevée de la beauté de la nature était exprimée clairement
dans la première préface, éliminée par Kant: 'Die Beurteilung der
Kunstschönheit wird nacher als blosse Folgerung aus denselben Prin-
zipien, welche dem Urteile über Naturschönheit zu Grund liegen,
betrachtet werden müssen.'[30]

Tout change dans la deuxième partie de la *Critique du jugement esthétique*, dans l'*Analytique du sublime*. Dans le §51, 'de la division des
beaux arts', Kant reprend l'argument scientifique que dans la première
partie il avait attribuée à Euler. Mais c'est pour le faire dévier de ses
premières conclusions. Là où plus haut il tranchait, il laisse en suspens
son opinion. On peut attribuer notre perception de la musique soit aux
sensations soit à un jugement sur la forme du jeu des sensations; c'est
à dire, la musique est soit purement sensorielle, soit un des beaux-arts.
Kant émet ici un doute dont il précisera plus tard les implications.
Dans son §53, 'Comparaison de la valeur esthétique respective des
beaux-arts', il met la musique au plus bas. La forme mathématique
assure, en effet, la réflexion sur les sensations. Mais elle est seulement
une condition *sine qua non*, 'de la proportion des impressions, dans
leur liaison comme dans leur changement, grâce à laquelle il est possible de les saisir ensemble' (Philonenko, p. 156).

En fait la musique joue seulement avec des sensations, elle n'accomplit pas 'oeuvre sérieuse', elle est régie par l'association mécanique des idées et non par l'imagination productive. C'est un 'jeu libre et varié des sensations' – elle produit, efféctivement, un mouvement de l'esprit, mais qui relève des pulsions physiologiques, et non pas des élans de l'intériorité la plus secrète, comme chez Rousseau.[31] La musique est classée avec les jeux du hasard et les jeux d'esprit comme décharge énergétique plutôt que comme art.[32]

Pourquoi les propriétés mathématiques du son qui dans l'*Analytique du beau* garantissaient la forme de la musique ne sont-elles ici que 'la condition indispensable' de la musique? Elles ne produisent qu'une 'émotion et une animation continues de l'esprit' (Philonenko, p. 156) qui restent en deça d'une expérience esthétique.

On l'a vu, selon les théories du siècle, la musique, en tout cas la musique non-vocale, est non-imitative, non-représentative, donc inférieure aux autres arts. Mais peu à peu l'on exige des arts non qu'ils soient imitation, mais qu'ils soient *expression*: à la musique est alors assignée une valeur beaucoup plus élevée, et d'un modéle extérieur on passe à une spontanéité interne. On l'a vu également, les théories musicales de Jean-Jacques illustrent parfaitement cette évolution, sous la forme d'une quasi-contradiction. Mais il semble en être tout autrement pour Kant.

Pour la première partie de la *Critique du jugement esthétique*, la beauté est définie sur le domaine de la nature: 'nous pouvons regarder la *beauté de la nature* comme la *présentation* du concept de la finalité formelle' (Philonenko, p. 39). La beauté de la nature est donc, on l'a vu, formelle, c'est-à-dire ni dépendante du charme des sensations ni du concept de l'objet. Elle se retrouve au noyau même du son.[33] Elle est aussi *finalité*: c'est là le concept-clé qui a permis à Kant de lier téléologie et esthétique, les deux volets de la *Critique du jugement*.

Il est dit dans la *Téléologie* qu'une explication mécanique de la nature de suffit pas: uni-directionnelle, analytique, elle passe des causes aux effets, elle mesure sa propre réussite selon sa capacité d'aligner sur la technique humaine la technique de la nature 'de telle sorte que nous pouvons soumettre à nos observations ou aux expériences, de telle sorte que nous puissions le produire nous-mêmes comme la nature ou du moins à la ressemblance de ses lois' (Philonenko, p. 201).[34] Par contre, dans l'explication téléologique nous mettons 'en oeuvre un principe subjectif, je veux dire, celui de l'art, c'est-à-dire, de la causalité d'après des Idées, pour attribuer ses produits à la nature suivant l'analogie' (Philonenko, p. 206). D'où l'ordre dans lequel Kant traite les deux parties de la *Kritik der Urteilskraft*.

Mais que veut dire 'concevoir la nature selon l'art'? C'est unifier une multiplicité d'expériences par des règles qui sont d'un ordre spécial:

> Les lois empiriques particulières relativement à ce qui demeure en elles d'indéterminé par les lois universelles, doivent être considérées suivant une unité telle qu'un entendement (non le nôtre, il est vrai) aurait pu la donner aux profit de notre faculté de connaître afin de rendre possible un système d'expériences d'après des lois particulières de la nature. Ce n'est pas que l'on doive pour cela admettre réellement un tel entendement (car c'est, en effet, à la faculté de juger réfléchissante seulement que cette Idée sert de principe pour réfléchir et non pour déterminer) mais au contraire, cette faculté ce faisant, se donne une loi seulement à elle-même et non à la nature. (Philonenko, p. 28)

Si l'unification d'une multiplicité intellectuelle ou sensorielle est agréable, cela dérive d'une 'harmonie de l'objet avec les facultés du sujet'. Nous sentons une conformité entre nos facultés et la nature. Ce n'est pas une maîtrise exercée sur la nature, pas plus qu'une projection de la pensée humaine dans ou sur la nature. Nous ne pouvons penser la nature que téléogiquement; mais elle semble venir à notre rencontre, avoir une finalité pour notre entendement. Il y a donc relation réciproque: nous pensons la nature comme art; mais aussi l'art comme s'il etait nature, relation qui vaut également pour l'esthétique. 'La nature etait belle lorsqu'en même temps elle avait l'apparence de l'art; et l'art ne peut être dit beau que lorsque nous sommes conscients qu'il s'agit d'art et que celui-ci nous apparaît cependant en tant que nature' (p. 137).

Mais la relation n'est pas seulement réciproque: elle est, on le verra, dialectique. Dans la tradition philosophique, la pensée téléologique se réfère à un tout d'où dérivent les fins particulières. Ainsi, un penseur comme Shaftesbury actualise, la totalité qui régit les détails. Le système du monde en explique les parties, tout 'convient' – d'où, d'ailleurs sa confusion entre le beau et le bon. Kant procède tout autrement. La totalité n'est que postulée: elle est même 'indéterminée'; il n'est pas impossible que la nature soit en vérité régie par des lois hétérogènes qui dépassent notre raison et que nous ne pourrons pas unifier (Introduction, vi).[35]

L'ordre que nous postulons et que la nature semble nous présenter, c'est la forme: c'est un ordre ni conceptuel ni matériel (Introduction, vii), qui fonde notre plaisir. Kant relie non-explicitement la forme de l'objet avec ce qu'il appelle 'forme de la finalité' (§10, §11). Forme et finalité se relaient, car la forme unifie et rend appréhensible.

Kant conçoit la forme d'un objet comme chose 'qui consiste dans la limitation' (Philonenko, p. 84) (et le jugement de la beauté dans la nature dépend de la perception de cette forme). La 'finalité sans fin' s'identifie dans l'objet avec la forme, dans le sujet avec un sentiment d'harmonie entre les facultés de l'entendement et de l'imagination (§9): c'est un 'jeu libre des facultés représentatives'. Mais comme la forme, ce jeu semble clos. Il s'agit évidemment d'un mouvement qui ne rompt pas l'équilibre. La 'spontanéité' du jeu des facultés cognitives, leur 'harmonie' (Introduction *sub fine*) constitue la transition entre le royaume de la nature et celui de la liberté. Ainsi la causalité n'est pas naturelle, c'est-à-dire mécanique; elle n'est pas non plus libre, c'est-à-dire dégagée de toute causalité sauf celle de la raison. Il ne s'agit pas d'une spontanéité, d'une liberté qui serait comme un ressourcement dans l'être, comme un épanchement de l'intérieur vers l'extérieur, mais au contraire d'une 'spontanéité du jeu des facultés' c'est-à-dire, un mouvement libre à l'intérieur des limites.[36]

Il y a lieu de se demander si le couple de concepts *Spiel* et *Harmonie* n'est pas régi par une conception particulière du temps qui ressort très nettement du différend entre Heidegger et les autres interprètes de Kant. Selon Heidegger, la spontanéité de l'être se fonde dans l'imagination et dans l'écoulement du temps, interprétation qui de son propre aveu ne s'applique qu'à la première version de la *Critique de la raison pure*.[37] Quoiqu'il en soit, à l'époque de la *Kritik der Urteilskraft*, Kant pense autrement et il a 'fini par maintenir que la conscience du temps est conditionnée par la conscience de l'espace; le temps acquiert donc indirectement la simultanéité comme mode additionnel (à la durée)'.[38] Le 'jeu des facultés' dans la *Critique du jugement* est bel et bien considéré sur le mode de l'espace, comme une structure spatiale plutôt que temporelle.[39] On l'a déjà vu, Kant considère le ton, faisceau de sensations perçues par la réflexion, plutôt que la musique, succession de tons; de même tout se passe comme s'il concevait le jeu comme équilibre et non comme développement. Ceci est très loin des considérations de Jean-Jacques Rousseau sur la musique.

Pour résumer, appréhender la beauté de la nature, c'est appréhender la forme finale: appréhender une relation harmonieuse entre l'objet et les facultés du sujet, c'est-à-dire, percevoir l'objet comme un tout organisé, quoique faisant partie d'un tout nous dépassant. C'est là la première étape de la dialectique entre art et nature. Dans l'*Analytique du beau* la nature donne la règle, et profère la forme. Dans l'*Analytique du sublime*, c'est l'homme qui, face au naturel sans limites, peut par la pensée la concevoir comme une totalité (ayant donc une forme): c'est la deuxième étape. Mais si l'art donne la conception de la beauté naturelle, par le génie la nature 'donne la règle à l'art' (§45; ma traduction).

Le pur jugement du goût, on découvre dans la deuxième partie, n'est porté que sur la nature, 'on n'a pas besoin d'un concept de ce que la chose doit être' (Philonenko, p. 14). Mais pour juger de la beauté dans l'art, l'on doit savoir ce que la chose doit être, car l'art suppose toujours une fin dans sa cause. Dans la beauté de la nature, une forme nous plaît sans plus (et la nature nous dépassant, nous ne pouvons pas supposer une fin nous visant). Dans la beauté de l'art, ce n'est pas la forme qui nous plaît, mais la *représentation*. La représentation demande un concept – Vorstellung *von*. La forme-finalité en ce qu'elle est concept devient représentation de quelque chose, forme-délinéation en fait. L'art est l'oeuvre de l'homme qui crée une seconde nature: mais cette seconde nature doit porter la marque de son origine humaine: 'Une beauté naturelle est une belle chose: la beauté artistique est une belle représentation d'une chose.'

Il est évident que la musique est non-conceptuelle dans ce sens – c'est pour cela qu'elle était rangée dans la première partie avec la 'pulchritudo vaga' des fleurs 'dont on ne sait pas au juste ce qu'elles doivent être' (§16; ma traduction). La musique serait-elle trop naturelle? Mais la beauté de la nature est supérieure à la beauté artificielle, elle seule provoque 'un intérêt immédiat' (§42). Cet intérêt touche au moral: la beauté naturelle a ainsi dépassé le pur jugement du goût de la première partie, tout comme la beauté artificielle, qui par le concept touche à l'intérêt intellectuel. Dans la richesse de la nature qui donne lieu à une meditation que l'homme 'ne saurait jamais complètement achever' (Philonenko, p. 132), il y a donc une nature qui nous dépasse; dans la richesse des idées esthétiques, dans l'art, il y a une élaboration humaine qui se libère de la loi naturelle de l'association et dépasse la nature (Philonenko, p. 144).

Ce dépassement de l'art par la nature et de la nature par l'art n'est pas résolu dans la *Urteilskraft*. Et pour cause, car il me paraît que ce n'est là que la structure de l'explication téléogique, selon Kant même.

La musique est ainsi à la fois trop naturelle et pas assez artificielle. Si elle partage la finalité de la nature, c'est-à-dire, elle est une forme basée sur les phénomènes physiques, elle n'explicite pas ce qui est le propre de l'art, une forme qui représente. Sa position ambigüe est un produit et une conséquence de la relation entre art et nature. Pour Kant comme pour ses contemporains, la musique est l'art à la fois ancré dans le monde précis des phénomèmes physiques et désespérément vague. Inarticulée elle reste en deça du langage. On mesure la différence d'avec Rousseau pour qui la musique, *parce qu'*elle est inarticulée, peut dépasser le langage et ses contraintes. Pour Rousseau, et Kant l'a bien vue,[40] il ne s'agit pas d'un retour à la nature, mais d'une recréation de la nature au niveau de l'art. Au terme d'une évolution la musique mélodique va plus loin que la nature, pour créer une communication transparente entre celui qui écoute et celui qui chante. Mais c'est là, me semble-t-il, une possibilité dans l'avenir, c'est un mouvement en avant. Kant au contraire décrit ce qui est: les recoupements entre art et nature ne nous mènent pas vers le futur, mais se jouent maintenant. La musique ou plutôt le son, est considéré, on l'a vu, comme faisceau de vibrations simultanées. La relation entre art et nature, qui détermine la notion de musique se rattache à une conception du temps qui semble radicalement différente chez les deux philosophes. D'un côté, avenir, épanchement, de l'autre, simulanéité et équilibre.

Notes

1. Le livre de Otto Schlapp, *Kants Lehre vom Genie und die Erstehung der 'Kritik der Urteilskraft'* (Göttingen 1901), mentionne la plupart des philosophes allemands, français et anglais contemporains de Kant, sans distinguer les influences que Kant avouent de celles qu'on peut lui imputer. le livre de Paul Menzer, *Kants Ästhetik in ihrer Entwicklung* (Berlin 1952), (Abhandlungen der deutschen Akademie der Wissenschaften zu Berlin, 1950), est beaucoup plus prudent, mais conclut également à des lectures étendues.
2. L'influence de Rousseau sur Kant a fait l'objet de maintes études: aucune, à ma connaissance, n'a essayé de mettre en relation les deux esthétiques.
3. Kant réduit la théorie à un cercle vicieux: l'attitude de Rousseau à l'égard des 'sentiments agréables', est beaucoup plus complexe, mais dans l'*Essai sur l'origine des langues*, le fait que l'illusion une fois dissipée, nous négligeons sa cause prouve que nous cherchons autre chose que la sensation, qui est la même dans l'illusion et dans la réalité (*Essai sur l'origine des langues*, édition, introduction et notes par Charles Porset, Bordeaux 1970 (Porset), p. 164 exemple du chat, pp. 165–7 exemple de l'homme). Kant donne §42 l'exemple de l'imitation du chant du rossignol, sans

doute classique, qui se trouve par exemple déjà dans La Cepède, *La Poétique de la musique* (Paris 1785), 2 vols.

4. Les éditeurs datent le fragment de 1769. Kant divise ici la beauté d'une façon qu'il renierait plus tard, car il assimile explicitement le 'Mittel zum Begriffe des Guten' à 'selbstständige Schönheit', *Kants gesammelte Schriften herausgegeben von der Königlich Preussischen Akademie der Wissenschaften* (Akademie Ausgabe), 28 vols. (Berlin 1902–70), vol. XV, p. 277–9.

5. Johann Georg Sulzer, *Allgemeine Theorie der schönen Künste* (Leipzig 1771), fut maintes fois réédité, et a été remis à jour après sa mort. L'article *Accord*, par exemple, cite le *Traité de l'harmonie* de Rameau et le *Dictionnaire de musique* de Rousseau, et en général l'ouvrage donne une ample information sur leur différend. Mais ceci se situe après la date, bien hypothétique, de la mention faite par Kant. Cf. également Laurence Kerslake, 'Johann Georg Sulzer and the *Supplément à l'Encyclopédie*', *Studies on Voltaire and the Eighteenth Century*, vol. 148 (1976), pp. 225–47.

6. *Critique du jugement*, §51, voir Herbert M. Schueller, 'Immanuel Kant and the Aesthetics of Music', *Journal of Aesthetics and Art Criticism*, vol. 14 (1955–6), pp. 215–47.

7. *Essai sur l'origine des langues* (Porset, p. 171).

8. Voir Schueller, *op. cit.*, et Antoine Coypel, *Vingt discours sur la peinture* (Paris 1721). Cochin, *Voyage d'Italie, ou Recueil de notes sur les ouvrages de peinture et de sculpture qu'on voit dans les principales villes d'Italie* (Paris 1758), 3 vols.

9. Terme employé par R. A. Leigh, dans un commentaire sur la *Critique*.

10. Jacques Derrida a étudié ce que j'appellerais *les points de dislocation* de la *Critique du jugement* dans *La Verité en peinture* (Paris 1978), pp. 21–168.

11. *Histoire de Madame de Montbrillant*, ed. Georges Roth (Paris 1951), 3 vols., t. II, p. 403.

12. Ce n'est pas ici mon propos d'esquisser le développement de l'esthétique de Rousseau. Un des points de bascule en serait la lettre à d'Alembert du 26 juin 1751 (*CC*, II, 160): 'Je trouve votre idée sur l'imitation musicale très juste et très neuve. En effet, et à un très petit nombre de choses près, l'art du musicien ne consiste point a peindre immédiatement les objets, mais à mettre l'âme dans une disposition semblable à celle où le mettrait leur présence.' Un autre serait la lettre à Le Sage (*CC*, III, 2), qui distingue entre le goût physique et ce que Kant appellera le pur jugement du goût: il nie qu'on puisse comparer 'les prestiges d'une Musique ravissante qui porte au coeur le trouble de toutes les passions et la volupté de tous les sentimens avec la sensation grossière et purement physique du palais dans l'usage des Alimens.' D'un point de vue plus général, il faudrait aussi comparer la Lettre I, xii de *La Nouvelle Héloïse* avec certaines parties de la *Critique du jugement*.

13. Et même au sujet de cette coupure il faut faire certaines réserves, car Rousseau a pris certains passages de l'*Essai sur l'origine des langues* pour les insérer dans le *Dictionnaire de musique*.

14. Rousseau, article SONATE de l'*Encyclopédie* et du *Dictionnaire de musique*; phrase citée par maints critiques de l'époque.

15. Rochement, *Réflexions d'un patriote sur l'opéra français et sur l'opéra italien* (Paris 1754), p. 90. Abbé Pluche, *Les Merveilles de la nature* (Paris 1732), p. 274. Algarotti, *Essai sur l'opéra, traduit de l'Italien par Mxxx* [Le Marquis de Chastellux] (à Parme et se trouve à Paris 1773), p. 27.

16. *Oeuvres complètes de Jean-Jacques Rousseau*, éd. Ch. Lahure et cie (Paris 1863), t. IV, p. 487: 'Donnez-moi seulement du goût et des organes, je vais danser comme Dupré ou chanter comme Jelyotte. Joignez au goût de la science et de l'imagination, je ferai un opéra comme Rameau. Pour composer un roman passable il faut encore une grande connoissance du coeur humain et des extravagances de l'amour. La dialectique, et c'est un talent comme les autres, est nécessaire avec tout cela pour dialoguer une bonne tragédie, ce ne sera point encore assez pour faire un livre de philosophie; si vous n'avez un esprit juste, élevé, pénétrant, et exercé à la méditation.'

17. Idée développée par Grimm dans son article POÈME LYRIQUE pour l'*Encyclopédie*: voir aussi d'Alembert 'Il est plus facile de se prêter à la supposition d'un peuple qui dit tout en musique, qu'à celle d'un peuple dont la langue est mêlée de chant et de discours', (*Oeuvres complètes* (Paris 1821), 5 vols., t. 1, p. 531).

18. René de Bonneval [signé Chevalier d'Oginville], *Apologie de la musique françoise et des musiciens françois. Contre les assertions peu mesurées, et mal fondées du Sieur Jean-Jacques Rousseau, ci-devant Citoyen de Genève* (Paris 1753), p. 10.

19. Une comparaison des articles de Rousseau pour l'*Encyclopédie*, et la révision pour le *Dictionnaire* est instructive. L'*Encyclopédie* utilise le terme 'harmonie' avec approbation, par exemple; dans le *Dictionnaire*, la mélodie prime. Rousseau ajoute aux articles des louanges de la musique italienne (e.g. ACCOMPAGNEMENT); omet des louanges de Rameau, ou lui oppose le systeme de Tartini.

Surtout l'opposition entre harmonie et musique imitative est neuve dans le *Dictionnaire de musique* (par exemple, les trois derniers paragraphes de l'article AIR manquent dans l'*Encyclopédie*, comme le long développement dans l'article MUSIQUE). La notion que le 'Chant ne semble pas naturel à l'Homme' ne se trouve pas dans l'*Encyclopédie*, article CHANT. Enfin, le *Dictionnaire* insiste plus sur la succession dans la musique (adjonction à l'article HARMONIE). Et dans une variante importante, le *Dictionnaire* semble suggérer que la musique peut imiter sans dépendre du langage: 'Et c'est par les sons touchants de la voix humaine *jointe aux paroles* que ce même objet porte dans les coeurs le sentiment qu'il doit y produire' (article SONATE de l'*Encyclopédie*, phrase soulignée omise dans le *Dictionnaire*).

Certains des grands articles du *Dictionnaire* indiquent, à demi-phrase, les retournements presque paradoxaux du concept de l'imitation: 'Les duos sont hors de la nature' est corrigé dans 'les duos sont hors de la nature dans la *musique imitative*', où Rousseau néglige l'opposition traditionelle entre nature et imitation, opposition qui sera résolue dans l'*Essai sur l'origine des langues*. Même paradoxe à moitié escamoté à propos des bienséances dans le *Dictionnaire*, qui en général insiste beaucoup plus que son prédecesseur sur la relation entre la musique et les passions.

20. Voir l'analyse définitive par Jacques Derrida, *De la Grammatologie* (Paris 1967).

21. *Examen de deux principes avancés par M. Rameau*, dans *Oeuvres complètes de Jean-Jacques Rousseau*, (éd. Lahure), t. IV, p. 454.

22. Jean Starobinski, éd., *Discours sur l'origine de l'inégalité*, OC, III; Charles Porset, *op. cit.*; Robert Wokler, 'Rameau, Rousseau, and the *Essai sur l'origine des langues*', in *Studies on Voltaire and the Eighteenth Century*, t. 117 (1974), pp. 179–238.

23. Malgré la date probable de l'*Essai* (1753–4) il y aurait lieu de se demander si celui-ci n'est pas une critique quasi explicite des théories de Diderot sur la pantomime, dont Diderot avait déjà donné l'esquisse dans le *Bijoux indiscrets* (1746).

24. Est-ce parce que, dans la dialectique entre imitation et nature qu'instaure Rousseau, le chant est si peu naturel que par un renversement il n'est même plus imitatif, mais authentique?

25. Il y a là un nouveau conflit avec Diderot pour qui la couleur dans un tableau représente la vie (*Oeuvres esthétiques*, éd. Paul Vernière (Paris 1959), p. 674).

26. A l'époque, la base physique du son est l'objet d'une investigation scientifique rigoureuse. Euler y travaille, pour critiquer les théories de Rameau.

27. Voir l'excellent livre de Theodore Edward Uehling, dont le paragraphe en question forme la base, *The Notion of Form in Kant's Critique of Aesthetic Judgement* (La Haye, Paris 1971).

28. Lettre 428 dans la *Correspondance*, datée le 13 décembre 1790. La réponse de Kant est la lettre 430, Akademie Ausgabe t. XI.

29. Alexis Philonenko, traduction de la *Critique de la faculté de juger* (Philonenko) (Paris 1965), p. 68.

30. Cité par Karel Kuypers, *Kants Kunsttheorie und die Einheit der Kritik der Urteilskraft*, in *Verhandelingen den Koninklijke nederlandse Akademie van Wetenschappen*, (Amsterdam 1972).

31. Pour Kant, le fait qu'on ne puisse pas se fermer les oreilles témoigne d'un manque 'd'urbanité' dans la musique.

32. Dans le *Nachlass* de l'*Anthropologie* Kant a rapporté une guérison des convulsions par la musique, *Akademie Ausgabe*, t. XV, pp. 111–12.

33. On trouve ici un argument qu'on pourrait qualifier de régressif: l'on nie que le ton simple soit matière, mais on y retrouve déjà une structure, une forme, grâce aux théories d'Euler. C'est, semble-t-il, un exemple d'une structure de pensée typiquement kantienne, et relevée, à propos de la *Logique*, par Cavaillès dane sa *Logique et théorie des sciences* (Paris 1947), pp. 1 *et suiv.* Ainsi, Joachim Köpper, par exemple, dans sa belle étude 'Les différentes formes de la compréhension de la beauté chez Kant', in *Revue de métaphysique et de morale* (1973), pp. 32–44, critique l'esthétique tardive de Kant pour son 'formalisme'.

34. Je laisse de côté la distinction que fait Kant entre 'technica intentionalis' et 'technica naturalis'.

35. Gerhard Lehmann, *Kants Nachlasswerk und die 'Kritik der Urteilskraft'* (Berlin 1939), montre que le problème du concept de totalité a été développé par Kant dans les travaux laissés inachevés à sa mort.

36. Le concept de *Spiel* a été étudié par Andreas Heinrich Trebels, *Einbildungskraft und Spiel, Untersuchungen zur Kantischen Ästhetik* (Bonn 1967), *Kantstudien, Ergänzungshefte*, 93. Il y a des traces dans le Nachlass d'une interprétation de tous les arts selon le concept du *Spiel*.

37. Martin Heidegger, *Kant et le problème de la métaphysique*, introduction et traduction par Alphonse de Waelhens et Walter Beimel (Paris 1953). Voir Charles M. Sherover, *Heidegger, Kant and Time* (Indiana 1971).

38. Norman Kemp Smith, *A Commentary to Kant's 'Critique of Pure Reason'*, 2e éd. (Londres 1923), p. 135, voir aussi p. 310 ou il cite B.277–8. La très belle étude de Claude Debru, *Analyse et représentation: de la méthodologie à la théorie de l'espace, Kant et Lambert* (Paris 1977) suggère d'autres aspects par où le concept de l'espace a fini par primer sur celle du temps chez Kant.

39. Quoique dans le Nachlass, la possibilité du *Spiel* comme *Gefolge* soit expressément considérée (*Akademie Ausgabe*, t. XV, n° 683), mais le passage est daté 1769–70 par les éditeurs.

40. Par exemple, les *Reflexionen zur Anthropologie, Akademie Ausgabe* t. XV, n° 890, n° 896.

ALISON FAIRLIE

Ralph A. Leigh

It is fitting that this presentation volume should celebrate, not Ralph Leigh's retirement from his Chair, but the culmination of an outstanding work of erudition by a scholar who has in hand further vital enterprises. It is fitting, too, that it should follow on the year in which the giant 'frères ennemis', Voltaire and Rousseau, were accorded international bicentenary celebrations. For, if the *Correspondance complète de Rousseau* is presented in such an enviably fine material form, this stems from Theodore Besterman's recognition, after years of debate on editorial principles, of the unusual combination of insight and information afforded by the probing and stimulating review articles in which Leigh scrutinised successive volumes of the early Besterman Voltaire.

To colleagues in many countries or continents, Ralph Leigh's name will immediately suggest the scope and complexity of problems involved in an edition spanning multiple disciplinary boundaries, together with the qualities of meticulous planning and single-minded devotion to an aim which ensure the completion of a herculean task. They may wish here, however briefly, to know more of the stages which led to its inception, and of the many other interests and activities of an editor who, whatever his sensitivity to each slightest shade of Rousseau's experience, is far from being simply and solely 'l'homme de Jean-Jacques'.

Ralph Leigh's early years were punctuated by the steady winning of open scholarships: from elementary school in Poplar to Raine's School for Boys (1926–33); then to Queen Mary College, London, where his First Class came top of the Honours list in 1936. From 1937 to 1939 he held several awards for research in Paris, working under Paul Hazard and J.-M. Carré, and attending a wide variety of lectures at the

308

David Inshaw.
30·9·79

Sorbonne as well as those of Valéry at the Collège de France. In 1938 he combined a 'Certificat de l'Institut de Phonétique' with the 'Diplôme des études universitaires'; his *mémoire* for the latter (on Amédée Pichot's *Voyage en Angleterre*) was published in the *Revue de Littérature comparée* in 1939. Meantime, his research was already centred on Rousseau.

The immediately pre-war years in Paris held special problems for research-students: all too aware of the approaching crisis, some tended to abandon intellectual work and live every day as if the last; others shut themselves away from contemporary contingencies through the rapid completion of a safe piece of scholarship. Ralph Leigh contrived to combine a positive pleasure in research and writing with both an awareness of serious international problems and an ability to enjoy very wide interests: holding a part in the British Institute's projected production of *Hamlet* under the direction of Granville Barker; travelling with other French and English students overnight to visit the exceptional exhibition in Geneva of the major paintings from the Prado; spending Saturdays at those *répétitions générales* of some of the best concerts, plays or films for which students had access to concessionary tickets. It was through taking piano lessons that he then met his future wife, Edith Kern, that gifted pianist whose recitals were later to be appreciated in several countries, as well as in Cambridge.

Return to England was followed by military service from 1941 to 1946, years which subtracted from academic activity that serious slice of time shared by the survivors of a given generation. Starting from the ranks, Ralph Leigh was successively promoted in different branches of the Army, and finally served in the Control Commission in Germany, being demobilised with the rank of Major.

In 1946 he returned to academic life as Lecturer in the University of Edinburgh. Colleagues will remember the special hospitality of the home where he and Edith (now married after the separation of the war years) welcomed many friends. John and Martha, their son and daughter, have both since gone on to academic careers (in English and in Medicine). In post-war Edinburgh, lecturing commitments were widely spaced across the centuries: an interest in translation work gave rise to the publication of a choice of texts from contemporary French, in collaboration with Alan Steele; while, beside lectures on 17th and 18th century literature and thought, a stimulating course on Stendhal provided material for possible future research. Among Edinburgh colleagues in these years was Georges Poulet, a constant source

of stimulating exchange of views. Meantime, in years when local auc-
tion sales were still *abordables* to academics, Ralph Leigh, apart from
the occasional choice of a painting, was laying the foundations of his
fine collection of eighteenth-century books.

His appointment to a Lectureship in the University of Cambridge,
and election to a Fellowship and Directorship of Studies at Trinity
College, came in 1952. The stimulus of his University lectures on
many eighteenth-century authors, with their clarity and wit in ideas
and in formulation, is recalled by different generations of undergrad-
uates.

Following a series of specialist articles on eighteenth-century subjects French and English, the first volume of the Rousseau *Correspondance* appeared in 1965. The whole will culminate in 1980, comprising
thirty-nine volumes of letters, together with two of indexing, etc. To
have planned this single-handed enterprise, in the early years of the
undertaking, was a *gageure* of a special kind. The Introduction to the
first volume makes quietly clear the problems involved for an editor
who is not part of a team and can call on few sources of financial support for a long-term enterprise. The evident worth of the work was
rapidly and increasingly recognised with each successive volume;
many institutions in several countries are now proud to have contributed to its progress. The deliberate policy of including not only
letters to Rousseau but also a wide variety of relevant 'tertiary'
documents makes of the whole an exceptionally rich conspectus on a
period. The finely organised system of notes provides not simply a
mine of information, but a succinct stimulus to critical appraisal.

The honours of the last ten years, recognising an exceptional
achievement, will be familiar to colleagues: in 1969 the award of the
Cambridge Litt. D., appointment to a University Readership, election
to a Senior Research Fellowship at Trinity College and to a
Fellowship of the British Academy; in 1973, appointment to a personal Chair in Cambridge; the successive conferring in 1977 of a
C.B.E., in 1978 of the silver medal of the City of Paris and of an
Honorary Doctorate of the University of Neuchâtel. Meantime, among
his many contributions to the Rousseau bicentennial year, there stands
out his organisation of an international colloquium in Cambridge, in
mid-July 1978, together with an exhibition, in the Cambridge University Library, of Rousseau manuscripts, early editions and
iconography.

Any attempt to sum up the academic achievements of long years would be premature: Ralph Leigh is already planning, as an outcome of his discoveries in the *Correspondance*, new work on the bibliography of Rousseau. As a scholar, he has been consistently concerned with matters of principle; from his early paper to the Society for French Studies on the reasons for re-editing, and his important communication in the *R.H.L.F.* special issue of 1968 on *Les Éditions de Correspondances*, to his typically lucid and lively contribution to the University of Toronto's Conference on Editorial Problems in 1978, he has continuously clarified and refined the basic principles on which scholarly editions of manuscript letters may be based; the particular problems involved by Rousseau's superabundant alternative autograph versions and by those of subsequent *copistes* are sifted in a masterly manner. As a colleague, he is widely respected for those qualities which ensure that, whether in official or in individual contexts, he does not mince words, and can combine formulaic courtesy or personal kindness with forthright criticism of faulty principle or practice. As a generous host, whether in Trinity College or in his past household in Porson Road, his keen interest in the finest details of food and wine (himself a skilled cook on special occasions) and his joy in the art of conversation have given particular pleasure to many guests.

Clarity and astringent wit have made his lectures, his writings, and his personal presence among friends something to anticipate with intellectual appetite and to recall as a stimulus to renewed discussion. It is with this same appreciation of the past and anticipation of the future that his colleagues offer him this volume of interim celebration.